上海
研究院
智库丛书

李培林◎主编

上海自贸试验区建设推进与制度创新

廖凡　等◎著

中国社会科学出版社

图书在版编目（CIP）数据

上海自贸试验区建设推进与制度创新／廖凡等著．—北京：中国社会科学出版社，2017.8

（上海研究院智库丛书）

ISBN 978－7－5203－0651－5

Ⅰ.①上… Ⅱ.①廖… Ⅲ.①自由贸易区—建设—研究—上海 Ⅳ.①F752.851

中国版本图书馆 CIP 数据核字（2017）第155673号

出 版 人　赵剑英
责任编辑　张　林
特约编辑　宋英杰
责任校对　闫　萃
责任印制　戴　宽

出　　版　中国社会科学出版社
社　　址　北京鼓楼西大街甲158号
邮　　编　100720
网　　址　http://www.csspw.cn
发 行 部　010－84083685
门 市 部　010－84029450
经　　销　新华书店及其他书店

印　　刷　北京明恒达印务有限公司
装　　订　廊坊市广阳区广增装订厂
版　　次　2017年8月第1版
印　　次　2017年8月第1次印刷

开　　本　710×1000　1/16
印　　张　22.75
插　　页　2
字　　数　353千字
定　　价　108.00元

前　言

上海自贸试验区虽以“贸易”冠名，但实际内涵和期待功能远逾单纯的贸易范畴，是以在新形势下推进改革开放为着眼点，以加快政府职能转变为切入点，广泛涉及贸易、投资、金融等各个方面。《中国（上海）自由贸易试验区总体方案》为上海自贸试验区设定了“力争建设成为具有国际水准的投资贸易便利、货币兑换自由、监管高效便捷、法制环境规范的自由贸易试验区”的总体目标，并提出了加快政府职能转变、促进投资领域开放、推进贸易发展方式转变、深化金融领域开放创新和完善法制领域制度保障的主要任务。可以说，制度闯关是上海自贸试验区肩负的最大使命。

设立三年来，上海自贸试验区的建设发展始终围绕贸易便利化、投资便利化、金融改革创新、事中事后监管这四大主题进行，在相关领域“先行先试”，积累了大量“可复制可推广”经验，为我国第二批、第三批自贸试验区的建设和发展提供了借鉴，也为外商投资“准入前国民待遇 + 负面清单”模式的全国推行奠定了基础。与此同时，上海自贸试验区在建设推进过程中始终围绕和服务于上海“四个中心”（国际金融中心、国际贸易中心、国际航运中心、国际经济中心）建设的战略任务，探索建立有效的衔接和联动机制，取得了显著成效。

本书紧扣上海自贸试验区“先行先试”和积累“可复制可推广”经验这一主题，在扎实调研基础上，从贸易、投资、金融、航运、仲裁等方面对上海自贸试验区的建设推进工作和制度创新情况进行了梳理和总结，并提出了完善建议。全书分为六章，第一章概述上海自贸试验区建设推进的总体情况，其余五章分别介绍上海自贸试验区在贸易、投资、金融、航运和商事仲裁领域的建设推进和制度创新情况。

本书撰写分工如下：

第一、四章：廖　凡（中国社会科学院国际法研究所研究员，法学博士）

第二章：周凡淼（中国社会科学院国际法研究所博士研究生）

第三章：黄　晋（中国社会科学院国际法研究所副研究员，法学博士）

第五章：张文广（中国社会科学院国际法研究所副研究员，法学博士）

第六章：李庆明（中国社会科学院国际法研究所副研究员，法学博士）

全书由廖凡统稿。

目　录

第一章　上海自贸试验区建设推进的总体情况 …………………… (1)
一　上海自贸试验区三年建设发展概况 ………………………… (4)
（一）贸易便利化 ………………………………………………… (4)
（二）投资便利化 ………………………………………………… (6)
（三）金融改革创新 ……………………………………………… (8)
（四）事中事后监管 ……………………………………………… (10)
二　总体评价与后续工作重点 …………………………………… (12)
（一）适应简政放权新常态，进一步转变政府职能 …………… (14)
（二）处理好“可复制可推广”与国际金融中心建设的关系 ………………………………………………………… (15)
（三）进一步对标国际贸易投资通行规则 ……………………… (16)
三　对其他自贸试验区建设发展的引领和推动 ………………… (17)

第二章　上海自贸试验区贸易领域建设推进与制度创新 ………… (25)
一　自由贸易园区建设发展的相关理论和制度背景 …………… (27)
（一）贸易理论 …………………………………………………… (28)
（二）制度背景 …………………………………………………… (31)
二　上海自贸试验区建设发展的现实背景 ……………………… (32)
（一）国际背景 …………………………………………………… (32)
（二）国内背景 …………………………………………………… (33)
三　上海自贸试验区贸易法律制度概况 ………………………… (35)
（一）贸易的核心：海关监管制度 ……………………………… (36)
（二）贸易的货币支付：人民币跨境使用制度 ………………… (42)

（三）失信惩罚机制：异常名录制度 ………………………………（44）
四 上海自贸试验区贸易法律制度的完善 ……………………………（46）
（一）建立评估机制 ……………………………………………………（47）
（二）完善监管制度 ……………………………………………………（49）
（三）建立市场化退出机制 ……………………………………………（56）

第三章 上海自贸试验区投资领域建设推进与制度创新 ……………（59）
一 上海自贸试验区投资领域改革创新的总体情况 ……………………（60）
（一）着力探索外商投资准入前国民待遇+负面清单的管理模式 ……………………………………………………………（60）
（二）构建与负面清单相配套的外商投资备案管理系统 ………（61）
（三）完善商事注册、登记和公示制度 ………………………………（63）
（四）强化外国投资国家安全审查制度 ………………………………（64）
（五）发展反垄断审查协调机制 ………………………………………（65）
（六）实行境外投资普遍备案管理制度 ………………………………（66）
二 上海自贸试验区投资领域改革创新的重点领域和主要内容 ………………………………………………………………（68）
（一）准入前国民待遇 …………………………………………………（68）
（二）负面清单 …………………………………………………………（71）
（三）外资备案管理 ……………………………………………………（75）
（四）国家安全审查 ……………………………………………………（80）
（五）境外投资备案管理 ………………………………………………（84）
三 上海自贸试验区投资领域改革创新存在的问题及建议 ………（87）
（一）上海自贸试验区投资领域改革创新存在的问题 …………（87）
（二）对上海自贸试验区投资领域改革创新的建议 ……………（89）

第四章 上海自贸试验区金融领域建设推进与制度创新 ……………（92）
一 上海自贸试验区金融改革创新的总体情况 ………………………（93）
（一）搭建了以简政放权、负面清单管理为核心的金融改革新框架 ……………………………………………………………（93）
（二）创建了适应简政放权新金融制度的事中事后监管新

体系 …………………………………………………………………… (94)
（三）推进资本项目可兑换等八项核心金融改革取得突破性进展 …………………………………………………………………… (95)
（四）形成了20余项可复制可推广的金融创新成果 ………… (98)
二　上海自贸试验区金融改革创新的重点领域和主要内容 ……… (99)
（一）推进人民币资本项目可兑换………………………………… (99)
（二）扩大人民币跨境使用 ………………………………… (107)
（三）扩大金融服务业对内对外开放 ……………………… (116)
（四）加快建设面向国际的金融市场 ……………………… (121)
（五）加强金融监管，切实防范风险 ……………………… (125)
三　上海自贸试验区金融改革创新的后续思路与近期任务 …… (130)
（一）上海自贸试验区金融改革创新的后续思路 ………… (131)
（二）上海自贸试验区金融改革创新的近期任务 ………… (133)

第五章　上海自贸试验区航运领域建设推进与制度创新 ………… (138)
一　上海自贸试验区航运政策创新概述 ……………………… (138)
（一）国际船舶登记制度 ………………………………………… (138)
（二）起运港退税政策 …………………………………………… (139)
（三）沿海捎带试点政策 ………………………………………… (139)
二　沿海捎带政策 ………………………………………………… (140)
（一）“沿海捎带”政策的主要目的是增加港口吞吐量 …… (140)
（二）“沿海捎带”政策于法有据 ……………………………… (141)
（三）“沿海捎带”政策应审慎推广 ………………………… (142)
（四）沿海运输关系国家安全，“外轮捎带”应当禁止 …… (143)
（五）建设国际航运中心应当发挥比较优势，注重“软实力”提升 …………………………………………………… (144)
三　改革海事审判制度 …………………………………………… (145)
（一）推进国家战略需要海事司法保障 …………………… (145)
（二）我国海事法院的特点和优势 ………………………… (147)
（三）我国海事审判制度存在的问题与不足 ……………… (148)
（四）改革和完善我国海事审判制度的几点建议 ………… (149)

四 完善航运监管制度 …………………………………………（150）
（一）全球航运联盟格局发生了变化 ………………………（151）
（二）各国航运监管的模式存在差异 ………………………（151）
（三）完善我国航运监管的几点建议 ………………………（153）
五 建设国际海事司法中心 …………………………………（154）
（一）“国际海事司法中心”的提出经历了一个循序渐进的过程 ……………………………………………………（155）
（二）建设国际海事司法中心的四大理由 …………………（156）
（三）中国具备成为国际海事司法中心的潜力和可能 ………（157）
（四）建设国际海事司法中心需要顶层设计 ………………（158）

第六章 上海自贸试验区商事仲裁领域建设推进与制度创新 ……（160）
一 上海自贸试验区商事仲裁机制概述 ……………………（160）
（一）《中国（上海）自由贸易试验区仲裁规则》及其评价 ……………………………………………………（160）
（二）人民法院对自贸试验区仲裁的支持与监督 …………（162）
二 境外仲裁机构在上海自贸试验区仲裁的法律问题 ………（164）
（一）境外仲裁机构在中国内地仲裁概述 …………………（164）
（二）近20年来境外仲裁机构在中国内地仲裁的典型案例 ……………………………………………………（166）
（三）境外仲裁机构在上海自贸试验区仲裁的障碍 ………（169）
（四）关于放开境外仲裁机构在上海自贸试验区仲裁限制的思考 …………………………………………………（177）

附录 相关法律法规 …………………………………………（180）
中国（上海）自由贸易试验区总体方案 ……………………（180）
中国（上海）自由贸易试验区条例 …………………………（188）
进一步深化中国（上海）自由贸易试验区改革开放方案 ……………………………………………………（201）
国务院关于推广中国（上海）自由贸易试验区可复制改革试点经验的通知 …………………………………………（208）

国务院关于做好自由贸易试验区新一批改革试点经验复制推广工作的通知 …………………………………………………… (212)
进一步深化中国（上海）自由贸易试验区和浦东新区事中事后监管体系建设总体方案 ………………………………………… (215)
国家工商行政管理总局关于支持中国（上海）自由贸易试验区建设的若干意见 ……………………………………………… (222)
国家质量监督检验检疫总局关于支持中国（上海）自由贸易试验区建设的意见 ……………………………………………… (225)
自由贸易试验区外商投资准入特别管理措施（负面清单） …………………………………………………………………… (228)
自由贸易试验区外商投资国家安全审查试行办法 ……………… (239)
中国（上海）自由贸易试验区外商投资备案管理办法（试行） ………………………………………………………………… (241)
关于中国（上海）自由贸易试验区内企业登记管理的规定 ………………………………………………………………………… (245)
中国（上海）自由贸易试验区反垄断协议、滥用市场支配地位和行政垄断执法工作办法 ………………………………… (248)
中国（上海）自由贸易试验区反价格垄断工作办法 …………… (251)
中国（上海）自由贸易试验区经营者集中反垄断审查工作办法 ………………………………………………………………………… (254)
中国（上海）自由贸易试验区反垄断工作联席会议制度方案 ………………………………………………………………………… (257)
中国人民银行关于金融支持中国（上海）自由贸易试验区建设的意见 ………………………………………………………… (259)
中国银监会关于中国（上海）自由贸易试验区银行业监管有关问题的通知 ……………………………………………………… (263)
中国证监会关于资本市场支持促进中国（上海）自由贸易试验区若干政策措施 ……………………………………………… (264)
中国保监会支持中国（上海）自由贸易试验区建设的通知 ………………………………………………………………………… (265)
进一步推进中国（上海）自由贸易试验区金融开放创新试

点加快上海国际金融中心建设方案 …………………………… (266)
进一步推进中国（上海）自由贸易试验区外汇管理改革试点
实施细则 ……………………………………………………………… (272)
自贸试验区金融创新案例基本情况 …………………………… (276)
关于推进上海加快发展现代服务业和先进制造业建设国际金
融中心和国际航运中心的意见 ………………………………… (333)
交通运输部上海市人民政府关于落实《中国（上海）自由
贸易试验区总体方案》加快推进上海国际航运中心建设
的实施意见 ………………………………………………………… (340)
交通运输部关于在上海试行中资非五星旗国际航行船舶沿海
捎带的公告 ………………………………………………………… (344)
交通运输部关于在国家自由贸易试验区试行若干海运政策
的公告 ……………………………………………………………… (346)
最高人民法院关于为自由贸易试验区建设提供司法保障的
意见 ………………………………………………………………… (347)

后　记 ……………………………………………………………………… (353)

第一章

上海自贸试验区建设推进的总体情况

2016年在中国自由贸易试验区（以下简称自贸试验区）发展历程中有着特殊的重要意义。如果说2013年是中国自贸试验区建设的“开局之年”,[①] 2014年是“突破之年”,[②] 2015年是“扩张之年”,[③] 那么2016年就是“推广之年”。这不仅体现在2016年8月中央决定在辽宁、浙江、河南、湖北、重庆、四川、陕西等省市新设七个自贸试验区，也不仅体现在2016年11月国务院发布《关于做好自由贸易试验区新一批改革试点经验复制推广工作的通知》（国发〔2016〕63号），更体现在2016年9月3日全国人大常委会通过《关于修改〈中华人民共和国外资企业法〉等四部法律的决定》，以立法形式将自贸试验区内试行的外商投资负面清单模式正式推广到全国。对于最早设立的上海自贸试验区而言，按照《中国（上海）自由贸易试验区总体方案》（以下简称《总体方案》）中“经过两至三年的改革试验”的表述，则已到总结经验、交出答卷之时，可以说是上海自贸试验区建设的阶段性“收官之年”。回顾过去，展望未来，2016年正当其时。

2013年9月18日，国务院发布《总体方案》；9月29日，中国（上

---

① 2013年9月29日，中国（上海）自由贸易试验区正式挂牌，成为我国设立的首个自贸试验区。

② 参见杨玉红《上海自贸区一年创下四大重要突破》，《新民晚报》2014年9月26日第B03版。

③ 2014年12月12日，国务院常务会议决定增设广东、天津、福建三个自贸试验区，并扩展上海自贸试验区的区域范围。2015年4月21日，广东、天津、福建三个自贸试验区正式挂牌。

海）自由贸易试验区（以下简称上海自贸试验区）正式挂牌。至此，万众瞩目的上海自贸试验区正式开闸试水。上海自贸试验区虽以“贸易”冠名，但实际内涵和期待功能远逾单纯的贸易范畴，是以在新形势下推进改革开放为着眼点，以加快政府职能转变为切入点，广泛涉及贸易、投资、金融等各个方面。《总体方案》为上海自贸试验区设定了“力争建设成为具有国际水准的投资贸易便利、货币兑换自由、监管高效便捷、法制环境规范的自由贸易试验区”的总体目标，并提出了加快政府职能转变、促进投资领域开放、推进贸易发展方式转变、深化金融领域开放创新和完善法制领域制度保障的主要任务。2014 年 7 月 25 日，上海市人大常委会通过《中国（上海）自由贸易试验区条例》（以下简称《上海自贸试验区条例》），同年 8 月 1 日起施行。在总体方案基础上，条例进一步规定：“推进自贸试验区建设应当围绕国家战略要求和上海国际金融中心、国际贸易中心、国际航运中心、国际经济中心建设，按照先行先试、风险可控、分步推进、逐步完善的原则，将扩大开放与体制改革相结合，将培育功能与政策创新相结合，加快转变政府职能，建立与国际投资、贸易通行规则相衔接的基本制度体系和监管模式，培育国际化、市场化、法治化的营商环境，建设具有国际水准的投资贸易便利、监管高效便捷、法治环境规范的自由贸易试验区。”

首先有必要明确的是，自贸试验区虽然有时也简称“自贸区”，但其与通常所说的自贸区——如北美自贸区、中国—东盟自贸区——是完全不同的概念。后者是“自由贸易区”（Free Trade Area，FTA）的简称，是指两个或两个以上的主权国家或单独关税区通过签署自由贸易协定，在世界贸易组织（以下简称世贸组织）最惠国待遇基础上，相互进一步开放市场，分阶段取消绝大部分货物的关税和非关税壁垒，改善服务和投资的市场准入条件，由此形成的实现贸易和投资自由化的特定区域。FTA 所涵盖的范围是签署区域内所有成员的全部关税领土，而非只是其中某一部分。概言之，FTA 是主权国家之间通过国际协定方式做出的跨国性、区域性贸易安排。

由于 FTA 成员国相互之间给予的待遇优于其给予区域外国家的待遇，构成世贸组织最惠国待遇原则的例外，因此需要得到世贸组织规则的授权并受到相应限制。世贸组织相关协定中有关 FTA 的规定主要是《关税与贸易总协定》（以下简称《关贸总协定》）第24条（“适用领土——边境贸易——关税同盟和自由贸易区”）和《服务贸易总协定》（以下简称《服贸总协定》）第5条（“经济一体化”）。从授权方面看，《关贸总协定》第24条第5款允许成员国设立关税同盟或自由贸易区，在区域内实行更为优惠的关税措施；《服贸总协定》第5条第1款允许成员国订立区域服务贸易自由化协定。从限制方面看，《关贸总协定》和《服贸总协定》对FTA有一些约束性条件，其中最重要的一点就是FTA的建立不能降低区域外成员国的待遇；也就是说，对区域外成员国的征收的关税或施加的条件不能比建立FTA之前更高或更严格［参见《关贸总协定》第24条第5款（a）—（b）项；《服贸总协定》第5条第4款］。为确保这些实体要求被遵守，《关贸总协定》和《服贸总协定》还规定了自由贸易协定当事国在缔结、扩展或修改协定时的通知义务及区域贸易协定委员会、货物贸易理事会和服务贸易理事会的审查权力［参见《关贸总协定》第24条第7款（a）项及关于解释《关贸总协定》1994第24条的谅解；《服贸总协定》第5条第5款］。这些限制性规定的目的在于确保FTA在世贸组织的多边框架内发展。

稍加对比即可看出，自贸试验区与FTA是完全不同的概念。从技术角度说，自贸试验区应当属于“自由贸易园区”（Free Trade Zone，FTZ）的范畴。按照世界海关组织前身海关合作理事会1973年订立的《京都公约》的解释，FTZ是指一国的部分领土，在这部分领土内运入的任何货物就进口税费而言，被认为在关境以外，并免于实施通常的海关监管制度。各国实践中对自由贸易园区的称谓不一而足，有对外贸易区、自由关税区、免税贸易区、自由区、自由港等等，但在免纳关税和免于通常海关监管措施这一核心特征上则是共通的。我国在上海自贸试验区之前设立的经济特区、保税区、出口加工区、经济技术开发区等特殊经济功能区，都在不同程度上具有自由贸易园区的某些特征，[①] 但这

① 参见商务部、海关总署《关于规范“自由贸易区”表述的函》（商国际函〔2008〕15号），2008年5月9日发布。事实上，中国第一个也是迄今为止最大的保税区上海外高桥保税区，其采用的正式英译就是Free Trade Zone。参见上海外高桥保税区官方网站，http://www.waigaoqiao.gov.cn；又见《上海外高桥保税区条例》（1996年12月20日发布，1997年1月1日起施行），第二条。本书网络资料的最后访问时间均为2017年3月3日。

些特征到了上海自贸试验区则体现得更加集中、全面和充分，能够真正同“自由贸易园区”的概念相对应。按照《总体方案》的规定，上海自贸试验区的范围涵盖上海外高桥保税区、上海外高桥保税物流园区、洋山保税港区和上海浦东机场综合保税区四个海关特殊监管区域，既在基本属性上与上述保税区一脉相承，又在其基础上有所发展和强化。

“中国（上海）自由贸易试验区”这一全称中的“中国”和“试验”二字足以表明，上海自贸试验区的定位绝不仅限于通过关税豁免促进对外贸易或是通过政策优惠吸引外商投资，更重要的是通过在贸易、投资、金融等领域的放权，探索政府职能的转变，改革政府治理经济的方式，积累相关经验并在成熟时向全国推广。诚如《总体方案》所言，上海自贸试验区“肩负着我国在新时期加快政府职能转变、积极探索管理模式创新、促进贸易和投资便利化，为全面深化改革和扩大开放探索新途径、积累新经验的重要使命”①。唯其如此，总体方案所释放的“政策红利”其实颇为有限，更多的是赋予上海自贸试验区在制度创新方面的自主权，寄望其为中国下一步的改革开放探明方向。这也正是为什么有论者指出，制度闯关是上海自贸试验区肩负的最大使命。②

一　上海自贸试验区三年建设发展概况

设立三年来，上海自贸试验区的建设发展始终围绕贸易便利化、投资便利化、金融改革创新、事中事后监管这四大主题进行。

（一）贸易便利化

自贸试验区贸易制度的核心是海关监管制度。《上海自贸试验区条例》明确规定，自贸试验区与境外之间的管理为“一线”管理，自贸试

① 《中国（上海）自由贸易试验区总体方案》，第一条。

② 参见马光远《制度闯关：上海自贸区最大使命》，《经济参考报》2013 年 9 月 30 日第 1 版。

验区与境内区外之间的管理为“二线”管理，按照“一线放开、二线安全高效管住、区内流转自由”的原则，在自贸试验区建立与国际贸易等业务发展需求相适应的监管模式；按照通关便利、安全高效的要求，在自贸试验区开展海关监管制度创新，促进新型贸易业态发展；海关在自贸试验区建立货物状态分类监管制度，实行电子围网管理，推行通关无纸化、低风险快速放行；自贸试验区建立国际贸易单一窗口，形成区内跨部门的贸易、运输、加工、仓储等业务的综合管理服务平台，实现部门之间信息互换、监管互认、执法互助。

上海自贸试验区成立三年来，上海海关先后推出31项创新制度，涵盖简政放权、通关便利、税收征管、保税监管、功能拓展、企业管理和稽查核查等各个业务领域。这31项创新制度中已有21项在全国海关复制推广，其中“先进区后报关”“自行运输”“三自一重”等改革成果已达到国际先进水平，在区域海关通关一体化和全国海关通关一体化改革中发挥了重要作用。目前，区内海关通关作业无纸化率从8.4%大幅提升至89%，一线实际进出境平均通关时间较上海关区平均通关时间分别缩短78.5%和31.7%。三年来，上海海关在自贸试验区内共取消、下放、让渡、放开22项前道审批事权或限制，企业注册登记从40个工作日缩短为3个工作日；联合工商、税务等部门实现企业投资准入环节“七证联办”，企业9个工作日内即可领取各类证照；全面深度参与上海国际贸易“单一窗口”建设，完成19项涉及海关工作的功能项目，占所有建设项目的48.7%。总体而言，上海自贸试验区已经建立起一整套通关便利化制度，制度设计已经对接国际惯例，对促进国内特殊监管区域转型升级效果明显。对照代表当前国际贸易规则最新发展趋势的世贸组织《贸易便利化协定》，其中12条40项具体贸易便利化措施海关已经全部进行了对标研究，相关措施已经全面落地。[①] 创新带来便利，便利推动发展。统计显示，成立三年来，上海自贸试验区海关特殊监管区域进出口总值2万亿元，占同期上海市进出口总值的26.9%；其中，2016年1—8月上海自贸试验区进出口总值7546亿元，同比增长6.5%，占同期上海市进出

① 参见《对标国际深耕改革——上海自贸区新型海关监管制度基本形成》，《人民日报（海外版）》2016年9月29日第08版。

口总值的42%。[①] 自贸试验区对外贸易呈现加速增长的态势。

（二）投资便利化

负面清单管理模式是上海自贸试验区投资法制建设的核心特征，也是上海自贸试验区设立三年来的最大亮点。我国长期以来对外商直接投资的市场准入实行审批制，即外国投资者在我国境内投资设立企业必须经国家或地方商务主管部门事先审批，获得批准后才能办理工商登记，领取营业执照；外商投资企业的合并、分立等重要事项变更以及延长经营期限，也需要经审批机关批准。为创新外商投资管理体制，并为中美双边投资协定谈判“试水”，[②] 上海自贸试验区在全国率先试行“准入前国民待遇+负面清单”的新型投资准入管理模式。所谓准入前国民待遇，是指在企业设立、取得、扩大等阶段给予外国投资者及其投资不低于本国投资者及其投资的待遇，即给予外资包括“准入权”和“设业权”在内的国民待遇。与此相衔接的则是所谓负面清单。负面清单又称反向清单，是指一国主管当局以清单形式明确列出需要对外商投资采取审批等特别管理措施的投资领域和投资项目，对于清单（特别管理措施目录）之外的投资领域和投资项目则对外国投资者和本国投资者一体对待，不再仅因前者的“外国”身份而对其进行专门审批。为此，全国人大常委会于2013年8月30日通过《关于授权国务院在中国（上海）自由贸易试验区暂时调整有关法律规定的行政审批的决定》，规定在上海自贸试验区内，对国家规定实施准入特别管理措施之外的外商投资，暂停实施《外资企业法》《中外合资经营企业法》和《中外合作经营企业法》规定的有关行政审批，改为备案管理。

2013年10月1日，上海市政府公布了第一版负面清单，即《中国（上海）自由贸易试验区外商投资准入特别管理措施（负面清单）（2013

---

① 参见《上海自贸区外贸迎增长海关制度创新落地开花》，新华社，2016年9月29日，http://news.xinhuanet.com/fortune/2016-09/29/c_1119649462.htm。

② 当前正在进行之中的中美双边投资协定谈判正是以负面清单为主要内容。2013年7月，中美双方宣布以“准入前国民待遇+负面清单”模式为基础进入双边投资协定实质性谈判阶段；2015年6月，双方正式开启负面清单谈判；2015年9月、2016年6月和2016年9月，双方三次交换负面清单改进出价。

年）》，包括 190 条特别管理措施。2014 年 6 月 30 日，上海市政府颁布了第二版“负面清单”，特别管理措施由 190 条缩减为 139 条。伴随广东、天津、福建三个自贸试验区的增设，第三版“负面清单”的颁布者由上海市政府升格为国务院办公厅，即《自由贸易试验区外商投资准入特别管理措施（负面清单）》（以下简称《自贸试验区负面清单》）。[①]《自贸试验区负面清单》依据《国民经济行业分类》划分为 15 个门类、50 个条目、122 项特别管理措施，其中特别管理措施包括具体行业措施和适用于所有行业的水平措施；清单之外的领域，在自贸试验区内按照内外资一致原则实施管理，并由所在地省级人民政府发布实施指南；清单中未列出的与国家安全、公共秩序、公共文化、金融审慎、政府采购、补贴、特殊手续和税收相关的特别管理措施，继续按照现行规定执行。外商投资负面清单管理模式的实施，大幅提高了自贸试验区的投资便利化水平。数据显示，目前自贸试验区超过 90% 的外商投资企业是以备案方式设立；相较此前的“逐案审批”，所需提交的文件由 10 份减少到 3 份，办理时限由 21 天左右缩短为 1—3 个工作日。[②]

在此基础上，全国人大常委会于 2016 年 9 月 3 日通过《关于修改〈中华人民共和国外资企业法〉等四部法律的决定》，对《外资企业法》《中外合资经营企业法》《中外合作经营企业法》《台湾同胞投资保护法》四部法律进行修改，规定举办外商投资企业不涉及国家规定实施准入特别管理措施的，对上述法律中规定的相关审批事项适用备案管理，从而将“准入前国民待遇 + 负面清单”管理模式正式推广到全国。该决定自 2016 年 10 月 1 日起施行。据此，商务部于 2016 年 10 月 8 日发布《外商投资企业设立及变更备案管理暂行办法》（以下简称《暂行办法》），对外商投资企业设立、变更的备案管理做出了具体规定。我国长期以来实行的外商投资准入全面审批模式，至此正式终结。这堪称上海自贸试验区迄今为止最为成功、影响最大的可复制可推广经验。

① 《国务院办公厅关于印发自由贸易试验区外商投资准入特别管理措施（负面清单）的通知》，国办发〔2015〕23 号。

② 参见商务部新闻办《国新办举行推动实体零售创新转型和自贸试验区试点经验复制推广政策吹风会》，2016 年 11 月 15 日，http：//www. mofcom. gov. cn/article/ae/slfw/201611/20161101707650. shtml。

（三）金融改革创新

《总体方案》明确规定：“在风险可控前提下，可在试验区内对人民币资本项目可兑换、金融市场利率市场化、人民币跨境使用等方面创造条件进行先行先试……建立与自由贸易试验区相适应的外汇管理体制，全面实现贸易投资便利化。”《上海自贸试验区条例》第25条也规定：“在风险可控的前提下，在自贸试验区内创造条件稳步进行人民币资本项目可兑换、金融市场利率市场化、人民币跨境使用和外汇管理改革等方面的先行先试。”促进和保障金融创新开放、促进贸易投资便利化、实现金融服务实体经济，是上海自贸试验区金融法制建设的出发点和着眼点。

上海自贸试验区设立以来，“一行三会”（中国人民银行、银监会、证监会、保监会）陆续发布了支持上海自贸试验区建设发展的意见、政策或通知，合称“金改51条”。其中，中国人民银行于2013年12月2日正式发布的《关于金融支持中国（上海）自由贸易试验区建设的意见》（以下简称《央行意见》）涉及内容最多、内容最为丰富，也最为引人关注。《央行意见》从创新有利于风险管理的账户体系、探索投融资汇兑便利、扩大人民币跨境使用、稳步推进利率市场化和深化外汇管理改革等多个方面对上海自贸试验区金融开放创新相关问题进行了较为详细的描绘。围绕“金改51条”，上海的“一行三局”也相应出台了10余项实施细则，确立了金融支持自贸试验区建设的总体政策框架，推动了自贸试验区金融改革的顺利起步。这可以称为上海自贸试验区金融改革创新的1.0版。

2014年5月，中国人民银行上海总部发布《中国（上海）自由贸易试验区分账核算业务实施细则（试行）》（以下简称《业务实施细则》）和《中国（上海）自由贸易试验区分账核算业务风险审慎管理细则（试行）》（以下简称《审慎管理细则》），筹备已久的自由贸易账户系统正式投入使用，银行、证券、保险等金融机构和企业均可接入自由贸易账户，实现与境外金融市场的融通。上海自贸试验区金融改革创新至此进入2.0版，其标志是围绕贸易和投资便利化金融改革政策全面实施，以自由贸易账户为核心的风险管理系统正式投入运行。

2015年2月，中国人民银行上海总部发布《中国（上海）自由贸易试验区分账核算业务境外融资与跨境资金流动宏观审慎管理实施细则》（以下简称《境外融资细则》），被看作是上海自贸试验区金融改革创新3.0版的开始。这一时期的核心标志是上海自贸试验区金融开放创新与上海国际金融中心建设联动这一理念得到明确。2015年4月8日，《进一步深化中国（上海）自由贸易试验区改革开放方案》（以下简称《深化方案》）中明确指出："加大金融创新开放力度，加强与上海国际金融中心建设的联动。"10月30日，经国务院同意，中国人民银行、商务部、银监会、证监会、保监会、外汇局和上海市政府联合印发《进一步推进中国（上海）自由贸易试验区金融开放创新试点加快上海国际金融中心建设方案》（以下简称《联动方案》），即所谓"金改新40条"，提出五个方面的主要任务和措施，首当其冲的就是"率先实现人民币资本项目可兑换"。这标志着上海自贸试验区金融开放创新进入全面推进的新阶段。

试行人民币资本项目可兑换的关键是以"分账核算"为核心特征的自由贸易账户系统。《央行意见》规定，自贸试验区内居民可通过设立本外币自由贸易账户（以下简称居民自由贸易账户）实现分账核算管理，开展投融资创新业务；非居民可在自贸试验区内银行开立本外币非居民自由贸易账户（以下简称非居民自由贸易账户），按准入前国民待遇原则享受相关金融服务。依据"一线放开"的原则，居民自由贸易账户与境外账户、境内区外的非居民账户、非居民自由贸易账户以及其他居民自由贸易账户之间的资金可自由划转；而依据"二线管住"原则，居民自由贸易账户与境内区外的银行结算账户之间产生的资金流动视同跨境业务管理。"互通"和"渗透"则体现在，同一非金融机构主体的居民自由贸易账户与其他银行结算账户之间因经常项下业务、偿还贷款、实业投资以及其他符合规定的跨境交易需要，可办理资金划转。这实际上是通过自有贸易账户这个"中转站"，在"一线"与"二线"、境内与境外之间留下一个流量可测、风险可控的管道，并且以"其他符合规定的跨境交易需要"这样的兜底性表述，为管道的拓宽预留了空间。在此基础上，《业务实施细则》和《审慎管理细则》作了更为细致的规定，从业务管理和风险防范两个方面，共同构建起有利于风险管理的自由贸易账户体系框架。《境外融资细则》则进一步放宽了对自贸试验区内企业和金融机构境外融资的管理，其核心是企业和金融机构可以自主开展境外融资活动、自主计算境外融资规模、自主权衡境外融资结构，扩大了经济主体从境外融资的规模与渠道。

从实践情况看，自由贸易账户系统运转良好，成效显著。据统计，截至2016年6月底，已有45家上海市金融机构提供自由贸易账户相关金融服务，且全市其他银行业金融机构均可通过间接参与模式开展自由贸易账户相关业务；累计开立自由贸易账户5.5万个，办理跨境结算折合人民币6.7万亿元，涉及104个国家和地区以及2.5万家境内外企业；上海自贸试验区企业通过自由贸易账户获得的本外币融资总额折合人民币5681亿元，累计发生本外币兑换业务折合人民币7551亿元。[①]《联动方案》明确要求总结自由贸易账户经验，抓紧启动自由贸易账户本外币一体化各项业务，进一步拓展自由贸易账户功能。这意味着，未来上海自贸试验区资本项目可兑换的全面推进，仍将围绕自由贸易账户并以之为依托来进行。

另外值得一提的是，截至2017年1月，上海自贸试验区先后发布了七批共80个金融创新案例，[②] 涉及自由贸易账户功能拓展、金融业务创新、跨境金融服务创新、综合金融服务模式创新、金融监管创新、行业自律等多个领域。这些金融创新案例不仅宣传了自贸试验区金融创新政策，促进了金融创新试点，还作为“可复制可推广”经验的初步素材，为广东、天津、福建自贸试验区金融改革创新工作提供了范例。

（四）事中事后监管

《总体方案》第二条规定的上海自贸试验区五大任务中，首当其冲的就是转变政府职能：“加快转变政府职能，改革创新政府管理方式，按照国际化、法治化的要求，积极探索建立与国际高标准投资和贸易规则体系相适应的行政管理体系，推进政府管理由注重事先审批转为注重事中、事后监管。”《上海自贸试验区条例》第36条进一步规定：“在自贸试验

---

① 参见李文龙、马梅若《自由贸易账户引领上海自贸试验区金融改革》，《金融时报》2016年9月30日第005版。

② 从发布的各个创新案例看，这里的“案例”是指各种具体的管理办法、实施机制、业务品种、实践做法等，并非特指司法案例。

区创新行政管理方式，推进政府管理由注重事先审批转为注重事中事后监管，提高监管参与度，推动形成行政监管、行业自律、社会监督、公众参与的综合监管体系。”实际上，上文所述贸易、投资、金融领域的制度改革和创新，无不渗透和体现了从注重事先审批转为注重事中、事后监管的基本理念，外商投资审批制向备案制（辅之以负面清单）的转变即为典型例证。

设立三年来，上海自贸试验区基本形成了与开放型市场经济相适应的政府管理制度，例如在全国率先启动“证照分离”改革试点，深化商事登记制度改革，降低企业准入门槛；建设公共信用信息服务平台，建立和完善与信用信息、信用产品使用有关的一系列制度；建设自贸试验区信息服务和共享平台，推进各部门监管信息的归集应用和全面共享，消除“信息孤岛”，打破“蜂窝煤”管理模式；试行综合执法，整合监管职责权限，成立市场监管局、知识产权局、城管执法局等综合执法机构。在此基础上，上海市政府办公厅于 2016 年 8 月 5 日印发《进一步深化中国（上海）自由贸易试验区和浦东新区事中事后监管体系建设总体方案》（以下简称《监管总体方案》），[①] 总结已有经验，明确工作思路，并提出进一步要求。

《监管总体方案》提出了坚持法治理念、坚持问题导向、坚持制度创新、坚持综合监管、坚持放管结合五项基本原则，规定了引导市场主体自律、探索业界自治、推动社会监督、加强政府监管、强化专业监管、创新监管体制机制、创新监管方式方法、加强监管基础平台建设八项任务，并明确要求加强法制保障，“结合‘证照分离’改革试点工作和行政审批事项改革，梳理相关行政审批项目在取消或下放后需调整实施的法律法规和国务院文件，提出调整实施的建议”。其中，有关发挥第三方专业机构监督作用、加强金融监管协调、完善综合执法体系、实施精准监管和协同监管等方面的规定都可圈可点。具体包括：（1）完善政府向社会力量购买服务机制，推动社会组织多渠道参与市场监督，推动政府部门信用数据向社会开放，培育发展社会信用评价机构，鼓励开展信用评

---

① 《上海市人民政府办公厅关于印发〈进一步深化中国（上海）自由贸易试验区和浦东新区事中事后监管体系建设总体方案〉的通知》（沪府办发〔2016〕30 号）。

级和第三方评估；（2）建立适应上海自贸试验区发展和上海国际金融中心建设联动的金融监管机制，进一步发挥金融协调机制作用，加强跨部门、跨行业、跨市场金融业务监管协调和信息共享，以自由贸易账户为基础构建跨境金融安全网；（3）坚持综合执法和专业执法相结合，整合政府部门间相同相近的执法职能，归并执法机构、统一执法力量，探索形成以市场监管、城市管理、治安管理三大综合领域为重点，若干专业领域（知识产权、农林牧渔、劳动监察、卫生监督等）为补充的综合执法体系；（4）以“互联网+”和大数据技术为支撑，以部门联动和信息共享为基础，实施精准监管、协同监管，建立健全跨部门联动响应机制，强化综合监管，增强监管合力。

二 总体评价与后续工作重点

上海自贸试验区自成立以来，各项工作有序推进、成效明显，三年来的发展总体符合预期。目前，“准入前国民待遇+负面清单”管理模式的改革探索不断取得新突破，对标国际投资贸易通行规则的制度创新不断深化，国际化、市场化、法治化的营商环境不断完善，一批立足可复制可推广的基础性制度和核心制度不断形成，浦东新区作为一级地方政府转变职能的改革举措不断取得新进展，提高经济领域政府治理能力的制度框架基本形成。上海自贸试验区建设对于新一轮改革开放具有引领意义，是全面深化改革的突破口。这一特性决定了上海自贸试验区必须在诸多领域先行先试，承担“制度闯关”的艰巨任务，并形成可复制、可推广的经验，为在国家层面全面深化改革助力。三年来，自贸试验区在贸易、投资、金融等方面的制度创新取得了较为显著的成效。

首先，以负面清单管理为核心的投资管理制度基本建立。一是深化完善负面清单。2013 年上海自贸试验区推出全国首张负面清单，外商投资准入特别管理措施有 190 条；2014 年 6 月修订出台 2014 版负面清单，特别管理措施减少至 139 条，提高了开放度和透明度。2015 年，国家明确四个自贸试验区共用一张负面清单，特别管理措施进一步减少至 122 条。二是改革外商投资和境外投资管理制度。自贸试验区将负面清单以外领域的外商投资项目和企业合同章程审批全部改为备案制，境外投资也改为备案。这两项工作从自贸试验区成立伊始就开始实施，效果显著。截至 2016 年 8 月末，上海自贸试验区共办结备案项目 15568 个，其中新设 6419 个，变更事项 9149 个，合同外资 665 亿美元；尤其是 2015 年扩区以来，共办结备案 10043 个，其中新设 3961 个，变更事项 6082 个，合同外资 580.6 亿美元。54 项扩大开放措施中已有 29 项落地，落地企业 1687 个。在境外投资方面，企业境外投资备案权限下放至浦东新区，浦东新区商务委在市民中心专门设立办事窗口，企业从提出申请到出证仅需 3 个工作日；取得证书后，企业即可至开户行办理外汇登记并完成购付汇手续。2015 年，上海自贸试验区境外投资项目 691 个，中方出资额 240 亿美元，占全市 60%。2016 年 1—5 月，市民中心备案境外投资企业 218 家，中方出资额 24.74 亿美元，同比增长 22%；浦东新区总计备案境外投资企业 459 家，中方出资额 135.29 亿美元，同比增长 35%。这些数字都大幅超出了挂牌前 20 年的总和。①

其次，以贸易便利化为重点的贸易监督制度有效运行。一是创新“一线放开、二线安全高效管住、区内自由”的监管制度。在海关、检验检疫部门的支持配合下，上海自贸试验区推出了“先入区、后报关”“一次申报、一次查验、一次放行”等多项创新举措，成效显著。二是搭建国际贸易“单一窗口”。2015 年 6 月，国际贸易“单一窗口”1.0 版正式上线运行，覆盖 6 个功能模块，涉及 17 个口岸和贸易监管部门，600 多家企业上线办理业务，初步具备了国际贸易“单一窗口”的基本构架和主要功能。2016 年 1 月，“单一窗口”2.0 版上线，涉及 9 大功能模块，连通 20 个监管部门，上线企业达到 1200 多家，服务范围涉及 2.6 万家外贸企业，货物申报数据项减少 1/3，船舶申报数据项减少 80%，大幅提高了口岸通行效率。② 三是货物状态分类监管。对保税货物、非保税货物、口岸货物进行分类监管，通过采用“联网监管 + 库位管理 + 实时核注”

---

① 参见《自贸区制度创新带动跨境活动愈发频繁——外资纷纷“落下来”中资不断“走出去”》，上海自贸试验区官网，http：//www.china-shftz.gov.cn/NewsDetail.aspx?NID = d9ad83a2 - 796a - 44ee - 9c3c - 82a6b115d291&CID = 16a79677 - 7b73 - 4570 - a610 - 761ad7cf52c3&MenuType = [object Object] &navType = 0。

② 参见《上海自贸区单一窗口新版上线》，中国政府网，http：//www.gov.cn/xinwen/2016 - 11/18/content_ 5134086.htm。

的监管模式，对货物的“进、出、转、存”情况进行实时掌控和动态核查。

最后，以资本项目可兑换和金融服务业开放为目标的金融改革有序推进。一是金融开放创新方案及配套政策陆续制定完成。2015 年，国务院批准各相关部委和上海市人民政府联合发布《联动方案》；中国人民银行上海总部发布《境外融资细则》，启动自由贸易账户外币服务功能和境外融资功能；证监会发布《境外交易者和境外经纪机构从事境内特定品种期货交易管理暂行办法》，原油期货市场建设步伐加快，相关配套政策陆续发布。二是金融市场和产品服务功能不断提升。主要表现在金融机构大量集聚，自由贸易账户运行顺畅，人民币跨境使用迅猛增长，外汇管理改革成效显著，面向国际的金融要素市场建设稳步推进。三是金融监管和风险防范机制不断完善。通过建立监管协调机制、跨境资金流动监测机制、“反洗钱、反恐融资、反逃税”监管机制，完善金融宏观审慎监管措施，切实加强金融机构风险管理主体责任，构建开放条件下的金融安全网。

与此同时，在中央地方统筹协调、以政府职能转变为核心的事中事后监管、“可复制可推广”与国际金融中心建设的协调处理、与国际高标准投资贸易规则的对标等方面，上海自贸试验区也存在一些有待进一步研究的问题和需要进一步推进的工作。

（一）适应简政放权新常态，进一步转变政府职能

一是要解决“证照分离”后的新问题。上海自贸试验区成立之初，即率先在区内试行注册资本认缴制。此后又推行“三证合一、一照一码”注册登记制度，按照国家统一部署，自 2015 年 10 月起全面实施，由工商行政管理部门核发加载统一社会信用代码的营业执照。此外，还在全国率先试点“证照分离”，将“先证后照”改为“先照后证”，以进一步激发“双创”活力。从现有实践来看，“证照分离”“先照后证”虽然为在自贸试验区开办企业带来了便利，但并未解决全部问题。很多创业者拿到营业执照后仍然存在办证难问题，只是把矛盾推后了。主要问题仍在于许可事项办理的透明度和预期性较低，部分行业的市场准入门槛较高。为此，需要进一步转变政府职能，更加充分发挥市场和企业的主体作用，

取消部分许可证，降低具体办事部门的自由裁量权，增强行政过程的透明度和办理结果的可预期性。

二是要转变“谁审批，谁主管”的传统思路，加强事中事后监管。随着自贸试验区转变政府职能和简政放权工作的推进，很多审批、许可项目被取消，随之而来的问题是一些政府部门履行监管职能不积极，认为“不是我批的，不归我管”。这种在“全链条”审批时代遗留下来的“谁审批，谁主管”的传统思路，显然已经不适应“准入前国民待遇＋负面清单”时代的新形势。为此，需要进一步转变政府职能，将工作重心和注意力真正从事前审批转移到事中事后监管上来，明确监管职权、厘清监管责任，做到不该管的果断放手，该管的坚决管起来。

三是要进一步强化部门间信息共享，打破“蜂窝煤”管理模式。目前我国的政府管理模式很大程度上是“蜂窝煤式”的，各部门自上而下自成一体，相互之间信息流通不畅、沟通协调不足，既不利于监管资源的最佳利用，也给企业经营和市场运转造成额外负担。自贸试验区在政府部门信息共享和综合执法方面取得了显著成效，但一些体制机制方面的问题是在自贸试验区乃至上海市层面都无法完全解决的，需要中央相关部门给予配合、支持和协调。从现实情况出发，可以考虑以金融领域为突破口，在自贸试验区范围内打破“一行三会”间的监管壁垒，探索建立符合国际规则、适应中国国情、统筹协调的全覆盖金融监管体制。

（二）处理好“可复制可推广”与国际金融中心建设的关系

探索和积累可复制可推广的经验，是中央对上海自贸试验区的重要要求，也是自贸试验区试点的重要意义之所在。但是，对于“可复制可推广”的理解不宜绝对化，不应认为自贸试验区的任何创新举措都要以“可复制可推广”为前提。金融领域尤其如此。金融要素天生具有集中性，需要大资金、大市场、大平台，这也正是上海建设国际金融中心的原因之所在。在此情况下，如果一味强调“可复制可推广”，一来易于束缚金融创新思路；二来复制、推广过快会对试验深度和要素积累造成影响；三来复制、推广过多会分散金融资源，妨碍要素集聚，影响国际金融中心的建设进程。在调研过程中，相关政府部门和金融机构对此均有所反映。

《深化方案》第22条明确指出：“加大金融创新开放力度，加强与上海国际金融中心建设的联动。”《联动方案》的出台，则标志着上海自贸试验区金融开放创新与上海国际金融中心建设联动这一理念得到明确。上海在建设国际金融中心方面具有先天优势，这一优势不应被冲淡或放弃。金融市场除了集聚功能，还有辐射功能，能够辐射和服务周边。因此，就上海自贸试验区金融创新发展和金融市场建设而言，可以更多地从“可服务可辐射”的角度进行思考和探索，充分发挥自身优势，将自贸试验区推进与国际金融中心建设有机结合起来。例如，自由贸易账户和分账核算体系是上海自贸试验区金融创新的一个代表性举措，也是下一步试行人民币资本项目可兑换的重要基础。目前，关于自由贸易账户和分账核算体系的实施细则是由人民银行上海总部制定的，其能否约束上海市以外的金融机构存在疑问。而如果将自由贸易账户简单复制推广到其他自贸试验区，又会使相关金融业务的集中性受到影响。因此，可以考虑将中国人民银行上海总部制定的规则上升到中国人民银行总行层面，约束全国范围内的相关金融机构；其他自贸试验区基于相同规则建立自由贸易账户，但将结算中心总后台放在上海，从而充分发挥上海的金融中心优势。

（三）进一步对标国际贸易投资通行规则

十八届三中全会通过的《关于全面深化改革若干重大问题的决定》指出，经济体制改革的核心问题是处理好政府和市场的关系，使市场在资源配置中起决定性作用和更好发挥政府作用。由于上海自贸试验区建设主要着眼于制度创新而非政策优惠，因此必须从转变政府职能、优化营商环境、便利贸易投资的角度打造核心竞争力，对标国际贸易投资通行规则，在国际范围内对企业产生足够吸引力。从调研中了解到的情况看，很多企业尤其是拥有跨国业务的大企业，对于自贸试验区出台新政策、新规则并无多高期待，更希望、更看重的是“政府少管点”和“尊重国际惯例”，以便其能以国际通行方式进行更为自主灵活的经营。例如，航运保险是国际化程度很高的自成一体的保险业务，相比一般保险业务有较大的特殊性。《海商法》对于海上保险也有专章规定，构成《保险法》的特别法。有鉴于此，保险监管部门在对航运保险业务及开展此类业务的企业进行监管时，理应与对一般保险业务的监管有所区别。但实践中，保险监管部门对于航运保险业务的特殊性并未给予足够关注，而是习惯于一体适用相关监管规则和指标，并要求监管对象相应调整其业务模式和做法。这不仅给航运保险企业增加了不必要的合规成本，也不利于这些企业开展国际化经营。

因此，有必要在自贸试验区内进一步探索简政放权和转变政府职能，可放可不放的尽量放，可管可不管的尽量不管，尽可能做到尊重市场规律和国际惯例，为企业创造一个更为友好和宽松的国际化、法治化营商环境。建议上海自贸试验区下一步充分依托浦东新区作为一个完整行政区域的优势，探索建立一套与国际投资贸易通行规则相衔接的制度创新体系，推动上海自贸试验区成为开放度最高的投资贸易便利、货币汇兑自由、监管高效便捷、法治环境规范的自由贸易园区，为全国深化改革开放继续发挥示范引领作用。

三　对其他自贸试验区建设发展的引领和推动

在上海自贸试验区先行先试所积累的可复制可推广经验基础上，2014 年 12 月 12 日，国务院常务会议决定在广东、天津和福建增设三个自贸试验区。2015 年 4 月 8 日，国务院印发《中国（广东）自由贸易试验区总体方案》（以下简称《广东自贸试验区总体方案》）、《中国（福建）自由贸易试验区总体方案》（以下简称《福建自贸试验区总体方案》）和《中国（天津）自由贸易试验区总体方案》（以下简称《天津自贸试验区总体方案》）；4 月 21 日，三个自贸试验区正式挂牌。之后，天津、福建、广东三省市人大常委会先后制定通过了《中国（天津）自由贸易试验区条例》（2015 年 12 月 24 日公布并施行，以下简称《天津自贸试验区条例》）、《中国（福建）自由贸易试验区条例》（2016 年 4 月 1 日通过并施行，以下简称《福建自贸试验区条例》）和《中国（广东）自由贸易试验区条例》（2016 年 5 月 25 日通过、7 月 1 日起施行，以下简称《广东自贸试验区条例》）。

广东、天津、福建自贸试验区的总体方案中增加了“战略定位”这一条目，根据三个自贸试验区的“地缘”特点和优势予以区别性定位。① 与其各自战略定位相适应，除共有的加快政府职能转变，促进贸易、投资、金融领域改革开放和制度创新的任务外，天津自贸试验区强调实施京津冀协同发展战略，推动京津冀地区外向型经济发展；广东自贸试验区强调深入推进粤港澳服务贸易自由化，强化国际贸易功能集成，推动适应粤港澳服务贸易自由化的金融创新（“粤港澳深度合作示范区”）；福建自贸试验区则强调率先推进与台湾地区投资贸易自由，扩大对外服务贸易开放，推动两岸金融合作先行先试（“深化两岸经济合作的示范区”“对接台湾自由经济示范区”）。

《天津自贸试验区条例》专设“服务京津冀协调发展”一章，规定“发挥融资租赁等特色金融产业优势，服务天津市和北京市、河北省实体经济，促进区域经济转型发展；支持京津冀地区金融机构为自贸试验区内主体提供支付结算、异地存储、信用担保等业务同城化综合金融服务，降低跨行政区金融交易成本”。在新一轮自贸试验区制度创新方面，天津自贸试验区走在全国前列。自挂牌运作以来，天津自贸试验区推出两批175项制度创新，其中141项已落地实施；在商务部2015年年底向全国复制推广的21项自贸试验区创新成果中，9项来自天津自贸试验区。目前天津自贸试验区在跨境本外币资金池、跨境融资、融资租赁收取外币租金等方面的创新业务已初见成效：截至2016年6月底，区内各类金融机构达到131家，跨境收支额554亿美元，占全市26.9%；跨境人民币结算1192.8亿元人民币，占全市39.5%。租赁业创新继续保持全国领先地位，目前区内各类租赁公司近2200家，其中融资租赁公司总部超过800家；租赁飞机累计超过700架，约占全国90%；租赁船舶达到82艘，

① 广东自贸试验区的战略定位是：“依托港澳、服务内地、面向世界，将自贸试验区建设成为粤港澳深度合作示范区、21世纪海上丝绸之路重要枢纽和全国新一轮改革开放先行地。”天津自贸试验区的战略定位是：“以制度创新为核心任务，以可复制可推广为基本要求，努力成为京津冀协同发展高水平对外开放平台、全国改革开放先行区和制度创新试验田、面向世界的高水平自由贸易园区。”福建自贸试验区的战略定位是：“围绕立足两岸、服务全国、面向世界的战略要求，充分发挥改革先行优势，营造国际化、市场化、法治化营商环境，把自贸试验区建设成为改革创新试验田；充分发挥对台优势，率先推进与台湾地区投资贸易自由化进程，把自贸试验区建设成为深化两岸经济合作的示范区；充分发挥对外开放前沿优势，建设21世纪海上丝绸之路核心区，打造面向21世纪海上丝绸之路沿线国家和地区开放合作新高地。”

约占全国80%。[①]

《广东自贸试验区条例》专设“粤港澳合作和‘一带一路’建设”一章，规定“推进粤港澳服务贸易自由化，在金融服务、交通航运服务、商贸服务、专业服务、科技文化服务和社会服务等领域，取消或者放宽对港澳投资者资质要求、股比限制、经营范围等准入限制措施”。自挂牌运作以来，广东自贸试验区围绕推动国际航运中心、物流中心、贸易中心和高端制造业基地建设，金融创新体系建设，科技创新体系建设，高水平开放体系建设，国际化市场化法治化营商环境建设等五个方面，初步形成了政策和制度创新体系。例如，推进大通关体系建设，进行一系列通关模式改革，包括扩大粤港澳通关“绿色关锁”实施范围、实施海关快速验放机制和国际转运货物监管新模式等；制定国际贸易“单一窗口”建设方案，推动实现“一点接入、一次申报、多家联办、一点反馈、信息共享”基本功能，推进口岸单位建立“三互”（信息互换、监管互认、执法互助）协作机制，初步形成关检“四互换、四互认、五互助”的“三互”清单。《福建自贸试验区条例》专设“闽台交流与合作”一章，规定“自贸试验区按照同等优先、适当放宽的原则，推进闽台合作机制创新”。自挂牌运作以来，福建自贸试验区积极创新体制机制，186项重点试验任务已实施145项，正在推进41项；已落地实施创新举措160项，其中63项为全国首创。对台小额商品交易市场内进口原产台湾药品、化妆品、保健食品、医疗器械简化审批手续，快验快放；以跨海峡人民币清算为突破口，设计“两岸货币合作平台”发展路线图，集聚两岸几十家银行业金融机构关注、参与，多家国内主要银行在厦门成立总行“对台人民币清算中心”，台湾地区30多家银行授予厦门16家银行货币合作额度；对台湾地区输入区内的农产品、食品等产品试行快速检验检疫模式。[②]

值得一提的是，三个自贸试验区条例都加入了旨在鼓励创新、宽容

---

① 参见全国各省区市人民政府驻广州办事处信息协会课题组《关于上海、天津、福建、广东自贸试验区制度创新的调研》，天津市人民政府合作交流办公室网站，http://www.jjhz-tj.gov.cn/new/zhxx/20161026/t20161026_18175.html。

② 同上。

失败的“试错”条款。《天津自贸试验区条例》第五条规定：“自贸试验区鼓励创新、宽容失败，保护制度创新的主动性、积极性，营造自主改革、积极进取的环境。”与此相似，《福建自贸试验区条例》第六条规定：“自贸试验区建立鼓励改革创新、允许试错、宽容失败的机制，完善以支持改革创新为导向的考核评价体系，充分激发创新活力。”相比上述两个条例较为原则性的宣示，《广东自贸试验区条例》第四条以较大篇幅作了内容更为详细、态度更加坚决的规定：“鼓励自贸试验区先行先试，探索制度创新。对法律、法规和国家政策未明确禁止或者限制的事项，鼓励公民、法人和其他组织在自贸试验区开展创新活动。……在自贸试验区进行的创新未能实现预期目标，但是符合国家确定的改革方向，决策程序符合法律、法规规定，未牟取私利或者未恶意串通损害公共利益的，对有关单位和个人不作负面评价，免于追究相关责任。”在新一轮改革开放和制度创新方兴未艾的背景下，这一条款有助于激励相关主体勇于开拓、积极创新，特别是减少庸政懒政怠政。同时，“符合国家确定的改革方向，决策程序符合法律、法规规定”这一条件性表述，也为创新设定了制度的笼子，不致违反“凡属重大改革都要于法有据”这一基本要求。

总体而言，2016年上海自贸试验区在中国自贸试验区建设发展中继续发挥引领作用，在制度创新特别是自贸试验区与国际金融中心联动建设的制度创新方面保持良好势头。其作为中国首个自贸试验区，在预定的三年试验期内圆满完成了先行先试和积累可复制可推广经验的任务，成功带动自贸试验区建设多点开花。广东、天津、福建三个自贸试验区条例的颁布施行，落实和丰富了2015年三个总体方案的规定，使得自贸试验区建设更加于法有据、有章可循。条例中“服务京津冀协同发展”“粤港澳合作和‘一带一路’建设”“闽台交流与合作”等专章的设置，也有助于各个自贸试验区在“共性”与“个性”“可复制可推广”与“地缘特色”之间找到更好的平衡。2016年8月，中央决定在辽宁、浙江、河南、湖北、重庆、四川、陕西等省市新设七个自贸试验区，在战略定位和基本任务方面呈现更加多样化的态势。[①] 上海自贸试验区的星星之火，已成燎原之势。

2017 年 1 月 9 日，最高人民法院发布《关于为自由贸易试验区建设提供司法保障的意见》（法发〔2016〕34 号，以下简称《意见》）。《意见》立足自贸试验区建设发展实际需求，结合自贸试验区审判实践，由总而分地提出了 12 条意见，定位准确、内容充实、指引到位。《意见》的出台，对于推动自贸试验区在更大范围内平稳有序发展、对于确保自贸试验区相关改革创新工作于法有据、对于贯彻实施全面依法治国重要方略，均具有显著的积极意义。《意见》的总体思路和主要特点体现在以下三个方面。

其一，以保障促改革，以转变求创新。一方面，自贸试验区是我国改革开放的试验田，是构建开放型经济新体制的重要窗口，也是促进政府职能转变的突破口，随着改革进入攻坚期和深水期，自贸试验区承载的期望越高、肩负的任务越重，越需要大胆开拓、勇于创新；另一方面，党的十八届四中全会提出和明确了全面推进依法治国的总目标和重大任务，习近平同志也一再强调凡属重大改革都要于法有据，这就要求自贸试验区的建设发展必须始终在法治的轨道上进行，成为法治中国建设的有机组成部分。此前，全国人大常委会专门授权国务院在自贸试验区范围内暂时调整有关法律规定的行政审批，从立法层面为自贸试验区的改革创新提供了保障。此次《意见》的出台，是以全国人大常委会的相关

---

① 辽宁省主要是落实中央关于加快市场取向体制机制改革、推动结构调整的要求，着力打造提升东北老工业基地发展整体竞争力和对外开放水平的新引擎；浙江省主要是落实中央关于“探索建设舟山自由贸易港区”的要求，就推动大宗商品贸易自由化，提升大宗商品全球配置能力进行探索；河南省主要是落实中央关于加快建设贯通南北、连接东西的现代立体交通体系和现代物流体系的要求，着力建设服务于“一带一路”建设的现代综合交通枢纽；湖北省主要是落实中央关于中部地区有序承接产业转移、建设一批战略性新兴产业和高技术产业基地的要求，发挥其在实施中部崛起战略和推进长江经济带建设中的示范作用；重庆市主要是落实中央关于发挥重庆战略支点和连接点重要作用、加大西部地区门户城市开放力度的要求，带动西部大开发战略深入实施；四川省主要是落实中央关于加大西部地区门户城市开放力度以及建设内陆开放战略支撑带的要求，打造内陆开放型经济高地，实现内陆与沿海沿边沿江协同开放；陕西省主要是落实中央关于更好发挥“一带一路”建设对西部大开发带动作用、加大西部地区门户城市开放力度的要求，打造内陆型改革开放新高地，探索内陆与“一带一路”沿线国家经济合作和人文交流新模式。

决定为依据，积极做好司法应对，探索自贸试验区法律适用的最佳模式，为自贸试验区建设提供优质高效的司法保障。无论是要求各级人民法院“在准确适用法律的基础上，注重及时调整裁判尺度，积极支持政府职能转变”，还是鼓励各级人民法院“结合自身的司法实践，积极配合各项改革措施的实施，主动完善工作机制，创新工作方法”，都充分体现了上述宗旨和原则。

其二，多方面发挥审判职能作用，实现司法保障全覆盖。自贸试验区虽以“贸易”冠名，但其实际内涵和期待功能远逾单纯的贸易范畴，是以在新形势下推进改革开放为着眼点、以加快政府职能转变为切入点，广泛涉及贸易、投资、金融、航运、工商、税务等各个方面，既涉及实体法，也涉及程序法；既涉及民商事领域，也涉及行政和刑事领域；既涉及国内法律法规，也涉及国际条约和惯例。这就要求人民法院多角度、多方面地行使审判职能，既从整体和全局上引起重视，又在各个相关领域切实发挥引领和规范作用，为自贸试验区建设发展提供全方位的司法保障。正是基于上述客观情况和需求，《意见》明确要求人民法院积极行使刑事审判职能，依法打击涉自贸试验区刑事犯罪；加强涉自贸试验区民事审判工作，依法保护当事人民事权益；积极行使行政审判职能，支持和监督政府在自贸试验区依法行政。不仅如此，《意见》还针对自贸试验区民商事审判工作实际，对“民宅商用”“一址多照”、加工贸易、平行进口、船舶登记等热点、焦点问题做出专门规定，既表明了保障和促进自贸试验区健康发展的鲜明态度，又体现了基于相关审判经验不断丰富而日益彰显的司法自信。

其三，接轨国际通行做法，增强中国司法国际公信力。自贸试验区既是全面深化改革的试验田，也是扩大对外开放的试验田。做好涉自贸试验区案件审判，有助于增强中国司法的国际公信力和影响力，在国际规则制定中发出更多“中国声音”，注入更多“中国元素”。在这方面，《意见》秉持开放包容的心态，接轨国际通行做法，支持多元化纠纷解决机制，努力探索审判程序的改革与创新。首先，《意见》依法支持域外仲裁。《意见》规定，在自贸试验区内注册的外商独资企业相互之间约定将商事争议提交域外仲裁的，不应仅以其争议不具有涉外因素为由认定相关仲裁协议无效；一方或者双方均为在自贸试验区内注册的外商投资企业，约定将商事争议提交域外仲裁，一方当事人将争议提交域外仲裁，在相关裁决做出后又主张仲裁协议无效，或者另一方当事人在仲裁程序中未对仲裁协议效力提出异议，在相关裁决做出后又以不具有涉外因素为由主张仲裁协议无效的，人民法院不予支持。这体现了“禁止反言”的民商事基本原则，有助于构建更加稳定和可预期的法治化营商环境。

其次，《意见》探索开展临时仲裁。《意见》规定，在自贸试验区内注册的企业相互之间约定在内地特定地点、按照特定仲裁规则、由特定人员对有关争议进行仲裁的，可以认定该仲裁协议有效；人民法院认为该仲裁协议无效的，应报请上一级法院进行审查；上级法院同意下级法院意见的，应将其审查意见层报最高人民法院，待最高人民法院答复后做出裁定。这实质上是接轨国际通行做法，有条件、有限度地允许自贸试验区内注册企业在内地开展临时仲裁，同时又由最高人民法院进行总体把关，积极防范可能的法律风险。

最后，《意见》规定建立合理的外国法查明机制。《中华人民共和国涉外民事关系法律适用法》第 10 条规定，涉外民事关系适用的外国法律，由人民法院、仲裁机构或者行政机关查明；当事人选择适用外国法律的，应当提供该国法律；不能查明外国法律或者该国法律没有规定的，适用中华人民共和国法律。关于该条的具体理解和操作，特别是当事人选法情形下的外国法查明问题，理论上和实践中均存在争议。对此《意见》明确规定，人民法院审理的涉自贸试验区的涉外民商事案件，当事人约定适用外国法律，人民法院了解查明途径的，可以告知当事人；当事人不能提供、按照我国参加的国际条约规定的途径亦不能查明的外国法律，可在一审开庭审理之前由当事人共同指定专家提供。此举在自贸试验区范围内率先明确了外国法查明的基本机制和责任主体，有助于促进外国法合理适用、彰显当事人意思自治、增强中国司法国际公信力。

在全面深化改革和扩大对外开放的背景下、在自贸试验区建设由点及面渐趋深入的情形下，《意见》的出台具有十分重要的积极意义。《意见》的相关规定和安排体现了以保障促改革、以转变求创新的基本思路，既注重多方面发挥审判职能作用，实现司法保障全覆盖，又接轨国际通行做法，着眼于增强中国司法国际公信力。相信《意见》的实施能够为自贸试验区建设提供优质高效的司法保障，为自贸试验区健康发展注入新的法治动力。

在自贸试验区后续建设发展中，需要特别注意三个方面的问题：一是从地区特点和实际需求出发申报、设立和建设自贸试验区，力戒“扎堆”申报、“跟风”建设，避免低水平同质化竞争；二是不忘以自贸试验区建设来推进改革开放、转变政府职能、实现制度创新的“初心”，避免成为单纯通过政策优惠招商引资的“政策洼地”；三是妥善处理地方特色与顶层设计的关系，在凸显地缘优势、发挥地方特色的同时，保持相关制度和规则总体上的系统性、一致性和连贯性。就此而言，在进一步积累和总结自贸试验区建设发展经验的基础上，适时出台全国性的《自由贸易园区条例》乃至《自由贸易园区法》，应当成为下一步工作的重点。

第二章

上海自贸试验区贸易领域建设推进与制度创新

随着经济全球化和贸易一体化进程的推进，国家之间的经济贸易往来逐渐密切，数字技术的推广、信息的广泛传播，特别是互联网的出现，使贸易行为不再局限于一个国家的国内市场，其范围逐步扩展为区域乃至全球间的国际市场；贸易主体范围发生变化，国家、组织、个人均可成为贸易主体；贸易方式变得更为复杂多样；贸易对象也由单纯的商品逐渐扩展为资本、劳务、服务、智力成果；等等。正是因为贸易出现了诸多新变化、新发展，加之国际合作的密切化和各种贸易组织、合作组织的诞生，为适应国际贸易的新需求，自由贸易区应运而生。自由贸易区的出现，使原本由国内法律规范的贸易行为转向由双边协定或多边公约进行规范，而原本局限于国内市场的竞争行为不断扩大范围，有利于提高一个国家的整体经济实力和国内行业竞争水平。特别是对于发展中国家而言，其在自由贸易区中的获利往往是多方面、多层次的：从短期国家贸易福利看，自由贸易区能够带来更为广阔的市场，促进地区就业，加快一国经济增长模式的改变，使国家从贸易创造价值和贸易转移价值中获利；从更为深远的层次看，自由贸易区的建立促使生产技术由发达国家向发展中国家流动，使发展中国家的企业、行业能够充分吸收、学习、借鉴发达国家更为先进、有效的各项技术，从而实现整个国家经济方式的转型。

经济发展程度决定了一个国家的市场化水平，这种市场化水平体现在产业格局、科技水平、现代化行业发展程度等各个方面。基于市场的发展程度，贸易的概念和形式不断扩展，由最初的产品、服务交易发展到当下的资本、生产资料乃至劳动力的流动，贸易的标的由实体向虚拟延伸，贸易市场也逐渐由有形向无形发展。这些贸易的新变化要求国家通过开放市场实现贸易自由。但市场开放程度又影响着国家的经济、政治利益乃至主权安全，因此一国开展贸易、开放市场必须同其国内市场的成熟度相适应、相匹配，否则就可能引发危机。国家是分阶段发展的，市场亦然。发展中国家的市场发展阶段落后于发达国家，设定市场过渡期就是为了应对这种先天不平等可能导致的不公平竞争现象出现。基于市场和国家安全的考虑，发展中国家大多选择在国家的某一个区域内成立自由贸易园区，通过特殊的海关监管政策和法律措施来扩展园区内市场自由化水平，以实现引入外资、发展地方经济的目的。同自由贸易区不同，园区内的各项政策与法律依然受到国内法律的限制，通过这种方式降低园区内可能产生的市场风险，由国家的宏观调控控制国内市场开放程度，避免脆弱市场受到过度冲击而导致行业萎缩。

无论是自由贸易区还是自由贸易园区，其目的都是打破贸易壁垒以实现贸易自由，区别则在于适用范围和法律的不同。正是因为其有相通之处，且在实践中许多自由贸易园区所制定的法律制度都在同国际规则接轨，因此在研究自由贸易园区内的法律制度时，往往需要研究、分析自由贸易区的法律制度，学习那些可复制、可借鉴的国际通用规则和标准。

“制度是一个社会游戏规则，更规范地说，它们是为决定人们的相互关系而人为设定的一些制约”[①]。特别是贸易这种同经济利益相关的活动，人们追求成本最小化、利益最大化，逐利性的本能决定了贸易不可能脱离规则而独立存在，这是历史发展的客观规律，也是社会发展的必然性。归根结底，贸易是贸易主体间基于意思自治原则而签订的契约，有契约行为的出现意味着有些贸易主体会做出违约行为，这种现实要求贸易主体通过法律这一稳定、透明、具有公信力和强制力的手段来规范、保障贸易行为。

---

① ［美］诺斯：《制度、制度变迁与经济绩效》，刘受英译，上海三联书店 1994 年版，第 3 页。

自由贸易区突破和发展了关税同盟、多方协议这一模式，在既有的最惠国待遇和国民待遇的基础上，开放一个地区乃至一个国家的市场，自动缩小一个国家包括海关、税收上的中央市场，给予地方行政充分的自治权，给予企业管理更多的优惠条件，这些行为需要通过法律予以保障。而就自由贸易园区而言，由于其依然处于国内法的规制下，对于法治保障的要求甚至更高。一方面，园区内的种种创新需要法律予以保护；另一方面，园区内的管理模式可以总结为“双管齐下”，即既赋予企业充分的自主权和自由的最大化，又要求政府监管有效化和科学化，这也决定了园区内的法治建设需要不断完善以适应园区发展要求。在某种意义上，自由贸易园区的发展本身就是对于一国法律制度特别是园区内一些特殊法律制度的完善过程，并贯穿于自由贸易园区建设的始终。法律无疑是规范贸易行为最好的手段和工具，不仅可以反映社会的总体特征并以国家强制力为保障，还具有定纷止争的功能，兼具稳定性、权威性和广泛的社会认可性，是保证贸易行为遵循诚实信用基本原则顺利进行的关键所在。“用法律的形式来保证自由贸易区内各项政策的稳定性，免受国内政治经济形势波动对区域的冲击，保障投资者的合法权益，能促进自由贸易区的健康发展”,① 这是现代社会对于自由贸易园区的要求。

一　自由贸易园区建设发展的相关理论和制度背景

自由贸易园区不仅是一种经济合作模式，更是一种包含了政治、经济、法律等方面在内的综合性制度。要研究和完善这种制度，必须从理论和实践两方面切入，双管齐下，形成合力，共同推动自由贸易园区的发展。

对于自由贸易园区的理论背景研究，可以依据专业的不同分为贸易理论、法律理论、税务理论、管理理论等多个方面。贸易是一个十分宽

① 武康平、吴蓉：《自由贸易区功能特征与法律保障》，经济科学出版社2004年版，第196页。

泛的概念，自由贸易园区的出现也是基于国家对自由贸易、统一市场的需求，与贸易制度相匹配的税收、海关、政府治理等方面的制度都是为了保证贸易的顺利进行。可以说，贸易理论直接决定了自由贸易园区建设的大方向，而法律理论则决定了自由贸易园区建设的成败。

（一）贸易理论

随着社会生产水平的大规模提高，加之现代化运输工具的发展，贸易的范围由原来局限于一国国内市场间的流转逐步发展为国际市场间的往来。国际市场的完善使市场在资源配置中的作用进一步凸显：一方面，自由开放的市场促进了各种生产资料、资源的流通，降低了生产成本，提高了生产效率；另一方面，贸易的新现象、新需求也为贸易理论的发展提供了实践平台，加快了现代贸易理论的产生和推广。

总体而言，广为人知且起到奠基作用的现行贸易理论主要包括关税同盟理论、自由贸易理论、贸易保护理论和大市场理论。这四个支撑现代贸易的基本理论，按照时间发展顺序和社会现实的需求不断深化完善。

首先是美国经济学家瓦伊纳提出的关税同盟理论。该理论最大的意义之一是为区域经济一体化的产生和发展奠定了理论基础，而关税同盟的出现也可以认为是自由贸易区的雏形。自由贸易区始建时，最大的优惠政策体现在税收上，而关税同盟正是基于此而产生。税收优惠带来的是生产成本的降低和企业竞争力的提高。两国乃至多国之间结成关税同盟，有利于打破地方保护主义、形成统一市场，使一个区域内的国家紧密连接在一起，不但具有经济利益，而且这种经济优势必然转化成为政治利益。但随着经济的发展，单纯的税收优惠已经不能满足市场需求，贸易的形式也由原先单一的商品流动变得逐渐多样化，资本、服务、劳动力的自由流通成了新的趋势。为新型贸易创造更为实际、优越的市场条件成为各国都必须解决的问题，在关税同盟的基础之上进一步开放市场成为历史的必然。

正是基于市场对于自由的要求和渴望，亚当·斯密提出了自由贸易理论。自由贸易理论是国际贸易的基础与核心，其最重要的组成部分是国家分工学说。国家分工学说为国际分工和专业化提供了理论基础，无论是自由贸易区还是自由贸易园区的产生和发展均可谓是自由贸易理论的产物。就现实而言，经济发展必然带来区域经济合作和大市场，为自由贸易区/自由贸易园区的形成提供了土壤。但是，自由贸易理论并不是十全十美的。基于国家分工学说而出现的“绝对利益论”将国与国之间的贸易行为简单化为比较生产成本并进行交换，以此达到提高生产率和降低成本、使劳动和资本都能得到正确分配和运用的目的。大卫·李嘉图提出的“相对利益论”将国与国的贸易概括为“两利取重，两害取轻”。这两种理论共同的特点在于贸易模型的前提过于单一，忽略了政治因素对于经济的影响。事实上，任何一个主权国家都不可能牺牲国家的根本利益来取悦贸易，国与国之间的交换也不可能仅仅用利益和成本来衡量。从这个角度看，自由贸易理论在现实中并无实现的可能，其最大的意义在于勾勒了一个完美的贸易蓝图，即贸易的核心价值在于自由与开放。自由贸易园区的成立也不外乎此，即在不损害国家主权的前提下最大限度地开放市场，以实现商品、资本、服务和劳动力的自由流通。

可见，自由贸易理论在现实中并不具有充分实现的基础，其所提供的更多的是一种贸易行为发展的大趋势。有鉴于此，德国经济学家李斯特提出了贸易保护理论。如果将贸易自由比作一个无限大的平台，贸易保护无疑为这个平台划定了一个范围，即任何贸易自由均须以不损害国家根本利益为前提，否则即丧失了贸易的根本目的。从历史发展的角度看，李斯特提出的贸易保护理论具有时代特点和国家特点。德国是一个以制造业见长的国家，制造业的成本相比传统的农业和手工业本身就更为高昂，而德国的制造业因为注重质量与品牌，其成本更是远高于其他国家。基于本国经济对于制造业的依赖程度，德国不可能仅仅通过成本比较而放弃其优势产业。李斯特认为，贸易自由理论的比较成本说忽视了国家和民族的长远利益，只注重交换利益，这并不利于贸易的发展；全面开放市场、实现贸易自由对于本国经济更是一个不可逆转的巨大冲击，很可能威胁行业整体生存能力。因此，一国的市场化水平应当同该国的发展阶段相适应。贸易保护理论最大的意义在于引入了国家发展阶段这一前提要素，将国家的经济发展分为原始未开化、畜牧、农业、农工业、农工商业五个阶段，从而弥补了贸易自由理论在现实意义上的不足。国家的经济水平决定了一国的开放程度，仅从经济效用考虑而忽视国家利益的贸易是不现实也不可能长久循环的。国家之间发展程度的差异意味着市场、企业和竞争能力的差异，在存在巨大差异的情况下进行所谓“合作”，本身也是充满不确定性和风险的。基于贸易保护理论，一些涉及国计民生、国家安全和国家根本利益的行业不能纳入自由市场范围；而对于一些脆弱、新生、发展不全面的行业，在开放程度上也应当严格把关，避免过度开放带来的恶果。因此，在建设自由贸易园区的过程中，必须充分考虑市场差异带来的影响，评估开放风险。这种评估和掌控，在很大程度上就体现在市场准入负面清单上。目前上海自贸试验区对于外资准入上已经出台了三版负面清单（2013、2014 和 2015 年）。对比三版清单可以发现，负面清单上所列明的禁入行业在逐渐缩小，与之相对应的是市场开放在逐渐扩大。负面清单实施至今，尚未发现难以预估的风险，这从一个侧面说明我国对于自由贸易园区的建设依然是谨慎地缓步慢行，对于开放行业的范围依然是严格把关，这有利于防控园区的风险和维护国内相关行业的安全。

关税同盟理论和自由贸易主义的推动，加之国与国之间政治合作的加强，将区域一体化推向了新的高度。区域合作的增强使得同处一个区域的国家在经济上形成一个整体，以共同市场为依托展开国际竞争。基于这种国际经济大背景，西托夫斯基和德纽提出了大市场理论。该理论从竞争效应的角度出发，通过建立共同市场将那些被保护主义分割的小市场统一起来，通过大市场的激烈竞争获取大批量生产的收益。大市场理论为自由贸易区的建设和发展注入了新的强心剂。建立大市场的优势可以从两方面加以理解：从成员国外部看，以北美自由贸易区为例，为实现同欧盟之间的竞争，以美国为主导，加拿大与墨西哥成为北美自贸区的成员国，三国形成共同的大市场，并通过比欧盟更具吸引力的投资条件来吸引资本和扩大投资范围，充分激发市场活力和行业竞争力，将原本分散的三国市场凝聚为一个有共同法律、政策基础的大市场，提升了自由贸易区的综合实力以及成员国在国际市场中的地位。从成员国本身的发展看，基于贸易的互补性，大市场以及自由贸易区的成立可以在一定程度上打破以发达国家为主导的贸易模式，促进地区经济发展和就业，对于发展中国家而言具有重要意义。最典型的例子就是墨西哥，其在加入北美自由贸易区之初所收获的国家福利要远胜于美国和加拿大这两个发达国家。这一方面源于墨西哥低廉的人工成本和加工制造业的发展；另一方面自由贸易区的统一市场也为其货物销售、运输上提供了便利。由此可见，发展中国家若抓住机遇、发挥优势，是完全能够凭借自由贸易区带来的商机发展本国经济的。

（二）制度背景

不仅是贸易理论的完善，贸易法律制度的发展也是自由贸易区和自由贸易园区建设的基础。如上所述，贸易行为本身就催生了与其相关的法律制度的完善，在以自由贸易区为主要模式的经济合作方式、以自由贸易园区为主的市场开放模式从产生至推广的过程中，与其相应的贸易法律制度也不断地深化发展。比如，在企业准入上，由原本的准入后国民待遇和正面清单模式转变为准入前国民待遇加负面清单模式；在税收管理上，由原来的减税发展到现今的保税免税等。对于自由贸易园区法律理论的构建，在宏观上可以分为两个大的方向。其一，国际法的整体发展完善以及国际间私法合作的加强奠定了法律意识的主要形态。国际法之所以能在兼容并包不同国家法律规范的前提下蓬勃发展并得到广泛认可，是因为国际法所倡导的精神和理念同各国国内法治建设一脉相通。物质资源的丰盈带来的是思想上的活跃与进步，在实现了基本生活需求的前提下，自由、平等、人权等法治理念得以进一步发展，并随着一国家法治建设的推进而逐渐渗透到社会生活方方面面乃至每个公民内心深处。自由贸易园区的法律理论，本质上是人们对于意思自治、诚实信用等法律思想的推崇，并外化于贸易领域。其二，各种双边、多边协定的签订为贸易法律制度的发展提供了范本。自由贸易园区适用一国本身的法律制度并不代表其同国际的脱轨，反而进一步促进了园区内法律制度的发展。一国在制定园区内的相关法律制度时，不可避免地要借鉴和参考相关国际协定的内容，如此才能增强园区对于外资的吸引力，提高园区的活力和竞争力。

综上，自由贸易园区建设是在贸易理论的基础上，通过法律加以规范，并引申出一套为之服务的相关制度。贸易理论的发展为自由贸易园区的成立提供了理论依据，奠基在贸易理论基础上的各种双边、多边协定也为自由贸易园区的发展提供了可以借鉴的法律制度。自由贸易园区的产生和发展是贸易与法律相互作用的结果，是打破我国外资准入壁垒和隐形贸易屏障的产物，是中央事权让渡于地方管理的结晶。其意义在于最大限度地实现市场自由化和开放化、提高贸易效率、降低投资成本、促进企业间竞争，创造一个资本流通自由、投资门槛降低、行政管理优化的地域，并在此之上构建交易成本最小化、贸易效率最高化、经济利益最大化的理想蓝图。

二 上海自贸试验区建设发展的现实背景

以上海港的天然地理优势为依托，以涉外贸易往来和航运为桥梁，以国家政策为后盾，以实现贸易便利化并促进经济发展为目标，上海自贸试验区在此大背景下应运而生。作为中国自由贸易园区的试验田，上海自贸试验区除了为其他自贸试验区提供可复制的经验外，还凭借其本身具有的经济、航运、金融等方面的优势，旨在成为“四个中心”（金融中心、航运中心、贸易中心、服务中心），充分发挥市场定价和资源配置功能，同国际接轨，带动全国经济发展。上海自贸试验区的建立兼具政治、经济、法律等多重意义。相关配套制度的构建为其提供了内驱动力，国际贸易飞速发展的客观环境也为其成熟和完善提供了无限可能。

每一项制度的形成都会不可避免地打上时代的烙印。正如法律本身要适应社会发展的需求一样，每一项制度的构建都需要满足社会生产力的发展。建设上海自贸试验区不仅要考虑我国国内市场的发展水平和承受能力，还要考虑其同国际市场的接轨程度，充分吸取其他自由贸易区和自由贸易园区建设的成功经验，为我所用。

（一）国际背景

上海自贸试验区定位的“四个中心”中，贸易中心是基础，是重中之重，若无法引导贸易良性发展则不可能充分运用和完善市场规则。从国际环境看，世贸组织作为推动国际贸易往来、促进国与国之间的合作、完善贸易法律制度的先驱力量，仍发挥着不可替代的作用。但正如法律天生具有滞后性一样，随着社会的发展、时代的进步、经济往来的频繁，这样一个囊括商品流通、知识产权保护、服务贸易等在内的组织，其开放领域和自由化程度已不能满足一些国家的需求，尤其是在投资方面难以形成一个能为大多数国家所接受的较为全面的法律体系。世贸组织规则主要覆盖贸易特别是货物贸易，少有涉及投资规则。世贸组织框架内的投资规则仅限于《与贸易有关的投资措施协定》，调整范围有限，对投资的规制仅限于对货物贸易构成扭曲的投资措施，难以担当国际投资法典的重任；《服务贸易总协定》中的“商业存在”主要涉及金融、保险、电信等服务领域的外资开放与准入问题，要求实行最惠国待遇与有条件的国民待遇。在世贸组织之外，调整国际投资的多边规则仅限于1965年《解决国家与他国国民民间投资争端的公约》以及涉及海外投资保险的1988年《多边投资担保机构公约》，调整范围也非常有限。与国际投资紧密相关的实体或程序问题主要受大量双边投资条约调整，尚未形成被国际社会普遍接受的国际习惯法规则。国际投资法体系也因此被称为“不完全的国际法体系”①。在此背景下，许多国家开始寻求建立更新型、更高标准的贸易合作形态，美国主导下的《跨太平洋伙伴关系协定》（TPP）和《跨大西洋贸易与投资伙伴协定》（TTIP）均属此列。例如，TTIP的核心内容即是“通过消除对货物、服务和农业的贸易与投资的障碍，增进市场准入。主要内容包括：取消美国与欧盟之间的关税，加强监管合作与兼容性，开放服务和政府采购市场，在像知识产权、投资、贸易便利、劳动、环境和新出现的‘21世纪’问题如数字贸易，在数字环境中对贸易本土化障碍、国有企业等问题加强和发展新的规则”②。

面临此种国际背景，通过建设上海自贸试验区，积累对外开放新经验，对标国际经贸新标准，是我国的自然选择。

（二）国内背景

从国内环境看，我国对于转变经济增长方式的探究从未停止。随着

---

① 参见陈力《上海自贸区投资争端解决机制的构建与创新》，《东方法学》2014年第3期，第97页。

② 李庭辉：《自贸区对上海国际贸易中心建设的影响研究》，《新金融》2015年第2期，第28页。

改革进入“深水区”，国内产业积极开拓国际市场，国外产业试图进入中国市场，特别是投资金融、高端技术等相关产业的需求更是十分迫切，优化国内市场环境、开发国际市场迫在眉睫。而仅仅建立保税区和综合区、单纯减税免税的政策优惠已经不能适应国际投融资的大环境。同国外高水平自由贸易园区相比，我国高昂的投资成本和关税以及低效率的行政管理方式导致高新技术产业出现“回流现象”，掌握新技术的外国企业发展迅速，获得的收益也十分可观。反观我国，很多企业只能通过从事简单的加工制造、组装等初级业务赚取微薄利润，有些地区甚至为了招商引资而大量引入资源掠夺型和垃圾排放型企业，不仅浪费资源、污染环境，从长远来看更是不利于我国企业提升国际竞争力和调整产业结构，与我国寻求经济转型的大方向背道而驰。

上海自贸试验区作为我国改革的“排头兵”，承担着带动全国经济转型、引导企业发展模式变革、实现政府治理体系和治理能力现代化的艰巨使命。成立至今，上海自贸试验区在相关制度上已经取得重大突破，但若要进一步深化改革、实现试验区不断升级、推动相关制度不断完善，依然任重道远。

基于国际和国内大环境，上海自贸试验区的成立选择了金融服务、航运服务、商贸服务、专业服务、文化服务、社会服务六大领域 18 个行业对外开放，通过暂停或者取消投资者资质要求、股比限制、经营范围限制等准入限制措施（银行业机构、信息通信服务除外），营造有利于各类投资者平等准入的市场环境。其中，在金融服务领域，重点开放银行服务、专业健康医疗保险、融资租赁业务；在航运服务领域，重点开放远洋货物运输、国际船舶管理业务；在商贸服务领域，重点开放增值电信、游戏机、游艺机销售及服务业务；在专业服务领域，重点开放律师服务、资信调查、旅行社、人才中介服务、投资管理、工程设计、建筑服务等业务；在文化服务领域，重点开放演出经纪、娱乐场所服务等业务；在社会服务领域，重点开放教育培训、职业技能培训以及医疗服务等业务。[①] 可见，上海自贸试验区开放的行业和领域并不是孤立存

---

① 李庭辉：《自贸区对上海国际贸易中心建设的影响研究》，《新金融》2015 年第 2 期，第 29 页。

在的，而是以一种产业链的方式出现，以带动整个试验区乃至全国经济的发展。

三　上海自贸试验区贸易法律制度概况

贸易与法律不可分割。没有法律保障，就不可能实现贸易的循环；没有贸易法律制度的规范、引导，自贸试验区的建设就将成为无源之水。上海自贸试验区作为我国首个自贸试验区，同其他自贸试验区相比，金融市场发展更为全面、经济更为发达、生产技术更为先进，良好的市场和法治条件使得上海在对外贸易方面具有得天独厚的优势。正是基于对这种优势的合理利用，我国将上海自贸试验区的定位设定为“四个中心”。其中，贸易中心是其他三个中心的基础，自试验区创建伊始就被视为核心，被称作自贸试验区“基本法”的《上海自贸试验区条例》也对此做出了相关规定。

自贸试验区贸易法律制度的完善和发展，不仅是试验区运行的法治保证，更可以此为依托，带动中国涉外贸易法律制度革新。从国际法角度看，由于历史原因，我国现代贸易法律制度起步较晚，很多内容是照搬相关国际公约的规定。因此，在国际贸易往来中我国长期处于规则接受者的地位。这使得中国在涉外贸易中颇为被动。这种被动性主要体现在：

第一，语言劣势。几乎所有国际贸易公约、条约、协定的作准文本都是英文或者法文，一旦发生贸易争端，不论是采取诉讼还是仲裁方式解决，语言劣势都十分明显。

第二，经验劣势。随着经济全球化进程的加速和各国商业贸易之间往来的增多，贸易形式也由国家之间的经济往来更多转变为平等主体（个人、企业）之间的商事合同往来，贸易的主体范围也由国家逐步扩大到私人领域。同发达国家相比，我国私人主体对于贸易法律的了解和应用都缺乏相关经验，这种经验上的劣势对于中国企业和个人形成巨大掣肘。

第三，经济增长模式劣势。这种模式劣势主要体现在两个方面：其一，从国家角度看，我国市场经济本身起步晚，近年来为了实现国民经济快速增长和提高人民生活水平，在制定经济政策时出现了一些偏差，例如在经济与环境的博弈中更倾向于牺牲环境利益换取经济增长，从而造成环境破坏和资源浪费。其二，从企业角度看，同发达国家之间的经济差距导致我国企业竞争力不足，为弥补这些不足，我国企业长期以来通过降低人工成本来压低商品价格，通过“价格战”来谋求国际贸易份额；而国外企业特别是一些大型跨国企业则主要依靠核心技术革新来提高竞争力。这方面最典型的例子便是加工制造业：由于无法掌握核心技术，我国企业往往只能通过组装、加工等基础性工作与国外企业合作，利润十分微薄。这种经济增长模式的劣势使得我国贸易法律制度先天发育不良，企业整体缺乏对于智力成果、商誉和品牌效应的敏感度，特别是对凝聚了智力成果的著作权、专利权等普遍漠视。以知识产权保护为例，同发达国家当下流行的 TRIPS—Plus 模式相比，我国甚至还无法完全达到 TRIPS 的标准。

尽管如此，从国内法治建设情况看，经过多年的发展和完善，已经能够为自贸试验区的建设提供一个良好的法律环境。具体表现在，立法水平的提升为自贸试验区的建设提供了内部驱动力，法治理念的进步为自贸试验区的发展提供了理论依据，建设法治政府的客观要求为自贸试验区的推进提供了政策保障，司法公信力深入人心为自贸试验区的完善提供了社会土壤。自贸试验区立足的根本是市场最大限度的自由化和行政权的压缩，这同我国当下所倡导的“简政放权”是高度一致的。上海自贸试验区方方面面的制度改革和创新，都是立足于减少行政权对于市场的控制，力争实现最大程度的市场自由，放松政府对市场的管制，让市场这只“看不见的手”发挥作用，促进市场竞争，为我国相关行业同世界接轨创造条件。

（一）贸易的核心：海关监管制度

对于自由贸易园区，1984 年联合国贸发会议将其定义为“货物进出无须通过国家海关的区域”，1973 年的《京都公约》则定义为“一国的部分领土，在这部分的领土内运入的任何货物就进口税及其其他各税而言，被认为在关境以外，并免于实施惯常的海关监管制度”。从定义上看，上海自贸试验区是兼具综合性使命的自由贸易园区。对于上海自贸试验区，行政权主要外化于两方面：第一是海关对于试验区货物出入关，特别是货物入关时的监管；第二是入区企业失信时政府相关部门对其进行的惩处。可以说，自贸试验区同我国其他地区制度上最大的区别就是海关监管制度的特殊性。这种特殊性主要体现在两方面：首先是关税政策，即对于进入自贸试验区的贸易行为、货物实行“境内关外”的基本原则，通过关税减免实现对入区企业和个人的优惠，降低交易成本，以达到吸引外资的目的。其次是行政管理。自贸试验区海关监管政策的特殊性，是建立在自贸试验区本身的特殊性之上的。试验区要实现贸易便利化，这就要求行政机关压缩行政权力，保证市场高速、有效的运行。海关作为自贸试验区的行政机关之一，必须遵从这一理念，简化监管程序，提升管理效率。

1. 上海自贸试验区的海关监管制度

上海自贸试验区是在保税区的基础之上发展而来，“保税区属于‘海关监管特殊区域’，这是我国特有的一个概念，国家海关总署在2005年颁布的《海关对保税物流园区的管理办法》中首次使用了这一术语”①。上海原有四个保税区，自贸试验区涵盖了上海市外高桥保税区、外高桥保税物流园区、洋山保税港区和上海浦东机场综合保税区这四个海关特殊监管区域。在此背景下，上海自贸试验区沿用了原保税区的海关监管制度并在此基础上进行改革创新，为入区企业提供便利。根据《上海自贸试验区条例》第18条的规定，自贸试验区与境外之间的管理为“一线”管理，自贸试验区与境内区外之间的管理为“二线”管理，按照“一线放开、二线安全高效管住、区内流转自由”的原则，在自贸试验区建立与国际贸易等业务发展需求相适应的监管模式。

(1)“一线放开”

第一，实行“先入区、后报关”制度。《上海自贸试验区条例》第19条第1—3款规定：“按照通关便利、安全高效的要求，在自贸试验区开展海关监管制度创新，促进新型贸易业态发展。海关在自贸试验区建立货物状态分类监管制度，实行电子围网管理，推行通关无纸化、低风

① 王淑敏：《保税港区的法律制度研究》，知识产权出版社2011年版，第55—56页。

险快速放行。境外进入区内的货物，可以凭进口舱单先行入区，分步办理进境申报手续。口岸出口货物实行先报关、后进港。”

对于入区的货物实行“先入区、后报关”制度，同原来的备案登记制度相比，新制度加快了货物入区的速度，对于企业而言意味着时间成本的降低和商机的增多。同时，在货物通关时由于采用了先进的电子监控手段，货物进区的流程也比以前简化了许多。车辆过卡时，海关能够在系统中一次性完成车辆的 GPS 信息核销、车牌及集装箱号自动识别、货物信息扫描验核以及卡口自动抬杠验放等程序，车辆过卡入区流程从原来的两下（车）两上（车）四敲章，转变为零上零下不敲章，平均时间由 6 分钟缩短至 30 秒，大大提高了货物通关速度。

第二，简化通关作业随附单证。对于一线进出境备案清单以及二线不涉税进出口报关单取消随附单证的要求，必要时再要求企业提供相关随附单证。

第三，实行批次申报、集中进入制度。改变传统逐票申报方式，改“一票一报”为“多票一报”，允许企业货物分批次进出，在规定期限内集中办理海关报关手续，扩大企业申报自主权。

（2）“二线管住”

《上海自贸试验区条例》第 19 条第 4 款规定：“对区内和境内区外之间进出的货物，实行进出境备案清单比对、企业账册管理、电子信息联网等监管制度”，可见，上海自贸试验区海关对于二线流转货物的管理主要通过核对清单、企业账册以及信息联网的方式进行监管。除此之外，上海海关监管的创新制度还包括：第一，“选择性征税”制度，即“自贸区将对区内企业生产、加工并经二线销往区外的货物，实行选择性征税政策，自贸试验区内的加工贸易企业的成品内销时，可以选择按料件纳税或是按成品纳税，减少税负，节约成本”[①]。选择性征税制度改变了原保税区的赋税制度，对于内销成品不再一刀切地按成品征税，避免了因成品进口税率高于料件税率而导致的内销成本的增加。第二，加工贸易工单式核销制度。依托对使用企业资源计划系统的加工生产制造企业实

① 周和敏、赵德铭、陈倩婷：《从海关特殊监管区到自由贸易区——上海自贸区海关监管政策分析》，《海关法评论》第四卷，第 55 页。

行的联网管理，取消单耗审核与备案，以企业每日自动发送的工单数据为基础进行核销。第三，保税展示制度。符合条件的区内企业在向海关提供足额税款担保（保证金或银行保函）后，可以在区外或区内指定场所开展保税展示交易，对展示期内发生内销的货物实行先销后税，集中申报。第四，境内外维修制度。允许符合条件的区内企业开展高技术、高附加值、无污染的境内外维修业务，海关参照保税加工监管模式，依托信息化系统实施管理，推动加工制造向研发及检测、维修等生产链高附加值的前后两端延伸，促进加工贸易转型升级。

（3）“区内流转自由”

《上海自贸试验区条例》第 19 条第 5 款规定：“区内保税存储货物不设存储期限。简化区内货物流转流程，允许分送集报、自行运输；实现区内与其他海关特殊监管区域之间货物的高效便捷流转”，即区域自行运输制度，允许符合条件的区内企业可不再使用海关监管车辆，可以在自贸试验区的四个海关特殊监管区域间通过信息化系统数据对比，实行自行运输，降低企业物流成本。

（4）不足之处

虽然进行了一些创新，但在实践过程中，自贸试验区的海关监管制度仍然存在一些缺陷。第一，现有制度是建立在保税区的制度之上，总体来看主要针对税收方面，通过保税的方式吸引投资。但随着国际贸易投资环境的优化，单纯的关税优惠已经无法满足外资企业的要求，且我国的自贸试验区并没有真正实现免税，货物在区内依然延续了在保税区时的“保税状态”，这意味着货物在区域内无时无刻不在接受着海关的监管。而事实上，只要区内货物不非法流入境内就不会对国家的海关税收制度和监管制度造成影响，① 货物的“保税状态”不仅不利于自贸试验区内货物的自由流转，对于海关的执法资源也是一种浪费。

第二，对国内货物进出区的优惠不足。“目前在上海自贸区内，对境外货物入区采用备案制，并且境外货物进入区内可以享受先进区、后备

---

① 周和敏、赵德铭、陈倩婷：《从海关特殊监管区到自由贸易区——上海自贸区海关监管政策分析》，《海关法评论》第四卷，第 57 页。

案的政策，但是对于国内货物进出区，仍然按照一般的贸易进出程序，先申报，待货物纳税清关后再进区”[①]，这并不利于自贸试验区带动周边地区的经济发展。

第三，海关监察制度改革滞后于自贸试验区建设，长此以往将制约试验区的发展。上海自贸试验区的制度创新，核心就在于处理好政府、企业、社会组织等主体之间的关系，对其施加适当的激励与约束。换言之，就是要切实转变政府职能，适当放松金融、投资、财税等方面的行政管制，为市场主体迸发活力提供正向激励，实现由单向度的国家“管理”向多中心的社会“治理”的转变。[②] 对于海关监管制度而言，其作为行政权在自贸试验区的延伸，更应当符合构建“服务型”政府的要求，以企业为本，提供通关便利，简化监察程序，不仅在货物入区时应实现高效率，在日常的管理中同样应当高效便捷。但就目前而言，试验区内的海关监察制度并未将“管理”模式转型为“监察”模式，依然延续我国行政机关一贯的“会管理不会监督”的风格。根据自贸试验区的经营理念以及“境内关外”的特征，若企业的货物并不销往区内，则可以免除海关日常监管。但《上海自贸试验区条例》却明确规定，海关通过查验账册和电子信息对企业进行管理，企业账目一旦出现不平的情况则被视为违规，海关依据《海关行政处罚实施条例》对其进行处罚。为避免被罚，企业需要耗费人力物力对电子账目进行管理、核查，这无疑增加了企业的管理成本，不利于贸易的便利。

综上所述，自贸试验区海关监管制度的不足，根本原因在于政府职能尚未完全转变，服务理念尚未根植于行政行为之中。

2. 国外自由贸易园区的海关监管制度

综观世界上几个比较著名的自由贸易园区，其海关监管制度亦是一大亮点。根据功能的不同，可以大致将自由贸易园区分为七种类型：第一，以国际贸易、转口贸易、出后加工和物流为主的自由港；第二，以

---

① 周和敏、赵德铭、陈倩婷：《从海关特殊监管区到自由贸易区——上海自贸区海关监管政策分析》，《海关法评论》第四卷，第 57 页。

② 参见刘剑文《法治财税视野下的上海自贸区改革之展开》，《法学论坛》2014 年第 3 期，第 89 页。

港口装卸、货物储运等以货物功能为核心的转口集散；第三，既有国际贸易也有简单加工制度的工贸；第四，以出口加工为主的出口加工贸易；第五，对货物进行再分装、分级、挑选等处理的保税仓库；第六，从事商品展示和零售业服务的商业零售；第七，从事加工工业的边境自由区。①

自由贸易园区的海关监管模式同园区的类型联系紧密。例如，以加工制造业为主的美国模式，其海关监管制度最大的特点是“货物状态分类管理”，即将货物按其所享的不同优惠而分门别类进行管理。② 此外，在货物检查中，美国海关采取审计检查同现场查验相结合的方式，对于对外贸易区货物的监管由原来逐票逐单的监管方式转变为通过审计核查方式实施监管，省去了比较烦琐的检查项目，简化了监管程序。转变监管方式后，对外贸易区也不再需要常驻海关人员。对外贸易区的经营者负有监管责任，对区内货物的票据、样本、生产、安全及存储情况等进行具体监管。这一监管方式同我国形成了鲜明对比。同时，为了节约企业管理成本，美国海关还推出了周报关制度，该制度的确立不仅使企业减少了大量繁杂的申报手续，还给企业节约了相当于0.12%货值的报关费用。这两种制度都是我国可以借鉴的。新加坡则以转口贸易为主，自贸试验区只允许进行一般的商业性加工、限制深加工，若须从事其他加工制造，则必须将进口原料运至自贸试验区以后的物流分销区。这种特点决定了其海关监管制度必须高效，否则一旦原材料滞留在自贸试验区内将影响整个自贸试验区的正常运转。“在新加坡模式下，海关进出口监察采用风险管理方式，并辅之以先进快速的电子报关系统。”③ 欧盟更是走在了海关监管制度现代化的前端，其“高度一体化的海关制度历经了渐进的阶梯式发展才达到了当前的水平，在其半个世纪的一体化过程中，首先统一关税税率税则，再统一关税程序制度，进而统一通关制度和其

---

① 陈亮、季晓芳：《上海自贸区与我国其他海关特殊监管区域的比较研究》，《南通职业大学学报》2015年第2期，第8页。

② 这里的货物状态分类管理同欧盟将自由区和保税区分成不同类型，并根据不同的海关地位进行管理的方式是一致的。

③ 周和敏、赵德铭、陈倩婷：《从海关特殊监管区到自由贸易区——上海自贸区海关监管政策分析》，《海关法评论》第四卷，第51页。

他海关制度，欧盟的海关制度历经了从共同体关税同盟的统一关税制度发展到《欧共体海关法典》再到《现代化海关法典》直至当前的《联盟海关法典》的演进进程”①。

不论是哪种海关监管模式，都有法律文本作为支撑。以欧盟为例，其不仅将共同的海关法典作为整个欧盟成员国通用的法律，更在其中规定了一些程序法的内容，以更好地规范成员国的执法行为。这一方面为自由贸易园区内的海关管理行为提供了合法依据；另一方面法制的完善也是保障园区良好运行的基础。海关相关立法的发展，也是自由贸易园区法律保障、制度保障不可或缺的一部分。

（二）贸易的货币支付：人民币跨境使用制度

结算自由标志着企业所处的金融环境是否宽松高效，能否有效融入全球金融体系。② 根据《上海自贸试验区条例》第 28 条，③ 中国人民银行上海总部 2014 年 2 月发布的《关于支持中国（上海）自由贸易试验区扩大人民币跨境使用的通知》（以下简称《人民币跨境使用通知》）就人民币境外借款、双向人民币资金池、跨境人民币集中收付、个人跨境人民币业务等做出了具体规定。上海自贸试验区内的企业可以开展集团内跨境双向人民币资金池业务；开展经常项下跨境人民币集中收付业务的企业，可拓展至与集团企业存在供应链关系的、有密切贸易往来的集团外企业；推动自贸试验区跨境电子商务发展，支持中国外汇交易中心和上海黄金交易所在区内提供人民币跨境交易业务。《人民币跨境使用通知》根据《央行意见》，紧密围绕“服务实体经济，便利跨境投资和贸易”，进一步简化了试验区经常和直接投资项下人民币跨境使用流程，明确了人民币境外借款规模与使用范围、跨境电子商务结算和人民

---

① 朱秋沅：《联盟海关法研究综述》，《海关法评论》第四卷，第 494 页。

② 参见陈亮、季晓芳《上海自贸区与我国其他海关特殊监管区域的比较研究》，《南通职业大学学报》2015 年第 2 期，第 9 页。

③ 《上海自贸试验区条例》第 28 条规定：“根据中国人民银行有关规定，国家出台的各项鼓励和支持扩大人民币跨境使用的政策措施，均适用于自贸试验区。简化自贸试验区经常项下以及直接投资项下人民币跨境使用。区内金融机构和企业可以从境外借入人民币资金。区内企业可以根据自身经营需要，开展跨境双向人民币资金池以及经常项下跨境人民币集中收付业务。上海地区银行业金融机构可以与符合条件的支付机构合作，提供跨境电子商务的人民币结算服务。”

币交易服务等创新业务，通过加大对试验区内实体经济的金融支持力度，给企业营造更好的发展环境，促进试验区在更高水平上参与国际合作与竞争。

《人民币跨境使用通知》提出了四项具体措施：一是明确人民币境外借款相关事项。区内非银行金融机构和企业可以从境外借用人民币资金，但数额不得超过实缴资本倍数乘以宏观审慎政策参数，其中区内企业的实缴资本倍数为1倍。区内非银行金融机构的实缴资本倍数为1.5倍。区内银行借款资金进入试验区分账核算单元。从境外借用的人民币资金可调回境内，但须存放在上海地区的银行为其开立的专用结算账户，用于区内生产经营、区内项目建设和境外项目建设。试验区启动前已经成立的区内外商投资企业，可以自行决定“投注差”或者按《通知》规定借用境外人民币资金。二是支持上海地区总部经济发展。区内企业可开展集团内跨境双向人民币资金池业务；开展经常项下跨境人民币集中收付业务的成员企业，除集团内企业外，可以拓展至集团内企业存在供应链关系的、有密切贸易往来的集团外企业。三是推动试验区跨境电子商务发展。对于真实跨境电子商务，鼓励上海地区的银行与区内取得互联网支付业务许可的支付机构合作，或者直接向区内跨境电子商务运营机构提供人民币结算服务。四是支持中国外汇交易中心和上海黄金交易所在内区提供跨境人民币交易服务。

人民币跨境使用制度在上海自贸试验区试行一段时间后，人民银行于2015年12月9日发布关于金融支持广东、天津、福建三个自贸试验区建设的指导意见。三大指导意见中，央行均提出扩大人民币跨境使用、深化外汇管理改革、在三大自贸试验区内创建金融集成电路卡“一卡通”示范区。其中，在支持天津自贸试验区建设意见中，央行强调，支持京津冀协同发展，支持京津冀地区金融机构在自贸试验区开展跨境金融协同创新与合作，优化金融资源配置。积极争取在自贸试验区内设立京津冀协同发展基金、京津冀产业结构调整基金。允许境外投资者以人民币资金投资自贸试验区内用于京津冀协同发展的基金。支持京津冀地区金融机构为自贸试验区内主体提供支付结算、异地存储、信用担保等业务同城化综合金融服务，降低跨行政区金融交易成本。在支持福建自贸试验区建设意见中，央行明确，深化两岸金融合作，支持自贸试验区在海峡两岸金融合作中发挥先行先试作用，支持自贸试验区在两岸货币合作方面探索创新。允许符合条件的银行机构为境外企业和个人开立新台币账户，允许金融机构与台湾地区银行之间开立新台币同业往来账户办理多种形式结算业务，试点新台币区域性银行间市场交易。支持厦门片区完善两岸货币现钞调运机制，支持建立自贸试验区金融改革创新与厦门两岸区域性金融服务中心建设的联动机制，深化两岸金融合作，支持自贸试验区在两岸金融同业民间交流合作基础上，完善两岸金融同业定期会晤机制，促进两岸金融合作与发展，完善两岸反洗钱、反恐融资监管合作和信息共享机制。在支持广东自贸试验区建设意见中，央行明确，深化以粤港澳为重点的区域金融合作，允许非银行金融机构与港澳地区开展跨境人民币业务，支持与港澳地区开展个人跨境人民币业务创新，深化自贸试验区与港澳地区金融同业业务合作，推动自贸试验区在港澳地区金融市场对接，支持粤港澳在自贸试验区合作设立人民币海外投贷基金，扩大自贸试验区支付服务领域、征信服务业对港澳地区开放。

总之，依据《人民币跨境使用通知》和对其他三个自贸试验区的指导意见，在上海自贸试验区首先建立起了人民币跨境使用制度，其他自贸试验区紧随其后。值得关注的是，对于其他三个试验区的指导意见充分反映出了地域特点，比如天津带动京津冀、福建与台湾实现金融对接、广东推动粤港澳同业合作。这一方面说明经过三年磨砺，我国自贸试验区的贸易制度已经开始成体系；另一方面也吻合我国成立自贸试验区的初衷，即通过自贸试验区的建设活化整个区域经济。

人民币跨境使用制度的建立对于贸易最直接的影响是，自贸试验区内的企业在进行贸易支付和结算时，可以选择人民币为支付货币。如上所述，上海在地理环境上具有优势，很多商业银行、金融机构等结算单位都将总部或分支机构设于上海。将人民币作为支付货币和结算货币，不仅可以降低外资企业在区内的经营成本，还有助于提高人民币在世界货币中的地位，对我国经济发展产生积极影响。

（三）失信惩罚机制：异常名录制度

《上海自贸试验区条例》第40条规定：“自贸试验区实行企业年度报

告公示制度和企业经营异常名录制度。区内企业应当按照规定，报送企业年度报告，并对年度报告信息的真实性、合法性负责。企业年度报告按照规定向社会公示，涉及国家秘密、商业秘密和个人隐私的内容除外。工商行政管理部门对区内企业报送年度报告的情况开展监督检查。发现企业未按照规定履行年度报告公示义务等情况的，应当载入企业经营异常名录，并向社会公示。公民、法人和其他组织可以查阅企业年度报告和经营异常名录等公示信息，工商行政管理等部门应当提供查询便利。企业年度报告公示和企业经营异常名录管理办法，由市工商行政管理部门制定。”

自贸试验区在行政权上压缩到最低，给予市场和企业最大限度的自由化、自主化。但是，自贸试验区市场的顺利运行有赖于试验区内贸易主体遵循诚实信用原则，主动遵守法律，一旦企业失信，影响的将是整个试验区的市场秩序。就此而言，失信惩罚机制可以说是一道不可或缺的屏障，对失信企业的惩处必须做到“有法可依、有法必依”。目前失信惩罚机制仅在作为自贸试验区“基本法”的《上海自贸试验区条例》中总括性地做出了规定，这远远不够。对于企业失信行为依据异常名录制度进行惩处，此项制度尚存在很大程度的立法空白。例如，对于信息公开这一项，企业年度报告的内容是同区外企业一样从资产、负债、所有者权益、亏损以及其他会影响企业经营的重大事项等方面进行公开，还是应当考虑自贸试验区的特征，对外商投资企业要求其进一步更翔实地做出会计描述？这些都需要加以考虑。

自贸试验区作为一个开放市场，赋予了企业很多自由，但是这种自由并不是无限制的，而是要求政府通过更新、更合理、更现代化的方式对企业进行监督管理，否则市场就可能陷入无序状态。特别是和投资、金融相关的市场，其风险和不确定性远高于实体经济市场，政府如果不能做到严格把关、督促企业按章办事，就很可能引发整个市场的违约风险。自贸试验区的企业异常名录制度，是考验政府机构能否协调一致，在不影响企业正常、高效运转的前提下做好监管工作的重要环节。比如，对于海关监管，虽然在关税收缴上实行“先入园、后报关”，但并不代表对于入关物品零监管；对于税务机关，虽然在自贸试验区内实行保税、免税政策，但并不代表对于企业纳税零管制；对于工商管理部门，虽然法律赋予区内企业管理自由，但并不代表对企业经营零管理。如何将这些机构链接起来，形成一个共同的监管主体，是对政府治理能力提出的新要求。另外，就惩处手段而言，是责令其限期改正、处以罚金、追究主要负责人的法律责任，还是通过其他手段进行规制，相关规定都还付之阙如。异常名录制度之所以重要，是因为其承接了自贸试验区企业的市场化退出机制。企业进入试验区并非一劳永逸，其依然要遵守法律规定、依法经营，一旦违约情况严重，可以强制退出。与此相关，市场化退出机制也是自贸试验区下一步建设中的重要议题之一。

四 上海自贸试验区贸易法律制度的完善

上海自贸试验区的发展代表了我国贸易立法的未来趋势，即在“同国际贸易条约接轨”的基础上逐步开始探究“在国情基础之上进行创新”的模式。自贸试验区成立以来，各项体制机制的发展完善速度之快令人欣慰，实现了多方面的突破。外资准入管理模式的改变、海关监管制度的创新、跨境支付制度的完善、知识产权保护力度的加强、仲裁制度的革新，都为试验区的发展注入了新鲜血液。尽管如此，“法制环境是自贸区各项先行先试事项能否试验成功的前提和重要保证，在自贸区法制环境建设方面，同样面临先行先试、不断探索的严峻考验”①。作为自贸区法治建设核心的贸易法律制度建设也概莫能外。

对于自贸试验区的法治完善问题，应当从宏观与微观两个方向加以考虑。从宏观角度看，自贸试验区成立前的评估机制和成立后的市场化退出制度是今后试验区建设的宏观目标；从微观角度看，一些具体监管制度的完善是试验区不断发展和长治久安的保证。下文将以评估机制、监管制度和市场化退出制度为主线，对自贸试验区贸易法律制度的完善加以探析。

① 陈力：《上海自贸区投资争端解决机制的构建与创新》，《东方法学》2014 年第 3 期，第 99 页。

（一）建立评估机制

截至目前，我国已经先后批准设立 11 个自贸试验区。这一方面反映了我国经济实力的增强；另一方面也从一个侧面折射出自贸试验区带来的巨大商机。但这也带来了一个问题，即对于什么地区可以批准、什么地区需要缓行、批准的标准是什么，尚无一套统一适用的机制。

1. 建立评估机制的必要性

从理论角度看，自贸试验区的建设若想合法合理合政策，就要做到凡事有法可依，依据统一标准对相关地区进行评估，确认其是否适合建立自贸试验区。正如前文所反复强调的，自贸试验区带来的既是机遇也是挑战，试验区的市场开放程度必须与其市场和行业的发育水平相匹配。就此而言，统一的评估机制有助于避免一些能力不足的地区贸然加入，最终自食恶果。

从实践角度看，自贸试验区所带来的自由市场对于一些脆弱、新生行业的打击程度是十分巨大的。不仅是自贸试验区，自由贸易区同样面临着这个严峻考验。以墨西哥为例，作为发展中国家的墨西哥加入北美自由贸易区后，1994 年发生了严重的金融危机，而危机的重要导火索就是罔顾国情，过度开放市场，特别是完全放开金融市场。不可否认，金融市场会带来巨大商机，但与之相应的则是更加难以预测、波及范围更广的风险。金融市场的成熟度决定着一国的风险抵御能力，墨西哥金融市场的发育程度远远落后于美国和加拿大，全面开放金融行业等于让其国内脆弱的市场参与到一场不公平的竞争中来。这不仅影响整个行业的安全，更间接对墨西哥的实体经济乃至整体财政产生了不良影响。

评估机制最大的作用在于避免一些市场化水平不够的地区成立自贸试验区，避免外来经济对地方经济的过度打击。这既是贸易保护的手段之一，也是基于对整个国家市场安全的考量。要在恰当时间将自贸试验区制度在全国范围内推广开来，成文规定和法律范本必不可少。法治的前提是有法可依，对试验区政策的放开并不代表国家和政府对试验区实行零监管，而是应当“抓大放小”，推动政府治理体系和治理能力的现代化。一个地区有无经济实力、政府有无良好治理水平、各项法律能否得到贯彻执行、市场有无活力、企业有无创新能力、科技发展有无上升空间，这些因素都直接影响自贸试验区的成败。

2. 评估内容初步设想

评估内容应该能够从根本上体现一个地区的综合能力，这种综合能力应当包括经济、市场、法律、环境、政府治理等诸多方面。要想通过评估直观地反映出一个地区到底有无能力、有无实力成为自贸试验区，评估内容应当包括但不限于以下方面。

首先是基础性内容评估，具体包括：第一，经济能力和市场发展水平。评估的大方向包括资本充裕程度、市场活跃程度、行业风险防范水平和风险抵御能力、企业发展与诚信记录等。这部分内容可以通过会计数据、审计数据得以体现。第二，法治建设水平。法治水平决定了一个地区的争议解决机制能否行之有效，在评估地方司法时应当对地方性法规的合规性进行审查，一些地方保护政策应当重点列出，在批准成立自贸试验区的同时明确要求予以取消，避免出现不公平竞争。此外还要充分考评该地区的法律执行水平，抽查研究经济性案件特别是知识产权案件。第三，政府治理能力。考核可以采用标杆管理的方式进行。标杆管理源起于对企业管理的评估，后被移植到政府管理特别是政府绩效管理上。“根据政府绩效管理的一般理论，考察政府绩效的指标，必须重视经济效率和社会效率，一般用经济、效率、效果和公平作为政府部门的绩效指标。”① 自贸试验区的日常运营对地方政府的治理能力有着较高要求，将政府治理能力列入评估范围，不仅可以确保试验区的顺利运行，还可以对政府职能转变起到促进作用。第四，环境评价。之所以将环境评价列入评估机制的基础项目，是因为近年来开展的国际贸易合作都不约而同地将环境建设列入了合作范围，在TPP谈判中环境建设也是谈判重点之一。鉴于我国对于环境建设的重视程度还不够，对地方环境进行评价，一方面符合国际经贸协定谈判的大趋势；另一方面也有助于杜绝地方为经济发展而牺牲环境这种竭泽而渔的短期行为。

---

① 崔运武：《公共事业管理概论》，高等教育出版社2002年版，第241页。

其次是非基础性内容评估，比如一个地区的地理位置①以及其他在实践中容易出现问题的方面。评估时应遵循基础性内容严格把关、非基础性事项适当放开的大原则，通过事前审查来判断是否适合成立自贸试验区，稳中求进，全面落实审慎性原则。

（二）完善监管制度

监管制度的完善同政府治理能力直接挂钩。如上所述，自贸试验区赋予市场主体极大的自由，通过简化行政审批程序，提高行政效率，大大降低了企业的经营成本。对于企业而言，进入试验区就意味着享受充分的市场机制和公平公开的竞争环境，避免行政权对于企业经营的过分干扰，这无疑具有巨大的吸引力；对于政府而言，自贸试验区不同于原来的高科技园区和保税区，其对于政府治理方式转变的需求更加迫切，要求政府对于市场的规制由原来的“管理”向现在的“监督”转变。政府对于区内市场的监管并不是单一的，而是多层次、综合性的，这就要求政府各部门在权责明确、各司其职的前提下紧密合作，建设服务型政府。监管制度的完善实质上就是政府治理体系现代化的过程，若不能实现监管制度的完善，自贸试验区的种种法律、政策就将成为一纸空谈。

1. 竞争中立制度的设计

2011 年以来，发达国家在各种国际场合屡屡提及竞争中立概念，试图在双边、多边贸易投资协定中加入有关限制国有企业竞争优势的条款，并积极在经济合作与发展组织、联合国贸易和发展会议委员会等国际组织中推进有关“竞争中立”框架的制定和推广，使得竞争中立规则得到国际范围的广泛关注。根据经济合作与发展组织（以下简称经合组织）2012 年的定义，当经济市场中没有经营实体享受过度的竞争优势或竞争劣势时，就达到了竞争中立状态。经合组织的报告认为，竞争中立的定义应当更为一般化，以涵盖市场中形式多样的竞争实体。关于竞争中立

---

① 之所以将地理位置放在非基础性项目之中，是因为未来自由贸易区和自由贸易园区的建设和发展必然逐步脱离地理化因素。地理因素诚然确实为自由贸易区和自由贸易园区的建设提供了先天优势，但自由贸易区和自由贸易园区的发展必然是一个由沿海向内陆扩展的过程，一个地区资源的丰富程度乃至非物质文化遗产的保护均可能成为更有利的先天条件。

的政策目标，应当包括合理化政府商业化行动的经营模式、识别直接成本、商业回报率、合理考量公共服务义务、税收中立、管制中立、债务中立和直接补贴以及政府采购。

竞争中立制度是市场机制的基本需求，要想实现市场的正常运转，就必须保证竞争机制有效运转，通过公平竞争实现优胜劣汰，确保市场活力。正因为许多国家认识到竞争中立的重要性，竞争中立制度才顺理成章地成为新一轮国际贸易合作的议题。例如，在美国主导的 TPP 谈判中，“美国行业团体敦促美国贸易代表办公室严格界定什么类型的实体是国有企业，要求所有的 TPP 成员报告其国有企业情况，并对国有企业施加条件限制，以确保其不会无视或损害在商品、服务或数码产品上所做出的 TPP 承诺；同时，敦促将范本措辞标准化，以保证公共机构行使监管、行政或政府职能，国有企业的行为都能与其所承担的 TPP 义务保持一致”①。

经合组织鼓励成员国建立“竞争中立政策架构”，明确政府应通过事前的结构调整以及事后的竞争监督，降低乃至消除国有企业在竞争关系中的不当优势。其尤为强调发展一个公平的市场，在此市场中国有企业和私营企业享有同样的外部环境，以促进公平竞争。例如，澳大利亚通过一些具体措施，制定了比较具体的竞争中立政策：一是税收中立，即国有企业的商业行为不得享受比其他市场竞争者更为优惠的税务减免；二是信贷中立，即国有企业在信贷领域不存在任何优势，承担与其他市场主体一样的成本；三是政策中立，即在政策环境上实现国有企业与其他市场竞争者的平等；四是合理的商业回报率，即要求国有企业必须提供合理的商业回报并派发商业红利；五是价格要真实反映成本，即禁止国有企业将非营利性项目的资金用于补贴其他商业行为。② 此外，澳大利亚政府的竞争中立措施还特别关注政府对于非商业活动的补贴行为，对其给予严格管理。

对于公平竞争的保障不仅限于制定竞争中立措施或敦促行业规范，

---

① 赵晓雷、杨晔、严剑锋：《中国（上海）自贸试验区实施竞争中立操作方案设计》，《科学发展》第 72 期，第 29 页。

② 同上书，第 29—30 页。

还在立法上有所体现。例如,《欧洲联盟运行条约》第106条专门调整竞争中立问题,规定无论国有企业还是私营企业的经营活动均受该条约中的竞争规则约束。此外,第106条还规定可以适用于成员国各种形式的企业;政府扶持不仅包括资金的直接补贴,包括各种税务减免措施;除了一些特殊情况,禁止任何形式的政府补贴。

竞争中立制度正在成为国际贸易规则的一部分,而我国的自贸试验区并无相关规定。特别是,按照通行的竞争中立规则,我国国有企业享受的"税收优惠""财政补贴"等政策可能会被认定为"竞争非中立",既不利于上海自贸试验区与国际通行规则接轨,也不利于试验区本身的发展。因此,设计竞争中立制度确有必要。

2013年12月27日,上海发布了国资国企改革20条,将上海国企分为竞争类、功能类和公共服务类三种,这不仅有助于清晰的界定国企的商业行为和社会行为,同时也为构建竞争中立制度创造了可能性。竞争中立制度的设计主要包括两方面内容:一是竞争中立条款的制定;二是竞争中立制度的相关机制保障,主要包括完善信息披露制度和成立专门的公平竞争委员会。

第一,制定竞争中立条款。设计这样一个条款的目的在于实现市场机制下企业的公平竞争,避免因国有企业本身的优势地位和国家相关政策扶持而导致的歧视与不公现象。贸易法律制度出现至今,虽然随着社会大环境的发展变迁而发生了诸多变化,但有一点是贯穿始终的,即其根本目标在于实现自由贸易、打破歧视和贸易壁垒、保障市场公平。由此,竞争中立条款作为贸易法律制度的组成部分,其立法精神同贸易法律制度是一致的,在自贸试验区内设置并推行这项制度,能够同试验区其他法律制度形成一个有机整体,更好地发挥效用。

自贸试验区的目的之一正在于通过开放市场实现企业的公平竞争,如果依然赋予国有企业一定"特权",就违背了成立自贸试验区的初衷。对国有企业的过度保护将会直接影响市场竞争机制发挥作用,不利于国资国企体制改革。我国现阶段经济体制改革的关键在于处理好市场与政府之间的关系,发挥市场在资源配置中的决定性作用,如果依然把市场竞争纳入国家宏观调控的管理范畴,就从根本上背离了我国经济体制改革的大方向。就上海自贸试验区而言,对于竞争类国企应当降低政策扶持，使其进入市场参与竞争；而对于功能类和公共服务类这两种类型的国企则需要进一步考虑，特别是公共服务类业务，应当避免其参与到国际市场竞争中。基于国家安全的考虑，对于放开国有企业市场竞争，要分层次进行，不可一概而论。可以考虑在《反垄断法》和《反不正当竞争法》的基础上制定《自贸试验区竞争条例》，将国有企业的活动纳入其中。国有企业必须明确说明其与政府的关系；国有企业的投资经营活动必须完全遵循商业活动的原则；政府应当确保一个公平、公正的市场竞争环境，逐步取消国有企业一系列财政补贴、特许融资和破产例外的特权，不得享受比其他市场竞争者更为优惠的税务减免等。①

第二，完善信息披露制度。建立健全高效、透明的信息披露制度，是构建竞争中立制度的前提之一。我国《公司法》《证券法》等相关法律法规均规定了信息披露制度，要求公司按时、按要求、在法律规定的平台上披露信息，披露的主要内容包括公司的基本财政情况和相关会计数据、公司的日常经营活动、公司的高级管理人员以及其他影响公司经营的重大事件。制定披露制度的原因在于打破市场信息的不对称性，后者最直接的影响在于导致竞争者无法处于同一个信息平台，在市场竞争中处于不对等地位，由此引发不正当竞争。对于上市公司，相关法律法规设置了更为严格的信息披露制度，以更好地保护广大股东特别是中小股东的权益。健全和完善相关信息披露制度，不仅是自贸试验区建设的关键步骤，同时也是推动我国市场信息披露机制更加多元化的重要手段。要尽可能避免公司企业披露不实、不信、不全面、不及时的信息，将信息披露同企业诚信记录挂钩，对那些披露信息不当的企业进行惩处并计入诚信记录，情况严重的可以强制其退出市场。

第三，成立公平竞争委员会。组织各行业专家成立公平竞争委员会，监督《自贸试验区竞争条例》的实施以及企业的经营行为，改变《反垄断法》规定的多头管理机制。“公平竞争委员会实行任期制，建议其职能包括：一是拟定自贸试验区竞争政策和法规；二是审核税务、金融、政府采购等涉及公平竞争的事宜；三是调查有违公平竞争和公平交易的事

① 赵晓雷、杨晔、严剑锋：《中国（上海）自贸试验区实施竞争中立操作方案设计》，《科学发展》第72期，第31页。

件及企业；四是参与国际经贸投资规则的研究和交流；五是其他关于公平竞争的事宜。”[①] 在日常工作中，公平贸易委员会应当行使的职权包括：第一，每一季度出具市场竞争评估报告，报告中应当充分显示本季度中市场竞争的情况，包括是否存在不公平竞争的现象；根据调查研究列出委员会认为可能存在不公平竞争的行业，此为观察名单；对于那些违反《自贸试验区竞争条例》的企业予以公示，此为公示名单。综上，评估报告至少应当包括评估内容和两份名单。第二，对自贸试验区同公平竞争有关的法规进行说明。第三，受理关于企业不正当竞争的投诉并进行调查研究，给出处理办法，对于违规企业责令其限期整改；若企业以遭受不正当竞争为理由向委员会提起投诉，却无法锁定导致这种情况出现的具体企业或具体市场主体，委员会依然应当受理并开展自主调查，公布调查结果，提出解决方案。

综上，有必要考虑制定《自贸试验区竞争条例》，辅之以相应的信息披露制度，并设立专门的公平竞争委员会，对市场竞争情况进行监督，为自贸试验区内的企业创造良好的竞争环境。这不仅是自贸试验区贸易法律制度的重要组成部分，对我国法治建设也将产生深远影响。

2. 海关监管制度[②]的完善

海关监管，广义上可定义为海关对货物进出境进行的全部行政执法活动的统称，狭义上则侧重于通关环节的监管和物流监控等执法行为。欧盟 2016 年《联盟海关法典》中明确将“自由区制度视为一种特殊的海关程序制度，而不是一种货物海关地位制度”[③]，这无疑将自由贸易园区的海关制度放在了一个新的高度，也更吻合现代政府对于海关职责与功能的预期。海关监管不仅是对出入园区的货物依据不同关税优惠政策进行征税，更是对园区各项贸易活动进行国家行政管理的过程。

---

① 赵晓雷、杨晔、严剑锋：《中国（上海）自贸试验区实施竞争中立操作方案设计》，《科学发展》第 72 期，第 31 页。

② 此处侧重于对海关行政能力的分析，关税征收问题则在下文“税收征管模式的转变”中讨论。

③ 朱秋沅：《欧盟自由区海关制度分析及对中国自贸区建设的启示》，《中国经贸》2014 年第 5 期，第 37 页。

首先，从宏观上看，贸易活动以及不断变化的环境对海关提出了更高要求，对于海关而言，需要“不断改进执法方式、提高执法效率、扩大执法授权、简化执法流程来适应迅速变化的外部环境，例如迅速发展的生产和消费模式、不断增长的国际贸易，都是海关需要应对的全球性威胁，例如恐怖主义、有组织犯罪、气候变化、危险货物交易等，在此背景下，海关需要不断变革才能与不断变化的环境同步发展”①。根据欧盟《海关同盟演进战略》中对于新型海关的定位，现代化的海关应当是“商界现代化的负责任的伙伴，保护共同体的财政与安全利益，与其他政府机构合作，具备对危机和新的公共政策需求做出迅速反应能力的机构”②。这不仅是欧盟海关的现代化战略目标，也应当成为我国自贸试验区海关的标杆。从我国当前实践看，海关监管制度的程序性不强，囊括范围不完整，不能满足现代化贸易对于海关管理能力的新需求。在今后的规划发展中，立法上，应当填充立法上的空白，细化各项规则；执法上，行政机关应当确定服务的执法理念，在法律允许的范围内为企业提供更多便利条件；司法上，基于自贸试验区法律制度的特殊性，应当在试验区内成立专门法院管辖区内的法律纠纷。

其次，从微观上看，我国可以充分学习、借鉴那些适合我国自贸试验区国情的外国经验。第一，借鉴美国确立的审计检查与现场勘验相结合制度。海关的审计工作由审计师完成，主要审查该区域最近几年的交易记录。海关有时也会临时抽查，现场核查区域内的货物，如发现清点货物与库存清单不符，检查人员可以责令运营商及时改正，确保及时解决发现的问题。审计检查和现场查验作为两种独立共存、相互促进的海关监管方法，大大减少了海关的日常监管工作量，节约了海关人力，同时也提高了对外贸易区货物进出的速度。第二，为提高货物通关效率，提高自贸试验区内物流速度，可以建立货物分类管理制度，并升级电子报关系统。第三，加强对货物安全的管理。如何实现安全与便利之间的平衡，始终是海关必须面对和解决一个难题。“在货物的供应链、贸易链

---

① 朱秋沅：《欧盟海关同盟战略及其执行评析》，《海关与经贸研究》2014 年第 1 期，第 54—55 页。

② 同上书，第 56 页。

日益全球化的情况下，货物的流转速度日益加快，海关需要采取更多的非侵入式查验方式”[①]，以确保港口仓储环境的安全。

海关监管制度的完善将直接作用于自贸试验区的发展，使海关的作用更好地体现在各项贸易活动中，如增强贸易竞争力、打击盗版与假冒、保护知识产权、打击恐怖主义和其他有组织犯罪、保护环境和市民安全等。

3. 税收征管模式的转变

海关税收征管是指海关依据海关法、关税条例等有关法律法规的规定，对于向纳税义务人征收关税和代征税的过程进行组织、管理、检查等一系列活动的总称。对于一般进出口货物来说，税收征管包括进出口货物申报、海关接受申报、查验、征税、放行等作业，包括依法征税的程序性审查和实体性审查及管理，其中税则归类、海关完税价格审定、原产地认定、减免税是税收征管的主要内容。根据我国《海关法》和《进出口关税条例》的规定，针对进出口有关货物减免规定：（1）因故退还的进出口货物（包括中国出口的货物和境外进口的货物），经海关审查属实，可以免征进出口关税；（2）关税税额在50元以下的，或者无商业价值的广告品，或者外国政府或组织无偿赠送的物资可减免；（3）为境外厂商加工、装配成品等而进口的原材料、辅料、零件、部件及包装物等，海关应按照实际加工的成品数量免征进口关税。此为关税的法定减免情形。

上海自贸试验区的前身是外高桥保税区、外高桥保税物流园区、洋山保税港区和上海浦东机场综合保税区这四个海关特殊监管区域。2014年，全国人大常委会授权国务院扩展了上海自贸试验区的范围，将其由原来的四个区域扩展为涵盖外高桥保税区、外高桥保税物流园区、洋山保税港区、上海浦东机场综合保税区、金桥出口加工区、张江高科技园区和陆家嘴金融贸易区在内的七个区域。

从自贸试验区功能的角度看，上海自贸试验区设立伊始更倾向于保税仓储功能，而从目前的地域范围看，则更具有综合性。特别是在将自

---

① 朱秋沅：《欧盟海关同盟战略及其执行评析》，《海关与经贸研究》2014年第1期，第55页。

贸试验区范围进一步扩展至张江高科技园区和陆家嘴金融贸易区后，上海自贸试验区兼具贸易、金融、高新技术产业等功能的总体特征更加凸显。根据自由贸易园区的定义，在相关的税收制度上，应当是对境外入区货物实行免税或者保税。上海自贸试验区目前对于进口商品入园基本沿用了原来保税港区的制度，保税但不免税，其进步意义在于简化了纳税的程序，但在实践中则并无多少税收优惠政策。而“四个中心”的基本定位，要求上海自贸试验区无论税收制度还是相关海关监管制度都要进一步变革。特别是，发展中国家若是仅仅将自由贸易园区定义为单纯的保税区，是不能满足市场贸易需求的。现实中，外商投资与转口物流、货物流通等贸易形式彼此联系，密不可分，目前的自贸试验区保税制度远不能满足长期吸引外资、拉动内需、扩大就业的需求。

海关对于进口产品的征税规则分为两种，一种是企业购买外国商品进入中国后用于商店销售时缴纳的货物税，包含关税和增值税；另一种则是个人购买的外国商品所缴纳的行邮税。保税只是将进口产品需要缴纳的货物税变为了行邮税。对于普通消费者而言，行邮税要比货物税优惠30%，且税额不到50元时，海关免征相关税费；对于企业购买者而言，从长远角度看，税收优惠的力度并不大。但企业可以通过保税展示，将进口产品集中到保税港区集中仓储，消费者在延展平台进行购买，完成购买时同时完成进口环节税、国内增值税和货款交付，之后由商品出售者在规定期限内办理报关完税手续。这也是上海自贸试验区海关推出的14项纳税新政策之一，即所谓“保税展示交易”。这种新制度并未免除税款，而是在纳税环节和程序上予以简化，通过节约企业时间成本、加快商品流转速度来实现经济效益。这种初期政策诚然有其功效，但从长期发展角度看，分种类地对进口商品实现全面免税才是自贸试验区真正发挥其贸易中心、航运中心作用的关键所在。

（三）建立市场化退出机制

上文分别从评估机制设计和监管制度完善两个方面对完善上海自贸试验区的贸易法律制度进行了探究。无论何种方式、何种制度，其根本目的是一致的，即保证自贸试验区的日常运行，维护投资者的合法权益，实现我国法治建设工作的新突破。但即便如此，也不能完全消弭试验区内企业的破产风险。当自贸试验区内的企业无法满足市场要求、无法同其他企业正常竞争时，应当强制其退出试验区市场，对其进行破产清算，避免损害投资者权益和进一步浪费社会资源。对于具有显著公众性和外部性的商业银行及其他金融机构而言，尤其如此。

我国金融机构市场化退出机制尚不完善。从国内整体法律制度看，“我国金融机构破产的法律依据主要有《公司法》《企业破产法》《民事诉讼法》《银行业监督管理法》和《商业银行法》等。但是没有统一的金融机构破产的法律制度，导致我国金融机构破产分别适用不同的法律规定。如国有商业银行适用《企业破产法》，其他金融机构则一般适用《民事诉讼法》中企业法人的破产还债程序，并且这些法律也没有体现金融机构经营货币的特殊属性，导致金融机构破产清算中的清算主体与人民法院的关系难以处理、如何保护债权人以及使内外债权人地位平等的问题也无法落实”①。

上海自贸试验区目前仅有关于商业银行市场化退出机制的规定。《关于试行中国（上海）自贸试验区银行监管相关制度安排的通知》第二条规定：“经营试验区业务的上海各银行金融机构，应针对试验区业务做好事前和持续的风险自评估。风险自评估侧重于针对试验区业务的风险管理流程和管理能力的有效性和适应性。事前自评估报告须于正式开办试验区业务后十个工作日内，由开办试验区业务的银行金融机构法人或授权归口管理机构，向上海银监会书面提交。本通知发布前已开展试验区业务的银行金融机构应于2014年6月10日前提交自评估报告。此后，各银行金融机构应于每年3月底前将上一年度风险自评估报告报送上海银监局。试验区业务项下的新产品管理纳入日常监管流程中。监管部门将根据监管需要，酌情对机构的自评估情况进行监管评估及督导，强化事中、事后监管。对监管评估不达标者，监管部门将依法采取相应的监管措施，包括责令暂停业务等强制措施。”这是上海自贸试验区目前仅有的银行业市场化退出机制的雏形。之所以称之为雏形，是因为严格说来，该条并未强制要求银行退出市场，而是使用了“暂停业务”这个比较温

① 吕艳霞：《完善我国金融机构市场化退出机制研究——以美国、日本为例》，《上海经济研究》2014年第10期，第58页。

和的词汇。而对于自由贸易试验内其他金融机构以及其他企业的市场化退出机制，则尚无明文规定。

考虑到上文提及的竞争中立制度、异常名录制度等前置制度的缺失，作为承接机制的市场化退出机制的付之阙如并不令人意外。市场化退出机制的构建要分步骤进行，从现阶段自贸试验区的现实情况看，首先应当对企业异常名录制度进行完善和发展，不断细化相关条文；其次应当尽快建立企业风险评价预警机制。只有从这两方面入手，将市场化退出机制的事前监管制度用法律方式予以确认，才能进而构建市场化退出机制。

第三章

上海自贸试验区投资领域建设推进与制度创新

上海自贸试验区投资管理制度创新的核心内容是借鉴国际通行规则，按照转变政府职能要求，加快推进外商投资管理体制改革，营造有利于各类投资者平等准入的市场环境。主动对接国际贸易投资新规则，是上海自贸试验区建设的出发点。近年来，在双边投资协定等自由贸易谈判的推动下，国际贸易投资规则体系面临重塑，其动向包括推行更高标准的贸易自由化、积极推进投资自由化、更加强调服务贸易自由化、更加强调公平竞争和权益保护。为此，建立上海自贸试验区，就是要先行试验国际经贸新规则新标准，积累新形势下参与双边、多边、区域合作的经验，为与美国等发达国家开展相关谈判提供实证样本和依据参考，进而为我国参与国际经贸规则的制定提供有力支撑。①

扩大投资领域的开放是上海自贸试验区建设推进与制度创新的重头戏。《总体方案》在"主要任务与措施"中明确规定："扩大服务业开放。选择金融服务、航运服务、商贸服务、专业服务、文化服务以及社会服务领域扩大开放，暂停或取消投资者资质要求、股比限制、经营范围限制等准入限制措施，营造有利于各类投资者平等准入的市场环境。探索建立负面清单管理模式。借鉴国际通行规则，对外商投资试行准入前国民待遇，研究制定试验区外商投资与国民待遇等不符的负面清单，改革外商投资管理模式。对负面清单之外的领域，按照内外资一致的原

---

① 参见谢卫群、孙小静《先行先试 引领开放新格局》，《人民日报》2013年8月23日第10版。

则，将外商投资项目由核准制改为备案制（国务院规定对国内投资项目保留核准的除外），由上海市负责办理；将外商投资企业合同章程审批改为由上海市负责备案管理，备案后按国家有关规定办理相关手续；工商登记与商事登记制度改革相衔接，逐步优化登记流程；完善国家安全审查制度，在试验区内试点开展涉及外资的国家安全审查，构建安全高效的开放型经济体系。在总结试点经验的基础上，逐步形成与国际接轨的外商投资管理制度。构筑对外投资服务促进体系。改革境外投资管理方式，对境外投资开办企业实行以备案制为主的管理方式，对境外投资一般项目实行备案制，由上海市负责备案管理，提高境外投资便利化程度。创新投资服务促进机制，加强境外投资事后管理和服务，形成多部门共享的信息监测平台，做好对外直接投资统计和年检工作。支持试验区内各类投资主体开展多种形式的境外投资。鼓励在试验区设立专业从事境外股权投资的项目公司，支持有条件的投资者设立境外投资股权投资母基金。"《上海自贸试验区条例》第三章（"投资开放"）也明确指出："自贸试验区在金融服务、航运服务、商贸服务、专业服务、文化服务、社会服务和一般制造业等领域扩大开放，暂停、取消或者放宽投资者资质要求、外资股比限制、经营范围限制等准入特别管理措施。自贸试验区实行外商投资准入前国民待遇加负面清单管理模式。负面清单之外的领域，按照内外资一致的原则，外商投资项目实行备案制，国务院规定对国内投资项目保留核准的除外；外商投资企业设立和变更实行备案管理。负面清单之内的领域，外商投资项目实行核准制，国务院规定对外商投资项目实行备案的除外；外商投资企业设立和变更实行审批管理。"可以看出，上海自贸试验区肩负着我国在新时期加快政府职能转变、积极探索管理模式创新、促进投资便利化，为全面深化改革和扩大开放探索新途径、积累新经验的重要使命，是我国进一步融入经济全球化的重要载体。

一 上海自贸试验区投资领域改革创新的总体情况

（一）着力探索外商投资准入前国民待遇 + 负面清单的管理模式

上海自贸试验区着力探索对外商投资实行准入前国民待遇 + 负面清

单的管理模式。在国际投资法中，国民待遇是指东道国给予外国投资者及投资的待遇不低于在相似情形下给予本国投资者及投资的待遇。在传统投资协定采取的控制模式中，国民待遇适用于投资建立之后的阶段。而准入前国民待遇则将国民待遇延伸至投资发生和建立前的阶段。“负面清单”是指东道国禁止外资进入或限定外资比例的行业清单。在负面清单中，东道国会明确开列不予外商投资准入或有限制要求的领域，清单以外的领域则充分开放。目前，我国已经发布有三个版本的负面清单。2013 年 9 月 29 日，我国对外贸易领域第一份外商投资准入特别管理措施（负面清单）——《中国（上海）自由贸易试验区外商投资准入特别管理措施（负面清单）》正式公布。这是我国外商投资管理体制的重大改革，意味着政府管理模式的重大转变。在 2013 版负面清单的基础上，清单围绕提高开放度、增加透明度、调整负面清单表现形式三个方面进行修订，出台了 2014 版负面清单。2014 版清单将 2013 版的 190 条措施减少到 139 条。2015 版负面清单则比 2014 版减少 17 条，比 2013 版减少了 68 条。2015 版清单依据《国民经济行业分类》（GB/T4754—2011）划分为 15 个门类、50 个条目、122 项特别管理措施，其中有限制性措施 85 条、禁止性措施 37 条。与前两个清单不同，2015 版清单统一适用于上海、广东、天津、福建四个自贸试验区。2015 版清单的特别管理措施包括具体行业措施和适用于所有行业的水平措施。未列出的与国家安全、公共秩序、公共文化、金融审慎、政府采购、补贴、特殊手续和税收相关的特别管理措施，按照现行规定执行。自贸试验区内的外商投资涉及国家安全的，须按照《自由贸易试验区外商投资国家安全审查试行办法》进行安全审查。自贸试验区负面清单实施后将适时调整。

（二）构建与负面清单相配套的外商投资备案管理系统

除了对外商投资实施准入前国民待遇和负面清单管理模式，上海自贸试验区配套改革的内容还有对负面清单之外的领域将外商投资项目由核准制改为备案制。根据《国务院关于在中国（上海）自由贸易试验区内暂时调整有关行政法规和国务院文件规定的行政审批或者准入特别管理措施的决定》（国发〔2013〕51 号），国务院决定在上海自贸试验区内暂时调整下列行政法规和国务院文件规定的行政审批或者准入特别管理措施：改革外商投资管理模式，对国家规定实施准入特别管理措施之外的外商投资，暂时调整《中华人民共和国外资企业法实施细则》《中华人民共和国中外合资经营企业法实施条例》《中华人民共和国中外合作经营企业法实施细则》《指导外商投资方向规定》《外国企业或者个人在中国境内设立合伙企业管理办法》《中外合资经营企业合营期限暂行规定》《中外合资经营企业合营各方出资的若干规定》《〈中外合资经营企业合营各方出资的若干规定〉的补充规定》《国务院关于投资体制改革的决定》《国务院关于进一步做好利用外资工作的若干意见》规定的有关行政审批；扩大服务业开放，暂时调整《中华人民共和国船舶登记条例》《中华人民共和国国际海运条例》《征信业管理条例》《营业性演出管理条例》《娱乐场所管理条例》《中华人民共和国中外合作办学条例》《外商投资电信企业管理规定》《国务院办公厅转发文化部等部门关于开展电子游戏经营场所专项治理意见的通知》规定的有关行政审批以及有关资质要求、股比限制、经营范围限制等准入特别管理措施；国务院有关部门、上海市人民政府要根据法律、行政法规和国务院文件调整情况，及时对本部门、本市制定的规章和规范性文件作相应调整，建立与试点要求相适应的管理制度。其后，2015 年 4 月 8 日商务部发布《自由贸易试验区外商投资备案管理办法（试行）》，旨在进一步扩大对外开放，推进外商投资管理制度改革，在自贸试验区内进一步提高外商投资便利化程度。在自贸试验区改革试点的基础上，2016 年 9 月 3 日，第十二届全国人民代表大会常务委员会第二十二次会议审议通过《关于修改〈中华人民共和国外资企业法〉等四部法律的决定》，将不涉及国家规定实施准入特别管理措施的外商投资企业的设立及变更，由审批改为备案管理。2016 年 10 月 8 日，商务部公布了《外商投资企业设立及变更备案管理暂行办法》，同时废止了《自由贸易试验区外商投资备案管理办法（试行）》，对不涉及国家规定实施准入特别管理措施的外商投资企业的设立及变更纳入调整范围。另经国务院批准，外商投资准入特别管理措施范围按《外商投资产业指导目录（2015 年修订）》中限制类和禁止类，以及鼓励类中有股权要求、高管要求的有关规定执行。根据国务院 2016 年 12 月 22 日发布的《政府核准的投资项目目录（2016 年本）的通知》，《外商投资产业指导目录》中总投资（含增资）3 亿美元及以上限制类项目，由国务院投资主管部门核准，其中总投资（含增资）20 亿美元及以上项目报国务院备案。《外商投资产业指导目录》中总投资（含增资）3 亿美元以下限制类项目，由省级政府核准。此外，经国务院批准，《中西部地区外商投资优势产业目录（2017 年修订）》自 2017 年 3 月 20 日起正式施行，属于该目录的外商投资项目，将享受鼓励类外商投资项目优惠政策。

（三）完善商事注册、登记和公示制度

2013 年 10 月 22 日，上海市工商行政管理局根据《总体方案》及《国家工商行政管理总局关于支持中国（上海）自由贸易试验区建设的若干意见》的规定，发布了《关于中国（上海）自由贸易试验区内企业登记管理的规定》，对企业登记制度进行了重大的改革，主要内容包括：实行注册资本认缴登记制，取消相关限制；实行“先照后证”登记制；取消年检制度，实行年度报告公示制；创新市场主体监管方式，实行经营异常名录制度。《上海自贸试验区条例》肯定了《关于中国（上海）自由贸易试验区内企业登记管理的规定》的内容，并进一步明确规定：“自贸试验区推进企业注册登记制度便利化，依法实行注册资本认缴登记制。工商行政管理部门组织建立外商投资项目核准（备案）、企业设立和变更审批（备案）等行政事务的企业准入单一窗口工作机制，统一接收申请材料，统一送达有关文书。投资者在自贸试验区设立外商投资企业，可以自主约定经营期限，法律、行政法规另有规定的除外。自贸试验区实行企业年度报告公示制度和企业经营异常名录制度。区内企业应当按照规定，报送企业年度报告，并对年度报告信息的真实性、合法性负责。企业年度报告按照规定向社会公示，涉及国家秘密、商业秘密和个人隐私的内容除外。工商行政管理部门对区内企业报送年度报告的情况开展监督检查。发现企业未按照规定履行年度报告公示义务等情况的，应当载入企业经营异常名录，并向社会公示。公民、法人和其他组织可以查阅企业年度报告和经营异常名录等公示信息，工商行政管理等部门应当提供查询便利。在自贸试验区建设统一的监管信息共享平台，促进监管信息的归集、交换和共享。管委会、驻区机构和有关部门应当及时主动提供信息，参与信息交换和共享。管委会、驻区机构和有关部门应当依

托监管信息共享平台，整合监管资源，推动全程动态监管，提高联合监管和协同服务的效能。监管信息归集、交换、共享的办法，由管委会组织驻区机构和有关部门制定。”

在商事制度改革中，上海自贸试验区推进证照管理制度，由先证后照改为先照后证，实行年度报告公示制；全面实施“集中登记地”政策，率先试点简易注销登记改革，对个体工商户、未开业企业、无债权债务企业试行简易注销程序；完善企业准入“单一窗口”制度，推动企业准入“单一窗口”从企业设立向企业工商变更、统计登记、报关报检单位备案登记等环节延伸，从“五证联办”向“七证联办”拓展；完善企业年度报告公示和经营异常名录制度，区内企业年度报告公示制度从2014年3月1日起实施，企业可持电子U盾“法人一证通”作为身份验证的唯一方式，登录上海自贸试验区年度报告公示界面提交年报；对自贸试验区内企业年报公示信息按照3%的比例、被抽查企业和检查人员均随机产生的“双随机”模式进行电脑随机摇号抽查，并依法将抽查结果通过企业信用信息公示系统向社会公示，这一举措是为了营造企业自律环境。[①] 在此基础上，国务院办公厅于2016年6月30日发布了《关于加快推进“五证合一、一照一码”登记制度改革的通知》（国办发〔2016〕53号）。通知明确指出，从2016年10月1日起在全国范围内正式实施“五证合一、一照一码”，在更大范围、更深层次实现信息共享和业务协同，巩固和扩大“三证合一”登记制度改革成果，进一步为企业开办和成长提供便利化服务，降低创业准入的制度性成本，优化营商环境，激发企业活力，推进大众创业、万众创新，促进就业增加和经济社会持续健康发展。

（四）强化外国投资国家安全审查制度

上海自贸试验区对外资准入的管理由审批制改为备案制，在改革创

---

① 五证是指营业执照、组织机构代码证、税务登记证、社会保险登记证和统计登记证；七证是指营业执照、组织机构代码证、税务登记证、社会保险登记证、统计登记证、外商投资企业备案证明和海关报关单注册登记证书。参见唐珏岚《上海自贸区的四大制度创新》，《学习时报》2015年11月9日第A4版。

新我国“重审批、轻监管”的传统监管模式的同时，没有放弃对外资进行国家安全审查。[①] 事实上，早在 2013 年的《总体方案》中就明确提出要“完善国家安全审查制度”。根据《上海自贸试验区条例》第七章关于综合监管的规定，自贸试验区建立涉及外资的国家安全审查工作机制，对属于国家安全审查范围的外商投资，投资者应当申请进行国家安全审查；有关管理部门、行业协会、同业企业以及上下游企业可以提出国家安全审查建议。当事人应当配合国家安全审查工作，提供必要的材料和信息，接受有关询问。自贸试验区将在国家安全审查和反垄断审查工作中的建议申报、调查配合、信息共享等方面进一步发挥协助作用。为进一步落实好自贸试验区国家安全审查工作，2015 年 4 月 20 日，国务院办公厅印发了《自由贸易试验区外商投资国家安全审查试行办法》（以下简称《安审试行办法》）。《安审试行办法》指出，为做好自由贸易试验区对外开放工作，试点实施与负面清单管理模式相适应的外商投资国家安全审查措施，引导外商投资有序发展，维护国家安全，对影响或可能影响国家安全、国家安全保障能力，涉及敏感投资主体、敏感并购对象、敏感行业、敏感技术、敏感地域的外商投资进行安全审查。

（五）发展反垄断审查协调机制

上海自贸试验区内建立反垄断审查机制，也是上海自贸试验区先行先试的重要一环。2014 年 10 月 15 日，《中国（上海）自由贸易试验区反垄断协议、滥用市场支配地位和行政垄断执法工作办法》《中国（上海）自由贸易试验区反价格垄断工作办法》《中国（上海）自由贸易试验区经营者集中反垄断审查工作办法》和《中国（上海）自由贸易试验区反垄断工作联席会议制度方案》等制度的出台，为上海自贸试验区反垄断执法和探索建立反垄断机构在自贸试验区内会商协调机制奠定了基础。根据《中国（上海）自由贸易试验区反垄断工作联席会议制度方案》，联席会议由上海市商务委员会牵头，与上海市发展和改革委员会、上海市工

---

① 参见全国各省区市人民政府驻广州办事处信息协会课题组《关于上海、天津、福建、广东自贸试验区制度创新的调研》，天津市人民政府合作交流办公室网站，http：//www.jjhz-tj.gov.cn/new/zhxx/20161026/t20161026_ 18175.html。

商行政管理局、自贸试验区管理委员会及相关部门共同建立上海自贸试验区反垄断工作联席会议。联席会议负责指导自贸试验区管理委员会做好反垄断工作，推动各成员单位出台相应的自贸试验区反垄断工作办法并监督其执行，并在国家有关部门支持下提出自贸试验区反垄断工作的建议。联席会议主要通过召开相关会议的方式履行职责，不替代成员单位和有关部门依法行政。联席会议下设自贸试验区反垄断工作联席会议办公室，办公室设在上海市商务委员会，承担联席会议日常工作。在上海自贸试验区反垄断实施细则和协调机制的影响下，2015 年，福建自贸试验区和天津自贸试验区等也相继通过了《中国（福建）自由贸易试验区反价格垄断工作办法》《中国（福建）自由贸易试验区反垄断工作办法》等反垄断规则。其中，根据 2015 年 10 月 15 日施行的《中国（天津）自由贸易试验区反垄断工作办法》，天津设立了自贸试验区反垄断工作协调办公室，在天津市反垄断执法机构之间创新性地建立会商、信息沟通和案件线索移交等机制，并规定天津市反垄断执法机构和协调办公室均可受理自贸试验区内反垄断举报和咨询；《中国（天津）自由贸易试验区反垄断工作办法》实施后，将进一步简化执法流程、提高执法效率、有效避免多头执法和重复执法；天津自贸实验区管理委员会的三个派出机构也将分别设立办事窗口，协助协调办公室受理自贸试验区的反垄断举报、咨询，为区内企业提供一站式服务。

（六）实行境外投资普遍备案管理制度

上海自贸试验区对区内境外投资项目比照区内境内投资实施普遍备案管理加报送核准模式，确立企业和个人对外投资的主体地位，规范审批方式，减少审批环节，缩短审批时间，为中国企业“走出去”松绑。在项目备案环节，上海自贸试验区实行以备案制为主的管理方式，加强境外投资事后管理和服务。3 亿美元以下的境外投资项目，一律实行备案，并且由上海自贸试验区管委会进行一口受理，无须提交任何可行性研究报告。5 个工作日之内，就能拿到境外投资项目或境外投资开办企业的证书。① 商业银行在资金环节可以办理人民币的划转或者过户，从而实

① 参见唐珏岚《上海自贸区的四大制度创新》，《学习时报》2015 年 11 月 9 日第 A4 版。

现向境外投资。根据2013年10月1日起施行的《中国（上海）自由贸易试验区境外投资项目备案管理办法》（沪府发〔2013〕72号），上海自贸试验区管理委员会对在上海自贸试验区注册的地方企业实施的上海市权限内的境外投资一般项目，实行备案制管理。由上海市发展改革委初审后报国家发改委核准，或由国家发改委提出审核意见后报国务院核准的境外投资项目为：前往未建交、受国际制裁国家，发生战争、动乱等国家和地区，或国家发改委认定的其他敏感国家和地区投资的项目；涉及基础电信运营，跨界水资源开发利用，大规模土地开发，输电干线、电网，新闻传媒，或国家发改委认定的其他敏感行业的境外投资项目。此外，前往香港、澳门的投资项目，同样适用该备案管理办法；前往台湾地区的投资项目，按照国家发改委、商务部和国台办《关于印发〈大陆企业赴台湾地区投资管理办法〉的通知》（发改外资〔2010〕2661号）执行。根据《政府核准的投资项目目录（2016年本）的通知》，除了涉及敏感国家和地区、敏感行业的项目由国务院投资主管部门核准外，其他中央管理企业投资项目和地方企业投资3亿美元及以上项目报国务院投资主管部门备案。可以看出，虽然在中央层面，《通知》的落实还需境外投资三大主要监管部门国家发改委、商务部和国家外汇管理局出台具体操作性的部门规章作为指引，但是目前在上海自贸试验区率先适用的境外投资项目备案制度可视为此改革的试点。实际上，国家发改委在结合上海自贸试验区已取得试点成果的基础上，已经对全国外商投资项目实行以普遍备案加有限核准的管理模式。当前95%以上的外商投资项目实行备案管理，境外投资项目除敏感国家、敏感地区、敏感行业以外，98%以上的境外投资项目取消核准改为网上备案。① 国家发改委于2014年5月8日施行的《境外投资项目核准和备案管理办法》对外商投资项目实行备案管理的领域范围，与上海自贸试验区相比也更加宽泛，在社会上引起积极反响。此外，商务部于2014年10月6日施行的《境外投资管理办法》第6条和第7条也明确指出："商务部和省级商务主管部门按照企业境外投资的不同情形，分别实行备案和核准管理。企业境外投资

① 参见王俊岭《发改委透露：简政放权取得三大进展》，《人民日报（海外版）》2016年9月2日第02版。

涉及敏感国家和地区、敏感行业的，实行核准管理；企业其他情形的境外投资，实行备案管理。实行核准管理的国家是指与中华人民共和国未建交的国家、受联合国制裁的国家。必要时，商务部可另行公布其他实行核准管理的国家和地区的名单。实行核准管理的行业是指涉及出口中华人民共和国限制出口的产品和技术的行业、影响一国（地区）以上利益的行业。"

二 上海自贸试验区投资领域改革创新的重点领域和主要内容

（一）准入前国民待遇

国民待遇是国际投资特别是国际直接投资中的重要原则。在国内法下，根据国民待遇，如果一个国家将特定的权利、利益或者特权授予自己的公民，它也必须将这些优惠给予处在该东道国的他国公民。

国民待遇在外国投资领域主要体现在“准入”和“运营”两个阶段。准入阶段的国民待遇也称“准入前国民待遇”，指东道国在企业设立、取得、扩大等阶段给予外国投资者及其投资不低于本国投资者及其投资的待遇，即给予外资和内资包括“准入权”和“设业权”在内的国民待遇。它相对于现在普遍被采用的投资领域国民待遇，是将国民待遇由“准入后”提前至“准入前”。运营阶段的国民待遇就是通常所称的“准入后国民待遇”，一般都规定在东道国制定的外资立法或者签订的双边投资保护协定中。准入前国民待遇并不意味内外资在准入领域没有任何区别，东道国通常会在宣布给予准入前国民待遇的同时，公布限制外资准入的清单，外资在清单以外才与内资享有同等的准入权；准入后国民待遇则是在公布外商投资产业指导目录范围内，东道国给予外国投资国民待遇的一种做法。准入后国民待遇具体又可分为两种类型，即“有限的准入后国民待遇”和“全面的准入后国民待遇”。前者是东道国在准入后阶段给予外国投资者以国民待遇的同时，保留较大的自由裁量权，包括审批权、监管权等；后者则只是对国民经济极为重要的特定产业或幼稚产业等明确列举予以例外保护，在实体标准上采用“类似情况”和“不低于”这样的表述，其特点是适用法律上和事实上的国民待遇条款与其他待遇条款并存。[1]

与“准入后国民待遇”相比，“准入前国民待遇”的做法是比较透明的。除了负面清单上明确禁止外资进入的领域外，其余所有领域都对外资开放。由此可以看出，负面清单是东道国对外开放的重要标志。清单所列的内容越少，开放度就越高；清单列举的内容越多，则开放度越低，甚至可能会与实施准入后国民待遇的效果没有区别。[2]

根据“法不禁止即允许”原则，“准入前国民待遇”与“准入后国民待遇”的一个重要区别就是举证责任倒置。东道国在“准入后国民待遇”的情形下只承诺给予外国投资国民待遇，至于哪些具体领域存在该种待遇，应由外国投资者自行了解，且开放的领域只是少数，还会有各种各样的限制条件，如出资规模、出资比例等，而东道国政府的规定又往往分布在不同部门制定的规章里。与“准入后国民待遇”的情形不同，东道国在“准入前国民待遇”的情形下则需明确列举限制或禁止包括外资在内的各类民营资本进入的领域，但除此之外，不应再存在任何其他限制条件。[3]

准入前国民待遇可以具体分为“有限的准入前国民待遇”和“完全的准入前国民待遇”。“有限的准入前国民待遇”将国民待遇扩展到准入前和准入后阶段，从而限制了东道国对外资准入的自由裁量权，但东道国在某种程度上仍然保留了对投资自由化程度和准入条件的控制权。例如，WTO《服务贸易总协定》所采取的“选择进入”（Opt-in）或者“正面清单”（positive list）模式，除非东道国明确列举，否则准入前阶段不适用国民待遇原则。再如《亚太经济合作组织不具约束力的投资原则》（APEC Non-Binding Investment Principles）所使用的“尽最大努力”（Best Endeavours）的条款表述使发展中国家不受准入前阶

① 参见胡加祥《国际投资准入前国民待遇法律问题探析——兼论上海自贸区负面清单》，《上海交通大学学报》（哲学社会科学版）2014 年第 1 期，第 67 页。

② 同上。又见 UNCTAD，National Treatment，*UNCTAD Series on Issues in International Investment Agreement*，UNCTAD/ITE/IIT/11 （Vol. IV），p. 69，http：//unctad. org/en/docs/psiteiitd11v4. en. pdf。

③ 参见胡加祥《国际投资准入前国民待遇法律问题探析——兼论上海自贸区负面清单》，《上海交通大学学报》（哲学社会科学版）2014 年第 1 期，第 68 页。

段给予外资国民待遇的法律约束。需要注意的是，在《能源宪章条约》（Energy Charter Treaty）中，“尽最大努力”的条款表述与后期给予外资准入前国民待遇的法律约束同时存在。“完全的准入前国民待遇”则将东道国关于准入国民待遇的承诺原则上扩展到条约中东道国明确排除的——“负面清单”以外的所有外国投资者。[①]“完全的准入前国民待遇”在很大程度上缩小了东道国对外资管理的自由裁量权，东道国只限于对特定行为行使其权力。

尽管准入前国民待遇在很大程度上限制了东道国控制外资的传统权力，但若东道国认为多数行业或者经营活动能够从开放和更加具有竞争力的市场环境获益，那么这种政策选择就是有益的。[②] 鉴于各国均有某些行业或者经营活动需要特殊保护，因此，东道国在给予外资准入前国民待遇时使用负面清单来保护特定行业或者经营活动就成了必然选择。

我国正在推进以“准入前国民待遇 + 负面清单”为核心的外资准入管理体系创新。自改革开放以来，我国一直实行准入后国民待遇。根据《指导外商投资方向规定》，《外商投资产业指导目录》和《中西部地区外商投资优势产业目录》是指导审批外商投资项目和外商投资企业适用有关政策的依据。我国已经建立了外资准入综合管理和行业准入管理体系，外资在我国明确开放的领域才享有国民待遇。上海自贸试验区实行外资准入前国民待遇 + 负面清单的开放模式，是我国对外开放法律制度的一次重要调整，标志着我国改革开放的进一步深入。这种模式并不意味我国丧失对外资的监管权，而是推动我国行政机关转变管理外资方式、提升外资管理能力，与发达国家接轨，从而为新时期扩大对外开放提供保障。

---

① 参见胡加祥《国际投资准入前国民待遇法律问题探析——兼论上海自贸区负面清单》，《上海交通大学学报》（哲学社会科学版）2014 年第 1 期，第 67 页；UNCTAD，National Treatment，*UNCTAD Series on Issues in International Investment Agreement*，UNCTAD/ITE/IIT/11（Vol. IV），p. 69，http：//unctad. org/en/docs/psiteiitd11v4. en. pdf；APEC Non-binding Investment Principles，http：//www. apec. org/Press/News-Releases/2010/～/media/965E37FDA6D848B4A0350D68D2A4BE1C. ashx。

② UNCTAD，National Treatment，*UNCTAD Series on Issues in International Investment Agreement*，UNCTAD/ITE/IIT/11（Vol. IV），p. 69，http：//unctad. org/en/docs/psiteiitd11v4. en. pdf.

（二）负面清单

“负面清单”又称消极清单或否定列表，是东道国禁止外资进入或限定外资比例的行业清单。在负面清单中，东道国会明确列出禁止外商投资准入或有限制要求的领域，清单以外领域则充分开放。

在国际贸易和投资协定中，使用“正面清单”模式或者“负面清单”模式关系到市场准入和市场开放的程度。[①] 通常，负面清单承担义务的水平会高于正面清单。“正面清单”模式以世界贸易组织的《服务贸易总协定》（GATS）为代表，当事方按“正面清单”做出承诺，即对市场准入的范围做出肯定性承诺；“负面清单”模式以《北美自由贸易协定》（NAFTA）为代表，协定创设了“准入前国民待遇 + 否定清单”的投资规则模式。在国际贸易或投资协定中通常用“不符措施”（Non-conformingmeasures）条款来体现“负面清单”的内容。NAFTA 的不符措施是一系列对国民待遇、最惠国待遇以及其他义务的例外措施。这些例外措施按规定需要按照固定格式列表，其法律地位是协定的一部分。不符措施的“负面清单”模式在 NAFTA 的服务贸易承诺中首用。除非 NAFTA 成员明确表示保留某些措施即不适用，否则该服务贸易就应非歧视地开放。[②]

上海自贸试验区的“负面清单”模式实际上是中美双边投资协定中“负面清单”谈判的先试先行。美国从 1982 年开始制定双边投资协定范本，之后于 1994 年、2004 年和 2012 年分别推出了新的范本。美国 2012 年版 BIT 范本提出了“负面清单”和“准入前国民待遇”的两大前提条件。2012 年 BIT 范本第 3 条“国民待遇”规定中，列举了“设立、收购、扩展、管理、经营、营运和销售，或其他处分方面”等六大方面的国民待遇，这要求在投资的市场准入阶段（如设立或并购时）东道国就必须给予外国投资者国民待遇。为了让谈判双方有选择或利益保留的空间，2012 年 BIT 范本还设计了第 14 条“不符措施”，

---

① 参见龚柏华《“法无禁止即可为”的法理与上海自贸区“负面清单”模式》，《东方法学》2013 年第 6 期，第 139 页。

② 同上。

允许对国民待遇、最惠国待遇、业绩要求、高级管理人员和董事会组成条款提出保留和例外。[①] 鉴于我国于2013年7月同意开始与美国进行投资协定的实质性谈判，上海自贸试验区探索“负面清单”模式有助于中美投资协定谈判。此外，上海自贸试验区探索“负面清单”模式还有助于进一步深化改革，为我国服务业开放和发展提供契机。

1. 上海自贸试验区2013版“负面清单”

2013年10月1日，根据《总体方案》和当时尚有效的《中国（上海）自由贸易试验区管理办法》，上海市政府发布了《中国（上海）自由贸易试验区外商投资准入特别管理措施（负面清单）（2013年）》（以下简称2013版负面清单）。

与《外商投资产业指导目录（2011年修订）》相比，2013版负面清单在内容上没有实质性突破，只是从分类、编排上作了调整。[②] 根据《指导外商投资方向规定》，鼓励类、限制类和禁止类的外商投资项目，列入《外商投资产业指导目录》。2013版负面清单则将“禁止类”和“限制类”合并，从而明确了清单的“负面”性质。此外，按国民经济行业分类，2013版负面清单共涉及18个门类、89个大类、419个中类、1069个小类，共190条管理措施。

需要指出的是，2013版负面清单一方面是依据《外商投资产业指导目录（2011年修订）》，但另一方面又“超越”了该指导目录，把散见于其他部门规章中对外资准入禁止或限制的内容，加入到上海自贸试验区的“负面清单”中。例如，有些在《外商投资产业指导目录》中没有列入禁止类的，在负面清单里列为禁止项目，包括：禁止盐的批发；禁止投资文物拍卖；禁止投资文物商店；禁止直接或间接从事和参与网络游戏运营服务；禁止投资经营因特网数据中心业务；禁止投资经营性学前教育、中等职业教育、普通高中教育、高等教育等教育机构。[③]

---

① 参见龚柏华《“法无禁止即可为”的法理与上海自贸区“负面清单”模式》，《东方法学》2013年第6期，第140页。

② 同上。

③ 同上书，第141页。

2. 上海自贸试验区2014版“负面清单”

2014年7月1日，2014年修订版上海自贸试验区“负面清单”正式公布。与2013版相比，新版“负面清单”进一步提高开放度、增加透明度、与国际通行规则相衔接，实现了大幅“瘦身”，其中特别管理措施由原来的190条调整为139条，调整率达到26.8%。①

2014版负面清单以有关法律法规、《总体方案》、《中国（上海）自由贸易试验区进一步扩大开放的措施》和《外商投资产业指导目录(2011年修订)》等为依据，列明上海自贸试验区内对外商投资项目和设立外商投资企业采取的与国民待遇等不符的准入措施。

与此前2013年版一样，2014版负面清单仍然按照《国民经济行业分类》（2011年版）分类编制，包括18个行业门类、89个条目、139项特别管理措施。2014年版负面清单同样指出，除列明的外商投资准入特别管理措施，禁止（限制）外商投资国家以及中国缔结或者参加的国际条约规定禁止（限制）的产业，禁止外商投资危害国家安全和社会安全的项目，禁止从事损害社会公共利益的经营活动。自贸试验区内的外资并购、外国投资者对上市公司的战略投资、境外投资者以其持有的中国境内企业股权出资，应符合相关规定要求；涉及国家安全审查、反垄断审查的，按照相关规定办理。

对于港澳台地区，2014版负面清单专门规定：“香港特别行政区、澳门特别行政区、台湾地区投资者在自贸试验区内投资参照负面清单执行。内地与香港特别行政区、澳门特别行政区《关于建立更紧密经贸关系的安排》及其补充协议、《海峡两岸经济合作框架协议》及其后续《海峡两岸服务贸易协议》、中国签署的自贸协定中适用于自贸试验区并对符合条件的投资者有更优惠的开放措施的，按照相关协议或协定的规定执行。”

3.《自由贸易试验区外商投资准入特别管理措施（负面清单）》

2015年4月8日，国务院办公厅公布《自由贸易试验区外商投资准入特别管理措施（负面清单）》（以下简称《自贸试验区负面清单》），列

---

① 参见《上海自贸区2014年版“负面清单”公布》，商务部官网，http://www.mofcom.gov.cn/article/resume/n/201407/20140700648436.shtml。

明了不符合国民待遇等原则的外商投资准入特别管理措施，适用于上海、广东、天津、福建四个自贸试验区。

《自贸试验区负面清单》依据《国民经济行业分类》（GB/T4754—2011）划分为15个门类、50个条目、122项特别管理措施，其中特别管理措施包括具体行业措施和适用于所有行业的水平措施。在122项特别管理措施中，限制性措施为85条，禁止性措施为37条。未列出的与国家安全、公共秩序、公共文化、金融审慎、政府采购、补贴、特殊手续和税收相关的特别管理措施，按照现行规定执行。自贸试验区内的外商投资涉及国家安全的，须按照《安审试行办法》进行安全审查。

从内容上来看，与2014版负面清单相比，2015版负面清单的透明度和开放度以及完整性都有所提高，显示出中国外商投资负面清单管理模式在不断深化和完善。2015版负面清单大幅减少了制造业在清单中的比例。2015版负面清单在制造业方面的条款由2014版的近50条减少到17条，其中，农副产品加工业、酒类、烟草、印刷、文教、工美体育和文化用品等一般制造业领域完全放开，只是在航空、船舶、汽车、轨道交通、通信设备、矿产冶炼、医药制造等关系国计民生的重点制造业领域对外资有所限制；在高端制造业领域，2015版负面清单的开放度也进一步提高。汽车制造业条款由2014版的3条减少为2条，轨道交通方面的条款由6条减少为2条。2015版负面清单增加的领域主要集中在金融领域和文化、体育和娱乐领域，体现了清单条目透明度的提高。虽然2015版负面清单在金融领域的条款内容由2014版的4条上升到14条，在文化、体育和娱乐业的条款内容由2014版的8条上升为2015版的24条，然而这些条款所增加的内容均是对将该两种领域对外商的限制具体化了，这并不代表开放度的减弱，反而是增加了行业准入的透明度，其操作性大幅提高。从清单的完整性来看，2015版负面清单还有一个新的分类，即明确特别管理措施不仅有针对具体行业的措施，还有适用于所有行业的平行措施，共有3条内容。[①] 此次新增不分行业的平行限制措施，主要集中在股权投资、并购领域。

---

① 参见唐玮婕《2015版负面清单三大看点》，人民网，http://sh.people.com.cn/n/2015/0427/c134768-24647524.html。

综上，可以看出“负面清单”是我国外资管理模式重大转变的标志，一方面有助于我国在双边投资协定中引入“负面清单”模式；另一方面也助于我国行政机关简政放权、放管结合和转变政府职能，促进对外开放。

（三）外资备案管理

长期以来，我国对外资管理一直实行审批制。改革开放初期，审批制度符合当时的国情。在加入世贸组织时，我国国内很多行业无论在技术方面还是科研层面，在国际市场上竞争力都比较弱，适度保护本土企业有一定必要，推行审批制度促进本土企业成长也有一定作用。然而，审批制度主要是在投资管理上按照项目管理的方式来进行，所对应的贸易形式是以货物贸易为基础的传统贸易形式，在当今贸易条件下，服务业、电子商务等一些新的贸易手段兴起，对外商投资管理方式的变革势在必行。

上海自贸试验区开启了外资备案管理的试点。《总体方案》规定：“对负面清单之外的领域，按照内外资一致的原则，将外商投资项目由核准制改为备案制（国务院规定对国内投资项目保留核准的除外），由上海市负责办理；将外商投资企业合同章程审批改为由上海市负责备案管理，备案后按国家有关规定办理相关手续。”上海市人民政府随后发布了《中国（上海）自由贸易试验区外商投资企业备案管理办法》。2013 年 12 月 21 日，国务院进一步发布了《国务院决定在中国（上海）自由贸易试验区内暂时调整有关行政法规和国务院文件规定的行政审批或者准入特别管理措施目录》，对外商投资项目核准（国务院规定对国内投资项目保留核准的除外）、外资企业设立审批、外资企业分立、合并或者其他原因导致资本发生重大变动审批、外资企业注册资本减少、增加和转让审批等 24 项内容实施在负面清单之外的领域，暂停实施行政审批，改为备案管理。

上海自贸试验区实施外资备案管理的方法成为推动各自贸试验区的蓝本。2015 年 4 月 8 日，以 2013 年 9 月上海市人民政府发布的《中国（上海）自由贸易试验区外商投资企业备案管理办法》为基础，商务部发布了《自由贸易试验区外商投资备案管理办法（试行）》。该试行办法分别规定了备案适用范围、备案机构、备案方式、备案程序、信息报告、监督检查及诚信管理等内容。在总结上海自贸试验区一年多实践基础上，试行办法为进一步发挥自贸试验区在外商投资管理体制改革方面的先行先试作用，在多个方面作了改进，包括将外商投资企业合同章程备案与企业设立或变更的登记环节脱钩，即不以备案作为登记的前置条件；引入信息报告制度，区内所有外商投资企业均须履行年度报告义务；细化对外商投资的监督检查要求，明确检察机关、方式、内容，以及对监督检查中发现问题的处罚措施；建立外商投资诚信档案系统，在各部门之间实现备案、诚信信息的共享。

外商投资备案管理改革在2016年迅速提上日程，显然与自贸试验区相关试点分不开。随着外商投资负面清单管理模式的实施，近三年来自贸试验区投资便利化和规范化水平大幅提高。据统计，2016年上半年，四个自贸试验区99%以上的外商投资企业通过备案方式设立，与“逐案审批制”相比较，纸质材料减少90%，办理时限由20个工作日缩减至3个工作日内，受到广泛认可。另外，四个自贸试验区还推出了事前诚信承诺、事中评估分类、事后联动奖惩等做法，三年来未出现区域性、系统性风险。根据国务院发展研究中心等第三方机构评估的分析，自贸试验区内外商投资管理体制改革试点受惠面广、成效显著、风险可控，已具备在全国复制推广的条件。①

2016年7月1日，为保障自贸试验区有关改革开放措施依法顺利实施，根据《全国人民代表大会常务委员会关于授权国务院在中国（广东）自由贸易试验区、中国（天津）自由贸易试验区、中国（福建）自由贸易试验区以及中国（上海）自由贸易试验区扩展区域暂时调整有关法律规定的行政审批的决定》，以及《广东自贸试验区总体方案》《天津自贸试验区总体方案》《福建自贸试验区总体方案》和《深化方案》，国务院发布了《国务院关于在自由贸易试验区暂时调整有关行政法规、国务院文件和经国务院批准的部门规章规定的决定》（国发

① 参见《商务部新闻发言人孙继文就〈外商投资企业设立及变更备案管理暂行办法（征求意见稿）〉公开征求意见发表谈话》，商务部官网，http：//wzs. mofcom. gov. cn/article/n/201504/20150400946303. shtml。

〔2016〕41号)，决定在自由贸易试验区暂时调整《中华人民共和国外资企业法实施细则》等18部行政法规、《国务院关于投资体制改革的决定》等四件国务院文件、《外商投资产业指导目录（2015年修订)》等四件经国务院批准的部门规章的有关规定。《国务院决定在自由贸易试验区暂时调整有关行政法规、国务院文件和经国务院批准的部门规章规定目录》随之发布。

在此之后，外商投资备案管理改革向全国全面铺开的步伐大大加快。2016年9月3日，第十二届全国人民代表大会常务委员会第二十二次会议审议通过《关于修改〈中华人民共和国外资企业法〉等四部法律的决定》，将不涉及国家规定实施准入特别管理措施的外商投资企业设立及变更，由审批改为备案管理。2016年10月8日，商务部公布《外商投资企业设立及变更备案管理暂行办法》，同时废止《自由贸易试验区外商投资备案管理办法（试行)》，对不涉及国家规定实施准入特别管理措施的外商投资企业的设立及变更纳入调整范围。关于国家规定实施准入特别管理措施的范围，经国务院批准，外商投资准入特别管理措施范围按《外商投资产业指导目录（2015年修订)》（以下简称《目录》）中限制类和禁止类，以及鼓励类中有股权要求、高管要求的有关规定执行；涉及外资并购设立企业及变更的，按现行有关规定执行。

《暂行办法》全面贯彻落实了简政放权、放管结合和协同监管的要求，就适用范围、备案程序、监督检查、法律责任等内容做出了规范，同时规定港澳台投资者投资备案事项参照办理。《暂行办法》共37条，分为5章，分别为总则、备案程序、监督管理、法律责任和附则。与行政许可不同，规定的备案管理属于告知性备案，不是企业办理其他手续的前置条件。外商投资企业或其投资者以承诺书形式对填报信息的真实性、准确性和完整性负责，备案机构在备案阶段仅对填报信息进行形式审查，领取备案回执也不是强制性要求。这与之前外资逐案审批制有着根本性区别，是方便企业、服务企业的“真备案”制度。根据《全国人民代表大会常务委员会关于修改〈中华人民共和国外资企业法〉等四部法律的决定》的规定，《暂行办法》适用于不涉及国家规定实施准入特别管理措施的外商投资企业的设立及变更。就外商投资准入特别管理措施范围内的投资，对于涉及《目录》限制类和禁止类以及鼓励类中有股权要求、高管要求的领域，不论金额大小或投资方式（新设、并购）均将继续实行审批管理；对于外国投资者并购境内非外商投资企业，适用《关于外国投资者并购境内企业的规定》（商务部令〔2009〕6号），其中涉及上市公司的，适用《外国投资者对上市公司战略投资管理办法》（商务部、证监会、税务总局、工商总局、外汇局令〔2005〕28号）。对于外国投资者投资其他领域或采取其他方式投资的，一律实行备案管理。

需要说明的是，外国投资者并购境内非外商投资企业完成后，外商投资企业发生的变更事项，如不涉及国家规定实施准入特别管理措施的，也将实行备案管理。针对外商投资的上市公司及在全国中小企业股份转让系统挂牌的公司这一特殊类型，《暂行办法》结合目前外资管理实践，在第6条中明确指出，外国投资者可仅在其持股比例变化累计超过5%或（相对）控股地位发生变化时，就投资者基本信息或股份变更事项办理备案手续，以进一步减轻了企业申报负担。

《暂行办法》的适用对象包括中外合资经营企业、中外合作经营企业、外资企业以及外商投资的股份有限公司。根据《暂行办法》的规定，投资类外商投资企业（包括投资性公司、创业投资企业）视同外国投资者，适用备案管理；港澳台地区投资者投资不涉及国家规定实施准入特别管理措施的，参照适用备案管理；港澳服务提供者备案按照《港澳服务提供者在内地投资备案管理办法（试行）》办理。外商投资企业境内再投资应符合《对外贸易经济合作部、国家工商行政管理总局关于外商投资企业境内投资的暂行规定》的要求。

关于如何确定实际控制人，商务部在解读《暂行办法》时明确，外商投资企业最终实际控制人是指通过股份、合同、信托或其他方式最终直接或间接对外商投资企业实现控制的自然人、企业、政府机构或国际组织；投资者最终实际控制人是指通过股份、合同、信托或其他方式最终直接或间接对外商投资企业投资者实现控制的自然人、企业、政府机构或国际组织。上述实际控制人是境外的，需追溯至境外上市公司、境外自然人、外国政府机构（含政府基金）或国际组织；实际控制人是境内的，需追溯至境内上市公司、境内自然人或国有/集体企业。《暂行办法》规定的外商投资企业设立及变更备案主要分为三步：一是外商投资企业或其投资者通过备案系统在线填报和提交备案申请材料；二是备案机构对填报信息形式上的完整性和准确性进行核对，并对申报事项是否属于备案范围进行甄别，在3个工作日内完成备案；三是由备案人自行选择是否领取备案回执。属于备案范围的外商投资企业设立备案需在营业执照签发前或营业执照签发后30日内办理，外商投资企业变更备案需在变更事项发生后30日内办理。对申报事项属于备案范围的，备案机构应在3个工作日内完成备案，并通过外商投资综合管理信息系统发布备案结果并在线通知外商投资企业或其投资者；不属于备案范围的，备案机构应在线通知外商投资企业或其投资者按有关规定办理。

在保障备案信息的真实性、完整性和及时性方面，《暂行办法》指出，企业应如实备案；备案过程中备案机构可要求企业补充完善相关信息；商务主管部门可采取抽查、根据举报进行检查、根据有关部门或司法机关的建议和反映的情况进行检查，以及依职权启动检查等方式，对外商投资企业或其投资者所填报的备案信息是否真实、准确、完整开展监督检查；外商投资企业或其投资者未能按期履行备案义务，或在进行备案时存在重大遗漏的，商务主管部门应责令限期改正；逾期不改正，或情节严重的，处3万元以下罚款。外商投资企业或其投资者逃避履行备案义务，在进行备案时隐瞒真实情况、提供误导性或虚假信息，商务主管部门应责令限期改正，并处3万元以下罚款。违反其他法律法规的，由有关部门追究相应法律责任。

外商投资企业设立及变更审批改备案后，事中事后监管尤为重要。为加强事中事后监管，《暂行办法》第14条明确规定，商务主管部门与公安、国有资产、海关、税务、工商、证券、外汇等有关行政管理部门应密切协同配合，加强信息共享。商务主管部门在监督检查的过程中发现外商投资企业或其投资者有不属于本部门管理职责的违法违规行为，应及时通报有关部门。商务主管部门和其他主管部门在监督检查中掌握的反映外商投资企业或其投资者诚信状况的信息，应记入商务部外商投资诚信档案系统。其中，对于未按本办法规定进行备案，备案不实，伪造、变造、出租、出借、转让《备案回执》，对监督检查不予配合或拒不履行商务主管部门做出的行政处罚决定的，商务主管部门将相关诚信信息通过商务部外商投资信息公示平台予以公示，接受社会公众监督。除进行公示外，上述情形还应承担相应的法律责任，明确违反其他法律法规的，则由有关部门追究相应法律责任。

总而言之，外商备案管理模式的推广，是对我国外商投资管理体制的一次重大变革，体现了“凡属重大改革都要于法有据”的精神，完善了我国法治化、国际化、便利化的营商环境，明显将有效提升我国投资环境吸引力。

（四）国家安全审查

近年来，国家安全方面的考虑日益成为国际投资政策制定中的一个重要问题。基于各自国家安全的需要，各国在具体立法和政策方面有所不同，涉及的措施从明确的投资限制到复杂的审查机制，有时则涉及宽泛的定义和广泛的适用范围。这种差异化的立法和政策实践对国际投资产生了重要影响。在此背景下，我国在吸引外资的同时，也在逐步完善外商投资国家安全的立法和政策。

作为最大的发展中国家，我国是在改革开放以后逐渐重视外商投资国家安全审查工作的。改革开放早期，我国在引进外商投资的过程中一直存在“重引进轻管理、重优惠轻规制”的倾向，对影响和可能影响国家安全的吸收外资项目在进行安全审查和监管等方面并不到位。2002 年施行的《指导外商投资方向规定》第 7 条明确了“危害国家安全或者损害社会公共利益的”属于禁止类外商投资项目。2008 年施行的《反垄断法》第 31 条进一步明确规定：“对外资并购境内企业或者以其他方式参与经营者集中，涉及国家安全的，除依照本法规定进行经营者集中审查外，还应当按照国家有关规定进行国家安全审查。”根据《关于外国投资者并购境内企业的规定》，外国投资者并购境内企业并取得实际控制权，涉及重点行业、存在影响或可能影响国家经济安全因素或者导致拥有驰名商标或中华老字号的境内企业实际控制权转移的，当事人应就此向商务部进行申报。当事人未予申报，但其并购行为对国家经济安全造成或可能造成重大影响的，商务部可以会同相关部门要求当事人终止交易或采取转让相关股权、资产或其他有效措施，以消除并购行为对国家经济安全的影响。2010 年 4 月，国务院下发的《关于进一步做好利用外资工作的若干意见》（国发〔2010〕9 号）进一步提出“鼓励外资以参股、并购等方式参与国内企业改组改造和兼并重组。规范外资参与境内证券投资和企业并购。依法实施反垄断审查，并加快建立外资并购安全审查制度”。2011 年 2 月，国务院办公厅最终以“国办发〔2011〕6 号文”的形式下发了《关于建立外国投资者并购境内企业安全审查制度的通知》（以下简称 6 号文），明确提出建立外国投资者并购境内企业安全审查制度。自此，我国外资并购国家安全审查制度初步形成。

自贸试验区的一个重要改革方向就是终结审批制，逐步建立“以准入后监督为主，准入前负面清单方式许可管理为辅”的投资准入管理体制。对外资准入的管理由审批制改为备案制是自贸试验区制度改革的重要一环，但这并不意味着政府放弃了对外资准入的安全审查。《上海自贸试验区条例》第 37 条明确规定：“自贸试验区建立涉及外资的国家安全审查工作机制。对属于国家安全审查范围的外商投资，投资者应当申请进行国家安全审查；有关管理部门、行业协会、同业企业以及上下游企业可以提出国家安全审查建议。当事人应当配合国家安全审查工作，提供必要的材料和信息，接受有关询问。”然而，自贸试验区内如何进行国家安全审查，安全审查范围是否与“6 号文”一致仍然有待进一步厘清。

2015 年 4 月 20 日，国务院办公厅印发《安审试行办法》，在上海自贸试验区、广东自贸试验区、天津自贸试验区和福建自贸试验区试点实施与负面清单管理模式相适应的外商投资国家安全审查措施，引导外商投资有序发展，维护国家安全。

《安审试行办法》的实施厘清了自贸试验区内实施国家安全审查的范围，进一步完善了我国外商投资国家安全审查制度。《安审试行办法》是我国在自贸试验区试点实施与负面清单管理模式相适应的外商投资国家安全审查措施的重要法律制度。自贸试验区是我国以制度创新为核心，以形成可复制可推广经验为要求，在简政放权、放管结合、加快政府职能转变、体制机制创新、促进贸易投资便利化以及营造市场化、国际化、法治化营商环境等方面进行的积极探索和大胆尝试。

与“6 号文”相比，《安审试行办法》在审查范围、审查内容、工作机制和程序等多个方面进行了创新和突破。

第一，安全审查范围明显扩大。“6 号文”仅涉及外国投资者并购境内企业的情形，包括购买境内非外商投资企业的股权或认购境内非外商投资企业增资从而使该境内企业变更设立为外商投资企业；购买境内外商投资企业中方股东的股权或认购境内外商投资企业增资；设立外商投资企业并通过该外商投资企业协议购买境内企业资产并且运营该资产或通过该外商投资企业购买境内企业股权；直接购买境内企业资产并以该资产投资设立外商投资企业运营该资产。《安审试行办法》则在“6号文”的基础上将适用范围扩大到外国投资者在自贸试验区内的所有投资，包括单独或者共同投资新建项目或者设立企业、并购以及通过协议控制、代持、信托、再投资、境外交易、租赁、认购可转换债券等方式进行的投资。实践中，随着我国吸引外资进入新的阶段，外国投资者使用新建、合营、并购以外的方式进入我国市场的情况越来越普遍。特别是在如互联网内容服务等某些限制或者禁止外商投资的领域，VIE（variable interest entities，即“可变利益实体”或“协议控制架构”）模式已经成为企业海外上市的重要手段。VIE 模式一般由境外上市主体、境内外资全资子公司和境内持牌公司（外资受限业务牌照持有者）三部分架构组成，境内外资全资子公司和持牌公司之间签署 VIE 协议，从而获取持牌公司的相关权益。VIE 模式使境外上市实体实现间接控制境内持牌公司的结果，并可将境内持牌公司所经营特定领域业务取得的利润间接转移到境外上市实体，从而实现境内运营实体的会计报表与境外上市主体的会计报表合二为一的目的。鉴于 VIE 模式对国家安全的影响，《安审试行办法》也将其纳入安全审查考虑的范围。

第二，外国投资者在重要文化、重要信息技术产品和服务等领域内的投资得到了重视。除“6号文”提出的军工及军工配套、重点、敏感军事设施周边地域以及关系国家安全的重要农产品、重要能源和资源、重要基础设施、重要运输服务等领域外，自贸试验区安全审查还将重要文化、重要信息技术产品和服务等行业内的外商投资纳入审查。实践中，重要文化和重要网络信息技术产品和服务等也是加拿大、美国等发达国家外商投资安全审查的重点，《安审试行办法》科学地借鉴了发达国家安全审查的实践。

第三，优化了取得实际控制权的情形。根据联合国贸易和发展会议的数据，跨国经营指数排名前100位的大型跨国企业，每家公司平均在

50 多个国家拥有 500 多家分支机构，内部所有权架构平均多达 7 个层级，平均每家在离岸金融及投资中心拥有近 70 个实体。[①] “6 号文”并未充分认识到这些情况，存在着界定包括外国投资者及其控股母公司、控股子公司等实际控制人范围太小的问题，对拥有少数股权但其表决权能够给公司决策带来重要影响的投资者界定也不太明晰，此外还存在将经营决策、财务、人事和技术直接界定为实际控制权的问题。考虑到国际投资所有权结构日益复杂、投资者国籍日益模糊以及所有权和控制权背离更加普遍，《安审试行办法》使用了关联投资者的概念，对持有少数股权但所拥有的表决权足以对公司产生重大影响的投资者进行了厘清，并且更正了取得实际控制权的情形，即包括对企业的经营决策、人事、财务、技术等产生重大影响的情形。

第四，增加了外商投资对国家文化安全、公共道德的影响以及对国家网络安全的影响等方面的审查内容。“6 号文”仅涉及相关交易对国防安全、国家经济稳定运行、社会基本生活秩序以及国家安全关键技术研发能力的影响，没有涉及对文化安全、公共道德或者国家网络安全的影响，《安审试行办法》对此进行了补充。实践中，文化安全、公共道德以及国家网络安全日益引起加拿大、美国等国的重视。《安审试行办法》在借鉴国外实践的同时，也考虑了我国的国情，如网络安全等。

第五，增加了附加条件消除影响的内容。当前，美国等发达国家在国家安全审查制度中一般都会对那些影响或可能影响国家安全但通过附加条件可以消除影响的交易网开一面。《安审试行办法》引入了这样的制度设计，明确规定“对影响或可能影响国家安全，但通过附加条件能够消除影响的投资，联席会议可要求外国投资者出具修改投资方案的书面承诺。外国投资者出具书面承诺后，联席会议可做出附加条件的审查意见”，从而补充了“6 号文”在该方面的内容。

第六，增加了报告义务和联动机制的内容。针对自贸试验区管理的特点，《安审试行办法》明确了自贸试验区管理机构对试验区内外商投资的监管权力，要求管理机构在发现外国投资者提供虚假信息、遗漏实质

---

① 参见徐惠喜《投资者“国籍”困扰各国外资政策》，《经济日报》2016 年 7 月 22 日第 4 版。

信息、通过安全审查后变更投资活动或违背附加条件，对国家安全造成或可能造成重大影响的，应当履行报告义务。此外，《安审试行办法》还提出国家发改委、商务部与自贸试验区管理机构应当在信息共享、实时监测、动态管理和定期核查等方面形成联动机制。

（五）境外投资备案管理

上海自贸试验区成立以来，由于境外投资实行备案制，成为中国企业“走出去”的窗口。在自贸试验区成立前，企业跨境并购需要在包括国家发改委、商务部和外汇管理局在内的多个部门办理对外投资审批登记，而国有企业还需先经过国资委，整个流程耗时很久。

《总体方案》明确提出：“改革境外投资管理方式，对境外投资开办企业实行以备案制为主的管理方式，对境外投资一般项目实行备案制，由上海市负责备案管理，提高境外投资便利化程度。创新投资服务促进机制，加强境外投资事后管理和服务，形成多部门共享的信息监测平台，做好对外直接投资统计和年检工作。支持试验区内各类投资主体开展多种形式的境外投资。鼓励在试验区设立专业从事境外股权投资的项目公司，支持有条件的投资者设立境外投资股权投资母基金。”基于此，上海市专门制定出台了《中国（上海）自由贸易试验区境外投资项目备案管理办法》和《中国（上海）自由贸易试验区境外投资开办企业备案管理办法》。

在制度保障下，上海自贸试验区区内企业对外投资实行备案制，企业只需在管委会递交申请材料，国家发改委和商委的职能均在管委会内部进行流转，整个流程缩短至 5 个工作日。而企业在 7 天左右即可拿到《企业境外投资证书》，随即可直接通过银行备案结汇汇出资金，时间成本大幅降低。2014 年 3 月，上海现代设计集团通过自贸试验区跨境并购美国威尔逊室内设计公司，从而成为自贸试验区内企业跨境并购的首例——递交材料到资金汇出用时仅一星期。基于跨境并购投融资方面的便利性，2014 年，国家发改委、商务部及外管局陆续出台政策，简政放权，除对外投资涉及敏感国家及地区、敏感行业需国务院主管部门核准外，其余不论金额，一律采取备案制。2015 年 2 月，中国人民银行上海总部发布《境外融资细则》，在上海率先全面放开本、外币境外融资。企业可以通过在上海自贸试验区内注册自由贸易账户，通过自贸试验区进行境外融资，从而为企业跨境投融资带来极大便利。2015 年 2 月 13 日，在工行上海市分行和新加坡分行的联动下，中海油轮运输有限公司成功获得了 1000 万美元外汇流动资金贷款，成为上海自贸试验区内企业的外币境外融资业务首单。该笔 1000 万美元的贷款融资成本尚未超过 2%，而同期企业人民币融资成本至少为 5%。①

上海境外投资的试点工作推动了部委层面的境外投资立法。国家发改委、商务部分别通过了《境外投资项目核准和备案管理办法》和《境外投资管理办法》。国家根据不同情况对境外投资项目分别实行核准和备案管理；商务主管部门按照企业境外投资的不同情形，分别实行备案和核准管理。

关于核准的境外投资项目，《境外投资项目核准和备案管理办法》规定，中方投资额 10 亿美元及以上的境外投资项目，由国家发改委核准；涉及敏感国家和地区、敏感行业的境外投资项目不分限额，由国家发改委核准；中方投资额 20 亿美元及以上，并涉及敏感国家和地区、敏感行业的境外投资项目，由国家发改委提出审核意见报国务院核准。其中，敏感国家和地区包括未建交和受国际制裁的国家，发生战争、内乱等国家和地区；敏感行业包括基础电信运营，跨境水资源开发利用，大规模土地开发，输电干线、电网，新闻传媒等行业。

关于备案的境外投资项目，《境外投资项目核准和备案管理办法》规定，对上述规定以外的境外投资项目实行备案管理。其中，中央管理企业实施的境外投资项目、地方企业实施的中方投资额 3 亿美元及以上境外投资项目，由国家发改委备案；地方企业实施的中方投资额 3 亿美元以下境外投资项目，由各省、自治区、直辖市及计划单列市和新疆生产建设兵团等省级政府投资主管部门备案。

根据《境外投资项目核准和备案管理办法》，核准项目的条件为符合国家法律法规和产业政策、境外投资政策；符合互利共赢、共同发展的原则，不危害国家主权、安全和公共利益，不违反我国缔结或参加的国

---

① 参见《工行上海市分行成功赢得首单自贸区分账核算境外外汇融资业务》，人民网，http：//sh. people. com. cn/n/2015/0213/c134768 –23901212. html。

际条约；符合国家资本项目管理相关规定；投资主体具备相应的投资实力。国家发改委对申请备案的境外投资项目，主要从是否属于备案管理范围，是否符合相关法律法规、产业政策和境外投资政策，是否符合国家资本项目管理相关规定，是否危害国家主权、安全、公共利益，以及投资主体是否具备相应投资实力等进行审核。

《境外投资项目核准和备案管理办法》规定，投资主体实施需国家发改委核准或备案的境外投资项目，在对外签署具有最终法律约束效力的文件前，应当取得国家发改委出具的核准文件或备案通知书；或可在签署的文件中明确生效条件为依法取得国家发改委出具的核准文件或备案通知书。核准文件和备案通知书应规定有效期，其中建设类项目核准文件和备案通知书有效期 2 年，其他项目核准文件和备案通知书有效期 1 年。在有效期内投资主体未能完成办理相关手续的，应在有效期届满前 30 个工作日内申请延长有效期。对于前往香港、澳门的投资项目，《境外投资项目核准和备案管理办法》同样予以适用；前往台湾地区的投资项目，则按照国家发改委、商务部和国台办《关于印发〈大陆企业赴台湾地区投资管理办法〉的通知》（发改外资〔2010〕2661 号）执行。

至于需要核准和备案的企业境外投资，《境外投资管理办法》规定，企业境外投资涉及敏感国家和地区、敏感行业的，实行核准管理。企业其他情形的境外投资，实行备案管理。实行核准管理的国家是指与我国未建交的国家、受联合国制裁的国家；实行核准管理的行业是指涉及出口中华人民共和国限制出口的产品和技术的行业、影响一国（地区）以上利益的行业。《境外投资管理办法》还明确规定，企业境外投资不得危害我国国家主权、安全和社会公共利益或者违反我国法律法规，不得损害我国与有关国家（地区）关系，不得违反我国缔结或者参加的国际条约、协定，不得出口我国禁止出口的产品和技术。

此外，商务部和省级商务主管部门通过“境外投资管理系统”对企业境外投资进行管理，并向获得备案或核准的企业颁发《企业境外投资证书》（以下简称《证书》）。《证书》是企业境外投资获得备案或核准的凭证，按照境外投资最终目的地颁发。企业境外投资经备案或核准后，原《证书》载明的境外投资事项发生变更的，企业应当按照本章程序向原备案或核准的商务部或省级商务主管部门办理变更手续。自领取《证书》之日起2年内，企业未在境外开展投资的，《证书》自动失效。如需再开展境外投资，应当按照《境外投资管理办法》规定的程序重新办理备案或申请核准。

三　上海自贸试验区投资领域改革创新存在的问题及建议

（一）上海自贸试验区投资领域改革创新存在的问题

尽管上海自贸试验区在投资开放方面取得了长足的进步，但仍然存在着一些不足和问题。

1. 自贸试验区外商投资管理体制有待进一步理顺

上海自贸试验区、上海市一级联合监管以及跨部门协调机制有待进一步理顺，自贸试验区管理机构、上海市有关部门与中央层面监管部门之间的协调与合作也有待提高。由于外资管理制度的事权涉及商务、发改、工商等中央政府部门和国务院层面，因此，在外资管理体制仍然保留当前格局情况下，自贸试验区、上海市一级的自主性受限。

2. 自贸试验区负面清单有待进一步厘清

第一，2015版负面清单适用于上海、广东、天津、福建四个自贸试验区，但对于其后设立的自贸试验区能否适用还有待进一步明确。第二，虽然2015版负面清单在2014版负面清单的基础上，特别管理措施有所减少，调整为122项，但未来仍有进一步减少的可能性，尤其是在服务领域。第三，2015版负面清单的条款内容在金融领域和文化、体育和娱乐业更为细化和具体，有利于增强透明度，未来有必要拓展到其他领域。第四，高端制造业领域的开放度仍有提高的可能性，但有必要对该领域涉及的内容作进一步梳理。第五，外商在互联网内容服务等部分领域的投资已经超过了负面清单限制的范围，未来对于该领域的开放和监管，有待进一步厘清。

3. 当前政府内部的管理方式、管理方法、流程和规章制度与负面清单管理模式还有一定距离

我国长期对外资准入实行核准制，对与负面清单相配套的备案管理还缺乏一定的认识。尽管法律已经明确了外商投资企业设立和变更实施

备案管理，但如何加强外商投资备案管理还有待进一步摸索和熟悉。例如，备案外商投资企业事后从事需核准投资活动的监管问题、备案外商投资企业事后以合同等方式进入《外商投资产业指导目录》禁止类投资领域和项目的监管问题等还有待进一步厘清。

4. 国家安全审查制度还有完善空间

尽管《安审试行办法》在“6号文”基础上进行了大胆的创新和突破，但仍存在不足。主要表现在：

第一，缺乏对外商投资国家安全审查对象的明确界定。界定外商投资国家安全审查的对象，最关键的是对“外资”的界定。各国普遍以投资者国籍为标准来区分，包括设立地标准、资本来源地标准和实际控制主义标准。《关于外国投资者并购境内企业的规定》对外国投资者作了广义的界定，包括外国投资者和外商投资企业。对外国投资者的认定主要采取设立地标准，辅以实际控制原则。而在《安审试行办法》中则完全没有对外国投资者的界定。

第二，关于“控制权”的规定有待完善。在控制权取得问题上，《安审试行办法》在6号文基础上有了较大改进，强调“实际控制权”，并列举了相应情形，包括绝对控股和相对控股等。尽管如此，《安审试行办法》原则上50%的股权比例要求明显超过股权比例要求仅为10%的美国等发达国家，不利于对国家安全的保护。此外，《安审试行办法》对控制权的理解和解释也过于狭窄。从国外相关规则和实践看，控制权界定应与受管辖交易存在联系，控制权应为拥有确定、指示、做出、达成或者引起一家实体重要事项的权力，无论是否直接或者间接行使该权力，尤其包括但不限于确定、指示、做出、达成或者引起影响企业重要事项或者其他类似重要事项的权力等；控制权界定应涵盖不同交易结构，如有限合伙、合营、公司重组、表决权信托、少数股股东保护、多次实施交易、贷款交易、可转换表决权工具、多人持有所有者权益等；控制权不宜以股权数量等为标准，而是有必要考虑所有影响外国投资者决定投资实体重要事项能力的相关因素。

第三，审查程序的启动设计有待完善。《安审试行办法》沿袭了“6号文”的审查程序，审查可以由投资者提出，或者由国务院有关部门、全国性行业协会、同业企业及上下游企业等第三方以建议方式启动。然而，主管部门能否依职权主动启动审查规定并没有规定。因此，从理论上讲，如果申请人没有申报、第三方也没有以建议方式启动程序，则当交易确实对国家安全造成威胁时，交易将很难进行有效处理。

（二）对上海自贸试验区投资领域改革创新的建议

综上，有必要在如下方面继续对自贸试验区投资开放进行创新和发展。

1. 外资准入负面清单应尽快扩大至全国范围

各国的外资准入立法是主导国际投资的重要基石，对各国经济开放和企业跨国经营影响深远。在改革开放之后，我国的外资立法经历了多个发展阶段，从起步期到快速增长期到监管期再到逐步开放期。在其中的每一个阶段，我国都有国家性的政策法规引导着市场逐步开放。综观各国负面清单立法，也大多由中央或者联邦政府进行，如菲律宾的负面清单就是以总统令的形式签署，印度尼西亚的负面清单则是由国家投资协调委员会制定。[①]

负面清单模式改变了我国对外商投资管理的模式。我国一直以来对外商投资实施目录指导，以《外商投资产业指导目录》和《中西部地区外商投资优势产业目录》为核心，对外资投资方向和项目实施审批制度。我国已经开始在全国范围内推广外商投资企业设立及变更备案管理，这与负面清单管理模式是相配套的。目前，我国在自贸试验区内实施“负面清单 + 备案管理”模式，在自贸试验区外实施“目录指导 + 备案管理”模式。负面清单管理与目录指导不仅是字面上的转换，还涉及两种管理模式的变更，即法无明文禁止即允许的理念在我国外商投资管理制度上的实践。我国改革开放初期在起草外商投资指导目录方面缺乏管理知识和经验储备，存在大量遗漏内容，即使到目前，仍然很难全面梳理和概括对外开放的领域与行业。通过负面清单管理模式，有助于全面梳理敏感行业、领域和企业，并将当前外资管理积累的经验与扩大开放相结合，更好地服务于国家的对外开放战略。因此，未来有必要尽快在自贸实验

---

① 参见商舒《中国（上海）自由贸易试验区外资准入的负面清单》，《法学》2014 年第 1 期，第 34 页。

区区外将目录指导模式转变为负面清单模式，为我国投资开放升级版提供法律保障。

2. 加快国家安全审查的立法工作

当前，有必要完善自贸试验区外商投资国家安全审查制度，尽快推进包括外商投资安全审查在内的外商投资管理模式在全国范围内复制推广。事实上，完善该制度并在全国范围内复制推广也是我国法律的要求。我国《国家安全法》第59条明确规定："国家建立国家安全审查和监管的制度和机制，对影响或者可能影响国家安全的外商投资、特定物项和关键技术、网络信息技术产品和服务、涉及国家安全事项的建设项目，以及其他重大事项和活动，进行国家安全审查，有效预防和化解国家安全风险。"对影响或者可能影响国家安全的包括新建、合营等形式在内的外商投资实施国家安全审查已经是法律的强制性要求。目前，我国在自贸试验区外仍然没有针对影响或可能影响国家安全的包括新建、合营在内的外商投资安全审查制度。有鉴于此，修改完善《试行办法》并在此基础上在全国范围内全面铺开外商投资安全审查程序势在必行。

3. 加快境外投资法律制度的完善

十八届三中全会以后，我国加快形成了以备案为主、核准为辅的境外投资审批制度。境外投资主管部门的境外投资审批方式实现了显著优化，核准管理的范围明显缩小，备案管理的范围大幅度增加，核准管理的维度更为精简有效。上海自贸试验区对外投资备案管理制度的公布进一步推动了对外投资法律制度的改革。在此基础上，国家发改委也迅速通过了《境外投资项目核准和备案管理办法》。

未来有必要从以下三个方面进一步完善境外投资法律制度。[1]

一是加强顶层设计。根据《国务院关于投资体制改革的决定》和《中共中央关于全面深化改革若干问题的决定》，中国境外投资管理制度总目标是为构建开放型经济新体制奠定坚实基础，发展具有强大竞争力的中国跨国企业。应围绕这一目标，加强总体性考虑，综合考虑收益与风险，建立预警机制。

---

① 参见宗芳宇、胡江云《加快改革境外投资管理制度》，《中国经济时报》2015年10月9日第005版。

二是完善境外投资合作法律法规体系及分类监管制度。应当择机制定《境外投资条例》，明确商务部和国家发改委在境外投资中的具体职能，合理分工和加强协调，减少重复程序和手续，建立投资国别和行业负面清单，减少境外投资风险；建立企业境外投资信用体系，加强境外投资的事中和事后监管；建立境外投资大数据，统筹政策性支持和金融服务等；完善企业社会责任、诚信建设，提高境外投资企业的环境保护等可持续发展意识；设立境外投资行业协会，促进民间交流，发挥协会指导作用。

三是完善境外投资服务体系。鼓励金融机构海外布局，为投资企业提供更加低成本、便利的融资、保险等服务；加快建立和完善对外投资基金，为企业境外投资拓宽融资渠道；鼓励投资企业与会计、法律等专业服务机构的合作，做好市场风险预警，保障相关利益。

第四章

上海自贸试验区金融领域建设推进与制度创新

深化金融领域开放创新，是上海自贸试验区的主要任务之一。《总体方案》明确规定："加快金融制度创新。在风险可控前提下，可在试验区内对人民币资本项目可兑换、金融市场利率市场化、人民币跨境使用等方面创造条件进行先行先试。在试验区内实现金融机构资产方价格实行市场化定价。探索面向国际的外汇管理改革试点，建立与自贸试验区相适应的外汇管理体制，全面实现贸易投资便利化。鼓励企业充分利用境内外两种资源、两个市场，实现跨境融资自由化。深化外债管理方式改革，促进跨境融资便利化。深化跨国公司总部外汇资金集中运营管理试点，促进跨国公司设立区域性或全球性资金管理中心。建立试验区金融改革创新与上海国际金融中心建设的联动机制。"《上海自贸试验区条例》第25条也明确规定："在风险可控的前提下，在自贸试验区内创造条件稳步进行人民币资本项目可兑换、金融市场利率市场化、人民币跨境使用和外汇管理改革等方面的先行先试。鼓励金融要素市场、金融机构根据国家规定，进行自贸试验区金融产品、业务、服务和风险管理等方面的创新。本市有关部门应当为自贸试验区金融创新提供支持和便利。"

事实上，金融制度创新一度被视为上海自贸试验区的最大看点。尽管在后续发展中明确了金融服务实体经济、以金融创新促进贸易投资便利化的基本原则和思路，但这并未妨碍上海自贸试验区继续在金融开放创新方面引领全国潮流，发挥带动作用。特别是，2015年4月8日《深化方案》和10月30日《联动方案》的出台，进一步强调上海自贸试验区金融开放创新与上海国际金融中心建设之间的联动关系，给上海自贸试验区金融改革创新注入了新的动力。《深化方案》规定："加大金融创新开放力度，加强与上海国际金融中心建设的联动。"《联动方案》则明确了"率先实现人民币资本项目可兑换""进一步扩大人民币跨境使用""不断扩大金融服务业对内对外开放""加快建设面向国际的金融市场""不断加强金融监管，切实防范风险"这五大任务。

一　上海自贸试验区金融改革创新的总体情况[①]

三年来，上海自贸试验区金融改革创新成效显著，基本形成了以资本项目可兑换和金融服务业开放为主要内容的金融创新制度框架、更加开放的金融市场体系和金融机构体系，以及支持金融创新、有效防范风险的金融监管协调机制。[②] 进而言之，就是搭建了一个以简政放权、负面清单管理为核心的金融改革新框架，建立了一套适应新金融制度的事中事后管理系统——自由贸易账户系统，推进了资本项目可兑换、利率市场化等八大核心金融改革，形成了一系列可复制、可推广的金融创新成果，有效发挥了全国金融改革"试验田"的作用，上海国际金融中心的各个要素已基本建成。

（一）搭建了以简政放权、负面清单管理为核心的金融改革新框架

《总体方案》明确要求"在试验区内对人民币资本项目可兑换、金融市场利率市场化、人民币跨境使用等方面创造条件进行先行先试……全面实现贸易投资便利化……实现跨境融资自由化……促进跨境融资便利化"。《深化方案》也强调"深入推进金融制度创新，加大金融创新开放力度"。据此，人民银行和上海市会同金融监管部门先后出台了支持上海自贸试验区建设的"金改51条"和《联动方案》，人民银行上海总部和

① 本部分主要参见张新《上海自贸区：以自由贸易账户系统为基础 推进八大核心金融改革取得突破性进展》，《金融时报》2016年9月29日第005版。作者系中国人民银行上海总部副主任兼上海分行行长、国家外汇管理局上海市分局局长。

② 参见姚玉洁、周蕊《上海自贸区基本形成金融创新制度框架》，新华网，http://news.xinhuanet.com/local/2017-01/10/c_1120282141.htm。

上海银、证、保“三局”按照“成熟一项、推动一项”的原则制定了数十项落地实施细则，确立了上海自贸试验区金融改革的总体框架。从转变政府职能、便利贸易投资的角度而言，这个框架的核心就是简政放权和探索实施负面清单管理，加大市场化改革力度，取消一系列行政审批，即使保留行政审批的也大幅简化相关程序。主要改革举措包括：（1）对跨境人民币业务推出了全新的事中事后监管模式，不搞事前行政审批；（2）大幅放开境内外主体参与境内银行间债券市场，取消境内主体进入同业拆借市场的行政审批；（3）探索外汇管理负面清单模式，取消部分行政审批；（4）发布全国首份银行业市场准入报告类事项监管清单，首创自贸试验区银行业务创新监管互动机制；（5）推进中资商业银行离岸业务经营授权制度创新，率先明确非居民理财业务监管规则；（6）取消区内银行、保险机构部分准入事项和高管的行政审批；（7）实施航运保险产品注册制，将产品管理方式由审批备案改为协会注册。

上述措施有效激发和释放了金融市场主体的参与热情和活力，成效显著。例如，首批民营银行华瑞银行在自贸试验区成立，申港证券、华菁证券两家多牌照的合资证券公司获准设立。又如，航运保险产品注册制实施一年累计注册产品1200余个，超过前五年航运保险产品审批备案总和，全国11家航运保险运营中心全部落地上海。

（二）创建了适应简政放权新金融制度的事中事后监管新体系

以“分账核算”为核心的自由贸易账户系统是上海自贸试验区探索实现人民币资本项目可兑换的基本途径，也是贯彻“一线放开，二线管住”原则的基本保障。为适应上海自贸试验区金融简政放权和负面清单管理的新形势，有效防范金融风险，加强事中事后管理，中国人民银行在上海创设了自由贸易账户监测管理系统。该系统建立了“一线审慎监管、二线有限渗透”的“电子围网式”事中事后管理环境，对跨境资金流动进行逐企业、逐笔、全口径、7×24小时的实时大数据监测。自由贸易账户提供包括跨境融资、跨境并购、跨境理财、跨境发债在内的经常项目和资本项下的本外币一体化金融服务，支持“黄金国际板”和上海清算所推出的自贸试验区航运指数及大宗商品衍生品中央对手清算业务。截至2016年8月末，上海市所有金融机构皆能直接或间接接入自由贸易账户系统，累计开立自由贸易账户5.8万个，办理跨境结算折合人民币7.7万亿元，涉及107个国家和地区以及2.4万家境内外企业。三年来，自由贸易账户系统的风险管理功能经受住了考验，上海自贸试验区没有发生一起风险事件，没有成为“热钱”流入套利的管道，跨境资金平稳有序。

2016年11月23日，中国人民银行上海总部发布《关于进一步拓展自贸试验区跨境金融服务功能支持科技创新和实体经济的通知》（银总部发〔2016〕122号），将自由贸易账户开立的主体资格从自贸试验区内企业扩展至全市科技创新企业，以支持上海科创中心建设。根据该通知，凡属上海市科创企业名单上的企业，不论注册地是否在自贸试验区内，均可开立自由贸易账户，办理相关业务；明确支持境外参与境内科技创新的各类种子基金、天使基金、风投基金、创投基金以及产业基金等开立自由贸易账户办理与科技创新投资相关的各项业务。与此相适应，该通知还将个人自由贸易账户的开户主体由仅限于在自贸试验区内执业或就业的境外个人，扩展至在上海市全市范围内科创企业工作的海外人才，具体包括：（1）符合相关认定标准的外籍高层次人才；（2）在“上海科技创新职业清单”内机构就业、持有境外永久居留证的中国籍人才；（3）在中国注册的国际性组织中工作并按国际雇员管理的个人；（4）其他符合条件的在“上海科技创新职业清单”内机构就业的境外个人。对于上述个人，银行可通过自由贸易账户为其提供以下金融服务：（1）与其境内就业和生活相关的金融服务；（2）与境外医疗保健、子女教育、赡家费用等相关的跨境金融服务；（3）参与境内外股权激励计划相关的金融服务；（4）开展投资、财富管理等区内及境外资本项下业务的相关金融服务；（5）按有关规定进入境内相关市场投资。

（三）推进资本项目可兑换等八项核心金融改革取得突破性进展

上海自贸试验区作为全国第一个自贸试验区，坚持推改革与防风险并重，在资本项目可兑换、利率市场化、金融市场开放等核心金融改革上先行先试，建立了一系列创新性的金融制度和防范风险的新制度，为其他自贸试验区和全国金融改革提供了可资借鉴的操作样本。

一是率先建立宏观审慎的资金跨境流动管理制度，推动有管理的资本项目可兑换。以自由贸易账户为基础，建立了“分类别、有管理”的资本项目可兑换的操作模式。将宏观审慎管理功能内嵌进自由贸易账户系统，依托系统的宏观预警功能和自动计算监测微观主体的境外融资上限功能，实现了区内企业和金融机构不经行政审批，就可自主开展本外币跨境融资；同时，对跨境融资规模、币种、期限等进行实时监测和管理。在实时防范外债风险的前提下扩大了经济主体从境外融资的规模和渠道，有效服务实体经济。截至2016年8月末，企业通过自由贸易账户获得的本外币融资总额折合人民币6331亿元，人民币平均利率为3.93%，支持了实体经济的发展。

二是创建利率市场秩序自律组织，率先在全国实现本外币利率的完全市场化。中国人民银行上海总部指导成立了“利率市场秩序自律委员会”这一利率稳定机制，由上海15家规模最大的银行为理事，指导各银行根据商业原则自主确定利率水平，维护市场竞争秩序，率先成功实现了“存款不搬家、利率不上升”的外币存款利率市场化。随后，人民银行参照这一模式，在全国实现了本外币利率的全面市场化。

三是加快人民币资产市场的开放，大力推动人民币国际化进程。紧密结合人民币加入特别提款权国家战略在上海的落实，通过扩大引进境外投资者，满足其持有人民币资产的需求，将上海打造成为全球人民币跨境使用、投资、交易与清算中心，上海金融中心的国际化程度有了根本性的提升。在银行间债券市场，大幅放开境外主体参与投资，已有320多家境外机构投资银行间债券市场。取消境外央行投资银行间债券市场的限额，吸引境外央行全面进入上海，中国人民银行上海总部代理37家境外央行投资银行间债券市场，债券托管量4456亿元。“熊猫债”发行取得突破，金砖国家新开发银行等境外发行人已累计发行“熊猫债”185亿元。在同业拆借市场，引入8家境外清算行参与境内同业拆借交易。推动16家金融机构通过同业拆借中心的国际金融资产交易平台，面向国际发行了47.5亿元的跨境同业存单。在外汇市场，先后允许境外央行、符合一定条件的人民币购售业务境外参加行参与银行间外汇市场，外汇市场与国际不断接轨。目前，参与银行间人民币外汇市场的境外机构达到41家。在资本市场，进一步便利跨境证券投资，对合格境外机构投资者（QFII）外汇管理制度进行改革，放宽单家QFII机构投资额度上限，根据机构资产规模或管理的资产规模的一定比例作为其获取投资额度（基础额度）的依据，基础额度由审批改为备案管理。在衍生产品市场，实施场外金融衍生品交易集中清算管理，建立航运和大宗商品金融衍生品中央对手清算平台，上海清算所中央对手清算业务不断扩展。在跨境人民币交易结算方面，人民币跨境支付系统（CIPS）一期上线运行，19家境内中外资银行直接开立账户开展跨境支付清算业务。不断拓展跨境人民币使用范围，稳步推进人民币境外借款、跨境双向人民币资金池等创新业务，跨境人民币结算额快速增长。

四是建设面向国际的金融交易平台，加强上海自贸试验区与国际金融中心建设的联动。启动证券“沪港通”，开创了风险可控的跨境证券投资新模式，推进资本市场“点对点”双向开放。推出黄金“国际板”和人民币计价的“上海金”，推进“点对面”全方位开放。成立上海国际能源交易中心，完成原油期货产品设计和配套制度。合资成立中欧国际交易所，欧洲离岸人民币证券市场正式运行。成立上海保险交易所，设立以人民币计价结算的国际金融资产交易平台，筹建全国性票据交易机构、全国性信托登记机构，率先推出场外市场外汇期权交易中央对手清算服务。

五是深化外汇管理体制改革，促进贸易投资便利化。按照“区内优于区外”的政策导向，大力简政放权，率先开展外汇资本金和外债意愿结汇试点，放宽对外债权债务管理，改进跨国公司外汇资金集中运营管理，完善结售汇管理，便利银行开展大宗商品衍生品的柜台交易。进一步便利跨境证券投资，对合格境外机构投资者外汇管理制度进行改革。这些措施极大地便利了对外贸易和投资。

六是依托自由贸易账户系统，建立了“反洗钱、反恐怖融资、反逃税”的监测分析和管理体系。在市场高度开放的自贸试验区，最重要的金融风险防范手段就是“三反”制度。坚持底线思维，积极对接国际通行规则和做法，制定了以风险导向的拒绝客户机制、创新业务洗钱风险评估、跨境业务审查和名单监控为核心的自贸试验区“三反”制度。人民银行上海总部成立了跨境资金流动实时监测室，建立了自贸试验区“三反”资金监测系统和可疑交易报告机制，系统对接海关、税务等部门信息，充分运用大数据信息，重点监测涉及洗钱高风险行业、高风险产品和过度利用避税天堂的异常跨境交易等可疑行为，可以有效拦截高风险主体的非法交易行为。同时，服务中央反腐败的大局，积极配合做好打击腐败分子跨境洗钱的工作。

七是加强自贸试验区信息的共享，研究构建“三位一体”的金融风险监测与管理系统。首先是自由贸易账户监测管理信息系统。该系统的着重点是跨境金融活动，其功能是对上海地区的跨境金融活动进行 7×24 小时、逐笔、逐企业的实时监测，对上海自贸试验区金融改革动态进行实时监测。其次是中国人民银行上海总部会同金融监管部门、市政府相关部门，研究建立跨行业、跨市场的金融综合监管监测分析系统。该系统的着重点是上海地区的日常金融活动，覆盖上海各行业、各市场的金融业务活动。再次是中国人民银行上海总部探索建立房地产金融宏观审慎管理系统，对占上海信贷总量 1/3 的房地产金融活动实施全方位监测与管理。

八是探索实施金融综合监管，提升防范金融风险的能力。成立自贸试验区金融工作协调推进小组和综合监管联席会议制度，探索形成了以市场全覆盖为目标、以信息互联共享为基础、以监管合作为保障、以综合监管联席会为平台、以业界自律共治为补充的金融综合监管新方案。推进事中事后监管制度创新，完善跨部门协作机制，加强对跨境金融活动和跨行业、跨市场等复杂金融活动的监测。在境内外经济金融环境波动加大的情况下，上海金融体系和跨境资金流动没有发生重大异常情况，始终保持稳健运行态势，为进一步推进金融开放创新提供了坚实基础。

（四）形成了 20 余项可复制可推广的金融创新成果

中国人民银行和国家外汇局已经把在上海自贸试验区先行先试的 16 项金融制度推广至全国，涉及资本项目可兑换、利率市场化、人民币国际化、外汇管理和支付结算五大方面。银监会已将简化区内银行业金融机构和高管准入等四项制度在国内其他三个自贸试验区不同程度地复制推广。保监会已将保险业简政放权、鼓励开展跨境投融资业务等政策复制推广至国内其他三个自贸试验区。上海自贸试验区有效发挥了全国金融改革“试验田”的作用。

在上海自贸试验区金融改革的联动效应下，上海国际金融中心建设已取得重大进展，各个要素也已基本建成。2015 年，上海金融市场交易总额达到 1463 万亿元；证券市场股票交易额位居全球第二，年末股票市值位居全球第四，上海黄金交易所黄金现货交易量保持全球第一；金融机构总数达到 1478 家，金砖国家新开发银行开业，上海保险交易所等一批重要的金融要素市场相继落户，金融业对上海经济社会发展的推动作用进一步凸显。2016 年上半年，上海市金融业增加值（2402 亿元，同比增长 17.1%）占 GDP 的比重达到 18.5%，比 2013 年上升 5.4 个百分点，金融业的支柱作用日益凸显。

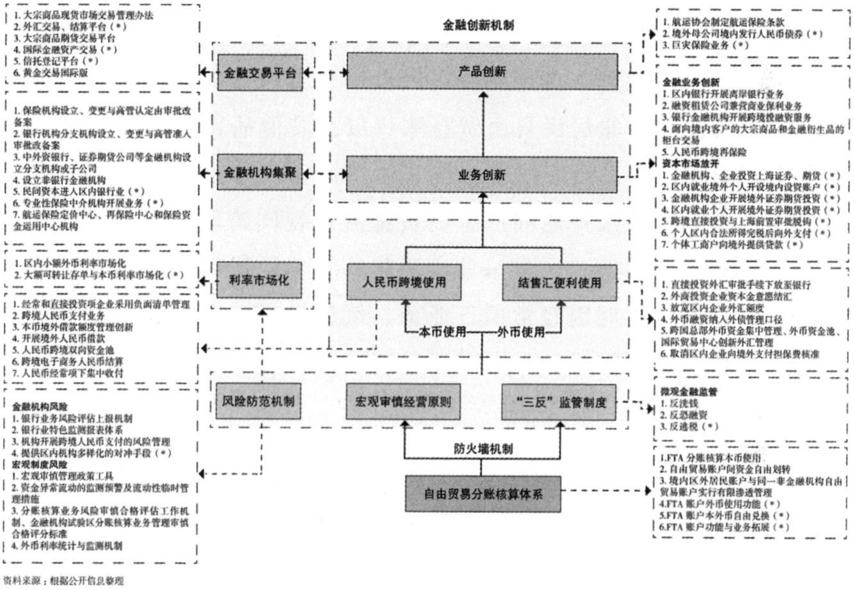

图 1　自贸试验区金融领域制度创新框架

图片来源：张苑：《上海自贸试验区推进金融创新研究》，《国际金融》2016 年第 3 期，第 41 页。

二　上海自贸试验区金融改革创新的重点领域和主要内容

（一）推进人民币资本项目可兑换

我国已于 1996 年根据《国际货币基金协定》第 8 条取消了对经常项目的外汇管制，实现了人民币在经常项目下的自由兑换，但尚未完全放开资本项目。简言之，资本项目开放是指一国不对长、短期资本的跨境流动加以限制，包括直接投资、证券投资、信贷与货币存款等。与经常项目不同，对于资本项目下的国际支付和转移是否以及如何实行外汇管制属于各国自由决定的领域，《国际货币基金协定》和国际货币基金组织不予干涉。实践中，发达国家基于金融自由化和资本自由往来的原则，基本都已实现了资本项目的可兑换。

《央行意见》规定，自贸试验区内居民可通过设立本外币自由贸易账户（以下简称居民自由贸易账户）实现分账核算管理，开展投融资创新业务；非居民可在自贸试验区内银行开立本外币非居民自由贸易账户（以下简称非居民自由贸易账户），按准入前国民待遇原则享受相关金融服务。依据“一线放开”的原则，居民自由贸易账户与境外账户、境内区外的非居民账户、非居民自由贸易账户以及其他居民自由贸易账户之间的资金可自由划转；而依据“二线管住”原则，居民自由贸易账户与境内区外的银行结算账户之间产生的资金流动视同跨境业务管理。“互通”和“渗透”则体现在，同一非金融机构主体的居民自由贸易账户与其他银行结算账户之间因经常项下业务、偿还贷款、实业投资以及其他符合规定的跨境交易需要，可办理资金划转。这实际上是通过自有贸易账户这个“中转站”，在“一线”与“二线”、境内与境外之间留下一个流量可测、风险可控的管道，并且以“其他符合规定的跨境交易需要”这样的兜底性表述，为管道的拓宽预留了空间。作为近期目标，《央行意见》进一步规定，在条件成熟时，居民自由贸易账户及非居民自由贸易账户内的本外币资金可自由兑换。

这种有限度放开模式的关键是以“分账核算”为核心特征的自由贸易账户系统。中国人民银行上海总部的《业务实施细则》和《审慎管理细则》对此作了颇为细致的规定。《业务实施细则》侧重自贸试验区分账核算业务的开展及相关要求，详细规定了上海地区金融机构内部建立分账核算管理制度的具体要求，以及自由贸易账户的开立、账户资金使用与管理等内容；《审慎管理细则》则主要根据宏观审慎管理和风险防控的要求，对分账核算业务管理的审慎合格标准、业务审慎合格评估及验收、风险管理、资金异常流动监测预警以及各项临时性管制措施等做出明确规定。二者从业务管理和风险防范这两个方面，共同构建起有利于风险管理的自由贸易账户体系框架。

《业务实施细则》的核心内容包括：(1) 上海地区的金融机构可以通过建立分账核算单元，为开立自由贸易账户的区内主体提供经常项目、直接投资和《央行意见》第三部分的投融资创新相关等业务的金融服务，以及按准入前国民待遇原则为境外机构提供的相关金融服务。(2) 自由贸易账户为规则统一的本外币账户，区内主体和境外机构可根据需要开立。(3) 自由贸易账户与境外账户、境内区外的非居民机构账户，以及自由贸易账户之间的资金流动按宏观审慎的原则实施管理；对自由贸易账户与境内（含区内）其他银行结算账户之间的资金流动，根据有限渗透加严格管理的原则，按跨境业务实施管理；对同一非金融机构的自由贸易账户与其一般账户之间的资金划转，应按《业务实施细则》规定的四个渠道办理。① (4) 细化自由贸易账户资金兑换的具体政策安排，对已实现可兑换（包括经常项目和直接投资相关）的业务，自由贸易账户内资金可自由兑换；对《央行意见》第三部分投融资创新业务，各相关部门根据“成熟一项、推出一项”的原则，另行制定具体实施办法。

《审慎管理细则》的核心内容包括：(1) 明确了分账核算单元的审慎合格标准与评估验收程序。上海市金融机构应当按要求建立自贸试验区分账核算管理制度，建立健全财务和资产管理、展业管理以及内部控制制度，并以市级机构为单位接入中国人民银行上海总部的相关系统。(2) 明确提出自贸试验区分账核算业务宏观审慎管理的目标、内容、方法、工具等，要求上海地区金融机构建立对金融宏观审慎管理政策的响应机制。(3) 细化自贸试验区分账核算业务风险管理的内容，包括渗透风险管理、流动性风险管理、币种敞口风险管理、资产风险管理、风险对冲管理等。(4) 建立风险预警与处置机制。中国人民银行上海总部开

---

① 《业务实施细则》第20条规定，同一非金融机构自由贸易账户与其开立的境内其他银行结算账户之间，可办理以下业务项下的人民币资金划转：(1) 经常项下业务；(2) 偿还自身名下且存续期超过6个月（不含）的上海市银行业金融机构发放的人民币贷款，偿还贷款资金必须直接划入开立在贷款银行的同名账户；(3) 新建投资、并购投资、增资等实业投资；(4) 中国人民银行上海总部规定的其他跨境交易。该条进一步规定，开户金融机构应当对上述境内账户间的资金划转进行相应的业务真实性审核；中国人民银行上海总部可对上述资金划转业务进行抽查，并可根据需要对上述资金划转的条件进行调整。

展非现场监测，并根据不同预警指标，在出现资金异常流动的情形下，采取延长账户存放期、征收特别存款准备金、实行零息存款准备金以及临时资本管制等干预手段，维护自贸试验区金融环境的稳健运行。

在此基础上，《境外融资细则》进一步放宽了对自贸试验区内企业和金融机构境外融资的管理，[①] 其核心是企业和金融机构可以自主开展境外融资活动、自主计算境外融资规模、自主权衡境外融资结构，扩大了经济主体从境外融资的规模与渠道。《境外融资细则》依托自由贸易账户系统，建立了以资本约束机制为基础的本外币一体化、统一的境外融资规则，并通过风险转换因子等宏观审慎管理手段，实现简政放权与风险管理的有机结合。其创新之处主要体现在：（1）扩大了境外融资的规模和渠道，企业和金融机构可以自主从境外融入资金。整体上，《境外融资细则》上调了经济主体从境外融资的杠杆率：企业的融资规模从资本的1倍扩大到2倍；银行原来不能从境外融入人民币资金，现在可以从境外融入本外币资金；非银行金融机构如证券公司等也能从境外融入资金。（2）运用风险转换因子等新的管理方式优化境外融资结构。《境外融资细则》创造性地使用风险转换因子（包括期限风险转换因子、币种风险转换因子、类别风险转换因子）来引导经济主体的境外融资结构，鼓励企业和金融机构使用人民币、中长期以及用于支持实体经济的资金，不鼓励短期融资；同时，将表外融资也纳入境外融资的管理范围。（3）变事前审批为事中事后监管，取消了境外融资的前置审批，扩大了经济主体的自主权。借债主体可按照自身资本规模的大小，在核定的规模内，综合考虑期限、币种、融资类别等因素，自主决定境外融资方式、期限和币种。中国人民银行根据系统采集到的区内主体境外融资实际情况，进行事中事后监测管理，从宏观上把控境外融资的整体风险。（4）建立了宏观审慎的境外融资风险管理新模式。中国人民银行可根据自贸试验区跨境及跨区资金流动、区内及境内信贷供求情况，对境外融资杠杆率、

---

① 《境外融资细则》第2条规定，其所称“分账核算业务境外融资”，是指上海地区金融机构通过自贸区分账核算单元办理的从境外融入资金的行为和自贸区内企业及非银行金融机构通过自由贸易账户从境外融入资金的行为，简称“分账核算境外融资”。自贸区内企业和非银行金融机构可以在现行外债及境外借款管理模式和《境外融资细则》宏观审慎管理模式下任选一种模式适用，并通过其结算银行向中国人民银行上海总部备案；一经选定，原则上不再更改。

风险转换因子、宏观审慎政策参数等进行调整，必要时还可采取总体规模调控等应急管制措施；中国人民银行根据系统采集的数据以及自贸试验区经济金融运行和跨境跨区资金流动情况建立相应的风险预警指标体系，并可根据风险防控需要对风险预警指标和宏观调控政策工具进行调整和完善。（5）在上海率先建立了资本项目可兑换的路径和管理方式。在路径上，全面放开本、外币境外融资，将本、外币融资纳入统一政策框架，中外资企业或金融机构可依据统一规则，自主选择从境外借用人民币资金还是外币资金；在管理方式上，依托自由贸易账户管理系统，对风险进行24小时逐笔实时监测，确保金融安全。

总体而言，《境外融资细则》依托自由贸易账户分账核算管理体系，建立了以资本约束机制为基础的本外币一体化、统一的境外融资规则，明确了自贸试验区企业和金融机构在境外融入资金的规模、用途以及相应的风险审慎管理办法，扩大了经济主体从境外融资的规模与渠道。在管理方式上，改事前审批为事中事后监管，取消了境外融资的前置审批，扩大了经济主体的融资自主决策权。与此同时，强调以资本为境外融资约束的依据，建立了与国际借贷通行规则一致的风险审慎管理框架，有利于激励我国企业增强资本实力，改变当前负债偏高的格局，促进股东资本与债务资本的良性互动，提高企业自身的抗风险能力。

目前，自由贸易账户系统已实现了“惠实体”“促改革”和“防风险”三大主要功能。在“惠实体”方面，自由贸易账户为实体经济发展提供的金融服务，有效降低了企业融资成本，提高了资金结算效率，节约了账户管理成本，企业获得了实实在在的好处。在“促改革”方面，自由贸易账户搭建的“电子围网”，为自贸试验区率先推进金融重点领域的改革营造了风险可控的环境，使资本项目可兑换等改革能在自贸试验区率先开展落地试点。在“防风险”方面，通过分账核算管理，全方位构建了在上海率先开展可兑换试点的金融安全网，有效防范了金融开放过程中跨境资金流动对境内市场的冲击风险，支持了自贸试验区相关金融及要素市场的对外开放。自由贸易账户改革近两年以来，这个系统的风险管理功能经受住了考验，上海自贸试验区没有成为热钱流入套利的渠道；跨境资金平稳有序，没有因国际国内金融市场的波动而出现异常流动。[①]

《联动方案》对于率先实现人民币资本项目可兑换进一步提出了具体要求：(1) 认真总结自由贸易账户经验，抓紧启动自由贸易账户本外币一体化各项业务，进一步拓展自由贸易账户功能；自由贸易账户内本外币资金按宏观审慎的可兑换原则管理。(2) 规范自由贸易账户开立和使用条件，严格落实银行账户实名制。支持经济主体可通过自由贸易账户开展涉外贸易投资活动，鼓励和支持银行、证券、保险类金融机构利用自由贸易账户等开展金融创新业务，允许证券、期货交易所和结算机构围绕自由贸易账户体系，充分利用自由贸易账户间的电子信息流和资金流，研究改革创新举措。(3) 研究启动合格境内个人投资者境外投资试点，适时出台相关实施细则，允许符合条件的个人开展境外实业投资、不动产投资和金融类投资。(4) 抓紧制定有关办法，允许或扩大符合条件的机构和个人在境内外证券期货市场投资，尽快明确在境内证券期货市场投资的跨境资金流动管理方式，研究探索通过自由贸易账户等支持资本市场开放，适时启动试点。(5) 建立健全自贸试验区内宏观审慎管理框架下的境外融资和资本流动管理体系，综合考虑资产负债币种、期限等匹配情况以及外债管理和货币政策调控需要，合理调控境外融资规模和投向，优化境外融资结构，防范境外融资风险。(6) 创新外汇管理体制，探索在自贸试验区内开展限额内可兑换试点。围绕自贸试验区和上海国际金融中心建设目标，进一步创新外汇管理体制。放宽跨境资本流动限制，健全外汇资金均衡管理体制。统筹研究进一步扩大个人可兑换限额。根据主体监管原则，在自贸试验区内实现非金融企业限额内可兑换。逐步扩大本外币兑换限额，率先实现可兑换。

这些要求中，有的已经通过相关实施细则落地，有的正在抓紧研究落实之中。例如，2015 年 12 月 17 日，国家外汇管理局上海市分局发布《进一步推进中国（上海）自由贸易试验区外汇管理改革试点实施细则》，成为《联动方案》印发后发布的首个实施细则。2016 年 5 月 13 日，上海自贸试验区金融工作协调推进小组办公室、市金融办、中国人民银行上

---

① 参见施琍娅《依托自由贸易账户体系 大力推动金融开放创新》，《上海证券报》2016 年 9 月 29 日第 003 版。

海总部、上海银监局、上海证监局、上海保监局、市发展改革委和自贸试验区管委会共同举办上海自贸试验区第六批金融创新案例发布会，发布了 15 个金融创新案例，其中即包括此实施细则。实施细则所涉创新举措为：一是允许区内企业（不含金融机构）外债资金实行意愿结汇；二是简化经常项目外汇收支，区内货物贸易外汇管理分类等级为 A 类的企业外汇收入无须开立待核查账户；三是支持发展总部经济和结算中心，放宽跨国公司外汇资金集中运营管理准入条件，进一步简化资金池管理，允许银行审核真实、合法的电子单证办理经常项目集中收付汇、轧差净额结算业务；四是支持银行发展人民币与外汇衍生产品服务，允许区内银行为境外机构办理人民币与外汇衍生产品交易；五是便利融资租赁外汇管理，允许收取外币租金。其作为创新案例的创新点为：一是外汇管理服务实体经济打开新局面，赋予自贸试验区内企业外汇资本金和外债资金结汇的自主权；二是持续推进简政放权，进一步减少外汇行政审批，简化业务办理流程，切实提升贸易和投资便利化程度；三是为跨国公司资金集中运营管理创造良好政策环境，有利于提升跨国公司资金运作效率，促进总部经济集聚；四是进一步拓展区内银行外汇交易业务范围，率先允许区内银行为境外机构按照相关规定办理人民币与外汇衍生产品交易，有利于规避汇率风险。其应用价值则在于：一是采用负面清单管理理念，坚持简政放权，推进外汇管理依法行政和职能转变；二是通过有针对性地对市场主体进行动态分类监管，促进外汇管理由行为监管转变为主体监管；三是加强非现场检测和现场核查检察，防范金融风险，完善跨部门联合监管体制，强化监测分析和事后监管。

又如，在 2016 年 6 月 21 日发布的《中国人民银行 2015 年报》中，设置“有序实现人民币资本项目可兑换”专栏，明确表示：“中国将按照既定目标，继续坚持深化金融改革，扩大债券市场、股票市场等金融市场的对外开放程度，支持离岸人民币市场健康发展，进一步提高人民币可兑换、可自由使用程度，有序实现人民币资本项目可兑换。未来一段时期的重点任务包括：一是推动境内外个人投资更加便利化，适时推出合格境内个人投资者境外投资制度（QDII2）试点，进一步提高国内居民投资海外金融市场以及外国投资者投资中国金融市场的自由程度和便利程度。二是进一步推进资本市场双向开放。允许符合条件的优质外国公司在境内发行股票，可考虑推出可转换股票存托凭证（CDR）；进一步扩大债券市场开放程度。”① 坊间传言已久的 QDII2，或许已近破冰之期。

上海自贸试验区发布的第六批共 15 个金融创新案例中，有四个是关于自由贸易账户功能拓展，分别是首单自由贸易账户代理间参合作、首笔自由贸易账户项下利率互换交易、大宗商品现货交易市场跨境电子商业汇票、资产管理公司依托自由贸易账户开展应收账款收购业务。具体来说，交通银行上海市分行与杭州银行上海分行合作开展首单自由贸易账户间参合作，扩大了自由贸易账户的适用范围和市场影响力，对希望开展自由贸易账户业务但尚未设置分账核算单元的金融机构提供业务合作机会；兴业银行资金营运中心通过中国外汇交易中心自贸试验区交易系统达成了首笔利率互换交易，拓展了自由贸易账户使用功能及范围，在利率市场化背景下，实现了自贸试验区内市场主体自由竞争和自主定价；浦发银行上海分行为落户上海自贸试验区的上海有色金属网金属交易中心办理首单自贸试验区大宗商品自由贸易账户电子商业汇票，拓展了自贸试验区“国际板”大宗商品现货交易市场人民币结算方式；华融资产管理公司上海自贸试验区分公司通过自由贸易账户从境外融入资金用于境内资产管理业务，拓宽了资产管理公司资金来源渠道。

第七批共 15 个金融创新案例中，有两个是关于自由贸易账户创新，分别是首批区外科技创新企业和海外引进人才开立自由贸易账户及相关业务成功办理，以及自由贸易账户首单外币理财产品发行。具体来说，前者率先将自由贸易账户开立主体拓展至上海市全市科技创新企业，让区外科创企业也能享受自贸试验区金融创新便利，同时进一步完善了自由贸易账户服务功能，为符合条件的个人客户开展与其境内就业和生活相关的各项金融服务；后者拓宽了自由贸易账户的理财功能，丰富了自由贸易账户投资者的投资品种并扩大了投资范围。

随着金融对外开放和人民币可兑换程度的不断提高，需要构建面向未来的可兑换和市场化的资金流动管理框架。在自贸试验区金融改革开

---

① 中国人民银行：《中国人民银行 2015 年报》，http：//www.pbc.gov.cn/chubanwu/114566/115296/3087023/3086996/2016062115305560130.pdf，第 49 页。

放创新的工作中，积极试验开放经济运行下对跨境资金流动的宏观审慎管理，为将来全国实现可兑换后的金融审慎管理探索积累经验。在体制机制建设方面，积极尝试建立金融宏观审慎管理新模式。如在分账核算境外融资政策中，企业和金融机构不仅可以自主权衡境外融资的结构，也扩大了经济主体从境外融资的规模与渠道。同时，中国人民银行上海总部也可根据自贸试验区跨境及跨区资金流动、区内及境内信贷供求情况，对境外融资杠杆率、风险转换因子、宏观审慎政策参数等进行调整，必要时还可采取总体规模调控等应急管制措施。

（二）扩大人民币跨境使用

人民币跨境使用与资本项目可兑换是两个不同的问题：后者是关于外币与本币兑换的自由度，前者则是关于本币直接进出境的自由度。但对于人民币的国际化而言，二者同样重要。总体而言，近些年来人民币的跨境使用经历了从边境贸易到一般国际贸易、从国际贸易到国际投资、从直接投资到其他资本项目这样一个逐步扩展的过程。

早在20世纪90年代，我国与有关邻国就已开始在边境贸易中使用人民币进行结算。2009年4月8日，国务院常务会议决定在上海市和广东省广州、深圳、珠海和东莞四个城市开展跨境贸易人民币结算试点，标志着人民币结算开始由边境贸易向一般国际贸易拓展。2009年7月1日，中国人民银行、财政部、商务部、海关总署、国家税务总局和银监会联合发布《跨境贸易人民币结算试点管理办法》，允许指定的、有条件的企业在自愿基础上以人民币进行跨境贸易结算，支持商业银行为企业提供跨境贸易人民币结算服务，并正式启动跨境贸易人民币结算试点工作。起初，试点工作的业务范围限于货物贸易，境内地区限于上述五个城市，境外区域限于港澳和东盟地区。随着企业和银行对人民币跨境贸易结算的需求不断增长，上述范围已无法满足发展需要。2010年6月17日，上述六部委发布《关于扩大跨境贸易人民币结算试点有关问题的通知》，对试点进行大规模扩容：业务范围扩展至货物贸易、服务贸易和其他经常项目，境内地区涵盖从沿海到内地的20个省（自治区、直辖市），境外区域扩展至所有国家和地区。2011年8月，六部委再度联合发布《关于扩大跨境贸易人民币结算地区的通知》，将跨境贸易人民币结算境内地域范围扩大至全国。

2011年10月12日，商务部发布《关于跨境人民币直接投资有关问题的通知》，允许外国投资者以其合法获得的境外人民币（包括外国投资者通过跨境贸易人民币结算获得的人民币，从中国境内依法获得并汇出境外的人民币利润和转股、减资、清算、先行回收投资所得人民币，以及在境外通过发行人民币债券、人民币股票及其他合法渠道获得的人民币），在中国境内进行直接投资，同时强调跨境人民币直接投资在中国境内不得直接或间接用于投资有价证券和金融衍生产品或者用于委托贷款。

为配合跨境贸易人民币结算试点，拓宽人民币回流渠道，中国人民银行于2010年8月16日发布《关于境外人民币清算行等三类机构运用人民币投资银行间债券市场试点有关事宜的通知》，允许境外中央银行或货币当局、港澳地区人民币业务清算行、跨境贸易人民币结算境外参加银行等三类金融机构，以及参加跨境服务贸易试点的其他境外金融机构，运用其依照有关规定开展央行货币合作、跨境贸易和投资人民币业务而获得的人民币资金，投资于我国银行间债券市场。2013年7月5日，中国人民银行进一步发布《关于简化跨境人民币业务流程和完善有关政策的通知》，对经常项下跨境人民币结算业务、银行卡人民币账户跨境清算业务、境内非金融机构人民币境外放款业务及境内非金融机构境外发行人民币债券业务的业务流程进行了简化，以进一步提高跨境人民币结算效率，便利银行业金融机构和企业使用人民币进行跨境结算。

《央行意见》进一步规定，上海地区银行业金融机构可在“了解你的客户”“了解你的业务”和“尽职审查”三原则基础上，凭区内机构（出口货物贸易人民币结算企业重点监管名单内的企业除外）和个人提交的收付款指令，直接办理经常项下、直接投资的跨境人民币结算业务；上海地区银行业金融机构可与区内持有《支付业务许可证》且许可业务范围包括互联网支付的支付机构合作，按照支付机构有关管理政策，为跨境电子商务（货物贸易或服务贸易）提供人民币结算服务；区内金融机构和企业还可从境外借用人民币资金，但借用的人民币资金不得用于投资有价证券及其衍生产品，也不得用于委托贷款。

在此基础上，《人民币跨境使用通知》从个人跨境人民币结算业务、人民币境外借款、跨境双向人民币资金池、经常项下跨境人民币集中收付业务、跨境电子商务人民币结算业务、跨境人民币交易业务等方面做出了进一步规定。其中较为值得一提的是跨境双向人民币资金池业务。简言之，跨境双向人民币资金池业务是指集团境内外成员企业之间的双向资金归集业务，属于企业集团内部的经营性融资活动；集团在此是指包括自贸试验区内企业（含财务公司）在内的，以资本关系为主要联结纽带，由母公司、子公司、参股公司等存在投资性关联关系成员共同组成的跨国集团公司。根据《人民币跨境使用通知》，自贸试验区内企业可根据自身经营和管理需要，开展集团内跨境双向人民币资金池业务。开展此项业务，需由集团总部指定一家区内注册成立并实际经营或投资的成员企业（包括财务公司），选择一家银行开立一个人民币专用存款账户，专门用于办理集团内跨境双向人民币资金池业务，该账户不得与其他资金混用；参与资金池业务的境内外各方应签订资金池业务协议，明确各自在反洗钱、反恐怖融资以及反逃税中的责任和义务。跨境双向人民币资金池业务为跨国企业集团提供了一个将境内外人民币资金自由调剂使用的合法渠道，而从现阶段看，又主要是为境外人民币回流境内打通了渠道。与中国人民银行总行稍后推出的跨境双向人民币资金池业务“全国版”不同，[①] 自贸试验区内的资金池业务并无额度限制或对企业本身的规模要求，从而具有相当竞争力和吸引力。

在广东、天津和福建三个自贸试验区成立后，中国人民银行于2015年12月11日发布《关于金融支持中国（广东）自由贸易试验区建设的指导意见》（以下简称《广东指导意见》）、《关于金融支持中国（天津）自由贸易试验区建设的指导意见》（以下简称《天津指导意见》）、《关于金融支持中国（福建）自由贸易试验区建设的指导意见》

---

① 中国人民银行总行于2014年11月发布《关于跨国企业集团开展跨境人民币资金集中运营业务有关事宜的通知》，规定跨国企业集团开展跨境双向人民币资金池业务，其参加归集的境内外成员企业需满足以下条件：（1）境内成员企业上年度营业收入合计金额不低于50亿元人民币；（2）境外成员企业上年度营业收入合计金额不低于10亿元人民币。同时规定，人民银行对跨国企业集团跨境双向人民币资金池业务实行上限管理，跨境人民币资金净流入额上限＝资金池应计所有者权益×宏观审慎政策系数（该系数初始值为0.1，人民银行根据宏观经济形势和信贷调控等的需要进行动态调整）。通知还明确规定，上海自贸试验区内企业办理跨境人民币资金集中运营业务，可自行决定依据该通知或《人民币跨境使用通知》办理，并向人民银行上海总部备案；办理依据一经决定，不得变更。

（以下简称《福建指导意见》）三份文件，其中均对扩大人民币跨境使用做出了专门规定。

《广东指导意见》规定："开展跨境人民币双向融资。支持自贸试验区内金融机构和企业在宏观审慎管理框架下，从境外借入人民币资金并按规定使用。探索完善宏观审慎管理框架下的人民币境外贷款管理方式，鼓励自贸试验区内银行业金融机构增加对企业境外项目的人民币信贷投放。允许自贸试验区内个体工商户根据业务需要向其在境外经营主体提供跨境资金支持。支持融资租赁机构开展跨境人民币业务创新。允许自贸试验区内融资租赁机构开展跨境双向人民币资金池业务、人民币租赁资产跨境转让业务。深化跨国企业集团跨境人民币资金集中运营管理改革。支持自贸试验区内符合条件的企业根据自身经营和管理需要，开展集团内跨境双向人民币资金池业务，便利区内跨国企业开展跨境人民币资金集中运营业务。推动跨境交易以人民币计价和结算。在充分利用全国统一金融基础设施平台的基础上，支持自贸试验区内要素市场设立跨境电子交易和资金结算平台，向自贸试验区和境外投资者提供以人民币计价和结算的金融要素交易服务。鼓励金融机构为境外投资者参与区内要素市场交易提供人民币账户开立、资金结算等服务。拓展跨境电子商务人民币结算业务。推动自贸试验区内银行机构与符合条件的互联网支付机构合作，办理经常项下及部分经批准的资本项下跨境电子商务人民币结算业务。允许自贸试验区内符合条件的互联网企业根据需要开展经常项下跨境人民币集中收付业务。研究区内个人以人民币开展直接投资、证券投资、集合投资等境外投资，办理与移民、捐赠、遗赠和遗产相关的资产转移业务。"

《天津指导意见》规定："支持自贸试验区内金融机构和企业按宏观审慎原则从境外借用人民币资金，用于符合国家宏观调控方向的领域，不得用于投资有价证券、理财产品、衍生产品，不得用于委托贷款。自贸试验区内的银行业金融机构可按规定向境外同业跨境拆出短期人民币资金。支持自贸试验区内企业和金融机构按规定在境外发行人民币债券，募集资金可调回区内使用。自贸试验区内企业的境外母公司可按规定在境内发行人民币债券。支持自贸试验区在充分利用全国统一金融基础设施平台的基础上，完善现有的以人民币计价的金融资产、股权、产权、航运等要素交易平台，面向自贸试验区和境外投资者提供人民币计价的交割和结算服务。支持自贸试验区内符合条件的企业按规定开展人民币境外证券投资和境外衍生品投资业务。支持自贸试验区内银行机构按照银行间市场等相关政策规定和我国金融市场对外开放的整体部署为境外机构办理人民币衍生品业务。支持自贸试验区内设立的股权投资基金按规定开展人民币对外投资业务。自贸试验区内符合条件的跨国企业集团开展跨境双向人民币资金池业务，可不受经营时间、年度营业收入和净流入额上限的限制。研究在自贸试验区内就业并符合条件的境内个人按规定开展各类人民币境外投资。在自贸试验区内就业并符合条件的境外个人可按规定开展各类境内投资。"

《福建指导意见》规定："银行业金融机构可按规定凭自贸试验区内企业提交的收付款指令，为其直接办理跨境投资人民币结算业务。银行业金融机构按负面清单管理模式为区内企业提供直接投资项下人民币结算服务。在宏观审慎管理框架下，自贸试验区银行业金融机构可与台湾地区金融同业按一定比例跨境拆入人民币短期借款，向台湾地区金融同业跨境拆出短期人民币资金。支持自贸试验区内非银行金融机构和企业在外债宏观审慎管理框架下从境外借用人民币资金，资金运用应符合国家宏观调控和产业政策规定，用于自贸试验区建设，不得用于投资有价证券、理财产品、衍生产品，不得用于委托贷款。支持自贸试验区内金融机构和企业按规定在境外发行人民币债券，所筹资金可根据需要调回区内使用。自贸试验区内企业的境外母公司可按规定在境内发行人民币债券。支持在自贸试验区内设立跨境人民币投资基金，按注册地管理，开展跨境人民币双向投资业务。支持自贸试验区内开展人民币计价结算的跨境租赁资产交易。支持区内租赁公司开展跨境资产转让。支持符合条件的自贸试验区金融租赁公司在境内发行、交易金融债券；支持符合条件的自贸试验区非金融租赁公司在银行间市场发行非金融企业债务融资工具。自贸试验区内符合条件的跨国公司可根据自身经营需要备案开展集团内跨境双向人民币资金池业务，为其境内外关联企业提供经常项下人民币集中收付业务。支持自贸试验区内符合条件的企业按规定开展人民币境外证券和境外衍生品等投资业务。允许区内银行业金融机构按照银行间市场等相关政策规定和我国金融市场对外开放的整体部署为境外机构办理人民币衍生品业务。允许区内个体工商户根据业务需要向境外关联经营主体贷出人民币资金。支持自贸试验区个人开展经常项下、投资项下跨境人民币结算业务。在区内居住或就业并符合条件的境内个人可按规定开展跨境贸易、其他经常项下人民币结算业务，研究开展包括证券投资在内的各类人民币境外投资。在区内居住或就业并符合条件的境外个人可按规定开展跨境贸易，其他经常项下人民币结算业务以及包括证券投资在内的各类境内投资。”

梳理和对比四个自贸试验区目前有关跨境人民币使用的创新业务，可以得出一些有价值的结论和判断。①

1. 跨境双向人民币资金池业务

该业务的主要作用是实现集团内人民币资金的跨境互通，减少资金闲置，提高资金使用效率，实现境外资金的增值；同时嵌套在国内现金管理平台上，实现资金池内成员企业盈余资金共享，互补长短，并减少银行融资和利息费用的支出，使集团外部融资最小化，降低资金成本。跨境双向人民币资金池的最大好处，就是境外成员企业汇入资金池的资金不计入主办企业和境内成员企业的跨境融资风险加权余额，即不占用境内企业的外债额度。跨境双向人民币资金池业务最早在上海自贸试验区试点，并已于2014年推向全国。但自贸试验区内企业开展跨境双向人民币资金池相较于区外企业仍然具有很多优势，包括更低的门槛、更高的额度等。在自贸试验区内和区外设立跨境人民币资金池，各有特点，企业可以根据自己的实际情况进行选择。

从净流出入额度规模来看，全国版的流入规模最小，仅为所有者权益的一半，但流出规模暂不设限；广东、天津、福建自贸试验区版的流出入资金规模为等值所有者权益；上海自贸试验区政策最为优惠，流出入资金规模均无上限。从归集资金的来源和准入成员企业的范围来看，目前全国版和天津、福建和广东自贸试验区的跨境双向人民币资金池政策中，有两点比上海自贸试验区政策更具优势：一是归集的现金流来源更广，全国版和天津、福建和广东自贸试验区没有要求归集的现金一定要来自生产经营活动和实业投资活动，从而使融资资金进入资金池成为

---

① 本部分参见刘薇《比对四大自贸区跨境人民币业务》，《中国外汇》2016年第20期。

可能；二是企业所处行业更广泛，在对跨国企业集团境内成员企业的要求中，全国版和天津、福建和广东自贸试验区取消了对地方政府融资平台、房地产行业的限制。

需要注意以下三个方面的内容：一是跨国公司可以在上海自贸试验区内和区外同时设立跨境人民币资金池，但同一家境内成员企业只能加入一个资金池；二是集团财务公司作为主办企业时，只具有资金通道功能，其所有者权益不计入资金池流入额；三是账户内归集的资金不得投资房地产、理财产品和向非成员企业发放委托贷款。

2. 经常项下跨境人民币集中收付业务

跨国公司经常项下跨境人民币集中收付业务，是指跨国公司对境内外成员企业经常项下所产生的人民币进行集中收付款和轧差净额结算的业务，其与跨国公司跨境双向人民币资金池业务被合并称为跨国公司跨境人民币资金集中运营业务。其主要操作原理是打破集团成员企业单独跨境收付款的状况，统一由集团内部集中核算境内外交易，并将所有的跨境应收应付款轧差后，通过主办企业统一与集团外部的交易方进行结算。该业务最大的好处，是减少了成员企业经营资金的占用，有利于提高资金的使用效率，也大大节省了银行的手续费和基本交易费用。根据全国版和天津、福建和广东自贸试验区的政策要求，跨国公司境内成员企业只要符合准入条件（该准入条件与跨国公司跨境双向人民币资金池业务准入条件一致），即可开展经常项下集中收付业务。上海自贸试验区没有设置准入门槛，但需指定区内企业作为结算中心，可根据集团经营和管理需要，开展境内外关联企业间的经常项下跨境人民币集中收付业务。其中，境内外关联企业除包括以资本关系为主要纽带的成员公司，还包括与集团内企业存在供应链关系的、有密切贸易往来的集团外企业。主办企业应和与之开展经常项下集中收付业务的各方签订集中收付协议，明确各自承担贸易真实性等的责任。

3. 企业人民币境外融资业务

人民币境外融资是指从境外融入以人民币计价的资金的行为。境内企业使用人民币计价的境外融资资金，可以有效地解决币种错配的问题。当前，自贸试验区框架下人民币境外融资主要有五种模式。

（1）投注差模式

该模式较适合资本金或净资产规模不大、能够获得融资期限较长且成本较低的境外人民币资金的外商投资企业采用。自贸试验区内的外商投资企业也可以采用该模式自境外借用人民币资金。外商投资企业向其股东、集团内关联企业和境外金融机构借入的人民币外债和外币外债合并计算总规模，且借款总规模不得超过外商投资企业的投资总额与注册资本的差额。需要注意是，外商投资成立的房地产企业和中资企业不适用该模式。

（2）全口径跨境融资宏观审慎管理模式

该模式较适合净资产规模较大的外商投资企业和全部中资企业采用。该模式下，中国人民银行和国家外汇局不实行外债事前审批，在与其资本和净资产挂钩的跨境融资上限内，企业可以根据境内外人民币及外币的资金成本来决定融资的方向，自主安排币别、金额及期限长短。对于中资企业而言，能够以较低的成本从境外获得流动资金，降低企业资金成本；对于经营状况良好外商投资企业而言，该模式赋予了企业更大的借债空间，并且让企业有了更多的自主选择权。全口径跨境融资政策通过引入风险转换因子、跨境融资杠杆率、宏观审慎调节等参数，实现了对市场跨境融资的逆周期调节，使市场跨境融资水平与宏观经济热度、整体偿债能力和国际收支状况相适应。在目前政策目标下，通过参数调节有效鼓励了企业借入中长期人民币外债。

（3）分账核算业务境外融资模式

该模式较适合上海自贸试验区内资本规模较小、增长速度较快、积累了较多盈余公积但尚未开始盈利的中小企业。另外，上海自贸试验区内资产负债率超过75%的中资企业、地方政府融资平台及2007年6月1日后新设的房地产企业，也可以选择该模式进行境外融资。获得的融资资金应用于自身的生产经营活动、自由贸易试验区内及境外项目建设，并符合国家和试验区产业宏观调控方向。需要注意的是，监管部门对分账核算境外融资模式的风险控制较为严格，若企业中长期融资在一年内发生提前还款累计超过3次，则其所有未偿融资将均按短期融资计算。在该模式下，若因监管部门调节参数导致境外融资余额超出上限，企业原有融资合约可持有到期；但在分账核算境外融资余额达到新上限前，不得办理新的分账核算境外融资业务。

（4）实收资本境外融资模式

该模式与分账核算业务境外融资模式一样，只适用于上海自贸试验区内的企业，尤其是在自贸试验区内新成立的企业。区内企业以最近一期验资报告中实缴资本的 1 倍为限额举借 1 年以上的人民币外债。借用的人民币资金须存放在上海地区的银行开立的专用存款账户内，只能用于区内或境外，包括区内生产经营、区内项目建设、境外项目建设等。

（5）境外发人民币债券融资模式

该模式适用于资信良好，有较强的盈利能力，无重大违法记录的广东、天津自贸试验区和福建自贸试验区厦门片内的企业。自贸试验区内企业在境外发行人民币债券，对于所筹资金以人民币形式回流境内使用的，人民币资金回流额上限为债券发行募集总金额 × 宏观审慎政策系数（宏观审慎政策系数暂定为 1）。回流资金原则上用于区内生产经营与建设；如企业确有需要，在向当地人民银行报备后，募集的资金也可在区外使用，但应严格按照债券募集说明书的募集资金用途使用。

需要指出的是，人民币跨境使用的进一步发展与资本项目开放息息相关，因为在目前经常项目下的人民币跨境结算已然发展到相当规模的情况下，只有多样化、大容量的投融资渠道才能为境内人民币"出游"和境外人民币"回流"创造新的机会和动力。2015 年上半年我国本币跨境收支为顺差，外币跨境收支为逆差。这意味着，相较于美元等外币，境外主体接受人民币作为支付手段的积极性并不高。中国人民银行 2015 年上半年金融统计数据报告也显示，跨境贸易人民币结算业务发生 3.37 万亿元，相比 2014 年上半年的 3.27 万亿元，增幅非常有限。从上述事实看，人民币国际化面临一定阻力。① 为此，必须继续稳步推进资本市场开放，为人民币跨境双向流动拓展新的更大空间。就此而言，上海自贸试验区与资本项目有关的人民币跨境使用创新举措意义重大。唯其如此，《联动方案》才明确要求完善相关制度规则，支持自贸内企业的境外母公

---

① 参见廖凡《银行间市场扩容：人民币回流新渠道》，《经济参考报》2015 年 8 月 11 日第 1 版。

司或子公司在境内发行人民币债券，募集资金根据需要在境内外使用；根据市场需要启动自贸试验区个体工商户向其在境外经营主体提供跨境人民币资金支持；创新面向国际的人民币金融产品，扩大境外人民币境内投资金融产品范围，促进人民币资金跨境双向流动。

（三）扩大金融服务业对内对外开放

《总体方案》明确规定："增强金融服务功能，推动金融服务业对符合条件的民营资本和外资金融机构全面开放，支持在试验区内设立外资银行和中外合资银行。"《上海自贸试验区条例》第31条规定："根据自贸试验区需要，经金融管理部门批准，支持不同层级、不同功能、不同类型、不同所有制的金融机构进入自贸试验区；引导和鼓励民间资本投资区内金融业。"《央行意见》相应规定："稳步开放资本市场。区内金融机构和企业可按规定进入上海地区的证券和期货交易场所进行投资和交易。区内企业的境外母公司可按国家有关法规在境内资本市场发行人民币债券。根据市场需求，探索在区内开展国际金融资产交易等。"在此基础上，《联动方案》以将近一半的篇幅（18项措施），对扩大金融服务业开放作了更为全面、细致、深入的规定。

《联动方案》明确提出，在探索市场准入负面清单制度，开展相关改革试点工作，对接国际高标准经贸规则，探索金融服务业对外资实行准入前国民待遇加负面清单管理模式，推动金融服务业对符合条件的民营资本和外资机构扩大开放。具体方案包括：（1）支持民营资本进入金融业，支持符合条件的民营资本依法设立民营银行、金融租赁公司、财务公司、汽车金融公司和消费金融公司等金融机构。（2）支持各类符合条件的银行业金融机构通过新设法人机构、分支机构、专营机构、专业子公司等方式进入自贸试验区经营。（3）支持具有离岸业务资格的商业银行在自贸试验区内扩大相关离岸业务；在对现行试点进行风险评估基础上，适时扩大试点银行和业务范围。（4）支持在自贸试验区内按照国家规定设立面向机构投资者的非标资产交易平台。（5）允许自贸试验区内证券期货经营机构开展证券期货业务交叉持牌试点。（6）允许公募基金管理公司在自贸试验区设立专门从事指数基金管理业务的专业子公司，支持保险资金等长期资金在符合规定前提下委托证券期货经营机构在自贸试验区内开展跨境投资。(7) 支持证券期货经营机构在自贸试验区率先开展跨境经纪和跨境资产管理业务，开展证券期货经营机构参与境外证券期货和衍生品交易试点；允许基金管理公司子公司开展跨境资产管理、境外投资顾问等业务；支持上海证券期货经营机构进入银行间外汇市场，开展人民币对外汇即期业务和衍生品交易。(8) 支持在自贸试验区设立专业从事境外股权投资的项目公司，支持符合条件的投资者设立境外股权投资基金。(9) 允许外资金融机构在自贸试验区内设立合资证券公司，外资持股比例不超过 49%，内资股东不要求为证券公司，扩大合资证券公司业务范围；允许符合条件的外资机构在自贸试验区内设立合资证券投资咨询公司。(10) 支持在自贸试验区设立保险资产管理公司及子公司、保险资金运用中心；支持保险资产管理机构设立夹层基金、并购基金、不动产基金、养老产业基金、健康产业基金等私募基金；支持保险资产管理公司发起、保险公司投资资产证券化产品。依托金融要素市场研究巨灾债券试点。(11) 完善再保险产业链，支持在自贸试验区设立中外资再保险机构，设立自保公司、相互制保险公司等新型保险组织，以及设立为保险业发展提供配套服务的保险经纪、保险代理、风险评估、损失理算、法律咨询等专业性保险服务机构；支持自贸试验区内保险机构大力开展跨境人民币再保险和全球保单分入业务；鼓励各类保险机构为我国海外企业提供风险保障，在自贸试验区创新特殊风险分散机制，开展能源、航空航天等特殊风险保险业务，推动国际资本为国内巨灾保险、特殊风险保险提供再保险支持。(12) 在现行法律框架下，支持设立外资健康保险机构；探索建立航运保险产品注册制度；研究推出航运保险指数。(13) 在风险可控前提下支持互联网金融在自贸试验区创新发展。(14) 支持科技金融发展，探索投贷联动试点，促进创业创新；在风险可控和依法合规前提下，允许浦发硅谷银行等以科技金融服务为特点的银行与创业投资企业、股权投资企业战略合作，探索投贷联动，地方人民政府给予必要扶持。(15) 在防范风险前提下，研究探索开展金融业综合经营，探索设立金融控股公司。(16) 在自贸试验区内金融开放领域试点开展涉及外资的国家安全审查；支持与我国签署自由贸易协定的国家或地区金融机构率先在自贸试验区内设立合资金融机构，逐步提高持股比例；在内地与港澳、大陆与台湾有关经贸合作协议框架下，提高港澳台地区服务提供者在自贸试验区内参股金融机构的持股比例。（17）集聚和发展银行、证券、保险等行业的各类功能性金融机构，支持大型金融机构在上海设立业务总部，支持境外中央银行和国际金融组织在沪设立代表处或分支机构，吸引符合条件的国际知名银行、证券、保险公司等金融机构在沪设立分支机构、功能型机构以及成立合资机构，支持中国保险信息技术管理有限责任公司在上海设立创新型子公司。（18）支持在自贸试验区按国家有关规定设立法人金融机构，实施“走出去”战略，加快海外网点布局，拓展海外市场。

显而易见，金融服务业的对内对外开放，在《联动方案》中占据举足轻重的地位。例如，《联动方案》支持符合条件的民营资本进入金融业，设立包括但不限于民营银行在内的民营银行、财务公司、汽车金融公司、消费金融公司等。已有离岸业务资格的商业银行，《联动方案》也支持其在自贸试验区内扩大相关离岸业务，并在对现行试点进行风险评估的基础上，适时扩大试点银行的业务范围。此外，在证券期货业的对内对外开放方面，《联动方案》提及了较多的内容，如允许自贸试验区内证券期货经营机构开展证券期货业务交叉持牌试点、允许公募基金管理公司在自贸试验区设立专门从事指数基金管理业务的专业子公司，支持保险资金等长期资金在符合规定的前提下委托证券期货经营机构在自贸试验区内开展跨境投资等。

《联动方案》还特别提出，要对接国际高标准的经贸规则，探索金融业对外资实行准入前国民待遇加负面清单的模式。事实上，此前的三版负面清单主要涉及的是贸易投资领域，金融服务业的开放力度有限。当此准入前国民待遇加负面清单模式在全国范围内铺开、中美双边投资条约谈判如火如荼之际，金融服务业负面清单的制定也已刻不容缓。据悉，上海有关方面已将制定单独的金融服务业负面清单提上日程，清单有望在2016年诞生。“上海拟在‘一行三会’、商务部等国家有关部门指导帮助下，单独研究制定一张金融服务业负面清单，推动金融服务业对符合条件的民营资本和外资机构扩大开放。同时，积极配合国家金融管理部门探索采用负面清单管理模式，精简审批事项，优化监管职能。”① 不过，

① 陈偲：《上海金改，“核心是开放”》，《国际金融报》2016年1月11日第004版。

预计前期的金融服务业清单会将几乎所有相关事项都纳入限制，正如上海自贸试验区 2013 版负面清单几乎就是《外商投资产业目录》的翻版一样。不过即便如此，金融服务业负面清单的出台也将具有标志性意义，至少是迈出了第一步。“第一版的金融服务业负面清单发布以后，肯定会有不断完善和修订的余地和空间。接下来就是一项一项看，逐步减。这需要一个过程。”①

事实上，《联动方案》出台以来，上海自贸试验区金融开放创新在制度和实践层面继续推进。《联动方案》提出的开放创新措施中，已有 19 项政策通过出台细则或推出创新实例方式取得突破；5 项政策已初步拟定细则，正在推进之中。金融开放创新的制度和政策框架进一步优化，上海自贸试验区率先建立宏观审慎的本外币一体化境外融资制度，为经济主体跨境融资、人民币扩大跨境使用、人民币资本项目完全可兑换提供了监管框架和操作性通道。② 在扩大金融服务业对内对外开放方面，一是降低了机构设立门槛，鼓励和支持中外资金融机构入区发展，支持民营资本设立银行、汽车金融公司等金融机构试点。截至 2015 年年底，上海自贸试验区内共设有 21 家法人银行、99 家分行、13 家专营机构和 301 家支行级网点，另设有 27 家非银行类金融机构和 4 家资产管理公司，其中，全国首批、上海首家民营银行上海华瑞银行已经落户自贸试验区；全国首家养老资产管理公司也已挂牌成立。二是各类新型金融机构加快集聚，特别是融资租赁行业迎来爆发式增长。其中，既有交银租赁、东航租赁、中飞租赁等从事飞机、船舶、大型设备等融资租赁大项目的“巨无霸”，也有服务中小企业为主、以中小型设备为目标的小型租赁公司，扎堆落户上海自贸试验区。三是吸引行业协会入驻。保监会支持航运保险协会开发保险产品创新，首条航保协会条款——无船承运人保证金保险已完成开发；吸引航运保险运营中心进驻，带动高端航运要素集聚，华泰财险成为第一家落户的航运保险运营中心；支持国际著名的专业性保险中介机构入驻开展业务，全球 13 家保赔保险企业之一的美国保赔协会

① 陈偲：《上海金改，“核心是开放”》，《国际金融报》2016 年 1 月 11 日第 004 版。

② 参见金姬《金融创新，三年大考》，《新民周刊》2016 年第 39 期，第 64 页。

已在浦东成立国内首家保赔协会管理公司。[①]

2016年11月18日，上海市银监局正式发布《关于简化中国（上海）自由贸易试验区银行业机构和高管准入方式的实施细则（2016年）》（以下简称《准入实施细则》），对2014年发布的上海自贸试验区内银行机构和高管准入监管方式作了进一步扩充和修订，以实现区内和区外准入政策的有效衔接以及对区内准入制度的适当前瞻引领。根据《联动方案》的要求，《准入实施细则》坚持以还权于市场、激发机构活力为出发点，按照"区内不低于区外"的底线原则和"争取区内优于区外"的高线原则，重点实施了以下几项简政放权创新举措：一是进一步扩大自贸试验区银行准入简化政策的适用范围，将适用简化政策的机构从原来的"区内设有分行及以上管辖行的全国性中资商业银行（不包括邮政储蓄银行）、上海本地银行、外资法人银行和外国银行分行"扩展至"在沪中资商业银行、外资法人银行和外国银行分行"，取消了原先需要先在区内设分行及以上管辖行的前置条件，只要是在沪银行机构即可；同时，适用的机构类型覆盖到全部中资商业银行，将邮政储蓄银行和城市商业银行纳入简化范围。二是进一步优化区内机构的高管准入程序，率先探索银行机构董事和高管人员在同质同类以及非同质同类银行机构间调动的准入简化政策，将实行事后报告制的高管范围从"区外分支机构的高管向区内同一法人机构平级调动或改任较低职务"扩展至"区外或区内现任银行业高管人员向区内同质同类银行机构间平级调动或改任较低职务"，同时明确"区外或区内现任银行业高管人员向区内非同质同类银行机构间平级调动或改任较低职务的任职资格审查，无须进行任职资格考试，仅需向原任职资格审查部门征求意见"，即取消了非同质同类机构间调任的"笔试"环节。三是对标银监会新的行政许可法规，进一步提高机构材料报送的便利性，以尽量降低机构报送材料的复杂程度为目标，取消或简化了部分报送要求，如取消授权书应经过公证或认证的要求、将"营运资金验资报告"改为"营运资金到位证明"等，减轻机构报送负担。上述改革措施是在总结2014年试点政策实施效果的基础上，针对政

① 参见张苑《上海自贸试验区推进金融创新研究》，《国际金融》2016年第3期，第40、42页。

策变化和现实需求新推出的创新举措，体现了自贸试验区建设的总体要求和加大简政放权力度的理念方式。《准入实施细则》的推出，将进一步加大上海自贸试验区银行业改革开放试验的力度，有力促进上海自贸试验区银行业机构集聚效能和优化布局，有利于支持实体经济发展，更好地服务于国家战略。

（四）加快建设面向国际的金融市场

《总体方案》明确规定：“允许金融市场在试验区内建立面向国际的交易平台；逐步允许境外企业参与商品期货交易；鼓励金融市场产品创新；支持股权托管交易机构在试验区内建立综合金融服务平台；支持开展人民币跨境再保险业务，培育发展再保险市场。”《上海自贸试验区条例》第31条规定：“支持在区内建立面向国际的金融交易以及服务平台，提供登记、托管、交易和清算等服务；支持在区内建立完善信托登记平台，探索信托受益权流转机制。”在此基础上，《联动方案》进一步规定，依托自贸试验区金融制度创新和对外开放优势，充分发挥人民银行上海总部统筹协调功能，推进面向国际的金融市场平台建设，拓宽境外投资者参与境内金融市场的渠道，提升金融市场配置境内外资源的功能。具体方案包括：（1）支持中国外汇交易中心建设国际金融资产交易平台，增强平台服务功能。（2）加快上海黄金交易所国际业务板块后续建设，便利投资者交易。（3）支持上海证券交易所在自贸试验区设立国际金融资产交易平台，有序引入境外长期资金逐步参与境内股票、债券、基金等市场，探索引入境外机构投资者参与境内新股发行询价配售。支持上海证券交易所在总结沪港通经验基础上，适应境内外投资者需求，完善交易规则和交易机制。（4）支持上海期货交易所加快国际能源交易中心建设，尽快上市原油期货。积极推进天然气、船用燃料油、成品油等期货产品研究工作。允许符合条件的境外机构在自贸试验区试点设立独资或者合资的期货市场服务机构，接受境外交易者委托参与境内特定品种期货交易。（5）支持设立上海保险交易所，推动形成再保险交易、定价中心。（6）支持上海清算所向自贸试验区内和境外投资者提供航运金融和大宗商品场外衍生品的清算等服务。（7）支持股权托管交易机构依法为自贸试验区内的科技型中小企业等提供综合金融服务，吸引境外投资者参与。

与其他三个自贸试验区相比，建设面向国际的金融市场是上海自贸试验区特有的战略任务，也是上海自贸试验区与国际金融中心建设联动的题中应有之义。2016 年 2 月 1 日发布的《上海市国民经济和社会发展第十三个五年规划纲要》重申国际经济中心、国际金融中心、国际贸易中心、国际航运中心“四个中心”的建设目标，要求紧紧围绕服务实体经济发展，以人民币产品市场建设为核心，以自贸试验区金融改革创新为突破口，加快推进国际金融中心建设，并进一步明确了在建设面向国际的金融市场方面的任务：“建设面向国际的金融市场平台，拓宽境外投资者参与境内市场的渠道，促进与境外金融市场互联互通，提升上海金融市场资产定价能力。增强股票、债券、期货、货币、外汇、黄金、保险等多层次金融市场服务功能，完善不同层次市场间的转板机制和退出机制，稳步扩大债券市场规模，提升期货和衍生品市场价格发现和风险管理功能，提高外汇业务平台服务的竞争力和包容性，加快上海保险交易所建设，提升保险和再保险市场的规模和国际竞争力。支持上海证券交易所改革创新，交易所主要指标排名继续保持全球前列。大力发展新兴金融市场，促进股权托管交易市场、贷款转让市场、票据市场等发展。丰富金融市场产品和工具，加快推出商品指数期货、商品期货期权、碳排放衍生品等交易。加强金融市场基础设施建设，完善金融市场基准利率体系。”上海自贸试验区作为金融改革的“试验田”，在“十三五”期间无疑将继续承担攻坚克难的重任。

《联动方案》提出的上述各项任务正在抓紧落实之中。例如，上海证券交易所正在积极筹建自贸试验区国际金融资产交易平台，争取于 2016 年年内完成组建工作。据了解，自贸试验区平台将立足于服务国家战略需要，充分发挥上海自贸试验区作为金融双向开放试验平台的优势，为资本市场开放创新探索可推广、可复制的经验。平台有两大核心功能定位：一是“开放通道”。平台不改变现有制度，利用自由贸易账户体系快速实现境内外市场的互联互通；平台将设计成为对外开放的关口和阀门，并进行有效的风险管控。二是“试验平台”。通过制度创新，尝试开展目前尚不能在境内开展的证券投融资业务，为我国资本市场进一步改革开放积累经验。平台的具体功能主要包括为自贸试验区企业的融资提供服务；通过自由贸易账户与交易平台，使境外投资者参与股票、债券、基金市场；探索外资参与一级市场，包括引入境外机构投资者参与境内新股发行询价配售，为证券期货经营机构代理客户参与跨境投资提供交易服务；探索符合条件的境外企业发行人民币债券等。①

在上海自贸试验区发布的第六批 15 个金融创新案例中，有 3 个是关于金融市场创新，分别是“上海金”人民币集中定价交易（对应《联动方案》“加快上海黄金交易所国际业务板块后续建设，便利投资者交易”）、上海清算所推出中国信用债指数（对应《联动方案》“支持上海清算所向自贸试验区内和境外投资者提供航运金融和大宗商品场外衍生品的清算等服务”）和上海股权托管交易中心推出“科技创新板”（对应《联动方案》“支持股权托管交易机构依法为自贸试验区内的科技型中小企业等提供综合金融服务”），均涉及加快建设面向国际的金融市场。

“上海金”人民币集中定价交易业务，是指在上海黄金交易所自主开发的交易平台上，以 1 千克金锭为交易对象，以人民币/克为单位，通过多轮次“以价询量、数量撮合”集中定价交易，量价平衡后形成“上海金”人民币即期基准价格。此次正式开展黄金人民币集中定价交易，是中国黄金市场在国际化发展进程中迈出的重要一步，有助于国际投资者更直观地获得中国贵金属市场的供需状况和实时信息，进一步提升中国在全球贵金属市场的影响力。其作为创新案例的创新点为：一是创新业务定价模式。“上海金”定价采取按“以价询量、数量撮合”的交易方式，为国内交易所首创。二是定价参与范围广泛。“上海金”相比于美元标价的 LBMA 黄金定价，参与者为 12 家银行及 6 家黄金生产商。由定价系统根据事先公布的交易规则生成，过程全程记录、公开透明。三是清算交割方式高效便捷。“上海金”业务采取场内集中净额清算的方式，由交易所负责整体清算和交割过程，交易各方无须互相授信，有利于降低违约风险，提高清算和交割效率。其应用价值则在于：一是“上海金”基准价将成为全球黄金市场的主要定价基准之一，有利于发挥人民币作为黄金计价结算货币地位的形成，进一步完善国际黄金价格体系；二是

---

① 参见朱宝琛《上交所：今年完成自贸区国际金融资产交易平台组建》，《证券日报》2016 年 1 月 30 日 A01 版。

有助于推动进一步推动中国黄金市场的开放融合，引导中国黄金市场规范发展，促进形成多层次、更加开放的中国黄金市场体系形成。

2016 年 1 月 29 日，上海清算所正式推出中国信用债指数，该指数体系包括银行间信用债综合指数、银行高等级信用债指数、银行间中高等级信用债指数、银行间高收益信用债指数及银行间区域（上海）信用债指数五类，共计 19 支指数组成。该指数反映信用债市场价格总体走势，促进了市场信息更加透明化，为市场参与者、监管机构及研究机构参与、研究信用债市场提供了科学便捷的指标体系。其作为创新案例的创新点为：一是为投资者提供市场价格和利率变化信息，促进市场更为合理的投资交易，同时也为监管机构分析市场发展态势提供量化参考；二是能够为信用债市场发展提供研究标的与业绩衡量指标，为进一步拓展信用债投资渠道，吸引境外资金和投资机构集聚上海。其应用价值则在于：一是中国信用债指数依托于上海作为全国信用债等级托管中心的优势，有助于进一步激发上海金融市场的活力，服务上海尽快建成与人民币国际化地位相适应的国际金融中心；二是上海清算所通过创新研发债券指数品种，不断加强同市场机构合作，不断推出满足市场多样化需求的债券指数，满足各层次不同风险偏好的市场参与者需要。

“科技创新板”定位为服务科技型、创新型中小微企业的专业化市场板块，为相关多层次资本市场孵化培育企业资源。服务方式上采取非公开发行股份方式进行融资，股份交易采取协议转让方式，利用互联网综合金融服务平台为挂牌企业提供融资等多元化金融服务，目前共有 42 家企业挂牌。其作为创新案例的创新点为：一是引入注册审核制度，建立以信息披露为核心的挂牌审核机制，引入“一次注册、分期发行和简易”程序，提高企业融资效率；二是通过引入中介机构会员遴选委员会机制，把控中介机构市场准入及自律监管，促进中介机构提升服务能力；三是依托融资服务中介，搭建综合金融服务平台，支持挂牌企业开展股权融资、债券融资等业务。其应用价值则在于：一是贯彻落实上海建设具有全球影响力科创中心的战略部署，发挥资本市场作用解决科技型、创新型中小企业发展的有益尝试；二是有助于丰富完善国内多层次资本市场发展，为后续在符合国家规定的前提下探索业务创新，为挂牌企业提供股权融资、股份转让、债券融资等创新服务。

在上海自贸试验区 2017 年 1 月发布的第七批 15 个创新案例中，更是有超过半数（8 个）是关于金融市场创新，分别是上海证券交易所发行首批地方政府债、首支自贸试验区人民币地方政府债券发行、金砖国家新开发银行发行人民币绿色金融债券、商业银行开展自贸试验区债券柜台业务、上海保险交易所成立（保险资产登记交易平台试运行，全球首创“共同体 + 保交所”服务模式）、上海票据交易所成立、中国信托登记公司成立，以及“易金通”移动互联网黄金交易系统。这标志着与国际金融中心建设相适应的上海自贸试验区金融市场开放创新进入到一个崭新的阶段。

（五）加强金融监管，切实防范风险

《上海自贸试验区条例》第 32 条规定：“本市配合金融管理部门完善金融风险监测和评估，建立与自贸试验区金融业务发展相适应的风险防范机制。开展自贸试验区业务的上海地区金融机构和特定非金融机构应当按照规定，向金融管理部门报送相关信息，履行反洗钱、反恐怖融资和反逃税等义务，配合金融管理部门关注跨境异常资金流动，落实金融消费者和投资者保护责任。”在此基础上，《联动方案》进一步规定，建立适应自贸试验区发展和上海国际金融中心建设联动的金融监管机制，加强金融风险防范，营造良好金融发展环境。具体方案包括：（1）完善金融监管体制。探索建立符合国际规则、适应中国国情的金融监管框架。精简行政审批项目，简化事前准入事项，加强事中事后分析评估和事后备案管理。加强金融信用信息基础设施建设，推动信用信息共建共享，构建与国际接轨的统计、监测体系。加大对金融失信行为和市场违规行为惩戒力度。（2）支持人民银行和外汇局加强自贸试验区金融监管服务能力建设，探索本外币一体化监管体系。创新外汇账户管理体系。整合外汇账户种类，优化监管方式，提升监管效率。（3）加强自贸试验区金融监管协调，探索功能监管。进一步发挥自贸试验区金融协调机制作用，加强跨部门、跨行业、跨市场金融业务监管协调和信息共享。研究探索中央和地方金融监管协调新机制。支持国家金融管理部门研究探索将部分贴近市场、便利产品创新的监管职能下放至在沪金融监管机构和金融市场组织机构。（4）加强金融风险防范。完善跨境资金流动的监测分析

机制，加强反洗钱、反恐怖融资和反逃税工作机制。针对金融机构跨行业、跨市场、跨境发展特点，掌握金融开放主动权，建立和完善系统性风险预警、防范和化解体系，守住不发生系统性、区域性金融风险底线。

2016 年 7 月，上海市政府办公厅正式印发《发挥上海自贸试验区制度创新优势开展综合监管试点探索功能监管实施细则》（以下简称《综合监管实施细则》），明确了上海开展金融综合监管试点工作的指导思想和主要任务。根据《综合监管实施细则》，试点工作的指导思想是：发挥上海自贸试验区制度创新优势，以市场全覆盖为目标、以信息互联共享为基础、以监管合作为保障、以综合监管联席会为平台、以业界自律共治为补充，坚持市场化和法治化原则，坚持机构监管与功能监管相结合，坚持行业监管和部门联动相结合，规范金融市场秩序，防范和化解金融风险，促进上海金融业持续健康发展。主要任务有四个方面：一是综合监管，强化行业、属地管理职责，重点加强对处于监管真空、交叉地带的机构和行为的监管，实现机构、人员、业务、风险全覆盖；二是共享信息，分类别、分层次、分步骤推进信息共建共享与互联互通，加强信息平台建设，提升分析预警能力；三是加强协调，建立上海金融综合监管联席会议（以下简称联席会议），构建更加紧密、综合的协调机制，加强金融管理部门与地方政府部门协调，发挥行业协会自律作用；四是补牢短板，推进涉众型金融产品的规范整顿，促进互联网金融健康发展，加大对非法金融活动的打击力度。

《综合监管实施细则》在推进金融监管体制创新方面主要有以下突破：一是实施全面覆盖，探索功能监管。适应金融综合经营的发展趋势，通过建立对机构、人员、产品全面覆盖的分工协作体系，遵循功能监管理念，凡是从事金融业务或变相从事金融业务的行为，都将纳入监管范畴，改变类金融活动监管不足、无序发展的情况；二是加强跨界协作，提高综合监管能力。通过进一步加强国家在沪金融管理部门和地方政府部门之间的协调合作，推进政策协调和行动协同，加强对跨界产品和交叉行为的监管，建立有利于弥补现有监管模式不足的监管协调机制；三是完善监测分析，提升预警能力。通过探索推进金融管理部门和地方政府部门之间相关信息的按需共享，形成常态化的信息共享共建工作机制。探索建立上海金融综合监测预警平台，全面掌握金融业态发展情况，有效防范区域性、系统性风险的发生。当前，从互联网金融专项整治工作起步，研究完善类金融机构监测分析平台，提升监测预警能力。

《综合监管实施细则》就实现金融监管全面覆盖提出了以下三个方面的措施：一是全面覆盖经营机构。《综合监管实施细则》提出编制“分业监管机构清单”和“重点监测金融行为清单”，明确了相应的监管或主管部门。其中，分业监管机构清单涵盖了由一行三会及其派驻机构负责准入和日常管理的各类持牌金融机构，以及由市政府有关部门和区（县）政府负责管理的类金融机构；重点监测金融行为清单列出包括 P2P 网络借贷、股权众筹融资、私募股权投资或私募证券投资、通过互联网开展资产管理和跨界从事金融业务等活动、以投资理财名义从事金融活动、非融资性担保以及其他疑似金融活动。二是全面覆盖金融产品。《综合监管实施细则》要求加强各类金融产品监管，主要措施包括：规范金融产品设计、宣传、营销行为，加强金融广告信息监测和自动预警，对接广告监测、网络舆情监测、城市网格化综合管理、金融风险舆情监测等各类信息，支持行业协会建立理财产品登记和信息披露制度，重点推进互联网金融产品信息披露平台建设，完善产品信息披露和风险提示制度等。三是全面理顺监管分工。《综合监管实施细则》提出以合同法律关系和产品属性为基础明确管理部门，统筹配置监管资源，强化综合监管和功能监管。对需要经过市场准入许可的行业领域，由相关监管或主管部门负责日常监管；对无须市场准入许可，但有明确监管或主管部门指导、规范和促进的行业领域，由相关监管或主管部门牵头负责日常管理；对没有明确监管或主管部门的行业领域，与金融功能有一定关联、难以直接定性的经营活动，根据业务实质认定业务属性，由联席会议明确相关工作牵头部门。

推动信息互联共享既是提高金融综合监管水平的重要基础，也是难点所在。为进一步推进信息互联共享，《综合监管实施细则》提出，将结合上海实际，构建以“一个平台、两份清单、三类数据库、四种信息源”为框架的信息共享机制。一个平台，是指适时研究建立上海金融综合监测预警平台；两份清单，是指梳理形成分业监管机构清单和重点监测金融行为清单；三类数据库，是指机构信息数据库、产品信息数据库和从业人员信息数据库；四种信息源，是指金融管理与市场运行信息、社会公共信用信息、行业协会自律信息、媒体舆情与投诉举报信息。在此基础上，进一步丰富信息共享内容，优化共同参与机制，提高分析预警能力。

为进一步提高工作合力，国家在沪金融管理部门和市政府相关部门、区（县）政府将打破传统分工边界，完善协同机制，创新综合监管网络，具体来说：一是落实监管责任，要求行业监管或主管部门主动跨前，勇于担责。在不改变现行金融监管体制和金融管理部门现有职责分工的前提下，针对监管真空和监管弱化等问题，加强跨部门协调，确保分工明确，责任落实到位。二是推进监管合作，增强跨部门协调联动，提升协同监管效果。加强行业监管、主管部门与区（县）政府的协调配合，及时防范处置非法金融活动，建立和完善社会力量参与市场监督的工作机制。三是加强诚信激励约束，加强事中事后监管。扩大中国人民银行征信中心接入机构的覆盖面，提高接入和查询便捷度。相关行业监管或主管部门完善举报制度，推动诚信信息共享。四是加强互联网金融监管，形成鼓励金融创新和打击非法活动并重的良好局面。对于产品、业务交叉嵌套的互联网金融行为，采取“穿透式”监管方法，明确监管责任，联合打击互联网金融领域各类违法犯罪行为。

根据《综合监管实施细则》，上海将建立金融综合监管联席会议，目的是通过加强组织领导和统筹协调，提升协调效率和响应速度，确保各项政策措施的有效落实。联席会议由市政府分管金融工作的副市长和副秘书长分别作为第一召集人和召集人，成员单位包括市金融办、中国人民银行上海总部（国家外汇局上海市分局）、上海银监局、上海证监局、上海保监局、市发展改革委、市经济信息化委、市商务委、市工商局、市财政局、市地税局等部门以及各区（县）政府，并根据新情况和新问题邀请其他有关部门和在沪金融市场、行业协会等参加。联席会议建立例会制度，原则上每季度召开一次，围绕难点重点议题，明确工作职责，议定实施方案。根据需要，可临时召开。联席会议办公室设在市金融办，下设监测预警组和协调督办组，由相关行业监管或主管部门派员组成。

应该说，《综合监管实施细则》是从分业监管转向综合监管、从机构监管转向功能监管的有益尝试。上海开展金融综合监管试点，探索功能监管，有利于发挥自贸试验区制度创新优势，为国家层面金融监管改革探索路径、积累经验；有利于促进金融监管与金融创新的良性互动，推进自贸试验区金融开放创新；有利于健全完善金融风险防控体系，守住不发生区域性系统性金融风险的底线。后续需要特别关注的是，联席会议如何有效协调与行业监管部门的关系，以便确定那些尚未明确监管负责部门的行业领域的业务性质，从而确定其业务归属。这是功能监管改革的重点，涉及如何从简单的机构认定转变为对金融业务功能认定的问题。

此外，人民币跨境使用、人民币可自由兑换意味着逐步开放整个金融防线，将会带来国际资本对国内金融市场的冲击，通过国际借贷、国际证券投资以及外汇市场快速传导到国内。利率、汇率市场化意味着金融机构的经营基础和环境发生重大改变。即便是国内金融市场具备相应的广度和深度、金融体系比较健全、金融机构比较成熟、对外部竞争和冲击反应灵敏的国家，如美国，也不能完全消除金融危机发生的可能。但金融市场本身就伴随着风险，不能因为风险的存在就放弃金融市场本身的改革和发展。在目前自贸试验区金融改革的背景下，更重要的是前瞻性地考虑到可能发生的系统性风险。随着国内金融市场的发展，银行业、证券业、保险业、信托业之间的业务划分日益模糊，在金融创新快速发展的情况下，目前法律框架下的分业经营已经演化为行业金融机构各自通过资产管理公司或专业子公司来从事的综合经营。在仍然维持不变的“一行三会”监管架构下，如何对监管进行协调、提高系统性风险监管效能，是我国宏观审慎监管架构中非常重要的内容。

总体而言，首先，要强化中央银行与各专业监管机构的协调合作。中央银行的宏观审慎监管负责监管整个金融体系的系统性风险，在包括不同行业的金融领域，要特别关注跨市场、跨行业的风险。从防范系统性风险的高度考虑，可以在制度中规定宏观审慎监管政策对微观审慎监管的指导和约束作用。央行可以根据宏观审慎监管的需要，要求银行、证券、保险等各专业监管机构在微观审慎监管方面与之配合；专业监管机构在实施微观审慎监管时，也应服从中央银行的宏观审慎监管，并为之提供微观监管信息共享安排。各监管机构彼此之间的协调也同样重要。面对正在发展的综合经营（混业经营）实践，传统的机构监管显然已经无法适应。例如，如果银行资管公司发行了证券化产品，银监会显然并不具备对该类产品的监管资源，更为恰当的监管机构应当是证监会。如何识别各类金融创新产品在运行中的风险及其传导路径，以及是否具有系统性风险的特性，需要央行与各监管机构之间以及各监管机构彼此之间保持密切而有效的协调。

其次，要加强央行与各相关部门之间的联系。宏观审慎监管机构也包含对问题金融机构的相应处置，以避免系统性风险的进一步传递和扩散。如何进行及时具体的救助和处置，需要央行与其他部门进行密切联系及合作。对于我国宏观审慎监管框架而言，当前迫切需要解决宏观层面的协调机制，即中国人民银行与财政部、国家发改委等部门之间的协调。只有通过法定方式建立央行与相关部门之间的协调机制，将各自的职责明确下来，才能增强政策透明度、降低监管成本、提高监管效率，才能真正实现宏观审慎监管的目的，防范风险于未然。

最后，要加强中国人民银行与各国宏观审慎监管机构的合作。金融机构的跨国经营对监管带来了挑战：相关监管当局如何进行协调和合作以应对风险的跨国界转移？在进行问题金融机构处置时，各国如何对他国的处置方案进行识别和承认？在资本流动性极强的情况下，母国和东道国如何进行合作以共同防范投机资本的冲击？在货币政策的效果受到国外金融市场影响时，如何加强同他国央行的合作？这些问题都要求人民银行在履行宏观审慎监管职责时，高度重视与他国宏观审慎监管机构的合作。因此，在后续探索和建立宏观审慎监管框架时，可以授权人民银行加强与他国宏观审慎监管机构的合作，防范国际金融风险对我国金融体系的传导，并借鉴他国成功经验，进一步完善我国宏观审慎监管体系。

三　上海自贸试验区金融改革创新的后续思路与近期任务

尽管已经取得显著成效，但上海自贸试验区在金融开放创新方面仍然存在一些问题和不足：一是自贸试验区金融管理体制机制仍未理顺。监管部门之间联合监管和跨部门协调不畅，事权方面也主要集中在国务院及“一行三会”、外管局等部门，地方的自主性、能动性不足。在离岸业务发展和离岸税收等方面，由于国家政策支持力度不够，上海与新加坡、中国香港等地差距较大。二是部分政策含糊不清难以落地。例如，在人民币跨境使用方面，存在个人跨境人民币业务中的个人身份难以认定的问题；在外汇管理方面，存在外债额度不明确的问题，如“区内企业借用人民币资金规模上限不得超过“实缴资本 ×1 倍 × 宏观审慎政策参数”的规定，没有具体说明外资金融机构的规模上限“是否包括原来的额度”；在适用对象方面，存在模糊宽泛问题，不少政策意见多处使用“符合条件”的表述，但又未对所设条件进行说明。三是金融功能拓展和平台建设方面仍存在制约因素。当前，自贸试验区内国有金融企业仍占主导地位，民营银行数量较少；金融市场平台进展缓慢，部分金融平台仍处于方案设计、提交和等待审批过程中，已经建立的金融市场也存在国际投资者比重不高、交投不活跃、交易量较低等问题，缺乏定价权和国际影响力。

（一）上海自贸试验区金融改革创新的后续思路

鉴于以上问题，需要从以下几个方面继续进行自贸试验区金融改革创新。

1. 全面推进资本账户开放

扩大资本账户开放，逐步拓展自由贸易账户功能。要积极创造条件，简化自由贸易账户开户手续，加快外资银行以及保险、证券等非银行金融机构开立自由贸易账户的进度。鼓励试验区内经济主体依托自由贸易账户开展贸易、跨境投资、融资和担保等涉外商务投资活动。在风险可控的条件下，以渐进、有序的方式，争取早日为区内合格的个人开设特定账户投资境外实业或资本市场。以扩大个人用汇自主权为着力点，进一步放开个人其他资本项目跨境交易；同时，抓紧出台个人境外投资试点实施细则，尽快启动个人境外投资业务。加强自由贸易账户内的本外币资金管理，为企业更好地统筹利用境内外两个市场、本外币两种资源创造条件。依托自由贸易账户监测管理信息系统，加快建立本外币一体化的跨境资金流动监管体系，健全区内居民自由贸易账户和非居民自由贸易账户人民币汇兑监测机制。

2. 积极稳妥推进利率市场化

推动金融机构资产方价格实行市场化定价。探索进一步完善区内发行大额可转让存单的定价、发行、交易、转让、风控等运行细则。争取在上海自贸试验区首批试点银行向境外金融机构发行同业存单。争取赋予区内金融机构更多主动负债定价权限，区内企业从境外融入人民币资金并存入区内银行开立的人民币一般存款账户，存款利率由市场确定。充分发挥区内利率市场秩序自律组织作用，加强试验区内市场化利率实时动态监测，促进区内利率平稳有序波动。及早应对自贸试验区率先开展利率和汇率市场化改革以及区内企业开展跨境投资、贸易等可能产生的各类风险，加快探索上海地区金融市场和机构进行利率期货、汇率期货、人民币无本金交割期权、离岸人民币期权等利率/汇率衍生品的市场开发，增强金融机构和企业利用衍生品市场规避风险的能力。深入研究自贸试验区利率与Shibor、自贸试验区汇率与银行间外汇市场汇率的相互关系，探索发布自贸试验区利率和汇率指数。

3. 加快外汇管理体制改革

深化外汇管理体制改革，放宽跨境资本流动限制，健全资本流入流出均衡管理体制。进一步简化外币资金池管理，深化国际贸易结算中心外汇管理试点，扩大跨国公司总部外汇资金集中运营管理试点的企业范围，促进跨国公司设立区域性或全球性资金管理中心。进一步放宽区内企业境外外汇放款管理，推动对区内企业境外外汇放款金额上限调整。

4. 推进面向国际的市场体系建设

加快上海金融市场以自由贸易账户为依托，以人民币作为计价、交易和结算货币，在自贸试验区内建立一批面向国际的大宗商品和金融交易平台（即各类“国际板”）。已经建立平台的，要进一步适应市场需求开发新品种，发展壮大国际会员队伍，在交易、结算、托管、转口、交割等方面为国际投资者提供优质服务。如上海黄金交易所，要在目前主要交易品种的基础上，进一步完善交易规则和服务，做好铂金、白银等后备品种的上市准备，促进投资者交易便利化。大力发展上海人民币国际债券市场，逐步拓宽债券发行主体范围和资金募集使用范围，减少对资金跨境使用的限制，完善债券发行方法、类型和期限。鼓励区内企业的境外母公司在上海的资本市场发行人民币债券，即所谓“熊猫债券”。

5. 加快金融业务和产品创新

把握互联网、移动互联网、大数据、云计算、物联网等快速发展机遇，鼓励区内金融机构发展跨境电子商务、移动支付、大数据挖掘等金融创新产品和服务，鼓励持牌类金融机构向互联网金融拓展转型。依托自贸试验区平台，积极推进人民币跨境投融资创新，推动人民币境外直接投资（ODI）、人民币引进外资（FDI）、人民币境外项目贷款、境内企业向境外企业股权转让人民币结算、人民币海外投贷基金等业务的发展，鼓励区内银行为跨境经营企业提供全球现金管理，探索开展境内外分行联动跨境人民币融资业务。确立金融全流程、全系统服务理念，打造基于产业成长周期、企业生命周期、产学研融合、园区企业集群发展以及百姓生活的金融创新服务链。

（二）上海自贸试验区金融改革创新的近期任务

近期而言，需要做好以下五个方面的具体工作。

1. 分类别加快推进人民币资本项目可兑换进程

将企业资本项下可兑换从目前的直接投资备案制转向额度备案制。当前尽管在直接投资领域、外债意愿结汇等投融资便利化方面取得了一定成绩，但自贸试验区内企业目前只能获得部分融资业务的支持，资本市场的跨境投融资业务还不多，与市场预期还有差距。下一步应结合自由贸易账户的功能拓展，逐步放宽跨境投融资方面的政策限制。未来资本项下可兑换可以采取总额管理模式，即按照企业或机构的实收资本或所有者权益，设置比例，从而得出一个总额度，在这个额度下可自由兑换。从目前的直接投资备案制转向额度备案制，对于企业来说，意味着无须纠结于是经常项下还是资本项下，尊重企业在额度内进行资金处置的意愿和权利。

对于合格境内个人投资者（QDII2）境外投资试点，《联动方案》要求“研究启动合格境内个人投资者境外投资试点……允许符合条件的个人开展境外实业投资、不动产投资和金融类投资”。对于投资金融产品，设置专用账户，金融资产买卖获得的资金可以通过三方协议确保进入银行监管户，防止资金被 QDII2 投资人挪作他用。但若 QDII2 的投资范围包括实业及不动产，则后续资金变动难以实现跟踪监管。因此，可考虑先开放金融类投资，然后再开放不动产与实业投资。建议在QDII2境外投资试点中设置风险预警及规模调控目标，当资金外流达到一定规模、对金融稳定产生影响时，即启动宏观审慎参数的调整；参数调整后，个人的跨境投资额度也会发生相应变化。

对于合格境内有限合伙人（QDLP）境外投资可以进一步放宽。所谓QDLP，即上海市相关部门允许境外资产管理公司和对冲基金在境内募集人民币资金，并换汇投资到海外市场。按照QDLP制度相关操作要求，海外机构应在上海注册一个联络基金，再由该联络基金将募集的人民币资金交给海外对冲基金，投向境外二级市场。境外投资与资金返还过程中的资金结汇问题，主要由联络基金协同完成。QDLP的投资范围应限定于ETF、高信用评级债券、海外蓝筹股等高流动性品种。在能确保QDLP资金按时返还境内的前提下，建议放宽其兑换美元额度。

此外，还应当进一步加快资金流入侧的资本项下可兑换过程。例如内保外贷，《跨境担保外汇管理规定》（汇发〔2014〕29号）要求“未经外汇局批准，债务人不得通过向境内进行借贷、股权投资或证券投资等方式将担保项下资金直接或间接调回境内使用”。但随着金融环境的变化，内保外贷资金回流可以放松，没有必要全部审批。又如，在资产担保证券交易、非标资产交易、科技型中小企业综合金融服务等领域，应鼓励境外投资者参与。

2. 拓宽人民币回流渠道

《联动方案》第9条规定：“拓宽境外人民币投资回流渠道。创新面向国际的人民币金融产品，扩大境外人民币境内投资金融产品的范围，促进人民币资金跨境双向流动。”从2009年推进跨境人民币贸易结算开始，中国人民银行等部门就较为关注海外人民币回流渠道的建设，目前海外人民币回流渠道已经基本形成。主要回流渠道是经常项下的货物贸易和服务贸易以及经常项下的其他出口，此外还包括资本项下离岸人民币债券市场、境外特定机构进入境内银行间债券市场、境外合格机构投资者进入境内资本市场、外商直接投资、跨境贷款以及人民币合格境外有限合伙人（RQELP）等途径和安排。经常项下人民币回流机制的特点是自由度较大，只要有真实的贸易背景，人民币回流顺畅。资本项下人民币回流渠道尽管已经有所拓展，但仍对回流主体资格、投资金额限制、投资产品以及投资产品范围管理等设置一系列限制措施。就拓宽人民币回流渠道而言，一方面要对资本项下人民币回流特别是回流后的投资领域、投资产品方面的限制逐渐放宽乃至取消，将行政权力下形成的海外人民币回流机制向市场化回流机制转变；另一方面要提高国内金融市场的发展水平和开放程度，使其具有足够的吸引外国资本的能力，让金融市场成为人民币回流的主要渠道。

3. 进一步放宽金融机构市场准入限制

从数量限制型审批措施转向分类审批与备案相结合的市场准入机制，提高市场准入标准的透明度，让更多数量、更多层次、更多种类的金融机构进入上海自贸试验区。提到金融业务，人们往往倾向于认为这种业务就必须监管，而行政审批则是最严格的监管。在“中美电子支付案”中，中国提出，“入世”承诺中有关电子支付在内的银行业务的市场准入是有条件的，其主体必须是外国“金融机构”；尽管对于外国金融机构并无定义，但只有受到监管机构监管且从事金融业务的机构才是“金融机构”。专家组不同意中国的看法。其认为，监管的存在、性质和程度反映了一国的政策决策，不应被视为金融机构的决定性特点。由此可见，即使是“电子支付服务”这种属于《服贸总协定》金融服务清单中的银行业务的金融活动，也有可能不受监管，更不必说一定要行政审批。其实金融业务的种类很多，并不是所有的金融业务都是金融机构所持有，有的金融业务与一般商事主体从事的商业行为并无本质区别。例如，保理业务，既有银行从事的保理业务，也有其他商业机构从事的保理业务；融资租赁，既有金融机构从事的融资租赁，也有其他商业机构从事的融资租赁；保管箱业务，既有商业银行提供的保险箱业务，也有非金融机构提供的保险箱业务；支付转接清算（电子支付）业务，既有由人民银行审批监管的中国银联提供的转接清算业务，也有由不受监管的 VISA 等机构提供的转接清算业务。这些类型在上海自贸试验区内进行时，可以率先由审批制改为备案制，或者规定在金融机构增加相应业务时只需登记备案即可。

4. 加大自由贸易账户与“区外境内”同名账户之间的渗透

随着上海自贸试验区金融创新与放松管制的逐步进行，自贸试验区与“区外境内”将实行不同的金融制度与政策。前者只要是真正与国际金融市场接轨、先行先试，则自贸试验区与“区外境内”就会产生利息差、汇率差等“政策性”差异。二者之间若不设置一定的资本流动隔离机制，则自贸试验区的人民币资本项下可兑换就会立即变成全国性的人民币资本项下可兑换，自贸试验区的先行先试就成为多余；而若设置完全阻断的隔离机制，即只允许自贸试验区与境外资金只有兑换，而与“区外境内”的资金往来完全隔离，则自贸试验区资本项下可兑换试验的溢出价值就不大。因此，完全放开与完全隔离都不是理想方案。《总体方案》要求上海自贸试验区“探索面向国际的外汇管理改革试点，建立与自由贸易试验区相适应的外汇管理体制”，体现“一线放开，二线安全高效管住”的原则。所谓“一线放开”，即在自贸试验区内，金融机构准入、金融产品创新、汇率利率与本外币兑换以及跨境投融资，均按市场规则或国际惯例办理，以体现真正的放开和实现国际水准的货币兑换自由；所谓“二线安全高效管住”，即在同国际金融市场完全打通的自贸试验区内与区外的中国其他地区之间，可以有资金往来，但要有部分管制，且这种管制的内容和规模可随整个中国经济改革的深入而动态变化，逐步放开。

为有效实现上述管理目标，中国人民银行上海总部 2014 年 5 月发布的《中国（上海）自由贸易试验区分账核算业务实施细则（试行）》第 20 条规定：“同一非金融机构自由贸易账户与其开立的境内其他银行结算账户之间，可办理以下业务项下的人民币资金划转：（1）经常项下业务；（2）偿还自身名下且存续期超过 6 个月（不含）的上海市银行业金融机构发放的人民币贷款，偿还贷款资金必须直接划入开立在贷款银行的同名账户；（3）新建投资、并购投资、增资等实业投资；（4）中国人民银行上海总部规定的其他跨境交易。”目前该规定已经试行两年多，自由贸易账户的“渗透”功能究竟发挥得如何、是否需要进一步扩大，都亟须研究总结，以便进一步创新上海自贸试验区与“区外境内”之间资金流动的模式和内容。

5. 完善金融风险防范机制

上海自贸试验区金融开放中的风险防范机制主要是建立自由贸易账户和宏观审慎管理措施，在此基础上还要构建和完善资本流动风险预警机制以及发生金融风险时的应急机制。

上海自贸试验区在金融开放创新过程中诚然需要加强与国家金融监管部门之间的协调，配合后者在自贸试验区建立同金融业务发展相适应的金融监管和风险防范机制，但更重要的是，还需要主动建立针对资本流动的风险预警机制。概而言之，资本项目可兑换后对资本流动风险实施预警的目标有三个：一是甄别流入资本的性质，引导资本流入实体经济，因为上海自贸试验区的金融创新不是为了创新而创新，而是要为贸易和投资便利化创造条件；二是发挥威慑作用，向外界表明自贸试验区资本项下开放不是绝对的、不受监管的开放，这样国际金融资本才会惮于进行大规模投机行为；三是保持经济发展自主权，因为对资本项目进行有效监管对于保持货币政策独立性和稳定人民币汇率有着重要意义。而建立和完善资本流动预警机制的前提则是建立交易数据统一使用和分析的平台，在功能监管基础上进行协调有序的综合监管。

上海自贸试验区实行资本项下可兑换的同时，不仅要建立反洗钱、反恐融资等方面的监管机制，还应保留一项权力，即一旦因资本项目开放引发金融风险，即可启动相应的金融安全保障机制，实施临时性资本项目管制措施，包括但不限于缩小汇率浮动幅度乃至临时实施固定汇率、关闭人民币离岸交易市场、禁止人民币境外流通、临时冻结外国资本等，以抑制投机资本外流，维护汇率稳定。此种特殊情形下的风险应急机制旨在对短期流动资本的过度投机，特别是恶意威胁我国金融安全的国际游资形成足够威慑，其并不违反《国际货币基金协定》等国际金融法律制度的规定，也不违背我国金融市场对外开放承诺。当然，与任何其他行政管制措施一样，此种应急机制应当保持透明度，尽可能明确其实施条件，并设定逐步放松乃至终结的期间（如1年）。

第五章

上海自贸试验区航运领域建设推进与制度创新

自贸试验区航运政策包含三方面内容：（1）全国通用的航运政策；（2）自贸试验区航运政策创新；（3）与航运业相关的其他领域的政策创新。从整体上看，我国航运政策开放度已经较高，进一步开放和创新的空间不大。[①] 实际上，航运发达国家强烈要求突破的是我国《海商法》和《国际海运条例》中关于中国港口之间的海上运输和拖航只允许由中国船舶来经营的规定。

一 上海自贸试验区航运政策创新概述

2013年9月，交通运输部与上海市政府联合发布《关于落实〈中国（上海）自有贸易试验区总体方案〉加快推进上海国际航运中心建设的实施意见》（以下简称《实施意见》），涉及一系列涵盖自贸试验区建设发展的航运政策创新。

（一）国际船舶登记制度

从现行船舶登记的法律法规看，中国实行严格的船舶登记制度。根据《中国（上海）自由贸易试验区国际船舶登记制度试点方案》，中国（上海）自由贸易试验区国际船舶登记制度主要有五大变化。一是在登记

---

① 参见谢燮、贾大山《自由贸易区框架下的我国航运政策创新》，《水运管理》2015年第10期，第6页。

主体方面，放宽登记船舶所属法人注册资本中的外资比例限制，外商投资比例可以高于50%。二是在船龄方面，可以在现行船龄标准基础上放宽2年。三是在外籍船员雇佣方面，原来雇佣外籍船员由交通运输部审批，现在只要向上海海事局报备即可。四是专门设置两个船籍港，均享受国际船舶登记制度的政策便利：如果船舶处于保税状态，则登记为"中国洋山港"；如果船舶处于完税状态，则登记为"中国上海"。五是在现有登记种类的基础上增加船舶融资租赁登记，并可适当增设必要的登记种类。[①]

（二）起运港退税政策

起运港退税，是指从起运港发往洋山保税港区中转至境外的出口货物，一经确认离开起运港口，即被视同出口并可办理退税。2014年8月14日，财政部、海关总署和国家税务总局发布通知称，对从起运地起运报关出口，并由符合条件的运输企业承运，从水路转关直航运输至上海洋山保税港区离境的集装箱货物，实行这一政策。起运港退税政策试点扩大有望吸引更多内地企业将货物由洋山港中转，提高洋山港中转集拼业务比例，提升其在亚洲港口中的竞争力。

从理论上讲，起运港退税是一种过渡性政策，是优化目前货运流程的试行措施。通过这一政策，可以加快货物退税的时间流程，提高企业资金的流动性，缓解中国目前沿海港口集疏运体系不合理的问题。但是，该政策仍可能引起连锁反应，包括增加海运物流运输成本，加重上海港口负担，如果相关措施未能及时跟进，将会造成洋山和外高桥港区的拥堵。[②]

（三）沿海捎带试点政策

《实施意见》提出，推动中转集拼业务发展，允许中资航运公司利用

---

① 参见孙英利、潘洁洋《上海自贸区五大举措便利国际船舶登记》，《中国交通报》2014年1月24日第001版。

② 参见王杰、李艳君、白玮玮《中国（上海）自贸区下的航运政策解析》，《世界海运》2014年第2期，第37—38页。

自有或控股拥有的非五星旗国际航行船舶，先行先试外贸进出口集装箱在国内开放港口与上海港之间（以上海港为中转港）的捎带业务。2014年年底，“沿海捎带”业务正式启动。

自贸试验区各项航运政策创新中，最令人关注的是沿海捎带政策。此外，法治已经成为营商环境的核心要素之一。因此，本章将重点讨论沿海捎带问题，以及与自贸试验区建设密切相关的海事法治问题。

二 沿海捎带政策①

根据相关规定，注册在境内的中资航运公司拥有或控股拥有的非五星旗船舶，备案后，可以从事外贸进出口集装箱在国内沿海港口和自贸试验区之间的沿海捎带业务。目前，“沿海捎带”业务尚未对外资公司开放。一些国外运营商和中国港口正在积极游说中国政府改革水路运输规定，允许所有的班轮公司从事此项业务。

（一）“沿海捎带”政策的主要目的是增加港口吞吐量

船舶悬挂“方便旗”经营，是国际海运业特有的现象。世界商船队中65%左右的船舶悬挂“方便旗”经营。联合国《海运述评》（2015）显示，按载重吨计算，截至2015年1月1日，中国商船队运力共计1.6亿载重吨，排名世界第三，约占全球总运力的9.08%。中国拥有的“方便旗”船运力约占中国船队总运力的53.15%。制约中资外籍船舶顺利回归的因素较多。最近几年，中国出台了一系列优惠政策，但效果并不明显。

依据我国法律的规定，“方便旗”船舶不能从事我国港口之间的海上运输，大量集装箱货物被迫到周边国家（地区）中转。集装箱中转业务对港口长远发展有重要的战略意义。随着各地对航运中心建设关注度的持续升温，中国各大枢纽港都毫无保留地表露出其想要提高国际中转箱量的想法，争相以促进集装箱中转业务发展作为现阶段的主要战略。

① 参见张文广《沿海捎带宜稳妥　更应提高航运软实力》，《经济参考报》2016年10月11日第008版。

2009 年，国务院通过《关于推进上海加快发展现代服务业和先进制造业建设国际金融中心和国际航运中心的意见》（国发〔2009〕19 号），正式对上海国际航运中心建设做出重要战略部署。2013 年，国务院出台《中国（上海）自由贸易试验区总体方案》（国发〔2013〕38 号），明确提出要发挥上海港作为国际枢纽港的重要作用，提升上海国际航运中心国际航运服务能级。

其后，《交通运输部上海市人民政府关于落实〈中国（上海）自由贸易试验区总体方案〉加快推进上海国际航运中心建设的实施意见》为中资非五星旗船舶从事沿海捎带业务提供了政策依据，《交通运输部关于在上海试行中资非五星旗国际航行船舶沿海捎带的公告》为中资非五星旗船舶从事沿海捎带业务的备案要求和程序提供了政策指导。

2014 年 12 月 29 日，“中远泗水”轮从上海港捎带集装箱货物驶往我国天津、青岛两个港口，中国（上海）自贸试验区中资非五星旗船舶沿海捎带业务试点正式起航。

2015 年 6 月 1 日，交通运输部发布《关于在国家自由贸易试验区试点若干海运政策的公告》，沿海捎带政策正式在广东、天津、福建的自贸试验区复制推广，试点工作进一步扩大。

（二）“沿海捎带”政策于法有据

沿海运输权保留，是海运业一个古老的传统和世界通行做法，其目的是保障国家安全，保护本国海运产业。2003 年，美国运输部对各国沿海运输权实施情况进行调查。结果显示，在 53 个调查对象中，大多数国家都有对本国商船实施保护的政策；国内沿海运输需求越少的国家，其政策越宽松，希望通过双边条约换取其他国家沿海航行权的愿望越强烈。

我国对沿海运输权的控制非常严格。《海商法》第 4 条规定，“中华人民共和国港口之间的海上运输和拖航，由悬挂中华人民共和国国旗的船舶经营。但是，法律、行政法规另有规定的除外”，“非经国务院交通主管部门批准，外国籍船舶不得经营中华人民共和国港口之间的海上运输和拖航”。

在入世议定书中，我国明确排除了沿海和内水运输服务市场的开放。

我国加入世贸组织的所有有关海运服务的对外承诺都在《国际海运条例》中得到体现，并以法律条文的形式予以载明。《国际海运条例》第25条第2款规定："外国国际船舶运输经营者不得经营中国港口之间的船舶运输业务，也不得利用租用的中国籍船舶或者舱位，或者以互换舱位等方式变相经营中国港口之间的船舶运输业务。"

可见，除非获得交通运输部的批准，外国籍船舶不得从事我国港口之间的船舶运输业务。这种做法与国际通行做法一致，符合我国法律规定，也不违背我国的入世承诺。

（三）"沿海捎带"政策应审慎推广

2013年9月29日，中国（上海）自由贸易试验区挂牌成立。2016年，上海自贸试验区建设迎来三年"大考"。自贸试验区各项航运政策创新中，最令人关注的是沿海捎带政策。

第一，沿海捎带政策的实施具有积极意义。对自贸试验区开放港口而言，集装箱中转增加了装卸量，增加了港口企业的营运收入，促进了区域港口群发展，巩固了枢纽港的地位。对航运企业而言，经营沿海捎带业务可以优化航线资源配置，提高航线舱位利用率，降低运营成本，提升企业竞争力。对货主而言，沿海捎带业务的开展使得企业的选择更多，节省了货物的在途时间，物流效率提高而费用降低，商品的市场竞争力因此得以提高。

第二，沿海捎带政策实施效果尚不明显。沿海捎带政策的主要目的在于增加国际中转量。然而，影响班轮公司选择中转港的因素包括港口基础条件、地理位置、收费水平和口岸软环境等方面。仅靠沿海捎带政策，尚不足以改变班轮公司的决定。从政策实施效果看，"沿海捎带"政策落地后，备案船舶的数量并无显著增加。2015年上海港口集装箱国际中转比例为6.9%。与2014年、2013年数据相比，集装箱国际中转量无论是绝对数量还是相对比例，其结果都难以令人满意。

政策实施效果不理想的原因主要有以下几个：其一，运力严重过剩，进出口形势紧迫，市场需求不旺；其二，监管措施没有跟上，很多政策难以落地，航运企业缺乏动力；其三，我国航运企业市场份额不够，进出口货物运输绝大多数被外国企业控制。与我国相比，不少发达国家的海运政策更优惠，营商环境更完善，海运业的税负和资金成本更低，加上外国航运企业管理水平较高、综合优势明显，导致我国航运企业市场份额不断下降，海运服务贸易逆差严重，“方便旗”现象普遍。上述原因值得反思，并应从制度上予以完善。

第三，沿海稍带政策应审慎推广。沿海捎带政策的实施，将会对国内沿海运输企业产生较大的冲击，枢纽港之间的竞争更加激烈，中小港口将面临两难选择。目前多个省区市都提出了申建自贸试验区。若所有沿海自贸试验区均获准经营沿海捎带业务，将会引发中国港口进一步开放，使得过多外轮流入中国，造成国内运输市场混乱，导致政府对运输业监管的难度加大。

（四）沿海运输关系国家安全，“外轮捎带”应当禁止

依据现行规定，经营沿海捎带业务需要满足以下条件：第一，中资航运公司须注册在境内，且取得《国际班轮运输经营资格登记证》；第二，船舶须是中资航运公司全资或控股拥有的非五星旗国际航行船舶，须备案且不得擅自转租；第三，捎带的货物须是外贸进出口集装箱货物，且以自贸试验区开放港口为国际中转港。第四，捎带的范围限于国内沿海对外开放港口与自贸试验区开放港口之间。

沿海捎带政策实施后，外资班轮公司曾在多个场合呼吁：希望外资航运企业和中资航运企业有着同样的市场准入制度，希望外国企业和中国企业都有一个公平竞争的商业环境。

然而，沿海运输与国际运输是两个不同的市场。与国内沿海运输企业相比，国际运营商具有明显的优势。沿海航运市场与远洋航运市场相比较，存在税负不平等、成本不平等、燃油价格不平等等差异，开放沿海运输市场，有可能形成三个不公平现象：内资企业与外资企业的不公平；大型企业与小企业的不公平；国企与民企的不公平。开放沿海运输权，会冲击国内支线企业生存，增加航运及相关辅助业的失业；破坏国内沿海支线布局，降低行业规模效应；削弱我国经营外贸航线船公司拥有沿海支线配套服务的优势，导致我国船公司集装箱国际线承运份额下降，有损国家经济安全。

国际航运市场根据政府间海运协定，按照对等原则进行开放。国外

主要航运、贸易国家（地区）尚未向我国开放沿海捎带业务。我国是世界集装箱货物生成量最大的国家，即使一些国家（地区）承诺对中国开放，从箱量上对比仍然是不平衡的开放。

此外，允许“外轮捎带”还会冲击香港国际航运中心的地位。许多外国航运公司表示，如果允许，他们会将大量转运业务从香港转移到较便宜的大陆枢纽港。有分析认为，在最坏的情况下，香港港口吞吐量会在十年内减半。开放沿海运输市场，不符合国家整体利益。

（五）建设国际航运中心应当发挥比较优势，注重“软实力”提升

2014 年，国务院出台《关于促进海运业健康发展的若干意见》。这是新中国成立以来首次将海运业提升到国家战略层面。《若干意见》明确提出，要大力发展现代航运服务业，加快推进国际航运中心的建设。

目前，中国正在建设和准备建设的国际航运中心较多，各个航运中心建设存在一定趋同性。这将影响航运中心要素的集聚。中心多了，就没有重心了。中国应加强顶层设计，统筹规划，稳妥推进，避免出现世界级中心没建起来却耗费大量资源的情况。

2016 年 7 月 14 日，《新华—波罗的海国际航运中心发展指数报告（2016）》在上海发布。结果显示，全球十大国际航运中心中，新加坡、伦敦、香港依旧位列前三，上海居第六位。

这个排名本身也很能说明问题。2015 年，中国港口吞吐量在全球港口排名中遥遥领先。全球十大港口中，中国大陆港口占据了七席；全球十大集装箱港口中，中国大陆港口占据了六席。但是，在全球十大国际航运中心中，中国大陆仅有上海入围。可见，货物吞吐量第一并不是国际航运中心的必要条件，而仅仅是港口综合实力的重要但非唯一的指标。

根据中央部署，到 2020 年，上海将基本建成具有全球航运资源配置能力的国际航运中心。海洋强国、“一带一路”建设等国家战略的推进为上海国际航运中心建设提供了很好契机。上海最大的特色和优势是腹地经济。由于地理位置和政策环境等因素，在国际集装箱中转方面，上海难以超越香港和新加坡。上海既无必要也没可能在各项指标上全面领先。货物吞吐量第一并不是国际航运中心的必要条件，而仅仅是港口综合实

力的重要但非唯一的指标。例如，伦敦的吞吐量和航线密度都远不如上海，但伦敦却是公认的国际航运中心。伦敦与海运相关的高端服务业如仲裁、理赔、租船、保险、融资都非常健全和发达，信息服务便捷。高端航运服务业是上海国际航运中心建设过程中的短板，是上海未来应该努力发展的方向。

从发展趋势看，航运服务将成为国际航运中心发展的核心驱动力。提升航运“软实力”，积极参与国际航运规则制定，做国际航运规则引领者，将成为中国未来航运政策的关键。2016 年 8 月 1 日实施的《上海市推进国际航运中心建设条例》提出，“营造具有国际竞争力的航运发展环境”，建成“具有全球航运资源配置能力，与国家战略和经济发展相适应的国际航运中心”。《条例》专章对航运服务体系建设进行了规定，“鼓励上海航运组织积极参与国际航运规则制定，提高上海国际航运中心的国际影响力”。这为上海国际航运中心建设指明了方向。

三　改革海事审判制度①

我国是海洋大国，拥有广泛的海洋战略利益。海事司法是经略海洋、管控海洋工作的重要组成部分。自 1984 年起，我国先后设立了 10 个海事法院，形成了“三级法院二审终审制”（10 个海事法院——上诉审高级人民法院——最高人民法院）的专门法院体系。目前我国已成为世界上海事审判机构最多、海事法官数量最多、海事案件数量最多的国家，成为当之无愧的亚太地区海事司法中心。当前，海事审判处于历史上最好的发展环境，应抓住中央进一步深化司法体制改革的重大历史机遇和建设海洋强国的战略机遇，积极稳妥推进国际海事司法中心建设，努力实现从海事司法大国向海事司法强国的转变。

（一）推进国家战略需要海事司法保障

党的十八大报告提出了“提升海洋资源开发能力、发展海洋经济、保护海洋生态环境、坚决维护国家海洋权益、建设海洋强国”的战略任

① 参见张文广《改革中国海事审判制度》，《中国社会科学报》2016 年 9 月 7 日第 005 版。

务和目标。十八届三中全会要求“推进丝绸之路经济带、海上丝绸之路建设，形成全方位开放新格局”。十八届四中全会提出全面推进依法治国总目标。到2020年，上海将基本建成具有全球航运资源配置能力的国际航运中心；中国要初步实现由造船大国向造船强国的转变；中国要实现建成具有国际竞争力的现代化海运体系的阶段性目标，并以此为基础向建设海运强国迈进。上述战略的推进、目标的实现需要海事法院提供司法保障。

一方面，维护海洋权益需要海事司法保障。当前，我国海洋权益面临严峻的挑战。管辖地域、管辖案件的特殊性，使海事法院在维护宣示国家司法主权等方面具有特别重要意义。扩大乃至积极行使海事司法管辖权，通过司法积累主权证据是维护国家海洋权益的重要途径。海事司法的优势就在于其可以无视相关岛屿被占的事实，对岛屿周边海域发生的各类行为进行司法管辖，保证国家司法主权在这一区域不至于“缺位”，进而证明我国对相关海域的实际管理和控制。通过海事司法，可协同或单独阻却他国在南海海域的不法活动。海事法院应根据《联合国海洋法公约》和我国国内法的规定，积极行使沿海国、港口国、船旗国司法管辖权，公正审理海洋开发利用、海上事故纠纷，依法保护海洋权益，维护“蓝色国土”安全。

另一方面，建设“一带一路”需要海事司法保障。2013年以来，习近平总书记在多个场合提出共建“丝绸之路经济带”和“21世纪海上丝绸之路”的战略构想。“一带一路”作为我国实施全方位对外开放战略的“先手棋”和突破口，对于构建开放型经济新体制具有决定性意义。建设“一带一路”，法治是重要保障，司法作用不可或缺。目前，我国经济总量稳居世界第二。2015年全国海洋生产总值占国内生产总值的9.6%。中国已成为世界贸易大国、港口大国、造船大国、航运大国、海员大国、海事司法大国。随着“一带一路”战略的推进，海上经济活动将更为频繁，海洋生态环境问题将更加突出，海事案件数量上升的趋势难以避免。如果没有一个良好的海事司法环境，没有坚强的司法管辖权作为后盾，“一带一路”就会缺乏法治助力，我国的国家利益就将得不到充分保障。

（二）我国海事法院的特点和优势

海事案件通常具有专业性、技术性和涉外性强、审理难度较大的特点，需要由专门法院审理。我国于1984年正式设立了海事法院。与一般法院相比，海事法院的特点和优势主要有：

一是海事法院由最高人民法院根据需要，在沿海主要港口设立。海事法院的管辖区域，由最高人民法院负责划分，不受行政区划的限制。全国10个海事法院，每个海事法院的地域管辖范围均大于其所在的市，6个海事法院的辖区甚至大于其所在的省、直辖市。海事法院“按需设立”的原则，使跨行政区域管辖某一省甚至流域的海事海商案件成为现实，使海事司法在彰显争议海域的司法主权方面有巨大的价值和潜力。

二是海事案件管理级别高。海事法院属于专门法院，与中级人民法院同级，管辖第一审海事案件和海商案件。对海事法院的判决和裁定的上诉案件，由海事法院所在地的高级人民法院管辖。

三是海事法官任免层级高。海事法院对“所在地的市”人民代表大会常务委员会负责，海事法院院长、副院长、庭长、副庭长、审判员和审判委员会委员由海事法院所在地的市人民代表大会常务委员会任免。

四是海事法院司法保障体制高。除厦门海事法院的人财物由厦门市管理外，其余9家海事法院经费均由省级财政保障。高一级财政经费保障，使得海事法院没有任何后顾之忧。

五是海事法官素质较高，审判专业化水平高。据统计，全国海事审判法官共570名，90%以上具有研究生学历。讲政治、精法律、懂经济、通外语、知航行、复合型，是对海事法官的基本要求。从《鹿特丹规则》的制定、《北京草案》的成型，到国际海事规则的起草、国际司法协助的谈判，常能见到中国海事法官的身影。

六是海事审判的国际影响力大、认可度高。自1984年设立以来，海事法院涉外案件所占收案比例位居全国法院之首。海事法院受理的海事海商纠纷案件涉及70多个国家和地区，国际影响力远超一般法院。随着我国经济地位的上升、海事审判水平的提高、海事司法公开力度的加大，众多纠纷的外籍当事人主动选择到我国海事法院起诉，中国海事审判日益受到国际组织、各国法律界、航运界和贸易界的重视，成为其关注和研究亚太地区海事司法动态的重要参考。

（三）我国海事审判制度存在的问题与不足

从整体上看，海事法院目前的审判体制已部分符合本轮司法改革的目标要求，并为跨行政区划法院与专门法院的设立和管理体制改革积累了经验。但是，我国海事审判制度还存在着以下的问题与不足。

第一，海事法院的法律地位不明确。首先，《宪法》第124条和《人民法院组织法》第2条仅规定了“军事法院等专门人民法院”，未将海事法院作为一个术语明确列举。实践中，曾有机构以海事法院不属于“人民法院”为由拒绝配合。其次，《人民法院组织法》第28条规定：“专门人民法院的组织和职权由全国人民代表大会常务委员会另行规定。”遗憾的是，迄今为止，全国人大常委会尚未做出进一步规定。

第二，海事法院的管理体制不顺。海事法院对所在地的市人大常委会负责，海事法院的审判工作受其所在地的高级人民法院监督。但是，全国10家海事法院所在地的城市在级别上并不完全相同。经过多年发展，海事法院管理体制仍存在着干部管理体制、经费管理体制、内设机构设置、地方党委领导体制不统一的情况。这就导致难以用一种模式对海事法院进行统一规制，从而加剧了海事法院地位的尴尬。

第三，海事专门审判体制没有贯彻到底，存在“一审专门二审不专门”的问题。海事审判有专业性强的特点，海事法院所在地高级人民法院因人员轮岗、晋升等原因，长期从事海事审判的法官不多，审判质量难以保证。全国10个高级法院审理海事上诉案件，使海事上诉法院统一研究、监督、指导海事审判工作的功能无法有效发挥，造成裁判标准不尽统一，引起当事人质疑，影响司法公信力。名义上，海事审判实行的是“三级法院二审终审制”，但实践中往往是终审不终，导致最高人民法院再审案件压力过大。

第四，海事法院受理案件数量偏少，海事诉讼管辖有待完善。2013—2015年，全国各级法院审结一审海事海商案件分别为1.1万件、1.2万件和1.6万件。海事法院的司法能力没有得到充分发挥。自2016年3月1日起，海事法院对海事行政案件行使管辖权，海事法院受理案件类型拓展至108项。然而，海事刑事案件始终没有纳入海事法院的管辖范围，导致我国对海上犯罪疏于刑事制裁，海洋生态环境与海上安全问题日益严重。由于欠缺刑事案件管辖权，海事法院成为发育不足的司法机关，在一定程度上失去了专政的机能，难以真正树立起司法权威。

（四）改革和完善我国海事审判制度的几点建议

作为跨行政区域设立的专门法院，海事法院基本符合《中共中央关于全面深化改革若干重大问题的决定》提出的“司法机关的人、财、物由省一级统一管理及建立与行政区划适当分离的司法管辖制度”。中国要建设成为具有较高影响力的国际海事司法中心，必须以提高海事司法公信力为根本尺度，坚定不移深化海事司法体制改革，推动海事法院从“水上运输法院”转型为全面覆盖“蓝色国土”的法院。中国海事审判体制改革责任重大，意义深远。

第一，明确海事法院的法律地位，统一和理顺海事法院管理体制。首先，将海事法院作为专门法院的一种类型写入《宪法》和《人民法院组织法》，并在《人民法院组织法》中增加海事法院的设立和撤销内容。其次，统一和理顺全国海事法院管理体制，适时提请全国人大常委会修改1984年《关于在沿海港口城市设立海事法院的决定》，将海事法院的党务、人大监督、人财物统一到省（直辖市、自治区）党委、政法委、人大常委会、政府领导、监督、管理。最后，加强海事法院之间及海事法院与地方法院、上级法院之间的人才流动，使海事法院的人才流动制度化、规范化和常态化。

第二，设立海事高级法院和最高人民法院海事审判庭，构建海事专门法院体系。早在1999年，《人民法院五年改革纲要（1999—2003）》第43条就明确提出“对设立海事高级法院进行研究”。设立海事高级法院，专门受理与审理重大海事案件的一审及一审海事案件的上诉审工作，并统一对各海事法院的审判工作进行监督和指导，从而建立完整的海事专门法院体系，这对进一步强化海事司法的专业性，更好地整合海事司法资源、统一海事司法的裁判尺度具有重要意义。设立海事高级法院，尽管在法律上没有具体规定，在实践中亦无先例，但却是突破海事上诉困境的必然方向。

第三，完善海事案件专门管辖制度，试点涉海案件的“三审合一”。所谓涉海案件的“三审合一”是指在涉海民事、行政和刑事案件统一由海事法院审理的基础上，如果某一案件同时涉及民事、刑事、行政管辖，则可成立由民事、刑事、行政法官共同组成的合议庭对案件进行综合审理。在全面推进依法治国、建设“21 世纪海上丝绸之路”背景下，强化国家对海洋的管控、赋予海事法院刑事审判权是历史的必然选择。但是“海事刑事案件”概念目前尚未在实务界和理论界达成共识。为了把数量不多的“海事刑事案件”纳入海事法院管辖，将要在立法、司法机构设置、海事法院内部机构设置等方面进行很大的改变，付出的成本很高。现阶段由海事法院专门管辖“海事刑事案件”的条件尚未成熟，建议挑选若干个条件具备的海事法院先行先试，待条件成熟时再向全国推广。

四　完善航运监管制度①

2015 年 12 月，国务院批准中远集团与中海集团重组。2016 年 2 月，商务部反垄断局批准了中远集团和中海集团的合并交易。2016 年 2 月 18 日，中国远洋海运集团有限公司在上海正式成立。目前两家公司仍在寻求美国和欧盟监管机构的批准。根据监管要求，一个公司不能长期横跨两个联盟。中远集运和中海集运分属不同的联盟。该项交易若要获得海外监管机构的批准，则必须有一家公司退出原有的联盟。

2016 年 4 月 20 日，中国远洋海运集团所属中远集运、达飞轮船、长荣海运和东方海外就成立“海洋联盟”（OCEAN Alliance）一事签署了合作备忘录。联盟所涉及的合作范围包括：亚洲往返西北欧，亚洲往返地中海，远东往返红海以及远东往返波斯湾区域，亚洲往返美国西岸/东岸，以及大西洋航线。据此，海洋联盟需要向相关监管机构备案，或获得相关监管机构的批准。

---

① 参见张文广《全球航运大变局挑战航运监管》，《经济参考报》2016 年 5 月 11 日第 006 版。

（一）全球航运联盟格局发生了变化

1956 年 4 月 26 日，美国商人在纽约港至休斯敦港之间，开办了全球第一条集装箱航线。集装箱改变了世界。随着时间的推移，集装箱班轮运输市场的竞争日益激烈。大船越来越多，运力严重过剩，运价屡创新低，大量航运企业多年处于亏损或破产的边缘。合并与联盟成为常见的竞争手段，航运市场既是班轮公司之间的竞争，也是航运联盟之间的竞争。

长期以来，国际航运界有四大联盟：2M 联盟（马士基、地中海航运）、O3 联盟（中海集运、阿拉伯联合航运、达飞）、G6 联盟（赫伯罗特、日本邮船、东方海外、美国总统轮船、现代商船、商船三井）和 CKYHE 联盟（中远集运、川崎汽船、阳明海运、韩进海运和长荣海运）。

2016 年 4 月 29 日，达飞集团宣布，公司收购东方海皇集团已获得欧盟委员会的批准，东方海皇集团下属的美国总统轮船将退出 G6 联盟。海洋联盟成立后，除了 2M 联盟保持稳定外，O3 联盟、CKYHE 联盟和 G6 联盟都将面临分崩离析、重新组合的局面。2016 年 5 月 5 日，阳明海运董事长首度证实将筹组新的海运联盟，并已与赫伯罗特、日本邮船、韩进海运、商船三井和川崎汽船签署合作备忘录。截至 2016 年 5 月 7 日，在全球份额方面，2M 联盟占据 27.9%，海洋联盟占据 26.4%，新成立的联盟占据 21%。三大联盟合计占据全球市场份额的 75.3%，航运联盟由四强争霸演变为三足鼎立的格局。

（二）各国航运监管的模式存在差异

航运联盟的影响涉及供应链的各个方面。对于货主而言，一方面，航运联盟使船公司提供价低质优的服务成为可能；另一方面，市场集中度提升之后，货主的议价能力将进一步下降，班轮公司可能利用其增强的市场控制力损害货主的利益。对于港口而言，航运联盟和船舶大型化将改变干线港和支线港的布局，使得港口集中化趋势加强。为了吸引船舶靠泊，港口可能被迫增加投资和接受更低的服务价格，从而给港口发展带来负面影响。对于中小型航运企业而言，一方面，航运联盟将增加中小航运企业的经营风险，中小型航运企业将被挤出干线市场；另一方面，支线运输的需求增多，也为中小型航运企业提供了新的空间。

正因为如此，对航运业进行监管成为不少贸易大国和航运大国的政策选择。但是由于各方在反垄断法律和行业法规等方面的要求不同，行业结构和产业格局的不同，对船东利益、货主利益等诉求不同，对航运联盟的监管也可能会出现不同的结果。

根据欧盟航运监管规则，市场份额是需要启动额外审查与否的关键。如果海洋联盟涉及欧盟航线的市场份额是30%或更少，且符合其他要求，协议立即生效。在市场份额超出30%的情形下，欧盟委员会将密切关注其发展，海洋联盟成员需要自我评估，举证证明协议满足欧盟竞争法的要求。欧盟委员会可以选择以通知联盟成员不启动反垄断调查的方式对联盟予以放行。但是，若发现海洋联盟存在违反《欧洲运行条约》第101条的情形，欧盟委员会可以随时发布反对声明并阐述原因。若联盟成员的解释不奏效，欧盟可以解散联盟并对联盟成员征收罚款。

美国联邦海事委员会（FMC）的执法依据主要是《1984年航运法》和《1998年航运改革法》。审议时，FMC考虑的不仅仅是市场份额，联盟是否会造成运输成本的不合理增加或者服务的不合理减少，或是带来港口的拥堵，均是联邦海事委员会考虑的因素。如果联邦海事委员会认为海洋联盟违反了《1984年航运法》第6款第g项的规定，则应向法院申请禁令。此外，事后报告制度将确保联邦海事委员会及时掌握协议运行信息，严格监控协议运行状况，必要情况下可以对航运联盟做出快速反应。从历史记录看，FMC对航运联盟的通过率很高，基本上没有出现过禁止的情形。2016年10月21日，美国联盟海事委员会发布公告，正式放行海洋联盟。

在中国，如果是紧密型联营，由商务部反垄断局进行审查；如果是松散型联盟，则应向交通运输部备案。在协议备案后，如果发现对竞争可能产生严重不利影响，则可由交通运输部、国家发展和改革委员会与国家工商行政管理总局联合进行事后调查与处理。海洋联盟属于传统的航运联盟，无须向商务部申报。根据《中华人民共和国国际海运条例》及其实施细则的规定，海洋联盟在正式协议签署15天之内将协议副本向交通运输部备案。此外，如果涉及中国港口某一航线的承运份额，持续1

年超过该航线总运量的30%，并可能对公平竞争造成损害的，交通运输部应利害关系人的请求或者自行决定，可以对海洋联盟实施调查。发现对公平竞争造成损害的，可以采取责令修改协议、限制班轮航班数量、中止运价本或暂停受理运价备案、责令定期报送材料等禁止性、限制性措施。

（三）完善我国航运监管的几点建议

我国出口货物大多数都采取FOB（离岸价），航运主动权掌握在外国买家手中。在运力过剩的情形下，为了揽取更多的货物，班轮公司常常采取压低运费，然后再通过收取海运附加费的方式弥补收入。我国出口企业为此承受了巨大损失。在我国，班轮公司收取的海运附加费占运价的比重平均为30%—50%，甚至有个别航线高达80%。“零运费”“负运费”现象及“码头作业费（THC）案”实际上反映的是中国航运竞争规则的缺失，以及完善航运监管制度的迫切。

早在1996年，原交通部就开始起草《航运法》。2011年，交通运输部重启《航运法》的起草。遗憾的是，当前我国相关的航运政策并不是十分稳定，立法资源又十分有限，比《航运法》更加迫切的需要出台、修改的法律也比较多，《航运法》至今仍未列入议程。

《反垄断法》《国际海运条例》及其实施细则等法律规范初步确立了一般的国际航运竞争规则。但是，《反垄断法》是一般法，其条文往往比较原则和概括。如果单纯采用《反垄断法》对航运垄断问题进行规制，则不但不能顾及航运业的特殊性，在可操作性上也要大打折扣。作为特别法，《国际海运条例》本应对航运竞争进行专门而细致的规定，以增强《反垄断法》的操作性。但由于《国际海运条例》颁布在前，其规定的详细程度反而不如《反垄断法》，与《反垄断法》之间尚存在不协调甚至冲突之处，达不到规范航运竞争的目的。此外，《国际海运条例》关于不正当竞争行为的规制条款过于原则，不够完善。中国航运市场存在的不正当竞争现象比垄断现象严重，对航运市场运行产生的不利后果也更严重。

自2013年起，中国超越美国成为世界第一货物贸易大国。“中国因素”是国际航运需求增长的最大动力。然而，我国海运企业承运我国进出口货运量的总体份额偏低，目前占到进出口货物总量的1/4，中国海运服务业服务贸易长期处于逆差状态。提升我国航运监管能力，需要从以下几方面着手。

一是完善法律制度。《航运法》《海上交通安全法》《海商法》与《港口法》被称为航运领域的四大龙头法，目前还有《航运法》尚未出台。我国应抓紧制定《航运法》，完善航运竞争法律制度的顶层设计；利用《反不正当竞争法》修订的契机完善航运市场反不正当竞争的立法衔接工作；利用《国际海运条例》及其实施细则的修订，落实或适应审批制度改革、自贸试验区建设以及《反垄断法》的相关要求。

二是加强执法力量。我国目前受理运价备案的机构是上海航运交易所，处罚权由交通运输部行使。在航运监管方面，美国仅联邦海事委员会就有近130名全职员工。中国可以考虑借鉴美国模式，指定一个独立的政府机构来进行管理，既整合行政资源，又确保司法的权威性。

三是转换监管方式。在当今政府职能转型的大背景下，航运监管应采取事中事后监管方式。船公司之间达成的各种合作协议，可先由船公司进行自我审查。在实际运营过程中，如果发现航运联盟有任何妨害或扭曲市场竞争的行为，则依法实施监管与处罚措施。

四是开展国际交流。海运是一个国际性的行业。在完善航运竞争法律制度时，中国应加强与他国监管机构之间的交流与合作，建立完善的信息交流与反馈机制，吸收国外航运竞争法的立法和执法经验。定期召开国际海运监管峰会的做法应是一个不错的选择。

五　建设国际海事司法中心①

2016年度，“国际海事司法中心”成为一个热词，引起了媒体和公众的广泛关注。外交部发言人就2016年中国将建设国际海事司法中心回答了记者的提问。一些专家和学者就此问题接受了媒体的采访。但是，对国际海事司法中心的误读仍在一定范围内存在。

① 参见张文广《建设国际海事司法中心需要顶层设计》，《经济参考报》2016年3月24日第008版。

（一）“国际海事司法中心”的提出经历了一个循序渐进的过程

“国际海事司法中心”的提出经历了两个阶段。第一个阶段是“亚太地区海事司法中心”。1997 年年初，时任最高人民法院院长任建新在第十七次全国法院工作会议上提出“在 2010 年之前，使我国成为亚太地区海事司法中心之一”。2014 年 9 月，在海事法院成立 30 周年之际，最高人民法院在《中国海事审判白皮书（1984—2014）》中宣布，其于 1997 年提出在 2010 年前将我国建设成为亚太地区海事司法中心的目标已经实现。

在确立了亚太地区海事司法中心的地位后，中国将目光投向国际海事司法中心。学术界较早地发现了这一趋势。在 2015 年 3 月发布的《法治蓝皮书》里，《中国海事司法透明度指数报告（2014）》出现了“国际海事司法中心”的提法。

2015 年 7 月，《最高人民法院关于全面推进涉外商事海事审判精品战略为构建开放型经济新体制和建设海洋强国提供有力司法保障的意见》（法〔2015〕205 号）第 14 条提出“围绕国际海事司法中心建设，开展前瞻性、预判性调研”。同年 12 月，最高人民法院举行海事审判工作改革和发展专题会议，提出“把我国建设成为具有较高国际影响力的国际海事司法中心”的目标。随后在全国海事审判工作会议、第八次全国法院民事商事审判工作会议等多个场合，最高人民法院均提及“建设有影响力的国际海事司法中心”。2016 年 3 月，“加强海事审判工作，建设国际海事司法中心”正式写入了最高人民法院工作报告。同年 3 月 18 日，在全国法院学习贯彻十二届全国人大四次会议精神电视电话会议上，最高人民法院强调：“要加强商事、海事海商审判，积极推进国际海事司法中心建设，营造法治化、国际化、便利化的营商环境。”

这里，有几个问题需要明确：

第一，在牢固确立亚太地区海事司法中心地位后，“建设国际海事司法中心”的提出顺理成章。中国是海洋大国、贸易大国、港口大国、造船大国、海运大国和海员大国，需要通过法治方式，维护国家长远利益、战略利益、核心利益，建设国际海事司法中心势在必行。

第二，与国际贸易中心、国际金融中心、国际航运中心一样，“国际海事司法中心”这个提法是用于描述一种地位和状态，而不是指一个常设机构，反映的是中国海事审判的国际地位和影响力。

第三，建设国际海事司法中心的目的是“营造法治化、国际化、便利化的营商环境”，关键是提高中国海事审判的国际公信力和影响力。

第四，与确立亚太地区海事司法中心地位一样，中国成为具有较高影响力的国际海事司法中心可能需要较长的时间。

（二）建设国际海事司法中心的四大理由

党的十八大报告提出了“发展海洋经济，建设海洋强国”。中央提出要加快构建开放型经济新体制，重点实施“一带一路”建设、长江经济带发展和京津冀协同发展三大战略。到2020年，上海将基本建成具有全球航运资源配置能力的国际航运中心；中国要初步实现由造船大国向造船强国的转变；中国要实现建成具有国际竞争力的现代化海运体系的阶段性目标，并以此为基础向建设海运强国迈进。上述国家战略的推进需要海事法院提供司法保障。建设国际海事司法中心，主要是源于中国自身发展的需要。

首先，开展对外贸易需要海事司法保障。中国经济总量稳居世界第二。继2009年成为世界第一出口大国后，2013年起中国又成为世界第一货物贸易大国。数据显示，中国出口的全球份额从2010年的10.4%提升到2015年的13.4%。中国90%以上的外贸货物通过海运完成。中国已经从世界工厂转化成世界市场，成为名副其实的经贸大国，并正在稳步迈向经贸强国。随着贸易的繁荣，纠纷和争端在所难免，审理海事案件的需求会加大。

其次，发展海洋经济需要海事司法保障。党的十八大报告提出，要“提高海洋资源开发能力，发展海洋经济，保护海洋生态环境，坚决维护国家海洋权益，建设海洋强国”。《国民经济和社会发展第十三个五年规划纲要》（以下简称《十三五纲要》）首次以“拓展蓝色经济空间”之名单列一章，并分3节详述了“壮大海洋经济”“加强海洋资源环境保护”“维护海洋权益”。《2015年中国海洋经济统计公报》显示，2015年全国海洋生产总值64669亿元，比上年增长7.0%，海洋生产总值占国内生产总值的9.6%。随着海洋经济的发展，海洋资源开发利用、远洋渔业等海上经济活动将更为频繁，海洋生态环境问题将更加突出，海事案件数量上升的趋势难以避免。

再次，建设海运强国需要海事司法保障。海运业是经济社会发展重要的基础产业。“一带一路”“京津冀协同发展”和“长江经济带发展”三大国家战略为中国海运业发展提供了难得历史机遇。联合国贸易与发展组织（UNCTAD）《海运述评（2015）》显示，中国是世界第三大船东国，海运连接性指数排名第一。中国沿海港口吞吐量、集装箱吞吐量稳居世界首位。沿海规模以上港口外贸货物吞吐量占全球比重超过1/3。中国成为全球第二大航运保险市场。“打造具有国际航运影响力的海上丝绸之路指数”写入《十三五纲要》。航运中心建设在《十三五纲要》中再次得到确认。随着多个国家战略的深入推进，中国与世界的经济交往日益频繁，纠纷数量随之上升。

最后，保护海员权益需要海事司法保障。中国现有海员约65万人，海员数量全球第一。从2008年国际金融爆发至今，航运业仍然没有走出经营困境，运力过剩的矛盾仍然突出，运价屡创新低。作为全球经济风向标和晴雨表的波罗的海航运指数（BDI）从11793的历史高点狂泻至2016年2月10日的290点，创下了自1985年波罗的海航运交易所开始编制该指数以来的历史新低。BDI至今仍在低位徘徊，航运业寒冬持续，造船业破产潮临近，海事海商案件大幅上升，海员劳务合同纠纷翻倍增长。

（三）中国具备成为国际海事司法中心的潜力和可能

《新华—波罗的海国际航运中心发展指数报告（2015）》显示，全球十大国际航运中心中，亚洲占位四席，其中上海位列第六；青岛、宁波—舟山、天津、广州、大连、深圳、厦门也跻身国际航运中心行列。中国在贸易、海运、港口、造船等领域的实力与日俱增。“硬实力”的发展必然会促进“软实力”的提升，中国逐渐具备了建设国际海事司法中心的基本条件。

第一，中国坚持发展经济，扩大对外开放。对外开放是中国的基本国策。《十三五纲要》明确提出，今后五年经济保持中高速增长。2016年政府工作报告指出，要推进新一轮高水平对外开放，扎实推进“一带一路”建设，加快实施自由贸易区战略。这为海运业的发展提供了机遇，也对海事司法提出了需求。中国在世界经济版图上的分量越重，中国成为国际海事司法中心的可能性就越大。

第二，中国是海事审判机构最多、海事案件数量最多的国家。目前中国共设立了10家海事法院。海事法院派出法庭分布于全国15个省（自治区、直辖市），就地收案办案，形成了专门的海事审判格局，其辐射范围涵盖中华人民共和国管辖的全部港口和水域。自2016年3月1日起，海事法院对海事行政案件行使管辖权，海事法院受理案件类型拓展至108项。可以预见，海事案件的数量将继续上升。海事案件的数量，尤其是涉外海事案件的数量，是衡量国际海事司法中心的重要标准之一。

第三，中国海事法官教育程度较高，专业能力较强。绝大多数中国海事法官都具有研究生学历。讲政治、精法律、懂经济、通外语、知航行、复合型，是对海事法官的基本要求。从《鹿特丹规则》的制定、《北京草案》的成型，到国际海事规则的起草、国际司法协助的谈判，常能见到中国海事法官的身影。中国海事法官的国际认可度越高，中国海事司法公信力就越强，外籍当事人选择来中国诉讼的可能性就越大。

第四，中国海事审判的国际影响力大、认可度高。自1984年设立以来，海事法院涉外案件所占收案比例位居全国法院之首。中国海事法院受理的海事案件涉及70多个国家和地区。众多纠纷的外籍当事人主动选择到中国海事法院申请扣船、起诉。随着中国经济地位的上升、海事审判水平的提高、司法公开力度的加大，中国海事审判日益受到国际组织、各国法律界、航运界和贸易界的关注，成为其关注和研究世界海事司法动态的一个重要参考。

（四）建设国际海事司法中心需要顶层设计

建设国际海事司法中心是一个系统工程，需要各界共同努力，需要顶层设计，稳妥推进。

一是完善涉海法律体系。《十三五纲要》提出“进一步完善涉海事务协调机制，加强海洋战略顶层设计，制定海洋基本法”。2016年的全国人民代表大会常务委员会工作报告将《海洋环境保护法》的修改列入了2016年的工作计划。“两会”期间，制定《海员法》的呼声越来越高。

修改《海商法》的必要性在学术界、司法界和实务界也已取得共识。涉海法律体系的完善需要统筹考虑。《海商法》《海事诉讼特别程序法》的修改应在借鉴国际通行做法的同时，吸收中国的司法经验，形成能被国际航运界普遍接受的“中国经验”“中国规则”。

二是改革海事审判体制。中国海事专门审判体制没有贯彻到底，存在“一审专门二审不专门”的问题。设立海事高级法院，建立完整的海事专门法院体系，对进一步强化海事司法的专业性，更好地整合海事司法资源、统一海事司法的裁判尺度具有重要意义。设立海事高级法院，尽管在法律上没有具体规定，在实践中亦无先例，但却是建设国际海事司法中心的必然要求。

三是提高海事司法公信力。建设国际海事司法中心的关键在于提高海事司法公信力和国际影响力。加大海事司法公开力度，实施海事审判精品战略，有利于规范和统一裁判尺度，提升海事司法公信力；有利于提升中国海事“软实力”，扩大海事审判的国际影响，提高海事司法的国际地位。中国海事司法透明度越高，海事司法公信力越强，当事人选择来中国法院进行扣船、诉讼的数量越多，建设国际海事司法中心的目标就能越早实现。

四是加强案例指导工作。新加坡、伦敦、香港和纽约是全球公认的国际航运中心和国际海事争议解决中心，其共同的特点是法治水平较高，判例制度相对完善。中国应探索并试行具有中国特色的海事案例指导制度，尝试在海事裁判文书中援引在先判决，增加法律适用的稳定性和可预见性。中国应重视发挥典型案例的规范、指导和指引作用，及时发布海事指导性案例、典型案例和精品文书，发布年度《中国海事审判白皮书》，适时推出《中国海事审判报告》，打造中国版《劳氏法律报告》。

第六章

上海自贸试验区商事仲裁领域建设推进与制度创新

上海自贸试验区的设立，将极大促进区内贸易和投资的发展。相应的，国际贸易、投资的纠纷也必然增加。有纠纷，就需要相应的争议解决机制。《上海自贸试验区条例》第56条规定："本市依法设立的仲裁机构应当依据法律、法规并借鉴国际商事仲裁惯例，适应自贸试验区特点完善仲裁规则，提高商事纠纷仲裁的国际化程度，并基于当事人的自主选择，提供独立、公正、专业、高效的仲裁服务。本市设立的行业协会、商会以及商事纠纷专业调解机构等可以参与自贸试验区商事纠纷调解，发挥争议解决作用。"与诉讼相比，商事仲裁因其灵活性、快捷性、裁决能更方便地在域外得到执行等独特优势而越来越受到欢迎。回应这种现实，上海自贸试验区始终大力支持仲裁机制的发展。

为进一步促进上海自贸试验区的发展，将上海打造成国际仲裁中心，在改进上海本地仲裁机构及其服务之外，还应允许境外仲裁机构在上海自贸试验区提供仲裁服务。

一 上海自贸试验区商事仲裁机制概述

（一）《中国（上海）自由贸易试验区仲裁规则》及其评价

为了使商事纠纷在"区内开庭、就近仲裁"成为上海自贸试验区内法律保障的重要制度性安排，上海国际经济贸易仲裁委员会于2013年10月22日设立了中国（上海）自由贸易试验区仲裁院，提供咨询、立案、开庭审理等仲裁服务。2014 年 4 月 8 日，上海国际经济贸易仲裁委员会颁布《中国（上海）自由贸易试验区仲裁规则》（以下简称《上海自贸试验区仲裁规则》），自 2014 年 5 月 1 日起施行。之后，上海国际经济贸易仲裁委员会（上海国际仲裁中心）第二届委员会第五次会议审议并通过了新版《上海自贸试验区仲裁规则》，自 2015 年 1 月 1 日起施行。

《上海自贸试验区仲裁规则》全文分为 10 章，共 85 条，分别规定了总则、仲裁案件的申请及反请求、临时措施、仲裁庭、审理、仲裁与调解相结合、裁决、简易程序、小额争议程序、附则。概而言之，《上海自贸试验区仲裁规则》具有如下特点：

第一，新增紧急仲裁庭制度。《上海自贸试验区仲裁规则》第 21 条第 1 款规定，当事人需在仲裁案件受理后至仲裁庭组成前提出临时措施申请的，可以根据执行国家/地区有关法律的规定向仲裁委员会提交组成紧急仲裁庭的书面申请。当事人在紧急情况下可以获得“紧急临时救济”。与此配套，第 22 条和第 23 条规定了临时措施决定的做出、变更。

第二，在仲裁程序中允许合并仲裁和追加仲裁第三人。《上海自贸试验区仲裁规则》第 36 条（案件合并）规定，仲裁标的为同一种类或者有关联的两个或者两个以上的案件，经一方当事人申请并征得其他当事人同意，仲裁庭可以决定合并审理。第 37 条（其他协议方加入仲裁程序）规定，仲裁程序中，申请人或被申请人可以请求增加同一仲裁协议下其他协议方为申请人或被申请人。第 38 条（案外人加入仲裁程序）实际上允许非仲裁协议签字方参加仲裁程序，增加了仲裁第三人制度，规定：“在仲裁程序中，双方当事人可经案外人同意后，书面申请增加其为仲裁当事人，案外人也可经双方当事人同意后书面申请作为仲裁当事人。案外人加入仲裁的申请是否同意，由仲裁庭决定；仲裁庭尚未组成的，由秘书处决定。”合并仲裁和追加仲裁第三人有助于提升仲裁的效率，更加方便、全面地解决多方当事人、多项交易的争议。

第三，允许友好仲裁。第 56 条（友好仲裁的裁决）规定：“当事人在仲裁协议中约定，或在仲裁程序中经协商一致书面提出请求的，仲裁庭可以进行友好仲裁。仲裁庭可仅依据公允善良的原则做出裁决，但不得违反法律的强制性规定和社会公共利益。”我国传统上，不允许友好仲裁。《上海自贸试验区仲裁规则》第56条的规定允许仲裁员不依法仲裁，而是依据“公允善良的原则做出裁决”，这对仲裁员的专业素质和操守都提出了更高的要求，既是仲裁制度的机遇，也是挑战。如果操作不当，仲裁的公信力将受到质疑。

第四，小额争议程序方便快捷。《上海自贸试验区仲裁规则》第九章专门规定了小额争议程序。对于争议金额不超过10万元的案件，适用小额争议程序，由仲裁委员会主任指定一名仲裁员处理案件，适用第八章所规定的简易程序。适用简易程序处理小额争议，将使当事人之间更为方便快捷地解决相互之间的小额争议。

有论者认为，《上海自贸试验区仲裁规则》借鉴吸收了国际上先进的仲裁经验和制度，是我国乃至全世界最先进的仲裁规则；仲裁规则的实施需要国家立法予以支撑，而《上海自贸试验区仲裁规则》的先进性使之与国内立法在一些创新性制度上相脱节，引发临时措施强制执行、默示仲裁协议效力、裁决关于第三人的执行等问题；为实现国家设立自由贸易区的目标、形成可复制和推广的经验，就必须克服仲裁规则与现行法律相适应的问题。① 还有论者认为，仲裁纠纷解决机制基于自身制度优势与上海自贸试验区区内纠纷特点相契合，使其比法院诉讼更适于在自贸试验区中推广和应用；上海自贸试验区仲裁纠纷解决机制的创新体现在高度自治、效率、专业和国际化，以及司法对仲裁的支持等方面；上海自贸试验区仲裁纠纷解决机制的创新在遵循法制统一原则的基础上，对接国际通行做法，对我国商事仲裁制度的国际化、现代化等机制进行了有益尝试，但仍需解决临时仲裁的引入以及仲裁机构的独立性等问题。②

（二）人民法院对自贸试验区仲裁的支持与监督

自贸试验区仲裁的发展，离不开人民法院的支持与监督。作为上海

---

① 参见张虎《关于〈自贸区仲裁规则〉适用的几个问题》，《上海商学院学报》2014年第6期。

② 参见袁杜娟《上海自贸区仲裁纠纷解决机制的探索与创新》，《法学》2014年第9期。

国际经济贸易仲裁委员会（上海国际仲裁中心）仲裁案件指定管辖法院，上海市第二中级人民法院（以下简称上海二中院）于2014年5月4日出台《关于适用〈中国（上海）自由贸易试验区仲裁规则〉的仲裁案件司法审查和执行若干意见》（以下简称《若干意见》）。

《若干意见》共20条，详细规定了其适用范围、基本原则、专项联动工作机制、小额争议程序仲裁案件的立案审查、合并仲裁案件的立案审查、申请仲裁保全的立案审查、司法审查的期限、小额争议程序仲裁案件的司法审查、合并仲裁案件的司法审查、非仲裁协议当事人加入仲裁程序的司法审查、仲裁证据的司法审查、友好仲裁的司法审查、保全措施的执行、快速执行通道、强制执行措施、执行和解、执行程序异议审查、简易审查程序、审查期间的执行。

根据《若干意见》，上海自贸试验区仲裁案件涉及的司法审查和执行，将有专门的立案窗口、专项合议庭、专项执行实施组和裁决组。《若干意见》从鼓励创新及支持保障自贸试验区先行先试的角度出发，实现了对《上海自贸试验区仲裁规则》中制度创新的及时、高效的司法对接，在鼓励涉自贸试验区法律制度创新发展方面具有积极意义。[①] 上海市国际贸易促进委员会副秘书长闻万里称，《若干意见》进一步推动了自贸试验区商事仲裁制度创新，通过对仲裁程序和公共政策的监督，保障了仲裁裁决的正当性，增强了当事人对仲裁公平公正解决争议的信心，推动自贸试验区多元纠纷解决机制的完善。

在“西门子国际贸易（上海）有限公司诉上海黄金置地有限公司仲裁裁决案”中，[②] 上海一中院突破固有涉外因素识别限制，确认外国裁决效力，这是自贸试验区首例申请承认与执行外国仲裁案。本案中，申请人西门子国际贸易（上海）有限公司与被申请人上海黄金置地有限公司都是在中国设立的外商投资企业，均为中国法人，涉案合同在中国签订和履行，合同设备有部分自境外采购，但在中国境内交付，按照

① 参见钟才思《司法对接自贸区仲裁 审查执行“提速加力”》，《上海人大月刊》2014年第6期；高绍安、张羽：《上海二中院发布自贸区仲裁案件司法审查和执行工作意见》，《中国审判》2014年第6期；魏晓雯、王伟、张羽：《上海二中院为自贸区发展提供有力司法保障 二中院与上海国际仲裁中心联合召开规则意见解读咨询会》，《中国审判》2014年第8期。

② 上海市第一中级人民法院［〔2013〕沪一中民认（外仲）字第2号］民事裁定书。

通常有关“涉外因素”的判断标准，本案不具备涉外因素。但上海一中院考虑到本案具有特别情形，包括当事人都设立在上海自贸试验区内；部分货物采购自国外，运入自贸试验区，然后办理出关手续，交付到境内指定工地；本案被执行人首先在新加坡提起仲裁，西门子提起反请求并获全胜后，被执行人又以案件不具有涉外因素，双方在新加坡仲裁的约定因此无效为由，申请中国法院拒绝承认与执行新加坡仲裁裁决。综合以上因素，上海一中院根据《最高人民法院关于适用〈中华人民共和国涉外民事关系法律适用法〉若干问题的解释（一）》第1条有关“可以认定为涉外民事关系的其他情形”的规定，认定本案具有涉外因素，约定境外仲裁的仲裁条款有效，仲裁裁决应予承认与执行。[①] 西门子国际贸易（上海）有限公司诉上海黄金置地有限公司仲裁裁决案公布后，受到国内外的广泛关注和好评。自贸试验区仲裁如何进一步发展，值得继续关注。

二　境外仲裁机构在上海自贸试验区仲裁的法律问题

（一）境外仲裁机构在中国内地仲裁概述

自2013年起，最高人民法院逐渐改变了不认可约定境外仲裁机构在中国内地仲裁的仲裁协议效力的立场，开始承认其合法性和有效性。境外仲裁机构在上海自贸试验区做出的裁决并非“非内国裁决”。如何支持和监督境外仲裁机构在上海自贸试验区仲裁，以及依据何种标准来认定是否承认与执行其做出的裁决，是允许境外仲裁机构在上海自贸试验区仲裁尚待解决的问题。上海自贸试验区当事人日益广泛参与境外仲裁的现实，以及发展涉外法律服务业和提升中国仲裁国际性和公信力的需要，都要求允许境外仲裁机构在上海自贸试验区仲裁。有必要及时修改《仲裁法》，明确将仲裁地作为认定裁决国籍的标准，并同等对待境外仲裁机构与我国涉外仲裁机构在上海自贸试验

---

① 参见邢修松、王莹莺《仲裁案件非典型涉外因素的司法认定》，http://www.global-lawoffice.com.cn/content/details_13_749.html。

区进行的仲裁。

境外仲裁机构在中国内地仲裁,[①] 是构建开放型经济新体制、服务我国外交工作大局和国家重大发展战略的背景下，自由贸易试验区（以下简称自贸试验区）建设、“一带一路”建设和涉外法律服务业发展均有所涉及的重要问题。在法律上，其涉及《中华人民共和国仲裁法》（以下简称《仲裁法》）、《中华人民共和国民事诉讼法》（2012 年修正，以下简称《民事诉讼法》）等的解释、适用和进一步修改；在政策上，其涉及仲裁市场开放问题，还涉及中央全面深化改革领导小组第二十四次会议通过的《关于发展涉外法律服务业的意见》的执行问题。有鉴于此，本章拟结合我国的立法、案例、政策和学者学说，对境外仲裁机构在上海自贸试验区仲裁的法律问题加以探讨。

目前，支持国际知名商事争议解决机构入驻上海自贸试验区已经被国务院上升到“推动权益保护制度创新”的层面。《深化方案》第 11 条（“推动权益保护制度创新”）明确规定：“进一步对接国际商事争议解决规则，优化自贸试验区仲裁规则，支持国际知名商事争议解决机构入驻，提高商事纠纷仲裁国际化程度。探索建立全国性的自贸试验区仲裁法律服务联盟和亚太仲裁机构交流合作机制，加快打造面向全球的亚太仲裁中心。”《深化方案》出台后，境外仲裁机构不断在上海自贸试验区设立代表处或办公室。2015 年 11 月 19 日，香港国际仲裁中心在上海自贸试验区设立代表处；2016 年 2 月 24 日，国际商会仲裁院在上海自贸试验区设立仲裁办公室；2016 年 3 月 3 日，新加坡国际仲裁中心在上海自贸试验区设立代表处。

最高人民法院近年来开始转变立场，支持当事人约定由国际商会仲

---

① 仲裁地（seat of arbitration）在我国法律上并没有得到明确界定，一般认为指的是将仲裁和特定法律制度联系起来的地点。仲裁地决定仲裁程序法以及裁决的国籍。参见谢新胜《国际商事仲裁程序法的适用》，中国检察出版社 2009 年版，第 147 页。本章所讨论的是境外仲裁机构在仲裁程序和仲裁裁决中将“仲裁地”认定为中国内地的情形，不讨论仅仅在中国内地开庭、而将仲裁地认定为境外的情形。因我国特殊的国情，我国大陆地区与我国香港、澳门、台湾地区实际上构成四个法域，除统一适用的涉及国防、外交等领域的法律制度，每个法域在民商法等许多领域都实行不同的法律制度。如无特别说明，本章中“境外仲裁机构”包括外国仲裁机构和我国港澳台地区的仲裁机构；“中国内地”和“我国”则仅指中国大陆地区，不包括我国港澳台地区。

裁院在中国内地仲裁的仲裁协议的效力，[①] 并且在探讨是否需要在时机成熟时进一步确认境外仲裁机构在自贸试验区仲裁的效力。同时，最高人民法院也可能要面临这样一个问题，即是否承认把“在中国仲裁”的仲裁协议下的“仲裁地”认定为香港的国际商会仲裁院裁决。

境外仲裁机构在中国内地仲裁主要有两种形式：第一，境外仲裁机构在中国内地设立分支机构，以商业存在的形式提供仲裁服务；第二，境外仲裁机构未在中国内地设立分支机构，但将仲裁地设定为中国内地。对于是否允许以及在多大程度上允许境外仲裁机构在中国内地仲裁，学术界和媒体从 2004 年起开始了激烈的讨论。[②] 目前，境外仲裁机构在中国内地设立分支机构，也希望将来能管理在中国内地的仲裁案件和仲裁程序，将仲裁地设定为中国内地。因此，笔者不区分境外仲裁机构是否在中国内地设立分支机构，而是统一论述其能否将中国内地作为仲裁地来管理仲裁案件和仲裁程序，在仲裁程序中能否得到我国法院的支持或受到监督，以及做出的裁决能否得到我国法院的承认与执行。

（二）近 20 年来境外仲裁机构在中国内地仲裁的典型案例

境外仲裁机构在中国内地仲裁的问题，首先涉及的是相关仲裁协议的效力问题，而其中涉及国际商会仲裁院的案件最具代表性。从 1996 年

---

① 参见《最高人民法院关于宁波市北仑利成润滑油有限公司与法莫万驰公司买卖合同纠纷一案仲裁条款效力问题请示的复函》（〔2013〕民四他字第 74 号）。《仲裁法》第 16 条第 1 款规定：“仲裁协议包括合同中订立的仲裁条款和以其他书面方式在纠纷发生前或者纠纷发生后达成的请求仲裁的协议。”本章不作区分，除所引案例、文件原文中使用“仲裁条款”外，其他地方统一使用“仲裁协议”。

② 例如，王生长、赵秀文等人支持放开中国的仲裁服务市场，允许国际商会等境外仲裁机构在我国仲裁。参见王生长《国际商会仲裁院能否在中国内地进行仲裁》，《仲裁与法律》2003 年第 6 期（总第 89 期），法律出版社 2004 年版，第 29—35 页；赵秀文：《中国仲裁市场对外开放研究》，《政法论坛》2009 年第 11 期，第 69—78 页。康明则持反对态度。参见康明《我国商事仲裁服务市场对外开放问题初探——兼与生长同志商榷》，《仲裁与法律》2003 年第 6 期（总第 89 期），法律出版社 2004 年版，第 36—70 页。宋连斌等则从我国加入《纽约公约》时的保留等论述现在允许境外仲裁机构在我国仲裁的法律困境，参见宋连斌、王珺《国际商会在中国内地仲裁：准入、裁决国籍及执行——由宁波中院的一份裁定谈起》，《西北大学学报》2011 年第 5 期，第 154—161 页。在海外发表的一些英文论文也注意到境外仲裁机构在中国仲裁的困境。例如，参见 Fan Kun，Prospects of Foreign Arbitration Institutions Administering Arbitration in China，28 Journal of International Arbitration 343，343 - 353（2011）。

开始到2016年的20年间，围绕境外仲裁机构在中国内地仲裁的仲裁协议的效力和裁决的执行，产生了很多有争议的案例。在这20年间，最高人民法院的立场也在不断转变，从最早承认境外仲裁机构在中国内地仲裁，到后来否认境外仲裁机构在中国内地仲裁，近年来又开始趋向于承认境外仲裁机构在中国内地仲裁。而在此期间，以厦门市中级人民法院、宁波市中级人民法院为代表的地方法院又不受最高人民法院的影响，承认过约定适用《国际商会仲裁规则》在中国内地仲裁的仲裁协议的效力。总体而言，虽然曾经有过混乱，但承认境外仲裁机构在中国内地仲裁是目前的趋势所在。

1. 最高人民法院不认可境外仲裁机构在中国内地仲裁的案例

1996年12月，在“诺和诺德案”中，最高人民法院认定，当事人约定适用《国际商会仲裁规则》在英国仲裁的仲裁协议因无明确的仲裁机构而无法执行。[①] 此案之后，在国内外影响最大的是2004年“旭普林案”，国内外学术界和实务界就境外仲裁机构能否在中国内地仲裁展开了激烈的讨论。在“旭普林案”中，最高人民法院认为适用《国际商会仲裁规则》在上海进行仲裁的仲裁协议无效。[②] 据此，无锡高新技术产业开发区人民法院裁定涉案仲裁协议无效。[③] 旭普林公司一直在国际商会仲裁院推进仲裁，并在获得胜诉裁决后向江苏省无锡市中级人民法院申请强制执行该裁决。无锡市中级人民法院则以裁决所依据的仲裁协议已被我国法院认定无效为由拒绝承认该裁决。[④]

在此之后，2006年“达利特案”延续了“旭普林案”的逻辑，认定仅约定适用《国际商会仲裁规则》、仲裁地点在北京的仲裁协议无效。[⑤]

---

① 《最高人民法院关于海南省高级人民法院审理诺和诺德股份有限公司与海南际中医药科技开发公司经销协议纠纷案的报告的复函》(法经〔1996〕449号)。

② 《最高人民法院关于德国旭普林国际有限责任公司与无锡沃可通用工程橡胶有限公司申请确认仲裁协议效力一案的请示的复函》(〔2003〕民四他字第23号)。

③ 德国旭普林国际有限责任公司与无锡沃可通用工程橡胶有限公司申请确认仲裁协议效力案，无锡高新技术产业开发区人民法院〔2004〕新民二初字第154号裁定书。

④ 德国旭普林国际有限责任公司申请承认和执行国外仲裁裁决案，江苏省无锡市中级人民法院（2004）锡民三仲字第1号裁定书。

⑤ 《最高人民法院关于仲裁条款效力请示的复函》(〔2006〕民四他字第6号)。河北省高级人民法院（2006）冀民三初字第2—1号裁定书；最高人民法院〔2007〕民四终字第15号裁定书。

2009年“夏新电子案”也同样认定仅约定适用《国际商会仲裁规则》、仲裁地点包括厦门的仲裁协议无效。[①] 2011年的“江苏外贸公司案”中,[②] 合同中文本约定由设在中国北京的国际商会仲裁委员会仲裁，英文本约定依据《国际商会仲裁规则》在北京仲裁，最高人民法院最终以双方当事人不能就仲裁机构达成一致为由认定所涉仲裁协议无效。

在2012年的“泰州浩普投资公司案”中,[③] 当事人约定:“仲裁应按国际商会的调解和仲裁规则进行。如果一方提出仲裁，仲裁地由另一方选择。”最高人民法院认为，当事人并未申请仲裁，不存在另一方选择仲裁地问题；该仲裁协议并未约定仲裁机构，且依据《国际商会仲裁规则》也不能确定仲裁机构，当事人事后亦未能达成补充协议，故认定该仲裁协议无效。

2. 最高人民法院认可境外仲裁机构在中国内地仲裁的案例

1996年5月，最高人民法院认可了厦门维哥木制品有限公司与台湾富源企业有限公司购销合同中的约定适用《国际商会仲裁规则》的仲裁协议的效力。[④]“旭普林案”后，国际商会于2012年修改了其1998年仲裁规则，修改后的第1条第2款规定国际商会仲裁院是唯一经授权对《国际商会仲裁规则》项下仲裁活动实施管理的机构，并在第6条第2款规定“当事人同意按照仲裁规则进行仲裁，即接受由仲裁院对该仲裁进行管理”。2013年2月发布的“龙利得案”认可了国际商会仲裁院在上海仲裁的仲裁协议的效力。[⑤] 最高人民法院认为，本案当事人约定适用《国际商会仲裁规则》但未同时约定其他仲裁机构进行仲裁，应当认为当事人的约定属于“按照约定的仲裁规则能够确定仲裁机构”的情形，国

---

① 《最高人民法院关于夏新电子股份有限公司与比利时产品有限公司确认经销协议仲裁条款效力的请示的复函》(〔2009〕民四他字第5号)。

② 《最高人民法院关于 Salzgitter Mannesmann International GmbH 与江苏省对外经贸股份有限公司之间仲裁协议效力的复函》(〔2011〕民四他字第32号)。

③ 《最高人民法院关于泰州浩普投资公司与 WICOR HOLDING AG(瑞士魏克公司)申请确认仲裁协议一案的请示的复函》(〔2012〕民四他字第6号)。

④ 《最高人民法院关于厦门维哥木制品有限公司与台湾富源企业有限公司购销合同纠纷管辖权异议案的复函》(法函〔1996〕78号)。

⑤ 《最高人民法院关于申请人安徽省龙利得包装印刷有限公司与被申请人 BP Agnati S. R. L 申请确认仲裁协议效力案的请示的复函》(〔2013〕民四他字第13号)。

际商会仲裁院对当事人之间的合同争议具有管辖权。2013 年 12 月发布的“北仑利成案”认可了“在北京适用《国际商会仲裁规则》进行仲裁”的仲裁协议的效力。[①] 最高人民法院认为，根据 2012 年生效的《国际商会仲裁规则》，当事人同意按照该规则进行仲裁，即接受由仲裁院对该仲裁进行管理。

3. 地方法院认可境外仲裁机构在中国内地仲裁的案例

2004 年 12 月，在厦门象屿集团有限公司与米歇尔贸易公司确认仲裁条款效力案中，厦门市中级人民法院认可了约定适用《国际商会仲裁规则》、仲裁地点为中国北京的仲裁条款的效力。[②] 2009 年 4 月，在 DUFERCOS. A（德高钢铁公司）申请承认与执行 ICC 第 14006/MS/JB/JEM 号仲裁裁决案（以下简称德高钢铁公司案）中，宁波市中级人民法院裁定执行国际商会仲裁院在北京做出的仲裁裁决，理由是该裁决构成《纽约公约》第 1 条第 1 款的非内国裁决。

（三）境外仲裁机构在上海自贸试验区仲裁的障碍

“旭普林案”和“德高钢铁公司案”都曾引发业界对于境外仲裁机构在中国内地仲裁所涉及的一系列问题的思考。这些问题主要包括：境外仲裁机构是否能在中国内地仲裁？如果能，其所作裁决的性质如何？此种裁决应否得到承认与执行？2013 年的“龙利得案”和“北仑利成案”让很多人看到了曙光，认为境外仲裁机构进入中国内地仲裁市场的时机已经成熟。[③] 2015 年和 2016 年，香港国际仲裁中心、新加坡国际仲裁中

---

① 《最高人民法院关于宁波市北仑利成润滑油有限公司与法莫万驰公司买卖合同纠纷一案仲裁条款效力问题请示的复函》（〔2013〕民四他字第 74 号）。

② 福建省厦门市中级人民法院〔2004〕厦民认字第 81 号裁定书。

③ 原来有观点认为，《仲裁法》中缺乏临时仲裁的规定，成了国际商会真正实现中国仲裁的“死穴”。参见王婧《外国仲裁机构或将撕开中国仲裁市场一角?》，《法制日报》2009 年 6 月 25 日第 6 版。陶景洲等人也认为，《仲裁法》第 10 条、第 16 条和第 18 条等条款关于仲裁委员会的规定阻碍了外国仲裁机构在中国内地仲裁，参见 Tao Jingzhou & Clarisse von Wunschheim，Article 16 and 18 of the PRC Arbitration Law：The Great Wall of China for Foreign Arbitration Institutions，23 Arbitration International309，311（2007）。“龙利得案”之后，有人认为最高人民法院的复函为国际仲裁机构进入中国提供了新的机会，但还有很多问题有待解决。参见 Wei Sun，SPC Instruction Provides New Opportunities for International Arbitral Institutions to Expand into China，31 Journal of International Arbitration 683，683 - 700（2014）。

心和国际商会仲裁院在上海自贸试验区设立代表处或办公室，进一步引发了理论界和实务界对境外仲裁机构进入中国内地仲裁市场以及中国仲裁国际化的激烈讨论。

1. 境外仲裁机构的市场准入问题

有学者认为境外仲裁机构不能在中国内地进行仲裁，主要理由是国际商事仲裁是商事性的法律服务而非公共服务，因此境外仲裁机构在中国内地进行仲裁属于国际服务贸易活动，在国际法层面应当受到《服务贸易总协定》等的调整，而我国并未承诺开放境外仲裁机构在中国内地从事商事仲裁服务贸易。[①] 曾经担任中国国际经济贸易仲裁委员会副秘书长的康明也认为，中国加入世贸组织议定书附件 9 中的法律服务内容列明了外国律师事务所进入中国提供相关法律服务的内容，其中并未提及商事仲裁服务事项，故境外仲裁机构不得在中国仲裁。[②] 但笔者认为，上述观点有待商榷。正如有学者指出的那样，国际性仲裁机构服务未被列入我国加入世贸组织承诺表的根源在于，它并不属于跨国服务贸易的范畴；秉持开放的态度，国际商会仲裁院在中国内地仲裁既可以节省我国当事人出境的时间和费用，也可使更多中国籍仲裁员参与知名国际仲裁机构的仲裁活动。[③]

《涉外民事关系法律适用法》第 14 条规定："法人及其分支机构的民事权利能力、民事行为能力、组织机构、股东权利义务等事项，适用登记地法律。法人的主营业地与登记地不一致的，可以适用主营业地法律。法人的经常居所地，为其主营业地。"境外仲裁机构能否在中国内地提供仲裁服务，首先应适用境外仲裁机构成立地的法律来判断其权利能力和行为能力。既然境外仲裁机构已经在境外注册，按其属人法具有权利能力和行为能力，仲裁服务又不属于受限制的特殊行业，那么就不应限制境外仲裁机构在中国内地提供仲裁服务。

---

① 参见李健《外国仲裁机构在中国内地仲裁不可行》，《法学》2008 年第 12 期，第 134 页。

② 参见康明《我国商事仲裁服务市场对外开放问题初探——兼与生长同志商榷》，《仲裁与法律》2003 年第 6 期（总第 89 期），法律出版社 2004 年版，第 49 页。

③ 参见宋连斌、王珺《国际商会在中国内地仲裁：准入、裁决国籍及执行——由宁波中院的一份裁定谈起》，《西北大学学报》（哲学社会科学版）2011 年第 3 期，第 158 页。

2. 境外仲裁机构与《仲裁法》上的仲裁委员会

有学者认为，在国内法层面，正因为《仲裁法》对仲裁委员会有诸多要求，因此境外仲裁机构不是“仲裁委员会”，从而根据《仲裁法》第16条，将争议提交境外仲裁机构仲裁的仲裁协议无效。因此，根据我国《仲裁法》和《民事诉讼法》的规定，境外仲裁机构不得在我国内地进行国际商事仲裁。①

“龙利得案”明确了境外仲裁机构属于《仲裁法》第16条规定的“仲裁委员会”，解决了境外仲裁机构在中国内地仲裁的仲裁协议的合法性争议。最高人民法院认为，涉外仲裁协议约定因合同而发生的纠纷由国际商会仲裁院进行仲裁，同时还约定“管辖地应为中国上海”；根据《仲裁法》第16条，涉案仲裁协议有请求仲裁的意思表示，约定了仲裁事项，并选定了明确具体的仲裁机构，应认定为有效。

不过，就境外仲裁机构与《仲裁法》上的仲裁委员会的关系问题，最高人民法院有时又做出其他令人迷惑的解释。例如，在“神华公司案”中，② 最高人民法院没有指明境外仲裁机构是否属于《仲裁法》第16条上的仲裁委员会，但认为《仲裁法》第20条所指的仲裁委员会系依据《仲裁法》第10条和第66条设立的仲裁委员会，并不包括外国仲裁机构。故针对《仲裁法》第20条做出解释的《最高人民法院关于适用〈中华人民共和国仲裁法〉若干问题的解释》第13条的规定并不适用于外国仲裁机构对仲裁协议效力做出认定的情形。

《仲裁法》1994年通过时，我国社会主义市场经济体制刚刚起步，对外开放和国际化的广度和深度远未达到现在的程度；而且根据时任全国人大法工委主任顾昂然的说明，《仲裁法》总的精神是将仲裁委员会与行政机关分开，③ 解决的是部分仲裁委员会不独立而附属于行政机关的问

---

① 参见李健《外国仲裁机构在中国内地仲裁不可行》，《法学》2008年第12期，第135页。

② 《最高人民法院关于神华煤炭运销公司与马瑞尼克船务公司确认之诉仲裁条款问题的请示的复函》(〔2013〕民四他字第4号)。

③ 参见全国人大常委会法制工作委员会主任顾昂然1994年6月28日在第八届全国人民代表大会常务委员会第八次会议上关于《中华人民共和国仲裁法（草案）》的说明，http://www.npc.gov.cn/wxzl/gongbao/2001-01/02/content_5003212.htm。

题。虽然当时已经提出“发展社会主义市场经济和开展国际经济贸易往来”和“借鉴国外仲裁制度的有益经验和国际通行做法”，并制定了统一的《仲裁法》，但因各种因素所限，对“仲裁委员会”的规定的确没有考虑到境外仲裁机构开展仲裁的问题。时至今日，如果狭隘地解释“仲裁委员会”，认定境外仲裁机构不属于《仲裁法》上的“仲裁委员会”，不承认境外仲裁机构在中国内地的仲裁，最终损害的将是我国当事人乃至国家的长远利益。

3. 境外仲裁机构中的外国仲裁机构在上海自贸试验区做出的裁决是否构成“非内国裁决”

(1) 裁决的分类及其意义

我国并未如《纽约公约》一样根据裁决做出地（仲裁地）来认定仲裁裁决的国籍，而是采用“仲裁机构所在地”的标准，将裁决分为《纽约公约》裁决、国内仲裁裁决、涉外仲裁裁决以及港澳台地区的仲裁裁决。在此基础上，对不同种类仲裁裁决的承认与执行做出不同的安排，采取不同的审查标准和执行依据。

《纽约公约》规定了外国仲裁裁决和非内国仲裁裁决的承认与执行，我国在加入《纽约公约》时对非内国裁决进行了保留。根据我国相关法律规定，如果认定一项裁决构成外国仲裁裁决，且该国为《纽约公约》成员国，则适用《纽约公约》来承认与执行。如果认定一项裁决是内国仲裁裁决，则还需要区分是没有涉外因素的国内仲裁裁决还是具有涉外因素的涉外仲裁裁决。对于国内仲裁裁决，应适用《民事诉讼法》第 237 条确定的审查标准，即人民法院不仅可以对裁决根据的仲裁协议、涉及的程序事项进行审查，还可以对裁决的实体进行审查，例如裁决所根据的证据系伪造的，对方当事人向仲裁机构隐瞒了足以影响公正裁决的证据，仲裁员在仲裁该案时有贪污受贿、徇私舞弊、枉法裁决行为等；对于涉外仲裁裁决，则应适用《民事诉讼法》第 274 条的标准，即被申请人只能就仲裁协议的效力瑕疵、仲裁程序瑕疵等理由申请不予执行，人民法院不得审查裁决的实体问题。

总之，对于《纽约公约》下的外国仲裁裁决和我国的涉外仲裁裁决，我国法院在承认与执行程序中只能进行程序审查，不得进行实体审查。相反，对于国内仲裁裁决，《民事诉讼法》第 237 条授权法院对仲裁裁决的程序和实体都进行审查。由此，认定外国仲裁机构在中国所作裁决的性质就成为首要的问题。时任最高人民法院副院长的万鄂湘曾经指出："国外的仲裁机构在中国内地裁决的案件，是属于国外裁决还是国内裁决，目前还没有明确规定，这将必然导致裁决执行时的麻烦。"①

（2）"非内国裁决"的界定及其承认与执行

在"德高钢铁公司案"中，宁波市中级人民法院将国际商会仲裁院在北京做出的裁决视为《纽约公约》中的"非内国裁决"，并最终依据《纽约公约》予以承认和执行。自此，理论界和实务界就对外国仲裁机构在中国内地做出的裁决是否构成"非内国裁决"展开了争论。实际上，在"旭普林案"中，无锡市中级人民法院首次提出"非内国裁决"问题，② 只是当初理论界和实务界都只重视国际商会在中国上海仲裁的仲裁协议的效力问题，而忽略了法院所提及的"非内国裁决"问题，直至"德高钢铁公司案"才误以为该案是第一次提出"非内国裁决"的问题。③

关于外国仲裁机构在中国内地做出的裁决的性质，有学者主张其既不是本国裁决，也不是外国裁决或者无国籍裁决，而是"非内国裁决"④。有人认为，按照《纽约公约》的精神以及我国加入公约时对公约适用范围所作的保留，该仲裁裁决属于我国仲裁裁决；但按照我

① 万鄂湘：《〈纽约公约〉在中国的司法实践》，《法律适用》2009年第3期，第6页。

② 无锡市中级人民法院〔2004〕锡民三仲字第1号裁定书指出："本案系承认和执行国外仲裁裁决案。……本案被申请承认和执行的仲裁裁决系国际商会仲裁院做出，通过其总部秘书处盖章确认，应被视为'非内国裁决'。且双方当事人对适用《1958年纽约公约》均无异议，因此本案应当适用《1958年纽约公约》。"当然，该裁定书一方面认定本案系承认和执行外国仲裁裁决，另一方面却又认为所涉裁决为"非内国裁决"，在逻辑上存在不一致之处。

③ 最高人民法院民四庭杨弘磊法官相对较早地注意到了"旭普林案"中的"非内国裁决"问题。参见杨弘磊《中国内地法院〈纽约公约〉项下外国仲裁裁决司法审查之新近实践述评》，《武大国际法评论》第15卷第2期，武汉大学出版社2012年版，第334页。

④ 参见赵秀文《从相关案例看ICC仲裁院裁决在我国的承认与执行》，《法学》2010年第3期，第77页；刘晓红：《非内国仲裁裁决的理论与实证分析》，《法学杂志》2013年第5期，第84页；吕炳斌：《论外国仲裁机构到我国境内仲裁的问题——兼析我国加入〈纽约公约〉时的保留》，《法治研究》2010年第10期，第71—74页。与赵秀文主张我国法院应承认和执行"非内国裁决"不同，吕炳斌虽然也认为国际商会仲裁院在中国内地的裁决为"非内国裁决"，但认为我国法院没有义务予以承认和执行。

国《民事诉讼法》（1991 年）第 269 条确立的以仲裁机构所在地决定国际商事仲裁裁决的国籍的规定，以及最高人民法院 2004 年对“天利公司案”的复函[①]及其他司法机构的实践，[②] 显然应被视为外国仲裁裁决。[③]

2009 年《最高人民法院关于香港仲裁裁决在内地执行的有关问题的通知》首次明确以仲裁地来确认仲裁裁决的国籍，规定当事人向人民法院申请执行在香港特别行政区做出的临时仲裁裁决、国际商会仲裁院等国外仲裁机构在香港特别行政区做出的仲裁裁决的，人民法院应当按照《关于内地与香港特别行政区相互执行仲裁裁决的安排》的规定进行审查。但《最高人民法院关于香港仲裁裁决在内地执行的有关问题的通知》只是就涉及在香港做出的裁决的性质的一个通知，最高人民法院并未明确声明将仲裁地作为认定裁决的性质的标准，也未明确无论是由境内仲裁机构还是由境外仲裁机构做出的，只要是在中国内地做出的仲裁裁决，均构成中国仲裁裁决，而在外国做出的仲裁裁决，均构成外国仲裁裁决。《民事诉讼法》（2012 年修正）第 283 条[④]也仍然保留了《民事诉讼法》（1991 年）第 269 条的内容，继续以仲裁机构所在地决定仲裁裁决的国籍。

从仲裁协议的法律适用来看，仲裁地越来越受到重视。《最高人民法院关于适用〈中华人民共和国仲裁法〉若干问题的解释》第 16 条规定了

---

① 《最高人民法院关于不予执行国际商会仲裁院 10334/AMW/BWD/TE 最终裁决一案的请示的复函》（〔2004〕民四他字第 6 号）。最高人民法院认为国际商会仲裁院是在法国设立的仲裁机构，其在香港做出的裁决是法国裁决。

② 例如，在 TH&T 国际公司与成都华龙汽车配件有限公司申请承认和执行国际商会国际仲裁院裁决案中，四川省成都市中级人民法院〔2002〕成民初字第 531 号裁定书就认定国际商会仲裁院在美国洛杉矶做出的裁决是法国裁决，并基于中法两国都是《纽约公约》缔约国而承认了该裁决。

③ 参见王天红《论国际商事仲裁裁决国籍的确定》，《人民司法》2006 年第 9 期，第 34—37 页。康明也认为应当以仲裁机构所在地来判决仲裁裁决的国籍，而不论仲裁机构在何地做出裁决。参见康明《我国商事仲裁服务市场对外开放问题初探——兼与生长同志商榷》，《仲裁与法律》2003 年第 6 期（总第 89 期），法律出版社 2004 年版，第 57 页。

④ 该条规定：“国外仲裁机构的裁决，需要中华人民共和国人民法院承认和执行的，应当由当事人直接向被执行人住所地或者其财产所在地的中级人民法院申请，人民法院应当依照中华人民共和国缔结或者参加的国际条约，或者按照互惠原则办理。”

在当事人没有选择时，仲裁地法律可以作为涉外仲裁协议的效力审查的准据法。《涉外民事关系法律适用法》第 18 条将仲裁机构所在地法和仲裁地法作为仲裁协议适用的法律的并列选择，规定："当事人可以协议选择仲裁协议适用的法律。当事人没有选择的，适用仲裁机构所在地法律或者仲裁地法律。"在司法实践中，《最高人民法院关于香港仲裁裁决在内地执行的有关问题的通知》发布之后，最高人民法院事实上将仲裁地作为认定外国仲裁裁决的标准。例如，2010 年 10 月 12 日发布的《最高人民法院关于申请人 DMT 有限公司（法国）与被申请人潮州市华业包装材料有限公司、被申请人潮安县华业包装材料有限公司申请承认和执行外国仲裁裁决一案请示的复函》就将国际商会仲裁院在新加坡做出的仲裁裁决视为新加坡裁决，而不再视为法国裁决。

笔者认为，从我国立法机关在加入《纽约公约》时所做的互惠保留以及最高人民法院的意见来看，认定国际商会仲裁院在中国做出的仲裁裁决构成"非内国裁决"没有法律依据。1986 年 12 月 2 日发布的《全国人民代表大会常务委员会关于我国加入〈承认及执行外国仲裁裁决公约〉的决定》声明："中华人民共和国只在互惠的基础上对在另一缔约国领土内做出的仲裁裁决的承认和执行适用该公约。"1987 年 4 月 10 日发布的《最高人民法院关于执行我国加入的〈承认及执行外国仲裁裁决公约〉的通知》第 1 条也再次明确指出："根据我国加入该公约时所作的互惠保留声明，我国对在另一缔约国领土内做出的仲裁裁决的承认和执行适用该公约。"在"德高钢铁公司案"中，宁波市中级人民法院虽然认定国际商会仲裁院的裁决为"非内国裁决"而予以承认与执行，但并未在裁定书中详细说理，也未逐级通过浙江省高级人民法院转至最高人民法院请示，最高人民法院也就并未就此做出批复，不能代表最高人民法院的意见。"龙利得案"虽然认可国际商会仲裁院在中国仲裁的仲裁协议的效力，但最高人民法院并未就合肥市中级人民法院提出的裁决构成国内裁决这一观点表态。

有人认为，《纽约公约》关于互惠保留的规定与《纽约公约》规定的外国仲裁裁决界定标准是两个不同的概念：互惠保留是对缔约国义务的免除，是针对《纽约公约》的非缔约国而言的，而对"非内国裁决"标准的认定应属于申请承认及执行地所在国的一项权利。[1] 这种观点完全是对条约保留之效果的误解。正确的理解是，我国在加入《纽约公约》时声明做出互惠保留，即意味着排除了对“非内国裁决”的执行。

总之，我国《民事诉讼法》（2012 年修正）、《仲裁法》均未就“非内国裁决”做出规定，我国全国人大常委会在加入《纽约公约》时已经声明对《纽约公约》上的“非内国裁决”的规定做出了保留，最高人民法院在 1987 年 4 月 10 日发布的《最高人民法院关于执行我国加入的〈承认及执行外国仲裁裁决公约〉的通知》亦是做出了同样的声明，依据条约保留的效果，则《纽约公约》上的“非内国裁决”的规定对我国不发生法律效力，故国际商会仲裁院在中国做出的仲裁裁决不属于《纽约公约》上的“非内国裁决”，我国法院不得依据《纽约公约》来承认和执行“非内国裁决”。“德高钢铁公司案”的裁定明显违反我国的法律法规以及我国在加入《纽约公约》时做出的保留声明，不能作为先例援引。

4. 境外仲裁机构在上海自贸试验区做出的裁决的承认与执行

境外仲裁机构在上海自贸试验区做出的裁决，能否在中国内地得到承认与执行，关键在于对其性质的认定，即该裁决是构成《纽约公约》上的外国裁决或“非内国裁决”，还是构成我国的涉外裁决。

目前，理论界和实务界越来越倾向于以仲裁地而非仲裁机构所在地来作为裁决国籍的判断标准。也就是说，将境外仲裁机构在上海自贸试验区做出的裁决，视为我国的涉外裁决，并按照我国《民事诉讼法》第 274 条的规定来审查是否应当承认与执行。

在华南国际经济贸易仲裁委员会（深圳国际仲裁院）主办的华南企业法律论坛 2015 年年会暨“中国金融机构资产管理业务的发展与法律问题”研讨会上，最高人民法院法官高晓力在演讲中指出：“至于外界所说的是不是中国法院认可 ICC 可以到中国来进行仲裁，我个人认为这涉及仲裁服务市场准入问题，并非中国法院可以决定的事情，目前我们走到这一步仅仅是认定仲裁条款有效还是无效，但是在此之后，仲裁裁决做出之后是否能够在中国法院得到承认和执行，是需要继续讨论的。……

---

① 参见李迅《中国承认与执行外国仲裁裁决的发展展望——从第一例承认与执行在中国做出的外国仲裁裁决谈起》，《仲裁研究》2010 年第 2 期，第 99—100 页。

个人观点是倾向于把它认为是中国涉外的裁决，即根据中国法律规定进行相应的司法审查。”[①] 目前“龙利得案”的裁决尚未做出，待该裁决做出后，我国法院是依据《纽约公约》将其作为外国裁决或者“非内国裁决”，还是依据《民事诉讼法》将其作为涉外裁决予以承认与执行，我们拭目以待。当然，如果在此之前我国修订了《民事诉讼法》或《仲裁法》，对境外仲裁机构在中国内地所作裁决的性质予以明确，那就更加理想。

（四）关于放开境外仲裁机构在上海自贸试验区仲裁限制的思考

在上海自贸试验区建设发展继续推进的情况下，有必要进一步放开对境外仲裁机构在自贸试验区仲裁的限制。

其一，中国内地当事人日益广泛参与境外仲裁要求允许境外仲裁机构在上海自贸试验区仲裁。中国目前已经成为贸易大国、对外承包工程大国、吸引外资大国，而且正在成为海外投资大国，中国内地当事人越来越多地主动或被动参与境外仲裁机构的仲裁。随着中国对外开放和国际化程度越来越高，国际经济、贸易、投资纠纷也日益增长。仲裁因其独特的优势而成为越来越多当事人的选择。在中国内地当事人不断参与境外仲裁的背景下，不允许境外仲裁机构在中国内地仲裁，对于境外仲裁机构并不造成多大的损害，最终损害的是参与仲裁的中国内地当事人的利益：他们为此不得不远赴境外参与仲裁，增加许多无谓的成本和风险。相反，允许境外仲裁机构在中国内地仲裁，将大大减少我国当事人的各种成本和支出。

其二，发展涉外法律服务业要求允许境外仲裁机构在上海自贸试验区仲裁。在构建开放型经济新体制、服务我国外交工作大局和国家重大发展战略的背景下，大力发展涉外法律服务业已经受到中央高度关注。允许境外仲裁机构在上海自贸试验区仲裁，有助于我国涉外法律服务业的发展，也是对中央全面深化改革领导小组第二十四次会议通过的《关于发展涉外法律服务业的意见》的具体落实。涉外仲裁机构在上海自贸试验区仲裁，本身就是我国服务业开放的证明，将促使我国涉外法律服

---

① 最高人民法院第一巡回法庭主审法官高晓力：《中国国际商事仲裁司法审查的最新发展》，华南国际经济贸易仲裁委员会微信公众号 2016 年 4 月 20 日公布。

务机构在良性竞争中稳步提高。我国的各种专业性人才通过代理案件、被指定为仲裁员等各种方式参与境外仲裁机构在上海自贸试验区的仲裁实践，有助于发展壮大涉外法律服务队伍人才。

其三，打消境外法院、机构和当事人对我国的偏见要求允许境外仲裁机构在上海自贸试验区仲裁。由于我国法院对境外仲裁机构在上海自贸试验区仲裁的实践并不总是一致，境外法院和当事人对我国仲裁业以及人民法院的裁判水准都形成了偏见。在争议发生之前，境外当事人要求选择境外仲裁机构在境外仲裁；即使经过上海自贸试验区当事人及其代理律师的努力，合同中最终约定境外仲裁机构在上海自贸试验区仲裁，在争议发生后，境外当事人也往往寻找各种理由拒绝在上海自贸试验区仲裁，转而在境外开始仲裁或诉讼程序。这种作法还每每得到境外仲裁机构和法院的支持，主要理由正是中国不允许境外仲裁机构在上海自贸试验区仲裁。因此，允许境外仲裁机构在上海自贸试验区仲裁，有助于改变境外法院、机构和当事人对我国的偏见，减少歪曲我国司法形象以及恶意解释与适用我国法律法规的情形。

其四，提升中国仲裁的国际性和公信力要求允许境外仲裁机构在上海自贸试验区仲裁。目前，我国正在积极建设面向全球的亚太仲裁中心和国际海事司法中心，而这离不开商事海事纠纷仲裁国际化的推进。伦敦、巴黎等国际知名仲裁中心都是允许全球仲裁机构提供仲裁服务，甚至允许临时仲裁。不断提升和扩大中国仲裁品牌的公信力和影响力，不仅需要仲裁机构吸纳优秀人才、完善仲裁规则、创新服务能力，还需要人民法院依法履行支持和监督仲裁的司法职能，继续完善仲裁司法审查制度，保障和促进中国仲裁业的发展，共同为纠纷的多元解决营造良好法治环境。① 为了更好地促进中国仲裁的国际化、提升中国仲裁的公信力，必须尽量减少与国际仲裁普遍实践不一致的、限制我国仲裁事业发展的机制，进一步开放我国仲裁市场，允许境外仲裁机构在上海自贸试验区提供仲裁服务，允许全球各种仲裁规则在中国适用。

进而言之，基于境外仲裁机构已经在上海自贸试验区仲裁的历史和

---

① 参见沈红雨《贺荣在2015年“中国仲裁高峰论坛”上强调继续完善仲裁司法审查制度促进仲裁公信力提升》，《人民法院报》2015年9月26日第1版。

现实，只要其裁决不向我国法院申请承认与执行，而是向境外法院申请承认与执行，我国实际上无法干预境外仲裁机构在上海自贸试验区进行仲裁。换言之，我国法院相当于主动放弃了对境外仲裁机构在上海自贸试验区仲裁的监督。而境外法院会认为此类裁决是中国裁决，并据此拒绝受理败诉当事人撤销裁决的申请。如此一来，败诉当事人既不能在我国法院也不能在境外法院申请撤销该裁决，既对败诉当事人一方不公平，也有损于我国支持仲裁的形象和国家长远利益。

外国仲裁机构在上海自贸试验区仲裁不仅是一个理论问题，也是当前一个重要的实践问题，关涉自贸试验区、亚太仲裁中心和国际海事司法中心建设，也影响到我国法律服务业的进一步发展。新的时代背景呼吁放开对境外仲裁机构在上海自贸试验区仲裁的限制，解决境外仲裁机构在上海自贸试验区仲裁面临的一些实际障碍，如仲裁地的认定、裁决国籍的判断标准、裁决的承认与执行等。鉴于《涉外民事关系法律适用法》已经将仲裁地作为认定仲裁协议的准据法，最高人民法院和各级人民法院也已在司法实践中将仲裁地作为认定外国仲裁裁决和我国香港地区裁决的标准，有必要及时修改《仲裁法》，明确将仲裁地作为认定裁决国籍的标准。若将仲裁地作为认定裁决国籍的标准，则无论是境内还是境外仲裁机构在上海自贸试验区对涉外案件提供仲裁服务、做出裁决，均应视为中国涉外仲裁裁决，按照涉外仲裁裁决的标准，依据《仲裁法》第 70 条和《民事诉讼法》第 274 条予以支持、监督、承认和执行。相应地，无论是境内还是境外仲裁机构在上海自贸试验区之外提供仲裁服务、做出裁决，均应视为境外仲裁裁决，具体又可分为外国仲裁裁决和区际仲裁裁决。对于外国仲裁裁决，按照《纽约公约》和互惠原则以及《民事诉讼法》第 283 条予以承认与执行；对于区际仲裁裁决，则按照最高人民法院就港澳台地区做出的区际安排①予以认可和执行。

---

①　这些安排主要包括《最高人民法院关于内地与香港特别行政区相互执行仲裁裁决的安排》（法释〔2000〕3 号）、《最高人民法院关于香港仲裁裁决在内地执行的有关问题的通知》（法〔2009〕415 号）、《最高人民法院关于内地与澳门特别行政区相互认可和执行仲裁裁决的安排》（法释〔2007〕17 号）和《最高人民法院关于认可和执行台湾地区仲裁裁决的规定》（法释〔2015〕14 号）。

附　录

相关法律法规

中国（上海）自由贸易试验区总体方案

国发〔2013〕38 号

建立中国（上海）自由贸易试验区（以下简称试验区）是党中央、国务院做出的重大决策，是深入贯彻党的十八大精神，在新形势下推进改革开放的重大举措。为全面有效推进试验区工作，制定本方案。

一、总体要求

试验区肩负着我国在新时期加快政府职能转变、积极探索管理模式创新、促进贸易和投资便利化，为全面深化改革和扩大开放探索新途径、积累新经验的重要使命，是国家战略需要。

（一）指导思想

高举中国特色社会主义伟大旗帜，以邓小平理论、“三个代表”重要思想、科学发展观为指导，紧紧围绕国家战略，进一步解放思想，坚持先行先试，以开放促改革、促发展，率先建立符合国际化和法治化要求的跨境投资和贸易规则体系，使试验区成为我国进一步融入经济全球化的重要载体，打造中国经济升级版，为实现中华民族伟大复兴的中国梦作出贡献。

（二）总体目标

经过两至三年的改革试验，加快转变政府职能，积极推进服务业扩大开放和外商投资管理体制改革，大力发展总部经济和新型贸易业态，加快探索资本项目可兑换和金融服务业全面开放，探索建立货物状态分类监管模式，努力形成促进投资和创新的政策支持体系，着力培育国际化和法治化的营商环境，力争建设成为具有国际水准的投资贸易便利、货币兑换自由、监管高效便捷、法制环境规范的自由贸易试验区，为我国扩大开放和深化改革探索新思路和新途径，更好地为全国服务。

（三）实施范围

试验区的范围涵盖上海外高桥保税区、上海外高桥保税物流园区、洋山保税港区和上海浦东机场综合保税区 4 个海关特殊监管区域，并根据先行先试推进情况以及产业发展和辐射带动需要，逐步拓展实施范围和试点政策范围，形成与上海国际经济、金融、贸易、航运中心建设的联动机制。

二、主要任务和措施

紧紧围绕面向世界、服务全国的战略要求和上海“四个中心”建设的战略任务，按照先行先试、风险可控、分步推进、逐步完善的方式，把扩大开放与体制改革相结合、把培育功能与政策创新相结合，形成与国际投资、贸易通行规则相衔接的基本制度框架。

（一）加快政府职能转变

深化行政管理体制改革。加快转变政府职能，改革创新政府管理方式，按照国际化、法治化的要求，积极探索建立与国际高标准投资和贸易规则体系相适应的行政管理体系，推进政府管理由注重事先审批转为注重事中、事后监管。建立一口受理、综合审批和高效运作的服务模式，完善信息网络平台，实现不同部门的协同管理机制。建立行业信息跟踪、监管和归集的综合性评估机制，加强对试验区内企业在区外经营活动全过程的跟踪、管理和监督。建立集中统一的市场监管综合执法体系，在质量技术监督、食品药品监管、知识产权、工商、税务等管理领域，实现高效监管，积极鼓励社会力量参与市场监督。提高行政透明度，完善体现投资者参与、符合国际规则的信息公开机制。完善投资者权益有效保障机制，实现各类投资主体的公平竞争，允许符合条件的外国投资者自由转移其投资收益。建立知识产权纠纷调解、援助等解决机制。

（二）扩大投资领域的开放

扩大服务业开放。选择金融服务、航运服务、商贸服务、专业服务、文化服务以及社会服务领域扩大开放（具体开放清单见附件），暂停或取消投资者资质要求、股比限制、经营范围限制等准入限制措施（银行业机构、信息通信服务除外），营造有利于各类投资者平等准入的市场环境。

探索建立负面清单管理模式。借鉴国际通行规则，对外商投资试行准入前国民待遇，研究制定试验区外商投资与国民待遇等不符的负面清单，改革外商投资管理模式。对负面清单之外的领域，按照内外资一致的原则，将外商投资项目由核准制改为备案制（国务院规定对国内投资项目保留核准的除外），由上海市负责办理；将外商投资企业合同章程审批改为由上海市负责备案管理，备案后按国家有关规定办理相关手续；工商登记与商事登记制度改革相衔接，逐步优化登记流程；完善国家安全审查制度，在试验区内试点开展涉及外资的国家安全审查，构建安全高效的开放型经济体系。在总结试点经验的基础上，逐步形成与国际接轨的外商投资管理制度。

构筑对外投资服务促进体系。改革境外投资管理方式，对境外投资开办企业实行以备案制为主的管理方式，对境外投资一般项目实行备案制，由上海市负责备案管理，提高境外投资便利化程度。创新投资服务促进机制，加强境外投资事后管理和服务，形成多部门共享的信息监测平台，做好对外直接投资统计和年检工作。支持试验区内各类投资主体开展多种形式的境外投资。鼓励在试验区设立专业从事境外股权投资的项目公司，支持有条件的投资者设立境外投资股权投资母基金。

（三）推进贸易发展方式转变

推动贸易转型升级。积极培育贸易新型业态和功能，形成以技术、品牌、质量、服务为核心的外贸竞争新优势，加快提升我国在全球贸易价值链中的地位。鼓励跨国公司建立亚太地区总部，建立整合贸易、物流、结算等功能的营运中心。深化国际贸易结算中心试点，拓展专用账户的服务贸易跨境收付和融资功能。支持试验区内企业发展离岸业务。鼓励企业统筹开展国际国内贸易，实现内外贸一体化发展。探索在试验区内设立国际大宗商品交易和资源配置平台，开展能源产品、基本工业原料和大宗农产品的国际贸易。扩大完善期货保税交割试点，拓展仓单质押融资等功能。加快对外文化贸易基地建设。推动生物医药、软件信息、管理咨询、数据服务等外包业务发展。允许和支持各类融资租赁公司在试验区内设立项目子公司并开展境内外租赁服务。鼓励设立第三方检验鉴定机构，按照国际标准采信其检测结果。试点开展境内外高技术、高附加值的维修业务。加快培育跨境电子商务服务功能，试点建立与之相适应的海关监管、检验检疫、退税、跨境支付、物流等支撑系统。

提升国际航运服务能级。积极发挥外高桥港、洋山深水港、浦东空港国际枢纽港的联动作用，探索形成具有国际竞争力的航运发展制度和运作模式。积极发展航运金融、国际船舶运输、国际船舶管理、国际航运经纪等产业。加快发展航运运价指数衍生品交易业务。推动中转集拼业务发展，允许中资公司拥有或控股拥有的非五星旗船，先行先试外贸进出口集装箱在国内沿海港口和上海港之间的沿海捎带业务。支持浦东机场增加国际中转货运航班。充分发挥上海的区域优势，利用中资“方便旗”船税收优惠政策，促进符合条件的船舶在上海落户登记。在试验区实行已在天津试点的国际船舶登记政策。简化国际船舶运输经营许可流程，形成高效率的船籍登记制度。

（四）深化金融领域的开放创新

加快金融制度创新。在风险可控前提下，可在试验区内对人民币资本项目可兑换、金融市场利率市场化、人民币跨境使用等方面创造条件进行先行先试。在试验区内实现金融机构资产方价格实行市场化定价。探索面向国际的外汇管理改革试点，建立与自由贸易试验区相适应的外汇管理体制，全面实现贸易投资便利化。鼓励企业充分利用境内外两种资源、两个市场，实现跨境融资自由化。深化外债管理方式改革，促进跨境融资便利化。深化跨国公司总部外汇资金集中运营管理试点，促进跨国公司设立区域性或全球性资金管理中心。建立试验区金融改革创新与上海国际金融中心建设的联动机制。

增强金融服务功能。推动金融服务业对符合条件的民营资本和外资金融机构全面开放，支持在试验区内设立外资银行和中外合资银行。允许金融市场在试验区内建立面向国际的交易平台。逐步允许境外企业参与商品期货交易。鼓励金融市场产品创新。支持股权托管交易机构在试验区内建立综合金融服务平台。支持开展人民币跨境再保险业务，培育发展再保险市场。

（五）完善法制领域的制度保障

完善法制保障。加快形成符合试验区发展需要的高标准投资和贸易规则体系。针对试点内容，需要停止实施有关行政法规和国务院文件的部分规定的，按规定程序办理。其中，经全国人民代表大会常务委员会授权，暂时调整《中华人民共和国外资企业法》《中华人民共和国中外合资经营企业法》和《中华人民共和国中外合作经营企业法》规定的有关行政审批，自2013年10月1日起在三年内试行。各部门要支持试验区在服务业扩大开放、实施准入前国民待遇和负面清单管理模式等方面深化改革试点，及时解决试点过程中的制度保障问题。上海市要通过地方立法，建立与试点要求相适应的试验区管理制度。

三、营造相应的监管和税收制度环境

适应建立国际高水平投资和贸易服务体系的需要，创新监管模式，促进试验区内货物、服务等各类要素自由流动，推动服务业扩大开放和货物贸易深入发展，形成公开、透明的管理制度。同时，在维护现行税制公平、统一、规范的前提下，以培育功能为导向，完善相关政策。

（一）创新监管服务模式

推进实施“一线放开”。允许企业凭进口舱单将货物直接入区，再凭进境货物备案清单向主管海关办理申报手续，探索简化进出境备案清单，简化国际中转、集拼和分拨等业务进出境手续；实行“进境检疫，适当放宽进出口检验”模式，创新监管技术和方法。探索构建相对独立的以贸易便利化为主的货物贸易区域和以扩大服务领域开放为主的服务贸易区域。在确保有效监管的前提下，探索建立货物状态分类监管模式。深化功能拓展，在严格执行货物进出口税收政策的前提下，允许在特定区域设立保税展示交易平台。

坚决实施“二线安全高效管住”。优化卡口管理，加强电子信息联网，通过进出境清单比对、账册管理、卡口实货核注、风险分析等加强监管，促进二线监管模式与一线监管模式相衔接，推行“方便进出，严密防范质量安全风险”的检验检疫监管模式。加强电子账册管理，推动试验区内货物在各海关特殊监管区域之间和跨关区便捷流转。试验区内企业原则上不受地域限制，可到区外再投资或开展业务，如有专项规定要求办理相关手续，仍应按照专项规定办理。推进企业运营信息与监管系统对接。通过风险监控、第三方管理、保证金要求等方式实行有效监管，充分发挥上海市诚信体系建设的作用，加快形成企业商务诚信管理和经营活动专属管辖制度。

进一步强化监管协作。以切实维护国家安全和市场公平竞争为原则，加强各有关部门与上海市政府的协同，提高维护经济社会安全的服务保障能力。试验区配合国务院有关部门严格实施经营者集中反垄断审查。加强海关、质检、工商、税务、外汇等管理部门的协作。加快完善一体化监管方式，推进组建统一高效的口岸监管机构。探索试验区统一电子围网管理，建立风险可控的海关监管机制。

（二）探索与试验区相配套的税收政策

实施促进投资的税收政策。注册在试验区内的企业或个人股东，因非货币性资产对外投资等资产重组行为而产生的资产评估增值部分，可在不超过5年期限内，分期缴纳所得税。对试验区内企业以股份或出资比例等股权形式给予企业高端人才和紧缺人才的奖励，实行已在中关村等地区试点的股权激励个人所得税分期纳税政策。

实施促进贸易的税收政策。将试验区内注册的融资租赁企业或金融租赁公司在试验区内设立的项目子公司纳入融资租赁出口退税试点范围。对试验区内注册的国内租赁公司或租赁公司设立的项目子公司，经国家有关部门批准从境外购买空载重量在25吨以上并租赁给国内航空公司使用的飞机，享受相关进口环节增值税优惠政策。对设在试验区内的企业生产、加工并经“二线”销往内地的货物照章征收进口环节增值税、消费税。根据企业申请，试行对该内销货物按其对应进口料件或按实际报验状态征收关税的政策。在现行政策框架下，对试验区内生产企业和生产性服务业企业进口所需的机器、设备等货物予以免税，但生活性服务业等企业进口的货物以及法律、行政法规和相关规定明确不予免税的货物除外。完善启运港退税试点政策，适时研究扩大启运地、承运企业和运输工具等试点范围。

此外，在符合税制改革方向和国际惯例，以及不导致利润转移和税基侵蚀的前提下，积极研究完善适应境外股权投资和离岸业务发展的税收政策。

四、扎实做好组织实施

国务院统筹领导和协调试验区推进工作。上海市要精心组织实施，完善工作机制，落实工作责任，根据《方案》明确的目标定位和先行先试任务，按照“成熟的可先做，再逐步完善”的要求，形成可操作的具体计划，抓紧推进实施，并在推进过程中认真研究新情况、解决新问题，重大问题要及时向国务院请示报告。各有关部门要大力支持，积极做好协调配合、指导评估等工作，共同推进相关体制机制和政策创新，把试验区建设好、管理好。

国务院

2013 年 9 月 18 日

附件　　中国（上海）自由贸易试验区服务业扩大开放措施

一、金融服务领域

1. 银行服务（国民经济行业分类：J 金融业——6620 货币银行服务）

开放措施：

（1）允许符合条件的外资金融机构设立外资银行，符合条件的民营资本与外资金融机构共同设立中外合资银行。在条件具备时，适时在试验区内试点设立有限牌照银行。

（2）在完善相关管理办法，加强有效监管的前提下，允许试验区内符合条件的中资银行开办离岸业务。

2. 专业健康医疗保险（国民经济行业分类：J 金融业——6812 健康和意外保险）

开放措施：试点设立外资专业健康医疗保险机构。

3. 融资租赁（国民经济行业分类：J 金融业——6631 金融租赁服务）

开放措施：

（1）融资租赁公司在试验区内设立的单机、单船子公司不设最低注册资本限制。

（2）允许融资租赁公司兼营与主营业务有关的商业保理业务。

二、航运服务领域

4. 远洋货物运输（国民经济行业分类：G 交通运输、仓储和邮政业——5521 远洋货物运输）

开放措施：

（1）放宽中外合资、中外合作国际船舶运输企业的外资股比限制，由国务院交通运输主管部门制定相关管理试行办法。

续表

(2) 允许中资公司拥有或控股拥有的非五星旗船，先行先试外贸进出口集装箱在国内沿海港口和上海港之间的沿海捎带业务。

5. 国际船舶管理（国民经济行业分类：G 交通运输、仓储和邮政业——5539 其他水上运输辅助服务）

开放措施：允许设立外商独资国际船舶管理企业。

三、商贸服务领域

6. 增值电信（国民经济行业分类：I 信息传输、软件和信息技术服务业——6319 其他电信业务，6420 互联网信息服务，6540 数据处理和存储服务，6592 呼叫中心）

开放措施：在保障网络信息安全的前提下，允许外资企业经营特定形式的部分增值电信业务，如涉及突破行政法规，须国务院批准同意。

7. 游戏机、游艺机销售及服务（国民经济行业分类：F 批发和零售业——5179 其他机械及电子商品批发）

开放措施：允许外资企业从事游戏游艺设备的生产和销售，通过文化主管部门内容审查的游戏游艺设备可面向国内市场销售。

四、专业服务领域

8. 律师服务（国民经济行业分类：L 租赁和商务服务业——7221 律师及相关法律服务）

开放措施：探索密切中国律师事务所与外国（港澳台地区）律师事务所业务合作的方式和机制。

9. 资信调查（国民经济行业分类：L 租赁和商务服务业——7295 信用服务）

开放措施：允许设立外商投资资信调查公司。

10. 旅行社（国民经济行业分类：L 租赁和商务服务业——7271 旅行社服务）

开放措施：允许在试验区内注册的符合条件的中外合资旅行社，从事除台湾地区以外的出境旅游业务。

11. 人才中介服务（国民经济行业分类：L 租赁和商务服务业——7262 职业中介服务）

开放措施：

(1) 允许设立中外合资人才中介机构，外方合资者可以拥有不超过 70% 的股权；允许港澳服务提供者设立独资人才中介机构。

(2) 外资人才中介机构最低注册资本金要求由 30 万美元降低至 12.5 万美元。

12. 投资管理（国民经济行业分类：L 租赁和商务服务业——7211 企业总部管理）

开放措施：允许设立股份制外资投资性公司。

13. 工程设计（国民经济行业分类：M 科学研究与技术服务企业——7482 工程勘查设计）

开放措施：对试验区内为上海市提供服务的外资工程设计（不包括工程勘查）企业，取消首次申请资质时对投资者的工程设计业绩要求。

续表

14. 建筑服务（国民经济行业分类：E 建筑业——47 房屋建筑业，48 土木工程建筑业，49 建筑安装业，50 建筑装饰和其他建筑业）
开放措施：对试验区内的外商独资建筑企业承揽上海市的中外联合建设项目时，不受建设项目的中外方投资比例限制。
五、文化服务领域
15. 演出经纪（国民经济行业分类：R 文化、体育和娱乐业——8941 文化娱乐经纪人）
开放措施：取消外资演出经纪机构的股比限制，允许设立外商独资演出经纪机构，为上海市提供服务。
16. 娱乐场所（国民经济行业分类：R 文化、体育和娱乐业——8911 歌舞厅娱乐活动）
开放措施：允许设立外商独资的娱乐场所，在试验区内提供服务。
六、社会服务领域
17. 教育培训、职业技能培训（国民经济行业分类：P 教育——8291 职业技能培训）
开放措施： （1）允许举办中外合作经营性教育培训机构。 （2）允许举办中外合作经营性职业技能培训机构。
18. 医疗服务（国民经济行业分类：Q 卫生和社会工作——8311 综合医院，8315 专科医院，8330 门诊部〔所〕）
开放措施：允许设立外商独资医疗机构。
注：以上各项开放措施只适用于注册在中国（上海）自由贸易试验区内的企业。

中国（上海）自由贸易试验区条例

（2014 年 7 月 25 日上海市第十四届人民代表大会常务委员会第十四次会议通过）

第一章　总则

第一条　为推进和保障中国（上海）自由贸易试验区建设，充分发挥其推进改革和提高开放型经济水平“试验田”的作用，根据《全国人民代表大会常务委员会关于授权国务院在中国（上海）自由贸易试验区暂时调整有关法律规定的行政审批的决定》、国务院批准的《中国（上海）自由贸易试验区总体方案》（以下简称《总体方案》）、《国务院关于在中国（上海）自由贸易试验区内暂时调整有关行政法规和国务院文件规定的行政审批或者准入特别管理措施的决定》和其他有关法律、行政法规，制定本条例。

第二条　本条例适用于经国务院批准设立的中国（上海）自由贸易试验区（以下简称自贸试验区）。

第三条　推进自贸试验区建设应当围绕国家战略要求和上海国际金融中心、国际贸易中心、国际航运中心、国际经济中心建设，按照先行先试、风险可控、分步推进、逐步完善的原则，将扩大开放与体制改革相结合，将培育功能与政策创新相结合，加快转变政府职能，建立与国际投资、贸易通行规则相衔接的基本制度体系和监管模式，培育国际化、市场化、法治化的营商环境，建设具有国际水准的投资贸易便利、监管高效便捷、法治环境规范的自由贸易试验区。

第四条　本市推进自贸试验区建设应当聚焦制度创新的重点领域和关键环节，充分运用现行法律制度和政策资源，改革妨碍制度创新的体制、机制，不断激发制度创新的主动性、积极性，营造自主改革、积极进取的良好氛围。

第五条　充分激发市场主体活力，法律、法规、规章未禁止的事项，鼓励公民、法人和其他组织在自贸试验区积极开展改革创新活动。

第二章　管理体制

第六条　按照深化行政体制改革的要求，坚持简政放权、放管结合，积极推行告知承诺制等制度，在自贸试验区建立事权划分科学、管理高效统一、运行公开透明的行政管理体制。

第七条　市人民政府在国务院领导和国家有关部门指导、支持下，根据《总体方案》明确的目标定位和先行先试任务，组织实施改革试点工作，依法制定与自贸试验区建设、管理有关的规章和政策措施。

本市建立自贸试验区建设协调机制，推进改革试点工作，组织有关部门制定、落实阶段性目标和各项措施。

第八条　中国（上海）自由贸易试验区管理委员会（以下简称管委会）为市人民政府派出机构，具体落实自贸试验区改革试点任务，统筹管理和协调自贸试验区有关行政事务，依照本条例履行下列职责：

（一）负责组织实施自贸试验区发展规划和政策措施，制定有关行政管理制度。

（二）负责自贸试验区内投资、贸易、金融服务、规划国土、建设、交通、绿化市容、环境保护、人力资源、知识产权、统计、房屋、民防、水务、市政等有关行政管理工作。

（三）领导工商、质监、税务、公安等部门在区内的行政管理工作；协调金融、海关、检验检疫、海事、边检等部门在区内的行政管理工作。

（四）组织实施自贸试验区信用管理和监管信息共享工作，依法履行国家安全审查、反垄断审查有关职责。

（五）统筹指导区内产业布局和开发建设活动，协调推进重大投资项目建设。

（六）发布公共信息，为企业和相关机构提供指导、咨询和服务。

（七）履行市人民政府赋予的其他职责。

市人民政府在自贸试验区建立综合审批、相对集中行政处罚的体制和机制，由管委会集中行使本市有关行政审批权和行政处罚权。管委会实施行政审批和行政处罚的具体事项，由市人民政府确定并公布。

第九条　海关、检验检疫、海事、边检、工商、质监、税务、公安等部门设立自贸试验区工作机构（以下统称“驻区机构”），依法履行有关行政管理职责。

市人民政府其他有关部门和浦东新区人民政府（以下统称“有关部门”）按照各自职责，支持管委会的各项工作，承担自贸试验区其他行政事务。

第十条　管委会应当与驻区机构、有关部门建立合作协调和联动执法工作机制，提高执法效率和管理水平。

第十一条　管委会、驻区机构应当公布依法行使的行政审批权、行政处罚权和相关行政权力的清单及运行流程。发生调整的，应当及时更新。

第三章　投资开放

第十二条　自贸试验区在金融服务、航运服务、商贸服务、专业服务、文化服务、社会服务和一般制造业等领域扩大开放，暂停、取消或者放宽投资者资质要求、外资股比限制、经营范围限制等准入特别管理措施。

第十三条 自贸试验区内国家规定对外商投资实施的准入特别管理措施，由市人民政府发布负面清单予以列明，并根据发展实际适时调整。

自贸试验区实行外商投资准入前国民待遇加负面清单管理模式。负面清单之外的领域，按照内外资一致的原则，外商投资项目实行备案制，国务院规定对国内投资项目保留核准的除外；外商投资企业设立和变更实行备案管理。负面清单之内的领域，外商投资项目实行核准制，国务院规定对外商投资项目实行备案的除外；外商投资企业设立和变更实行审批管理。

外商投资项目和外商投资企业的备案办法，由市人民政府制定。

第十四条 自贸试验区推进企业注册登记制度便利化，依法实行注册资本认缴登记制。

工商行政管理部门组织建立外商投资项目核准（备案）、企业设立和变更审批（备案）等行政事务的企业准入单一窗口工作机制，统一接收申请材料，统一送达有关文书。投资者在自贸试验区设立外商投资企业，可以自主约定经营期限，法律、行政法规另有规定的除外。

在自贸试验区内登记设立的企业（以下简称区内企业）可以到区外再投资或者开展业务，有专项规定要求办理相关手续的，按照规定办理。

第十五条 区内企业取得营业执照后，即可从事一般生产经营活动；从事需要审批的生产经营活动的，可以在取得营业执照后，向有关部门申请办理。

从事法律、行政法规或者国务院决定规定需要前置审批的生产经营活动的，应当在申请办理营业执照前，依法办理批准手续。

第十六条 自贸试验区内投资者可以开展多种形式的境外投资。境外投资一般项目实行备案管理，境外投资开办企业实行以备案制为主的管理，由管委会统一接收申请材料，并统一送达有关文书。

境外投资项目和境外投资开办企业的备案办法，由市人民政府制定。

第十七条 区内企业解散、被宣告破产的，应当依法清算并办理注销登记等手续。

依法实行注册资本认缴制的区内企业，股东以认缴的出资额或者认购的股份为限对企业债务承担责任。

第四章 贸易便利

第十八条 自贸试验区与境外之间的管理为“一线”管理，自贸试验区与境内区外之间的管理为“二线”管理，按照“一线放开、二线安全高效管住、区内流转自由”的原则，在自贸试验区建立与国际贸易等业务发展需求相适应的监管模式。

第十九条 按照通关便利、安全高效的要求，在自贸试验区开展海关监管制度创新，促进新型贸易业态发展。

海关在自贸试验区建立货物状态分类监管制度，实行电子围网管理，推行通关无纸化、低风险快速放行。

境外进入区内的货物，可以凭进口舱单先行入区，分步办理进境申报手续。口岸出口货物实行先报关、后进港。

对区内和境内区外之间进出的货物，实行进出境备案清单比对、企业账册管理、电子信息联网等监管制度。

区内保税存储货物不设存储期限。简化区内货物流转流程，允许分送集报、自行运输；实现区内与其他海关特殊监管区域之间货物的高效便捷流转。

第二十条 按照进境检疫、适当放宽进出口检验，方便进出、严密防范质量安全风险的原则，在自贸试验区开展检验检疫监管制度创新。

检验检疫部门在自贸试验区运用信息化手段，建立出入境质量安全和疫病疫情风险管理机制，实施无纸化申报、签证、放行，实现风险信息的收集、分析、通报和运用，提供出入境货物检验检疫信息查询服务。

境外进入区内的货物属于检疫范围的，应当接受入境检疫；除重点敏感货物外，其他货物免于检验。

区内货物出区依企业申请，实行预检验制度，一次集中检验，分批核销放行。进出自贸试验区的保税展示商品免于检验。

区内企业之间仓储物流货物，免于检验检疫。

在自贸试验区建立有利于第三方检验鉴定机构发展和规范的管理制

度，检验检疫部门按照国际通行规则，采信第三方检测结果。

第二十一条　自贸试验区建立国际贸易单一窗口，形成区内跨部门的贸易、运输、加工、仓储等业务的综合管理服务平台，实现部门之间信息互换、监管互认、执法互助。

企业可以通过单一窗口一次性递交各管理部门要求的标准化电子信息，处理结果通过单一窗口反馈。

第二十二条　自贸试验区实行内外贸一体化发展，鼓励区内企业统筹开展国际贸易和国内贸易，培育贸易新型业态和功能，形成以技术、品牌、质量、服务为核心的竞争优势。

自贸试验区支持国际贸易、仓储物流、加工制造等基础业务转型升级和服务贸易发展。鼓励离岸贸易、国际大宗商品交易、融资租赁、期货保税交割、跨境电子商务等新型贸易发展，推动生物医药研发、软件和信息服务、数据处理等外包业务发展。

鼓励跨国公司在区内设立总部，建立整合贸易、物流、结算等功能的营运中心。

第二十三条　自贸试验区加强与海港、空港枢纽的联动，加强与区外航运产业集聚区协同发展，探索形成具有国际竞争力的航运发展制度和运作模式。

自贸试验区支持国际中转、集拼、分拨业务以及集装箱转运业务和航空货邮国际中转业务发展。符合条件的航运企业可以在国内沿海港口与上海港之间从事外贸进出口集装箱沿海捎带业务。

完善航运服务发展环境，在自贸试验区发展航运金融、国际船舶运输、国际船舶管理、国际船员服务和国际航运经纪等产业，发展航运运价指数衍生品交易业务，集聚航运服务功能性机构。

在自贸试验区实行以“中国洋山港”为船籍港的国际船舶登记制度，建立高效率的船舶登记流程。

第二十四条　自贸试验区简化区内企业外籍员工就业许可审批手续，放宽签证、居留许可有效期限，提供入境、出境和居留的便利。

对接受区内企业邀请开展商务贸易的外籍人员，出入境管理部门应当按照规定给予过境免签和临时入境便利。

对区内企业因业务需要多次出国、出境的中国籍员工，出入境管理部门应当提供办理出国出境证件的便利。

第五章　金融服务

第二十五条　在风险可控的前提下，在自贸试验区内创造条件稳步进行人民币资本项目可兑换、金融市场利率市场化、人民币跨境使用和外汇管理改革等方面的先行先试。

鼓励金融要素市场、金融机构根据国家规定，进行自贸试验区金融产品、业务、服务和风险管理等方面的创新。本市有关部门应当为自贸试验区金融创新提供支持和便利。

本市建立国家金融管理部门驻沪机构、市金融服务部门和管委会参加的自贸试验区金融工作协调机制。

第二十六条　自贸试验区建立有利于风险管理的自由贸易账户体系，实现分账核算管理。区内居民可以按照规定开立居民自由贸易账户；非居民可以在区内银行开立非居民自由贸易账户，按照准入前国民待遇原则享受相关金融服务；上海地区金融机构可以通过设立分账核算单元，提供自由贸易账户相关金融服务。

自由贸易账户之间以及自由贸易账户与境外账户、境内区外的非居民机构账户之间的资金，可以自由划转。自由贸易账户可以按照规定，办理跨境融资、担保等业务。居民自由贸易账户与境内区外的银行结算账户资金流动，视同跨境业务管理。同一非金融机构主体的居民自由贸易账户与其他银行结算账户之间，可以按照规定，办理资金划转。

第二十七条　自贸试验区跨境资金流动按照金融宏观审慎原则实施管理。简化自贸试验区跨境直接投资汇兑手续，自贸试验区跨境直接投资与前置核准脱钩，直接向银行办理所涉及的跨境收付、汇兑业务。各类区内主体可以按照规定开展相关的跨境投融资汇兑业务。

区内个人可以按照规定，办理经常项下跨境人民币收付业务，开展包括证券投资在内的各类跨境投资。区内个体工商户可以根据业务需要，向其境外经营主体提供跨境贷款。

区内金融机构和企业可以按照规定，进入证券和期货交易场所进行投资和交易。区内企业的境外母公司可以按照规定，在境内资本市场发行人民币债券。区内企业可以按照规定，开展境外证券投资以及衍生品投资业务。

区内企业、非银行金融机构以及其他经济组织可以按照规定，从境外融入本外币资金，在区内或者境外开展风险对冲管理。

第二十八条 根据中国人民银行有关规定，国家出台的各项鼓励和支持扩大人民币跨境使用的政策措施，均适用于自贸试验区。

简化自贸试验区经常项下以及直接投资项下人民币跨境使用。区内金融机构和企业可以从境外借入人民币资金。区内企业可以根据自身经营需要，开展跨境双向人民币资金池以及经常项下跨境人民币集中收付业务。上海地区银行业金融机构可以与符合条件的支付机构合作，提供跨境电子商务的人民币结算服务。

第二十九条 在自贸试验区推进利率市场化体系建设，完善自由贸易账户本外币资金利率市场化定价监测机制，区内符合条件的金融机构可以优先发行大额可转让存单，放开区内外币存款利率上限。

第三十条 建立与自贸试验区发展需求相适应的外汇管理体制。简化经常项目单证审核、直接投资项下外汇登记手续。放宽对外债权债务管理。改进跨国公司总部外汇资金集中运营管理、外币资金池以及国际贸易结算中心外汇管理。完善结售汇管理，便利开展大宗商品衍生品的柜台交易。

第三十一条 根据自贸试验区需要，经金融管理部门批准，支持不同层级、不同功能、不同类型、不同所有制的金融机构进入自贸试验区；引导和鼓励民间资本投资区内金融业；支持自贸试验区互联网金融发展；支持在区内建立面向国际的金融交易以及服务平台，提供登记、托管、交易和清算等服务；支持在区内建立完善信托登记平台，探索信托受益权流转机制。

第三十二条 本市配合金融管理部门完善金融风险监测和评估，建立与自贸试验区金融业务发展相适应的风险防范机制。

开展自贸试验区业务的上海地区金融机构和特定非金融机构应当按照规定，向金融管理部门报送相关信息，履行反洗钱、反恐怖融资和反逃税等义务，配合金融管理部门关注跨境异常资金流动，落实金融消费者和投资者保护责任。

第六章　税收管理

第三十三条　自贸试验区按照国家规定，实施促进投资和贸易的有关税收政策；其所属的上海外高桥保税区、上海外高桥保税物流园区、洋山保税港区和上海浦东机场综合保税区执行相应的海关特殊监管区域的税收政策。

遵循税制改革方向和国际惯例，积极研究完善不导致利润转移、税基侵蚀的适应境外股权投资和离岸业务发展的税收政策。

第三十四条　税务部门应当在自贸试验区建立便捷的税务服务体系，实施税务专业化集中审批，逐步取消前置核查，推行先审批后核查、核查审批分离的工作方式；推行网上办税，提供在线纳税咨询、涉税事项办理情况查询等服务，逐步实现跨区域税务通办。

第三十五条　税务部门应当在自贸试验区开展税收征管现代化试点，提高税收效率，营造有利于企业发展、公平竞争的税收环境。

税务部门应当运用税收信息系统和自贸试验区监管信息共享平台进行税收风险监测，提高税收管理水平。

第七章　综合监管

第三十六条　在自贸试验区创新行政管理方式，推进政府管理由注重事先审批转为注重事中事后监管，提高监管参与度，推动形成行政监管、行业自律、社会监督、公众参与的综合监管体系。

第三十七条　自贸试验区建立涉及外资的国家安全审查工作机制。对属于国家安全审查范围的外商投资，投资者应当申请进行国家安全审查；有关管理部门、行业协会、同业企业以及上下游企业可以提出国家安全审查建议。

当事人应当配合国家安全审查工作，提供必要的材料和信息，接受有关询问。

第三十八条　自贸试验区建立反垄断工作机制。

涉及区内企业的经营者集中，达到国务院规定的申报标准的，经营者应当事先申报，未申报的不得实施集中。对垄断协议、滥用市场支配地位以及滥用行政权力排除、限制竞争等行为，依法开展调查和执法。

第三十九条　管委会、驻区机构和有关部门应当记录企业及其有关责任人员的信用相关信息，并按照公共信用信息目录向市公共信用信息服务平台自贸试验区子平台归集。

管委会、驻区机构和有关部门可以在市场准入、货物通关、政府采购以及招投标等工作中，查询相对人的信用记录，使用信用产品，并对信用良好的企业和个人实施便利措施，对失信企业和个人实施约束和惩戒。

自贸试验区鼓励信用服务机构利用各方面信用信息开发信用产品，为行政监管、市场交易等提供信用服务；鼓励企业和个人使用信用产品和服务。

第四十条　自贸试验区实行企业年度报告公示制度和企业经营异常名录制度。

区内企业应当按照规定，报送企业年度报告，并对年度报告信息的真实性、合法性负责。企业年度报告按照规定向社会公示，涉及国家秘密、商业秘密和个人隐私的内容除外。

工商行政管理部门对区内企业报送年度报告的情况开展监督检查。发现企业未按照规定履行年度报告公示义务等情况的，应当载入企业经营异常名录，并向社会公示。

公民、法人和其他组织可以查阅企业年度报告和经营异常名录等公示信息，工商行政管理等部门应当提供查询便利。

企业年度报告公示和企业经营异常名录管理办法，由市工商行政管理部门制定。

第四十一条　在自贸试验区建设统一的监管信息共享平台，促进监管信息的归集、交换和共享。管委会、驻区机构和有关部门应当及时主动提供信息，参与信息交换和共享。

管委会、驻区机构和有关部门应当依托监管信息共享平台，整合监管资源，推动全程动态监管，提高联合监管和协同服务的效能。

监管信息归集、交换、共享的办法，由管委会组织驻区机构和有关部门制定。

第四十二条　鼓励律师事务所、会计师事务所、税务师事务所、知识产权服务机构、报关报检机构、检验检测机构、认证机构、船舶和船员代理机构、公证机构、司法鉴定机构、信用服务机构等专业机构在自贸试验区开展业务。

管委会、驻区机构和有关部门应当通过制度安排，将区内适合专业机构办理的事项，交由专业机构承担，或者引入竞争机制，通过购买服务等方式，引导和培育专业机构发展。

第四十三条　自贸试验区建立企业和相关组织代表等组成的社会参与机制，引导企业和相关组织等表达利益诉求、参与试点政策评估和市场监督。

支持行业协会、商会等参与自贸试验区建设，推动行业协会、商会等制定行业管理标准和行业公约，加强行业自律。

区内企业从事经营活动，应当遵守社会公德、商业道德，接受社会公众的监督。

第四十四条　在自贸试验区推进电子政务建设，在行政管理领域推广电子签名和具有法律效力的电子公文，实行电子文件归档和电子档案管理。电子档案与纸质档案具有同等法律效力。

第四十五条　本市建立自贸试验区综合性评估机制。市发展改革部门应当会同管委会和有关部门，自行或者委托第三方开展监管制度创新、行业整体、行业企业试点政策实施情况和风险防范等方面的评估，为推进完善扩大开放领域、改革试点任务和制度创新措施提供政策建议。

第八章　法治环境

第四十六条　坚持运用法治思维、法治方式在自贸试验区开展各项改革创新，为自贸试验区建设营造良好的法治环境。

国家规定的自贸试验区投资、贸易、金融、税收等改革试点措施发生调整，或者国家规定其他区域改革试点措施可适用于自贸试验区的，按照相关规定执行。

本市地方性法规不适应自贸试验区发展的，市人民政府可以提请市人大及其常委会就其在自贸试验区的适用做出相应规定；本市规章不适应自贸试验区发展的，管委会可以提请市人民政府就其在自贸试验区的适用做出相应规定。

第四十七条　自贸试验区内各类市场主体的平等地位和发展权利，

受法律保护。区内各类市场主体在监管、税收和政府采购等方面享有公平待遇。

第四十八条　自贸试验区内投资者合法拥有的企业、股权、知识产权、利润以及其他财产和商业利益，受法律保护。

第四十九条　自贸试验区内劳动者平等就业、选择职业、取得劳动报酬、休息休假、获得劳动安全卫生保护、接受职业技能培训、享受社会保险和福利、参与企业民主管理等权利，受法律保护。

在自贸试验区推行企业和劳动者集体协商机制，推动双方就劳动报酬、劳动安全卫生等有关事项进行平等协商。发挥工会在维护职工权益、促进劳动关系和谐稳定方面的作用。

在自贸试验区健全公正、公开、高效、便民的劳动保障监察和劳动争议处理机制，保护劳动者和用人单位双方的合法权益。

第五十条　加强自贸试验区环境保护工作，探索开展环境影响评价分类管理，提高环境保护管理水平和效率。

鼓励区内企业申请国际通行的环境和能源管理体系标准认证，采用先进生产工艺和技术，节约能源，减少污染物和温室气体排放。

第五十一条　加强自贸试验区知识产权保护工作，完善行政保护与司法保护衔接机制。

本市有关部门应当和国家有关部门加强协作，实行知识产权进出境保护和境内保护的协同管理和执法配合，探索建立自贸试验区知识产权统一管理和执法的体制、机制。

完善自贸试验区知识产权纠纷多元解决机制，鼓励行业协会和调解、仲裁、知识产权中介服务等机构在协调解决知识产权纠纷中发挥作用。

第五十二条　本市制定有关自贸试验区的地方性法规、政府规章、规范性文件，应当主动公开草案内容，征求社会公众、相关行业组织和企业等方面的意见；通过并公布后，应当对社会各方意见的处理情况做出说明；在公布和实施之间，应当预留合理期限，作为实施准备期。但因紧急情况等原因需要立即制定和施行的除外。

本市制定的有关自贸试验区的地方性法规、政府规章、规范性文件，应当在通过后及时公开，并予以解读和说明。

第五十三条　公民、法人和其他组织对管委会制定的规范性文件有异议的，可以提请市人民政府进行审查。审查规则由市人民政府制定。

第五十四条　本市建立自贸试验区信息发布机制，通过新闻发布会、信息通报例会或者书面发布等形式，及时发布自贸试验区相关信息。

管委会应当收集国家和本市关于自贸试验区的法律、法规、规章、政策、办事程序等信息，在中国（上海）自由贸易试验区门户网站上公布，方便各方面查询。

第五十五条　自贸试验区实行相对集中行政复议权制度。

公民、法人或者其他组织不服管委会、市人民政府工作部门及其驻区机构、浦东新区人民政府在自贸试验区内做出的具体行政行为，可以向市人民政府申请行政复议；不服浦东新区人民政府工作部门在自贸试验区内做出的具体行政行为，可以向浦东新区人民政府申请行政复议。重大、复杂、疑难的行政复议案件，应当由行政复议委员会审议。

第五十六条　依法在自贸试验区设立司法机构，公正高效地保障中外当事人合法权益。

本市依法设立的仲裁机构应当依据法律、法规并借鉴国际商事仲裁惯例，适应自贸试验区特点完善仲裁规则，提高商事纠纷仲裁的国际化程度，并基于当事人的自主选择，提供独立、公正、专业、高效的仲裁服务。

本市设立的行业协会、商会以及商事纠纷专业调解机构等可以参与自贸试验区商事纠纷调解，发挥争议解决作用。

第九章　附则

第五十七条　本条例自 2014 年 8 月 1 日起施行。1996 年 12 月 19 日上海市第十届人民代表大会常务委员会第三十二次会议审议通过的《上海外高桥保税区条例》同时废止。

进一步深化中国（上海）自由贸易试验区改革开放方案

国发〔2015〕21号

中国（上海）自由贸易试验区（以下简称自贸试验区）运行以来，围绕加快政府职能转变，推动体制机制创新，营造国际化、市场化、法治化营商环境等积极探索，取得了重要阶段性成果。为贯彻落实党中央、国务院关于进一步深化自贸试验区改革开放的要求，深入推进《中国（上海）自由贸易试验区总体方案》确定的各项任务，制定本方案。

一、总体要求

（一）指导思想

全面贯彻落实党的十八大和十八届二中、三中、四中全会精神，按照党中央、国务院决策部署，紧紧围绕国家战略，进一步解放思想，坚持先行先试，把制度创新作为核心任务，把防控风险作为重要底线，把企业作为重要主体，以开放促改革、促发展，加快政府职能转变，在更广领域和更大空间积极探索以制度创新推动全面深化改革的新路径，率先建立符合国际化、市场化、法治化要求的投资和贸易规则体系，使自贸试验区成为我国进一步融入经济全球化的重要载体，推动“一带一路”建设和长江经济带发展，做好可复制可推广经验总结推广，更好地发挥示范引领、服务全国的积极作用。

（二）发展目标

按照党中央、国务院对自贸试验区“继续积极大胆闯、大胆试、自主改”“探索不停步、深耕试验区”的要求，深化完善以负面清单管理为核心的投资管理制度、以贸易便利化为重点的贸易监管制度、以资本项目可兑换和金融服务业开放为目标的金融创新制度、以政府职能转变为核心的事中事后监管制度，形成与国际投资贸易通行规则相衔接的制度创新体系，充分发挥金融贸易、先进制造、科技创新等重点功能承载区的辐射带动作用，力争建设成为开放度最高的投资贸易便利、货币兑换自由、监管高效便捷、法制环境规范的自由贸易园区。

（三）实施范围

自贸试验区的实施范围120.72平方公里，涵盖上海外高桥保税区、上海外高桥保税物流园区、洋山保税港区、上海浦东机场综合保税区4个海关特殊监管区域（28.78平方公里）以及陆家嘴金融片区（34.26平方公里）、金桥开发片区（20.48平方公里）、张江高科技片区（37.2平方公里）。

自贸试验区土地开发利用须遵守土地利用法律法规。浦东新区要加大自主改革力度，加快政府职能转变，加强事中事后监管等管理模式创新，加强与上海国际经济、金融、贸易、航运中心建设的联动机制。

二、主要任务和措施

（一）加快政府职能转变

1. 完善负面清单管理模式。推动负面清单制度成为市场准入管理的主要方式，转变以行政审批为主的行政管理方式，制定发布政府权力清单和责任清单，进一步厘清政府和市场的关系。强化事中事后监管，推进监管标准规范制度建设，加快形成行政监管、行业自律、社会监督、公众参与的综合监管体系。

2. 加强社会信用体系应用。完善公共信用信息目录和公共信用信息应用清单，在市场监管、城市管理、社会治理、公共服务、产业促进等方面，扩大信用信息和信用产品应用，强化政府信用信息公开，探索建立采信第三方信用产品和服务的制度安排。支持信用产品开发，促进征信市场发展。

3. 加强信息共享和服务平台应用。加快以大数据中心和信息交换枢纽为主要功能的信息共享和服务平台建设，扩大部门间信息交换和应用领域，逐步统一信息标准，加强信息安全保障，推进部门协同管理，为加强事中事后监管提供支撑。

4. 健全综合执法体系。明确执法主体以及相对统一的执法程序和文书，建立联动联勤平台，完善网上执法办案系统。健全城市管理、市场监督等综合执法体系，建立信息共享、资源整合、执法联动、措施协同的监管工作机制。

5. 健全社会力量参与市场监督制度。通过扶持引导、购买服务、制定标准等制度安排，支持行业协会和专业服务机构参与市场监督。探索引入第三方专业机构参与企业信息审查等事项，建立社会组织与企业、行业之间的服务对接机制。充分发挥自贸试验区社会参与委员会作用，推动行业组织诚信自律。试点扩大涉外民办非企业单位登记范围。支持全国性、区域性行业协会入驻，探索引入竞争机制，在规模较大、交叉的行业以及新兴业态中试行“一业多会、适度竞争”。

6. 完善企业年度报告公示和经营异常名录制度。根据《企业信息公示暂行条例》，完善企业年度报告公示实施办法。采取书面检查、实地核查、网络监测、大数据比对等方式，对自贸试验区内企业年报公示信息进行抽查，依法将抽查结果通过企业信用信息公示系统向社会公示，营造企业自律环境。

7. 健全国家安全审查和反垄断审查协助工作机制。建立地方参与国家安全审查和反垄断审查的长效机制，配合国家有关部门做好相关工作。在地方事权范围内，加强相关部门协作，实现信息互通、协同研判、执法协助，进一步发挥自贸试验区在国家安全审查和反垄断审查工作中的建议申报、调查配合、信息共享等方面的协助作用。

8. 推动产业预警制度创新。配合国家有关部门试点建立与开放市场环境相匹配的产业预警体系，及时发布产业预警信息。上海市人民政府可选择重点敏感产业，通过实施技术指导、员工培训等政策，帮助企业克服贸易中遇到的困难，促进产业升级。

9. 推动信息公开制度创新。提高行政透明度，主动公开自贸试验区相关政策内容、管理规定、办事程序等信息，方便企业查询。对涉及自贸试验区的地方政府规章和规范性文件，主动公开草案内容，接受公众评论，并在公布和实施之间预留合理期限。实施投资者可以提请上海市人民政府对自贸试验区管理委员会制定的规范性文件进行审查的制度。

10. 推动公平竞争制度创新。严格环境保护执法，建立环境违法法人“黑名单”制度。加大宣传培训力度，引导自贸试验区内企业申请环境能源管理体系认证和推进自评价工作，建立长效跟踪评价机制。

11. 推动权益保护制度创新。完善专利、商标、版权等知识产权行政管理和执法体制机制，完善司法保护、行政监管、仲裁、第三方调解等知识产权纠纷多元解决机制，完善知识产权工作社会参与机制。优化知识产权发展环境，集聚国际知识产权资源，推进上海亚太知识产权中心建设。进一步对接国际商事争议解决规则，优化自贸试验区仲裁规则，支持国际知名商事争议解决机构入驻，提高商事纠纷仲裁国际化程度。探索建立全国性的自贸试验区仲裁法律服务联盟和亚太仲裁机构交流合作机制，加快打造面向全球的亚太仲裁中心。

12. 深化科技创新体制机制改革。充分发挥自贸试验区和国家自主创新示范区政策叠加优势，全面推进知识产权、科研院所、高等教育、人才流动、国际合作等领域体制机制改革，建立积极灵活的创新人才发展制度，健全企业主体创新投入制度，建立健全财政资金支持形成的知识产权处置和收益机制，建立专利导航产业发展工作机制，构建市场导向的科技成果转移转化制度，完善符合创新规律的政府管理制度，推动形成创新要素自由流动的开放合作新局面，在投贷联动金融服务模式创新、技术类无形资产入股、发展新型产业技术研发组织等方面加大探索力度，加快建设具有全球影响力的科技创新中心。

（二）深化与扩大开放相适应的投资管理制度创新

13. 进一步扩大服务业和制造业等领域开放。探索实施自贸试验区外商投资负面清单制度，减少和取消对外商投资准入限制，提高开放度和透明度。自贸试验区已试点的对外开放措施适用于陆家嘴金融片区、金桥开发片区和张江高科技片区。根据国家对外开放战略要求，在服务业和先进制造业等领域进一步扩大开放。在严格遵照全国人民代表大会常务委员会授权的前提下，自贸试验区部分对外开放措施和事中事后监管措施辐射到整个浦东新区，涉及调整行政法规、国务院文件和经国务院批准的部门规章的部分规定的，按规定程序办理。

14. 推进外商投资和境外投资管理制度改革。对外商投资准入特别管理措施（负面清单）之外领域，按照内外资一致原则，外商投资项目实行备案制（国务院规定对国内投资项目保留核准的除外）；根据全国人民代表大会常务委员会授权，将外商投资企业设立、变更及合同章程审批改为备案管理，备案后按国家有关规定办理相关手续。对境外投资项目和境外投资开办企业实行以备案制为主的管理方式，建立完善境外投资服务促进平台。试点建立境外融资与跨境资金流动宏观审慎管理政策框架，支持企业开展国际商业贷款等各类境外融资活动。统一内外资企业外债政策，建立健全外债宏观审慎管理制度。

15. 深化商事登记制度改革。探索企业登记住所、企业名称、经营范围登记等改革，开展集中登记试点。推进“先照后证”改革。探索许可证清单管理模式。简化和完善企业注销流程，试行对个体工商户、未开业企业、无债权债务企业实行简易注销程序。

16. 完善企业准入“单一窗口”制度。加快企业准入“单一窗口”从企业设立向企业工商变更、统计登记、报关报检单位备案登记等环节拓展，逐步扩大“单一窗口”受理事项范围。探索开展电子营业执照和企业登记全程电子化试点工作。探索实行工商营业执照、组织机构代码证和税务登记证“多证联办”或“三证合一”登记制度。

（三）积极推进贸易监管制度创新

17. 在自贸试验区内的海关特殊监管区域深化“一线放开”“二线安全高效管住”贸易便利化改革。推进海关特殊监管区域整合优化，完善功能。加快形成贸易便利化创新举措的制度规范，覆盖到所有符合条件的企业。加强口岸监管部门联动，规范并公布通关作业时限。鼓励企业参与“自主报税、自助通关、自动审放、重点稽核”等监管制度创新试点。

18. 推进国际贸易“单一窗口”建设。完善国际贸易“单一窗口”的货物进出口和运输工具进出境的应用功能，进一步优化口岸监管执法流程和通关流程，实现贸易许可、支付结算、资质登记等平台功能，将涉及贸易监管的部门逐步纳入“单一窗口”管理平台。探索长三角区域国际贸易“单一窗口”建设，推动长江经济带通关一体化。

19. 统筹研究推进货物状态分类监管试点。按照管得住、成本和风险可控原则，规范政策，创新监管模式，在自贸试验区内的海关特殊监管区域统筹研究推进货物状态分类监管试点。

20. 推动贸易转型升级。推进亚太示范电子口岸网络建设。加快推进大宗商品现货市场和资源配置平台建设，强化监管、创新制度、探索经验。深化贸易平台功能，依法合规开展文化版权交易、艺术品交易、印刷品对外加工等贸易，大力发展知识产权专业服务业。推动生物医药、软件信息等新兴服务贸易和技术贸易发展。按照公平竞争原则，开展跨境电子商务业务，促进上海跨境电子商务公共服务平台与境内外各类企业直接对接。统一内外资融资租赁企业准入标准、审批流程和事中事后监管制度。探索融资租赁物登记制度，在符合国家规定前提下开展租赁资产交易。探索适合保理业务发展的境外融资管理新模式。稳妥推进外商投资典当行试点。

21. 完善具有国际竞争力的航运发展制度和运作模式。建设具有较强服务功能和辐射能力的上海国际航运中心，不断提高全球航运资源配置能力。加快国际船舶登记制度创新，充分利用现有中资“方便旗”船税收优惠政策，促进符合条件的船舶在上海落户登记。扩大国际中转集拼业务，拓展海运国际中转集拼业务试点范围，打造具有国际竞争力的拆、拼箱运作环境，实现洋山保税港区、外高桥保税物流园区集装箱国际中转集拼业务规模化运作；拓展浦东机场货邮中转业务，增加国际中转集拼航线和试点企业，在完善总运单拆分国际中转业务基础上，拓展分运单集拼国际中转业务。优化沿海捎带业务监管模式，提高中资非五星旗船沿海捎带业务通关效率。推动与旅游业相关的邮轮、游艇等旅游运输工具出行便利化。在符合国家规定前提下，发展航运运价衍生品交易业务。深化多港区联动机制，推进外高桥港、洋山深水港、浦东空港国际枢纽港联动发展。符合条件的地区可按规定申请实施境外旅客购物离境退税政策。

（四）深入推进金融制度创新

22. 加大金融创新开放力度，加强与上海国际金融中心建设的联动。具体方案由人民银行会同有关部门和上海市人民政府另行报批。

（五）加强法制和政策保障

23. 健全法制保障体系。全国人民代表大会常务委员会已经授权国务院，在自贸试验区扩展区域暂时调整《中华人民共和国外资企业法》《中华人民共和国中外合资经营企业法》《中华人民共和国中外合作经营企业法》和《中华人民共和国台湾同胞投资保护法》规定的有关行政审批；扩展区域涉及《国务院关于在中国（上海）自由贸易试验区内暂时调整有关行政法规和国务院文件规定的行政审批或者准入特别管理措施的决定》（国发〔2013〕51号）和《国务院关于在中国（上海）自由贸易试验区内暂时调整实施有关行政法规和经国务院批准的部门规章规定的准入特别管理措施的决定》（国发〔2014〕38号）暂时调整实施有关行政法规、国务院文件和经国务院批准的部门规章的部分规定的，按规定程序办理；自贸试验区需要暂时调整实施其他有关行政法规、国务院文件和经国务院批准的部门规章的部分规定的，按规定程序办理。加强地方立法，对试点成熟的改革事项，适时将相关规范性文件上升为地方性法规和规章。建立自贸试验区综合法律服务窗口等司法保障和服务体系。

24. 探索适应企业国际化发展需要的创新人才服务体系和国际人才流动通行制度。完善创新人才集聚和培育机制，支持中外合作人才培训项目发展，加大对海外人才服务力度，提高境内外人员出入境、外籍人员签证和居留、就业许可、驾照申领等事项办理的便利化程度。

25. 研究完善促进投资和贸易的税收政策。自贸试验区内的海关特殊监管区域实施范围和税收政策适用范围维持不变。在符合税制改革方向和国际惯例，以及不导致利润转移和税基侵蚀前提下，调整完善对外投资所得抵免方式；研究完善适用于境外股权投资和离岸业务的税收制度。

三、扎实做好组织实施

在国务院的领导和协调下，由上海市根据自贸试验区的目标定位和先行先试任务，精心组织实施，调整完善管理体制和工作机制，形成可操作的具体计划。对出现的新情况、新问题，认真研究，及时调整试点内容和政策措施，重大事项及时向国务院请示报告。各有关部门要继续给予大力支持，加强指导和服务，共同推进相关体制机制创新，把自贸试验区建设好、管理好。

国务院

2015年4月8日

国务院关于推广中国（上海）自由贸易试验区可复制改革试点经验的通知

国发〔2014〕65号

各省、自治区、直辖市人民政府，国务院各部委、各直属机构：

设立中国（上海）自由贸易试验区（以下简称上海自贸试验区）是党中央、国务院做出的重大决策。上海自贸试验区成立一年多来，上海市和有关部门以简政放权、放管结合的制度创新为核心，加快政府职能转变，探索体制机制创新，在建立以负面清单管理为核心的外商投资管理制度、以贸易便利化为重点的贸易监管制度、以资本项目可兑换和金融服务业开放为目标的金融创新制度、以政府职能转变为核心的事中事后监管制度等方面，形成了一批可复制、可推广的改革创新成果。经党中央、国务院批准，上海自贸试验区的可复制改革试点经验将在全国范围内推广。现就有关事项通知如下：

一、可复制推广的主要内容

上海自贸试验区可复制改革试点经验，原则上，除涉及法律修订、上海国际金融中心建设事项外，能在其他地区推广的要尽快推广，能在全国范围内推广的要推广到全国。有关部门结合自身深化改革的各项工作，已在全国范围复制推广了一批经验和做法。在此基础上，进一步推广以下事项：

（一）在全国范围内复制推广的改革事项

1. 投资管理领域：外商投资广告企业项目备案制、涉税事项网上审批备案、税务登记号码网上自动赋码、网上自主办税、纳税信用管理的网上信用评级、组织机构代码实时赋码、企业标准备案管理制度创新、取消生产许可证委托加工备案、企业设立实行“单一窗口”等。

2. 贸易便利化领域：全球维修产业检验检疫监管、中转货物产地来源证管理、检验检疫通关无纸化、第三方检验结果采信、出入境生物材料制品风险管理等。

3. 金融领域：个人其他经常项下人民币结算业务、外商投资企业外汇资本金意愿结汇、银行办理大宗商品衍生品柜台交易涉及的结售汇业务、直接投资项下外汇登记及变更登记下放银行办理等。

4. 服务业开放领域：允许融资租赁公司兼营与主营业务有关的商业保理业务、允许设立外商投资资信调查公司、允许设立股份制外资投资性公司、融资租赁公司设立子公司不设最低注册资本限制、允许内外资企业从事游戏游艺设备生产和销售等。

5. 事中事后监管措施：社会信用体系、信息共享和综合执法制度、企业年度报告公示和经营异常名录制度、社会力量参与市场监督制度，以及各部门的专业监管制度。

（二）在全国其他海关特殊监管区域复制推广的改革事项

1. 海关监管制度创新：期货保税交割海关监管制度、境内外维修海关监管制度、融资租赁海关监管制度等措施。

2. 检验检疫制度创新：进口货物预检验、分线监督管理制度、动植物及其产品检疫审批负面清单管理等措施。

二、高度重视推广工作

各地区、各部门要深刻认识推广上海自贸试验区可复制改革试点经验的重大意义，将推广工作作为全面深化改革的重要举措，积极转变政府管理理念，以开放促改革，结合本地区、本部门实际情况，着力解决市场体系不完善、政府干预过多和监管不到位等问题，更好地发挥市场在资源配置中的决定性作用和政府作用。要适应经济全球化的趋势，逐步构建与我国开放型经济发展要求相适应的新体制、新模式，释放改革红利，促进国际国内要素有序自由流动、资源高效配置、市场深度融合，加快培育参与和引领国际经济合作竞争的新优势。

三、切实做好组织实施

各省（自治区、直辖市）人民政府要因地制宜，将推广相关体制机制改革措施列为本地区重点工作，建立健全领导机制，积极创造条件、扎实推进，确保改革试点经验生根落地，产生实效。国务院各有关部门要按照规定时限完成相关改革试点经验推广工作。各省（自治区、直辖市）人民政府和国务院各有关部门要制定工作方案，明确具体任务、时间节点和可检验的成果形式，于 2015 年 1 月 31 日前送商务部，由商务部汇总后报国务院。改革试点经验推广过程中遇到的重大问题，要及时报告国务院。

附件：

1. 国务院有关部门负责复制推广的改革事项任务分工表。

2. 各省（自治区、直辖市）人民政府借鉴推广的改革事项任务表。

国务院

2014 年 12 月 21 日

附件 1

<table>
<tr><th>序号</th><th>改革事项</th><th>负责部门</th><th>推广范围</th><th>时限</th></tr>
<tr><td>1</td><td>外商投资广告企业项目备案制</td><td>工商总局</td><td rowspan="21">全国</td><td rowspan="21">2015 年 6 月 30 日前</td></tr>
<tr><td>2</td><td>涉税事项网上审批备案</td><td rowspan="4">税务总局</td></tr>
<tr><td>3</td><td>税务登记号码网上自动赋码</td></tr>
<tr><td>4</td><td>网上自主办税</td></tr>
<tr><td>5</td><td>纳税信用管理的网上信用评级</td></tr>
<tr><td>6</td><td>组织机构代码实时赋码</td><td rowspan="8">质检总局</td></tr>
<tr><td>7</td><td>企业标准备案管理制度创新</td></tr>
<tr><td>8</td><td>取消生产许可证委托加工备案</td></tr>
<tr><td>9</td><td>全球维修产业检验检疫监管</td></tr>
<tr><td>10</td><td>中转货物产地来源证管理</td></tr>
<tr><td>11</td><td>检验检疫通关无纸化</td></tr>
<tr><td>12</td><td>第三方检验结果采信</td></tr>
<tr><td>13</td><td>出入境生物材料制品风险管理</td></tr>
<tr><td>14</td><td>个人其他经常项下人民币结算业务</td><td>人民银行</td></tr>
<tr><td>15</td><td>外商投资企业外汇资本金意愿结汇</td><td>外汇局</td></tr>
<tr><td>16</td><td>银行办理大宗商品衍生品柜台交易涉及的结售汇业务</td><td></td></tr>
<tr><td>17</td><td>直接投资项下外汇登记及变更登记下放银行办理</td><td></td></tr>
<tr><td>18</td><td>允许融资租赁公司兼营与主营业务有关的商业保理业务</td><td rowspan="4">商务部</td></tr>
<tr><td>19</td><td>允许设立外商投资资信调查公司</td></tr>
<tr><td>20</td><td>允许设立股份制外资投资性公司</td></tr>
<tr><td>21</td><td>融资租赁公司设立子公司不设最低注册资本限制</td></tr>
</table>

续表

序号	改革事项	负责部门	推广范围	时限
22	允许内外资企业从事游戏游艺设备生产和销售，经文化部门内容审核后面向国内市场销售	文化部	全国	2015 年 6 月 30 日前
23	从投资者条件、企业设立程序、业务规则、监督管理、违规处罚等方面明确扩大开放行业具体监管要求，完善专业监管制度	各行业监管部门	在全国借鉴推广	结合扩大开放情况
24	期货保税交割海关监管制度	海关总署	海关特殊监管区域	2015 年 6 月 30 日前
25	境内外维修海关监管制度			
26	融资租赁海关监管制度			
27	进口货物预检验	质检总局		
28	分线监督管理制度			
29	动植物及其产品检疫审批负面清单管理			

附件 2

序号	改革事项	主要内容	时限
1	企业设立实行“单一窗口”	企业设立实行“一个窗口”集中受理	2—3 年内
2	社会信用体系	建设公共信用信息服务平台，完善与信用信息、信用产品使用有关的系列制度等	
3	信息共享和综合执法制度	建设信息服务和共享平台，实现各管理部门监管信息的归集应用和全面共享；建立各部门联动执法、协调合作机制等	
4	企业年度报告公示和经营异常名录制度	与工商登记制度改革相配套，运用市场化、社会化的方式对企业进行监管	
5	社会力量参与市场监督制度	通过扶持引导、购买服务、制定标准等制度安排，支持行业协会和专业服务机构参与市场监督	
6	完善专业监管制度	配合行业监管部门完善专业监管制度	结合扩大开放情况

国务院关于做好自由贸易试验区新一批改革试点经验复制推广工作的通知

国发〔2016〕63号

各省、自治区、直辖市人民政府，国务院各部委、各直属机构：

设立自由贸易试验区（以下简称自贸试验区）是党中央、国务院在新形势下做出的重大决策。2015年4月，中国（广东）自由贸易试验区、中国（天津）自由贸易试验区、中国（福建）自由贸易试验区以及中国（上海）自由贸易试验区扩展区域运行。1年多来，4省市和有关部门按照党中央、国务院部署，以制度创新为核心，简政放权、放管结合、优化服务，推动自贸试验区在投资、贸易、金融、事中事后监管等多个方面进行了大胆探索，形成了新一批改革创新成果。经党中央、国务院批准，自贸试验区可复制、可推广的新一批改革试点经验将在全国范围内复制推广。现就有关事项通知如下：

一、复制推广的主要内容

（一）在全国范围内复制推广的改革事项

1. 投资管理领域："负面清单以外领域外商投资企业设立及变更审批改革""税控发票领用网上申请""企业简易注销"3项。

2. 贸易便利化领域："依托电子口岸公共平台建设国际贸易单一窗口，推进单一窗口免费申报机制""国际海关经认证的经营者（AEO）互认制度""出境加工监管""企业协调员制度""原产地签证管理改革创新""国际航行船舶检疫监管新模式""免除低风险动植物检疫证书清单制度"7项。

3. 事中事后监管措施："引入中介机构开展保税核查、核销和企业稽查""海关企业进出口信用信息公示制度"2项。

（二）在海关特殊监管区域复制推广的改革事项

包括："入境维修产品监管新模式""一次备案，多次使用""委内加工监管""仓储货物按状态分类监管""大宗商品现货保税交易""保税展示交易货物分线监管、预检验和登记核销管理模式""海关特殊监管区域间保税货物流转监管模式”7项。

二、高度重视推广工作

各地区、各部门要深刻认识复制推广自贸试验区改革试点经验的重大意义，将复制推广工作作为贯彻落实创新、协调、绿色、开放、共享的发展理念，推进供给侧结构性改革的重要举措，积极转变政府管理理念，提高政府管理水平，着力推动制度创新，深入推进简政放权、放管结合、优化服务改革，逐步构建与我国开放型经济发展要求相适应的新体制、新模式，持续释放改革红利，增强发展新动能、拓展发展新空间。

三、切实做好组织实施

各省（自治区、直辖市）人民政府要将自贸试验区改革试点经验复制推广工作列为本地区重点工作，完善领导机制和复制推广工作机制，积极创造条件、扎实推进，确保改革试点经验落地生根，产生实效。国务院各有关部门要按照规定时限完成复制推广工作，需报国务院批准的事项要按程序报批，需调整有关行政法规、国务院文件和部门规章规定的，要按法定程序办理。国务院自由贸易试验区工作部际联席会议办公室要适时督促检查改革试点经验复制推广工作进展情况及其效果。复制推广工作中遇到的重大问题，要及时向国务院报告。

附件：自由贸易试验区改革试点经验复制推广工作任务分工表

国务院

2016年11月2日

附件　　自由贸易试验区改革试点经验复制推广工作任务分工表

序号	改革事项	负责部门	推广范围	时限
1	负面清单以外领域外商投资企业设立及变更审批改革	商务部	全国	2016年11月30日前
2	依托电子口岸公共平台建设国际贸易单一窗口，推进单一窗口免费申报机制	海关总署	全国	
3	国际海关经认证的经营者（AEO）互认制度	海关总署	全国	
4	出境加工监管	海关总署	全国	
5	企业协调员制度	海关总署	全国	

续表

序号	改革事项	负责部门	推广范围	时限
6	引入中介机构开展保税核查、核销和企业稽查	海关总署	全国	2016年11月30日前
7	海关企业进出口信用信息公示制度	海关总署	全国	
8	税控发票领用网上申请	税务总局	全国	
9	企业简易注销	工商总局	全国	
10	原产地签证管理改革创新	质检总局 海关总署	全国	
11	国际航行船舶检疫监管新模式	质检总局	全国	
12	免除低风险动植物检疫证书清单制度	质检总局	全国	
13	入境维修产品监管新模式	商务部 海关总署 质检总局 环境保护部	全国海关特殊监管区域	
14	一次备案，多次使用	海关总署	全国海关特殊监管区域	
15	委内加工监管	海关总署	全国海关特殊监管区域	
16	仓储货物按状态分类监管	海关总署	全国海关特殊监管区域	
17	大宗商品现货保税交易	海关总署	全国海关特殊监管区域	
18	保税展示交易货物分线监管、预检验和登记核销管理模式	质检总局	全国海关特殊监管区域	
19	海关特殊监管区域间保税货物流转监管模式	海关总署	实行通关一体化的海关特殊监管区域	

进一步深化中国（上海）自由贸易试验区和浦东新区事中事后监管体系建设总体方案

沪府办发〔2016〕30号

为贯彻落实国务院印发的《中国（上海）自由贸易试验区总体方案》（国发〔2013〕38号）、《进一步深化中国（上海）自由贸易试验区改革开放方案》（国发〔2015〕21号），进一步深化中国（上海）自由贸易试验区（以下简称上海自贸试验区）和浦东新区事中事后监管体系建设，制定本方案。

一、总体目标和基本原则

（一）总体目标

围绕营造法治化、国际化、便利化的营商环境和公平、统一、高效的市场环境，使市场在资源配置中起决定性作用和更好发挥政府作用，着力解决市场体系不完善、政府干预过多和监管不到位等问题，深入推进简政放权、放管结合、优化服务改革，努力做到放得更活、管得更好、服务更优。围绕构建权责明确、公平公正、透明高效、法治保障的事中事后监管体系，改革监管体制、创新监管模式、强化监管手段，探索建立以综合监管为基础、以专业监管为支撑的监管体系，构建市场主体自律、业界自治、社会监督、政府监管互为支撑的监管格局，全面提升开放条件下的公共治理能力，切实提高事中事后监管的针对性、有效性，使市场和社会既充满活力又规范有序。

（二）基本原则

1. 坚持法治理念。遵循权责法定，推进事中事后监管的法治化、制度化、规范化、程序化，做到于法有据、便捷适度、监管到位。

2. 坚持问题导向。聚焦重点领域、关键环节，找准监管风险点，主动调整不适应新情况、新要求的体制机制和方式方法，做好事中事后监管补短板。

3. 坚持制度创新。发挥浦东综合配套改革和上海自贸试验区改革平台的作用，率先在事中事后监管体系、模式、标准、方式、手段等方面形成一批可复制推广的经验成果。

4. 坚持综合监管。在强化市场主体自律的同时加强业界自治、社会监督和政府监管，形成市场、社会、政府各尽其责、相互支撑的良好局面。

5. 坚持放管结合。既要简政放权，又要管住管好，以有效的“管”保障有力的“放”，通过有力的“放”与有效的“管”更好地释放市场活力、维护市场秩序。

二、主要任务

（一）引导市场主体自律

筑牢市场主体自律的第一道防线，对市场机制可以解决的问题交由市场解决，促使市场自我约束、自我净化。

1. 强化市场主体责任。建立完善市场主体首负责任制，促使市场主体在安全生产、质量管理、营销宣传、售后服务、信息公示等方面加强自我监督、履行法定义务。

2. 创新市场评价机制。鼓励支持电子商务等互联网平台企业为交易当事人提供公平、公正、透明的信用评价服务，客观记录并公开交易与消费评价信息，促进市场参与各方加强自我约束。

3. 发挥金融机构的市场制约作用。通过推动保险、银行等金融机构在业务中嵌入风险管理功能，形成监督有力、风险分担的市场化监督和市场救济机制。创新市场化保险机制，在食品药品、生态环境、安全生产、建筑工程等领域推行责任保险。落实商业银行“展业三原则”，发挥其在跨境资金流动等方面的监测监控作用。督促商业银行等切实履行第三方托管机构的责任，加大对互联网金融、股权投资等资金的监测监控力度。

（二）探索业界自治

充分发挥行业协会和商会对促进行业规范发展的重要作用，推进政府监管和业界自治的良性互动。

1. 支持行业协会和商会发展。推动行业协会商会建立健全行业经营自律规范、自律公约和职业道德准则，规范会员行为。建立政府与行业协会商会间的信用信息互联共享机制。通过政府购买服务等方式，支持行业协会商会开展行业信用评价工作，建立健全企业信用档案，完善行业信用体系。探索将航运保险等贴近市场的金融创新的审核和监管职能，下放至金融同业公会等市场组织机构，发挥互联网金融协会等组织在行业规范发展方面的重要作用。

2. 建立新型业界自治平台。深化上海自贸试验区社会参与委员会改革试点。以陆家嘴法定机构试点为突破，组建陆家嘴金融城理事会，探索在事中事后监管各个环节建立业界参与机制，发挥在权益保护、资质认定、纠纷处理、失信惩戒等方面的作用。

（三）推动社会监督

充分发挥社会力量的重要作用，调动一切积极因素，推动形成社会性约束和惩戒。

1. 发挥第三方专业机构监督作用。完善政府向社会力量购买服务机制，推动社会组织多渠道参与市场监督。推动政府部门信用数据向社会开放，培育发展社会信用评价机构，鼓励开展信用评级和第三方评估。扩大采信第三方检验检测认证结果，加强对第三方检验检测认证机构的监督管理。深化建筑师负责制、建筑领域认可人士制度试点，发挥专业人士、专业机构在建筑领域的监督管理作用。发挥会计、法律、公证、仲裁等专业机构的监督作用。

2. 发挥公众和舆论的监督作用。发挥舆论监督作用，健全公众参与监督的激励机制，利用新媒体等手段畅通公众监督投诉渠道，保障公众的知情权、参与权和监督权。探索“浦东 e 家园”等平台的创新运用，鼓励公众及时发现问题、监督问题处置，发挥公众监督在城市管理、社会治理等方面的重要作用。

（四）加强政府监管

增强政府各部门行政管理协同能力，形成分工明确、沟通顺畅、齐抓共管的政府监管格局。

1. 厘清监管职责。按照“法定职责必须为”的要求，以事中事后监管责任为重点，进一步梳理和完善政府责任清单。按照“谁审批、谁监管，谁主管、谁监管”的原则，确保事有人管、责有人负，杜绝监管盲区和真空。在打击非法集资等专项工作中，落实园区、楼宇、招商中心“谁引进、谁负责”的招商原则，加强源头防控。

2. 健全监管标准。探索制定实施政府监管行为标准，以标准的形式明确监管的依据、权限、程序和责任，提升监管过程的科学性、透明度。

推动市场主体按照国家相关法律法规的要求制定企业标准，明确本企业产品和服务的质量水平、服务承诺并按要求进行公示。严格实施国家、地方强制性标准，重点加强安全、卫生、节能、环保等重大基础性领域的标准监管。

3. 加强风险监测、预警和防范。完善风险防控基础制度体系，建立对高危行业、重点工程、重点领域的风险监测评估、风险预警跟踪、风险防范联动机制，定期开展风险点梳理排查，加强对发生事故几率高、可能造成重大损失的环节和领域的监管，防范区域性、行业性和系统性风险。既要鼓励“四新”经济等创新发展，又要探索适合其特点的审慎监管方式，量身定制监管模式。

4. 完善市场退出机制。对违反法律法规禁止性规定或者达不到节能环保、安全生产、食品药品、工程质量等强制性标准的市场主体，依法进行查处，情节严重的，依法吊销相关证照。简化和完善企业注销流程，试行对个体工商户、未开业企业以及无债权债务企业实行简易注销程序。加强食品药品、安全生产、建筑工程等领域违法人员从业禁止管理。

5. 促进行政与司法衔接。建立健全行政机关与法院、检察院等司法机关之间的信息共享、案情通报和协调合作机制，完善案件移送标准和程序，细化并严格执行执法协作相关规定。

（五）强化专业监管

聚焦重点行业、重点市场、重点领域，制定和落实各项监管措施，并进一步完善与上海自贸试验区投资贸易便利化改革相适应的监管举措。

1. 落实市级层面关于133个相关行业、领域、市场事中事后监管的具体工作要求。按照《上海市相关行业、领域、市场事中事后监管工作方案清单》的要求，制定浦东新区相关行业、领域、市场事中事后监管工作方案清单，按照时间节点和工作路线图，抓好方案的实施。

2. 率先创新“证照分离”改革116项许可证事项的监管方式。针对完全取消审批的10个事项，采取加大事中检查、事后稽查处罚力度等办法确保管理措施落实到位；针对审批改备案的6个事项，逐项制定备案管理办法，明确“无备案经营”的法律责任；针对实行告知承诺制的26个事项，重点对企业履行承诺情况进行检查，对企业在规定期限内未提交材料，或者提交的材料不符合要求的，在审查、后续监管中发现企业做出不实承诺的，应当记入企业诚信档案，并对其不再适用告知承诺的审批方式；针对提高审批透明度和可预期性的 41 个事项，结合面上的监管措施进一步予以优化；针对强化准入监管的 33 个事项，在事中事后监管阶段强化检查和处罚。

3. 完善浦东新区区级层面行政审批事项改革后的监管措施。按照完全取消审批、审批改备案、实行告知承诺制、提高审批透明度和可预期性、强化准入监管等方式，对浦东新区区级层面行政审批事项（部分已列入“证照分离”改革内容的事项除外）进行改革，逐项明确相应的事中事后监管措施，制定和完善监管项目清单，确保简政放权后管理不松懈。

4. 深化与负面清单管理、商事登记制度改革相配套的投资监管制度。积极配合国家有关部门做好反垄断审查、外资国家安全审查等监管工作。完善企业年报公示和经营异常名录制度，探索增加企业履行社会责任等公示内容。创新推动产业预警制度。加强特殊行业监管。完善知识产权行政管理“三合一”机制，加大对侵权行为的查处力度。针对企业投资建设项目的监督管理事项，推动跨部门、跨领域联合监管，加强执法部门间协调，实行建筑领域联合执法。

5. 深化以安全高效管住为底线的国际贸易监管制度创新。以关检联动和国际贸易“单一窗口”等为重点，进一步优化贸易监管，在长三角等更大范围内推动监管创新。完善“双随机”布控查验、“中介机构协助稽核员”等制度，形成海关监管全链条。建立健全上海自贸试验区外来生物监测管理规范、进出口工业产品质量安全约谈机制，探索实践检验检疫“十检十放”模式，严防质量安全风险。进一步加强港航安全的诚信监管和信息化监管。

6. 建立适应上海自贸试验区发展和上海国际金融中心建设联动的金融监管机制。进一步发挥上海自贸试验区金融协调机制作用，加强跨部门、跨行业、跨市场金融业务监管协调和信息共享，强化风险监测、分析和预警。以自由贸易账户为基础构建跨境金融安全网，加强本外币跨境资金流动的实时动态监测监控，建立完善“长臂管理”机制。完善警银合作等工作机制，配合国家有关部门做好反逃税、反洗钱、反恐怖融资等金融监管工作。探索建立融资租赁行业监管指标体系和监管评级制度，强化对重点环节及融资租赁公司吸收存款、发放贷款等违法违规行为的监督。

（六）创新监管体制机制

探索审批、执法适度分离，深化大部门制改革，完善综合执法体系，推进一级地方政府监管体制创新。

1. 深化浦东新区大部门制改革。适应“四新”经济发展趋势和特点，深化产业经济、科技创新、规划建设等领域大部门制改革，整合监管执法资源，进一步理顺关系、提升效能。探索推动部门内部行政审批权向一个处室集中，强化部门内部各业务处室的监管职责。

2. 完善综合执法体系。坚持综合执法和专业执法相结合，坚持机构设置精简高效，整合政府部门间相同相近的执法职能，归并执法机构、统一执法力量，有序推进、逐步整合，探索形成以市场监管、城市管理、治安管理三大综合领域为重点，若干专业领域（知识产权、农林牧渔、劳动监察、卫生监督等）为补充的综合执法体系。

（七）创新监管方式方法

多管齐下、多措并举，创新监管方式方法，切实提升监管效能。充分运用大数据、“互联网＋”等方式，建立和完善以信息共享为基础、以信息公示为手段、以信用约束为核心的现代化监管制度。

1. 以“互联网＋”和大数据技术为支撑，实施精准监管。充分利用大数据、云计算、物联网等信息化、科技化手段，实行“互联网＋”监管模式，实现在线即时监督监测。充分运用移动办案、电子案卷等手段，提高监管和执法效能。试点建设重要产品的物联网追溯体系，形成“来源可查、去向可追、责任可究”的信息链条。

2. 以部门联动和信息共享为基础，实施协同监管。建立健全跨部门联动响应机制，强化综合监管，增强监管合力，提升监管效能。推进各部门间依法履职信息的互联互通、信息共享、工作共商，加强登记注册、行政审批、行业主管、综合执法等部门之间的协同监管，推进实施“双告知”，做好市场主体前端告知服务，并将市场主体信息共享至相关审批部门、行业主管部门，避免出现监管灰色地带。

3. 以诚信管理为手段，实施分类监管。推动以信用信息为主要依据的行业分类监管，制定分级分类监管管理办法。制定诚信档案管理办法，制定企业信用信息应用管理办法，完善企业经营异常名录制度、严重违法企业“黑名单”制度和各部门、跨区域联合惩戒制度。建立健全守信激励和失信惩戒机制，对守信主体在表彰评优、资质认定、财政扶持等方面予以支持和激励；对失信主体在取得政府供应土地、招投标、政府采购、获得荣誉等方面依法依规予以限制或者禁止，让失信主体“一处失信、处处受限”。

4. 以预警纠偏为导向，实施动态监管。加强对市场行为的跟踪监测分析，通过分析研判、抽查、抽检等方式，综合运用提醒、约谈、告诫、窗口指导等手段，强化对市场主体及有关人员的事中监管，及时化解市场风险。普遍推广随机抽取检查对象、随机选派执法检查人员、及时公布查处结果的“双随机、一公开”机制，制定随机抽查事项清单，合理确定随机抽查的比例和频次，严格规范监管部门自由裁量权。

（八）加强监管基础平台建设

加大监管基础平台建设力度，尽快改变信息“孤岛”“烟囱”“蜂窝煤”状况，实现跨部门、跨区域、政府与社会等信息互通共享和综合应用，加强事中事后监管基础设施保障。

1. 建设和完善浦东新区网上政务大厅。打造政务数据资源共享的枢纽、汇聚平台和交互中心，在多部门共同审批、联合审批上实现突破，简化优化公共服务流程，打造政府服务特别是审批服务“单一窗口”。加快建设“网上督察室”，全面实现对网上政务行为的在线督察、电子督办、实时监管等功能，保障政府信息化建设有序运行。

2. 建设和完善浦东新区综合监管平台。坚持“主体全覆盖、信息开放共享、协同运用、技术创新、运行透明”的原则，构建覆盖企业全生命周期的综合监管平台，实现各领域监管信息的实时传递和无障碍交换，完善信息查询、数据分析、风险预警、协同监管、联合奖惩等功能应用，为多部门在同一平台上实施综合监管提供支撑。

3. 建设和完善浦东新区公共信用信息服务平台。贯彻落实《上海市公共信用信息归集和使用管理办法》，加强与市法人信息共享与应用系统等的互联互通，进一步加大包括资格资质、认证认可等基本信息，违法违规、欠缴欠费等失信信息，表彰奖励、公益慈善等其他信息在内的各类信用信息归集力度，加快归集政府部门在履职过程中产生的市场主体信用信息。形成信用信息征集、存储、共享、公示、查询以及开发应用等一系列制度规范，充分发挥信用体系在改革创新、经济发展、社会治理、城市管理等方面的基础性作用。

三、保障措施

（一）加强法制保障。要结合“证照分离”改革试点工作和行政审批事项改革，梳理相关行政审批项目在取消或下放后需调整实施的法律法规和国务院文件，提出调整实施的建议。对缺乏制度依据但需加强或者创设后续监管措施的事项，及时提出相应的立法建议。通过立法、修法，加大对违法行为的惩戒力度。

（二）加强组织保障。各部门、各单位要深刻认识完善事中事后监管体系工作的重大意义，按照“上级部门指导、新区部门落实”的原则，认真落实各项措施和要求。浦东新区政府和上海自贸试验区管委会要建立健全事中事后监管体系建设的领导协调机制，分步推进、督促落实。对重点工作任务，各责任部门要按照职责分工，细化实化监管措施，年内推进落实。

上海市人民政府办公厅

2016年8月5日

国家工商行政管理总局关于支持中国（上海）自由贸易试验区建设的若干意见

工商外企字〔2013〕147号

建立中国（上海）自由贸易试验区（以下简称试验区）是深入贯彻党的十八大精神、实行更加积极主动开放战略的重要举措。试验区肩负着我国在新时期更加深入参与国际竞争、全面提高开放型经济水平、加快转变经济发展方式的重要使命，是国家战略需要。充分发挥工商行政管理职能作用，对推动试验区建设，实现以开放促发展、促改革、促创新，形成可复制、可推广的经验具有重要意义。根据《国务院关于印发中国（上海）自由贸易试验区总体方案的通知》精神和试验区的实际需要，本着改革创新、先试先行的原则，提出如下意见。

一、试点工商登记制度改革，优化试验区营商环境

（一）试行注册资本认缴登记制。除法律、行政法规对公司注册资本实缴另有规定的外，其他公司试行注册资本认缴登记制。

试行认缴登记制后，工商部门登记公司全体股东、发起人认缴的注册资本或认购的股本总额（即公司注册资本），不登记公司实收资本。公司股东（发起人）应当对其认缴出资额、出资方式、出资期限等自主约定，并记载于公司章程。有限责任公司的股东以其认缴的出资额为限对公司承担责任；股份有限公司的股东以其认购的股份为限对公司承担责任。公司应当将股东认缴出资额或者发起人认购股份、出资方式、出资期限、缴纳情况通过市场主体信用信息公示系统向社会公示。公司股东（发起人）对缴纳出资情况的真实性、合法性负责。

放宽注册资本登记条件，除法律、行政法规、国务院决定对特定行业注册资本最低限额另有规定的外，取消有限责任公司最低注册资本3万元、一人有限责任公司最低注册资本10万元、股份有限公司最低注册资本500万元的规定；不再限制公司设立时全体股东（发起人）的首次出资额及比例；不再限制公司全体股东（发起人）的货币出资金额占注册资本的比例；不再规定公司股东（发起人）缴足出资的期限。

（二）试行“先照后证”登记制。除法律、行政法规、国务院决定规定的企业登记前置许可事项外，在试验区内试行“先照后证”登记制度。试验区内企业向工商部门申请登记、取得营业执照后即可从事一般生产经营活动；经营项目涉及企业登记前置许可事项的，在取得许可证或者批准文件后，向工商部门申领营业执照；申请从事其他许可经营项目的，应当在领取营业执照及许可证或者批准文件后，方可从事经营活动。

（三）试行年度报告公示制。试验区内试行将企业年度检验制度改为企业年度报告公示制度。企业应当按年度在规定的期限内，通过市场主体信用信息公示系统向工商部门报送年度报告，并向社会公示，任何单位和个人均可查询。企业对年度报告的真实性、合法性负责。建立经营异常名录制度，通过市场主体信用信息公示系统，记载未按规定期限公示年度报告的企业。

（四）试行外商投资广告企业项目备案制。在试验区内申请设立外商投资广告企业的，在试验区内的外商投资企业申请增加广告经营业务的，以及在试验区内的外商投资广告企业申请设立分支机构的，不再受现行《外商投资广告企业管理规定》第九条、第十条和第十一条的限制，同时取消对试验区内外商投资广告企业的项目审批和设立分支机构的审批，改为备案制；试验区内外商投资广告企业设立后需要更换合营方或转让股权、变更广告经营范围和变更注册资本的，无须另行报批，改为备案制，可直接办理企业变更登记。

二、优化企业设立流程，提升试验区登记效能

（五）授予试验区工商部门外资登记管理权。试验区工商部门负责辖区内由上海市人民政府及其授权部门批准设立及备案的外商投资企业的登记注册和监督管理。

（六）试验区内实行企业设立“一口受理”。支持试验区工商部门按照上海市人民政府的要求，企业设立可以通过电子数据交换或者现场办理的方式申报材料，由工商部门统一接收申请人向各职能部门提交的申请材料，统一送达许可决定、备案文书和相关证照。

（七）试行新的营业执照样式。除《农民专业合作社法人营业执照》《个体工商户营业执照》以外，将其他各类企业营业执照统一成一种样式。

三、转变市场主体监管方式，维护试验区市场秩序

（八）强化信用信息公示，完善信用约束机制。建立以工商部门经济户籍库为基础的市场主体信用信息公示系统，推动社会诚信体系建设。工商部门通过系统公示市场主体登记、备案、监管信息。企业按照规定通过系统公示年度报告、获得资质资格的许可信息，工商部门可以对年度报告公示内容进行抽查。对被载入经营异常名录的企业、有违法记录的市场主体及其相关责任人，工商部门采取有针对性的信用监管措施。

（九）创新市场主体监管方式，提升行政执法水平。强化工商部门市场监管和行政执法的职能作用，探索建立与国际高标准投资和贸易规则体系相适应的市场主体监管方式。强化部门间协调配合，形成监管部门分工明确、沟通顺畅、齐抓共管的工作格局，增强监管合力，提升监管效能，共同营造统一开放、公平诚信、竞争有序的市场环境。

国家工商行政管理总局关于支持试验区建设的意见，由总局职能司局会同上海市工商行政管理局具体落实。上海市工商行政管理局要在上海市委、市政府的领导下，深入贯彻落实科学发展观，围绕中心、服务大局，切实履行法定职责，加强改革创新，拓展服务领域，提升服务水平，为推动试验区建设作出积极贡献。

国家工商行政管理总局

2013 年 9 月 26 日

国家质量监督检验检疫总局关于支持中国（上海）自由贸易试验区建设的意见

国质检通〔2013〕503 号

上海出入境检验检疫局、上海市质量技术监督局：

为贯彻落实党中央、国务院全面提高开放型经济水平、促进区域经济发展的总体部署，质检总局就支持中国（上海）自由贸易试验区（以下简称试验区）建设提出如下意见：

一、积极开展质检制度创新

认真贯彻落实国务院关于试验区建设的总体部署，根据国家改革开放的新形势、政府转变职能的新要求，按照“进境检疫，适当放宽进出口检验；方便进出，严密防范质量安全风险”的原则，深入研究，大胆创新，探索建立旨在进一步提升质量、保障安全、促进发展的新的检验检疫制度体系。积极创新质监工作体制，借鉴国际惯例和通行做法，建立与国际接轨的质量安全保障体系、技术基础支撑体系和高效便捷的质量技术监督服务体系。在试验区内形成可复制、可推广的改革经验，使质检工作在国家经济社会建设中发挥更大的作用。

二、探索建立试验区检验检疫监管新模式

积极借鉴国际先进的自由贸易区经验，创新检验检疫监管模式。按照方便进出、严密防范质量安全风险的原则，“一线”最大限度予以便利，主要实施进出境检疫和重点敏感货物检验：“二线”在完善检验检疫便利化措施基础上，做好进出口货物的检验检疫监管工作。深入研究和运用以风险管理、诚信管理为基础的分类监管模式，建立和完善风险评估、预警和处置体系，切实将检验检疫工作重心转向安全、卫生、健康、环保和反欺诈，形成科学高效的监管体系。积极研究对进出口产品实施前置备案注册、验证管理和后续监管的创新措施。探索实施原产地溯源制度，提升产品质量安全保障水平。建立对第三方检验鉴定机构的采信制度和管理制度，完善试验区集中查验和监督管理设施，全面提高履职效能。

三、支持试验区创新建立质量技术监督和执法体制

支持采用远程监控、全程监管、信息化等手段，创新特种设备监管模式，设立特种设备应急处置机构，加强对试验区内锅炉、电梯、压力容器、压力管道、场（厂）内专用机动车辆等特种设备的安全监管。支持试验区内建立以企业质量自我声明、流通环节抽样检验、风险监测、质量申投诉处理、质量安全突发事件应对为主要内容的产品质量监管模式。

四、支持深化试验区质量监督行政审批制度改革

将试验区内特种设备生产单位许可、进口非法定计量单位计量器具审批等行政审批事项下放给上海市质量技术监督部门实施。支持探索改革工业产品生产许可制度，取消一批审批事项，缩减审批目录范围，转变审批方式，逐步实行告知承诺审批。支持上海市质量技术监督局会同相关部门对试验区内检测机构资质审批事项进行整合，提高审批速度和效率，加强对实验室的事中和事后监管。支持统一实施检验检测机构后续监管，建立检测机构采信制度和信息共享平台。

五、促进试验区提升贸易便利化水平

加强与地方政府和口岸相关部门的协作配合，积极推动信息共享、联合执法和协同把关，为试验区货物和人员的进出提供更为便捷的服务。配合建立符合试验区内国际分拨、融资租赁、第三方维修、转口贸易等新业态发展需求的监管制度，推动“区港一体化”建设。鼓励探索进出口地理标志保护监管的便利化服务措施及信息采集，探索试行将有关行政许可及审批权限下放至直属局和放宽审批条件，试点简化进口备案和装运前预检验程序。积极推进与海关的“三个一”合作试点，提高口岸工作效率。

支持试验区制定、发布一批与国际标准及国际通行规则相适应的区域性地方标准。支持区内企业参与国际标准化活动，积极采用国际标准；引导、鼓励区内企业开展联盟标准创新试点。支持对区内企业进行世贸组织/TBT相关标准、技术法规和合格评定程序的通报工作，并为消除、减少技术性贸易壁垒提供咨询与服务。

六、建立试验区检验检疫预警和防控体系

加强试验区突发公共卫生事件、动植物疫情和进出口产品质量安全事件的预警和防控体系建设，完善医学媒介监测、核生化有害物质监测、外来生物监测和食品安全风险监管等制度，提高应对和处置效能，切实做好与地方政府和有关部门的配合和衔接，共同为试验区的建设和发展提供安全保障。

七、支持试验区公共信息平台建设

积极支持试验区依托地方电子口岸建设公共信息平台，实现区内企业、相关单位与检验检疫机构申报信息、物流信息和监管信息的共享。创新技术与方法，提高检验检疫物流监控系统与试验区各类新业态运行模式的兼容性。利用物联网及无线通信等技术，在区内试行检验检疫移动执法，为区内企业提供通报通放、网上预约、在线办理等无纸化信息服务。

八、推动试验区诚信体系的建设和完善

支持试验区率先按照企业申请、联合征信、社会公示、政策叠加、滚动淘汰等原则，制定诚信企业名单，落实鼓励和扶持措施。支持建立统一的征信平台和诚信管理体系，共享企业诚信信息。逐步推行在企业分类管理、诚信管理、“AA级”企业评定等方面采用第三方信用报告，促进信用服务行业的发展。支持建立以组织机构代码实名制为基础的企业质量信用档案，依托企业质量信用档案探索建立市场退出机制。支持建立以物品编码管理为溯源手段的产品质量信用信息平台。

九、支持试验区跨境电子商务的发展

研究制定跨境电子商务检验检疫监督管理办法，建立跨境电子商务产品的质量安全溯源和监管机制，试点建立与跨境电子商务服务企业互联的检验检疫信息支撑系统，提高跨境电子商务产品的监管效率，促进试验区内跨境电子商务及相关服务企业的健康发展。

十、服务试验区产业集聚

支持试验区内生物医药、旧机电维修、入境再利用和再制造等产业发展。根据产业特点和企业需求，制定相应的审批、申报、查验和检验检疫监管措施，提高管理效率，鼓励相关企业落户区内，促进试验区发挥对重点发展产业的集聚效应。

支持国家质检中心落户试验区，为金融服务业、专业服务业、软件与信息服务业等提供检测服务。支持强制性产品认证指定机构为自贸试验区提供便利服务。支持特种设备检验、检测社会化改革。支持推动试验区内检验机构的产品检验结果和检验标准与其他国家间的国际互认工作。逐步放开外资认证认可、检验检测机构在试验区设立分支机构并开展业务。

质检总局要求各有关质检机构，进一步增强促进地方经济发展的主动性，全面落实“抓质量，保安全，促发展，强质检”方针，在促进经济社会发展中作出新贡献。

国家质量监督检验检疫总局

2013 年 9 月 27 日

自由贸易试验区外商投资准入特别管理措施（负面清单）

国办发〔2015〕23 号

说明

一、《自由贸易试验区外商投资准入特别管理措施（负面清单）》（以下简称《自贸试验区负面清单》）依据现行有关法律法规制定，已经国务院批准，现予以发布。负面清单列明了不符合国民待遇等原则的外商投资准入特别管理措施，适用于上海、广东、天津、福建四个自由贸易试验区（以下简称自贸试验区）。

二、《自贸试验区负面清单》依据《国民经济行业分类》（GB/T4754—2011）划分为 15 个门类、50 个条目、122 项特别管理措施。其中特别管理措施包括具体行业措施和适用于所有行业的水平措施。

三、《自贸试验区负面清单》中未列出的与国家安全、公共秩序、公共文化、金融审慎、政府采购、补贴、特殊手续和税收相关的特别管理措施，按照现行规定执行。自贸试验区内的外商投资涉及国家安全的，须按照《自由贸易试验区外商投资国家安全审查试行办法》进行安全审查。

四、《自贸试验区负面清单》之外的领域，在自贸试验区内按照内外资一致原则实施管理，并由所在地省级人民政府发布实施指南，做好相关引导工作。

五、香港特别行政区、澳门特别行政区、台湾地区投资者在自贸试验区内投资参照《自贸试验区负面清单》执行。内地与香港特别行政区、澳门特别行政区关于建立更紧密经贸关系的安排及其补充协议，《海峡两岸经济合作框架协议》，我国签署的自贸协定中适用于自贸试验区并对符合条件的投资者有更优惠的开放措施的，按照相关协议或协定的规定执行。

六、《自贸试验区负面清单》自印发之日起30日后实施，并适时调整。

国务院办公厅

2015年4月8日

自由贸易试验区外商投资准入特别管理措施（负面清单）

序号	领域	特别管理措施
一、农、林、牧、渔业		
（一）	种业	1. 禁止投资中国稀有和特有的珍贵优良品种的研发、养殖、种植以及相关繁殖材料的生产（包括种植业、畜牧业、水产业的优良基因）
		2. 禁止投资农作物、畜禽、水产苗种转基因品种选育及其转基因种子（苗）生产
		3. 农作物新品种选育和种子生产属于限制类，须由中方控股
		4. 未经批准，禁止采集农作物种质资源

续表

序号	领域	特别管理措施
（二）	渔业捕捞	5. 在中国管辖水域从事渔业活动，须经中国政府批准
		6. 不批准以合作、合资等方式引进渔船在管辖水域作业的船网工具指标申请
二、采矿业		
（三）	专属经济区与大陆架勘探开发	7. 对中国专属经济区和大陆架的自然资源进行勘查、开发活动或在中国大陆架上为任何目的进行钻探，须经中国政府批准
（四）	石油和天然气开采	8. 石油、天然气（含油页岩、油砂、页岩气、煤层气等非常规油气）的勘探、开发，限于合资、合作
（五）	稀土和稀有矿采选	9. 禁止投资稀土勘查、开采及选矿；未经允许，禁止进入稀土矿区或取得矿山地质资料、矿石样品及生产工艺技术
		10. 禁止投资钨、钼、锡、锑、萤石的勘查、开采
		11. 禁止投资放射性矿产的勘查、开采、选矿
（六）	金属矿及非金属矿采选	12. 贵金属（金、银、铂族）勘查、开采，属于限制类
		13. 锂矿开采、选矿，属于限制类
		14. 石墨勘查、开采，属于限制类
三、制造业		
（七）	航空制造	15. 干线、支线飞机设计、制造与维修，3 吨级及以上民用直升机设计与制造，地面、水面效应飞机制造及无人机、浮空器设计与制造，须由中方控股
		16. 通用飞机设计、制造与维修限于合资、合作
（八）	船舶制造	17. 船用低、中速柴油机及曲轴制造，须由中方控股
		18. 海洋工程装备（含模块）制造与修理，须由中方控股
		19. 船舶（含分段）修理、设计与制造属于限制类，须由中方控股
（九）	汽车制造	20. 汽车整车、专用汽车制造属于限制类，中方股比不低于 50%；同一家外商可在国内建立两家（含两家）以下生产同类（乘用车类、商用车类）整车产品的合资企业，如与中方合资伙伴联合兼并国内其他汽车生产企业可不受两家的限制
		21. 新建纯电动乘用车生产企业生产的产品须使用自有品牌，拥有自主知识产权和已授权的相关发明专利

续表

序号	领域	特别管理措施
（十）	轨道交通设备制造	22. 轨道交通运输设备制造限于合资、合作（与高速铁路、铁路客运专线、城际铁路配套的乘客服务设施和设备的研发、设计与制造，与高速铁路、铁路客运专线、城际铁路相关的轨道和桥梁设备研发、设计与制造，电气化铁路设备和器材制造，铁路客车排污设备制造等除外）
		23. 城市轨道交通项目设备国产化比例须达到70%及以上
（十一）	通信设备制造	24. 民用卫星设计与制造、民用卫星有效载荷制造须由中方控股
		25. 卫星电视广播地面接收设施及关键件生产属于限制类
（十二）	矿产冶炼和压延加工	26. 钨、钼、锡（锡化合物除外）、锑（含氧化锑和硫化锑）等稀有金属冶炼属于限制类
		27. 稀土冶炼、分离属于限制类，限于合资、合作
		28. 禁止投资放射性矿产冶炼、加工
（十三）	医药制造	29. 禁止投资列入《野生药材资源保护管理条例》和《中国稀有濒危保护植物名录》的中药材加工
		30. 禁止投资中药饮片的蒸、炒、炙、煅等炮制技术的应用及中成药保密处方产品的生产
（十四）	其他制造业	31. 禁止投资象牙雕刻、虎骨加工、宣纸和墨锭生产等民族传统工艺
四、电力、热力、燃气及水生产和供应业		
（十五）	原子能	32. 核电站的建设、经营，须由中方控股
		33. 核燃料、核材料、铀产品以及相关核技术的生产经营和进出口由具有资质的中央企业实行专营
		34. 国有或国有控股企业才可从事放射性固体废物处置活动
（十六）	管网设施	35. 城市人口50万以上的城市燃气、热力和供排水管网的建设、经营属于限制类，须由中方控股
		36. 电网的建设、经营须由中方控股
五、批发和零售业		
（十七）	专营及特许经营	37. 对烟草实行专营制度。烟草专卖品（指卷烟、雪茄烟、烟丝、复烤烟叶、烟叶、卷烟纸、滤嘴棒、烟用丝束、烟草专用机械）的生产、销售、进出口实行专卖管理，并实行烟草专卖许可证制度。禁止投资烟叶、卷烟、复烤烟叶及其他烟草制品的批发、零售

续表

序号	领域	特别管理措施
（十七）	专营及特许经营	38. 对中央储备粮（油）实行专营制度。中国储备粮管理总公司具体负责中央储备粮（含中央储备油）的收购、储存、经营和管理
		39. 对免税商品销售业务实行特许经营和集中统一管理
		40. 对彩票发行、销售实行特许经营，禁止在中华人民共和国境内发行、销售境外彩票
六、交通运输、仓储和邮政业		
（十八）	道路运输	41. 公路旅客运输公司属于限制类
（十九）	铁路运输	42. 铁路干线路网的建设、经营须由中方控股
		43. 铁路旅客运输公司属于限制类，须由中方控股
（二十）	水上运输	44. 水上运输公司（上海自贸试验区内设立的国际船舶运输企业除外）属于限制类，须由中方控股，且不得经营以下业务：（1）中国国内水路运输业务，包括以租用中国籍船舶或者舱位等方式变相经营水路运输业务；（2）国内船舶管理、水路旅客运输代理和水路货物运输代理业务
		45. 船舶代理外资比例不超过51%
		46. 外轮理货属于限制类，限于合资、合作
		47. 水路运输经营者不得使用外国籍船舶经营国内水路运输业务，经中国政府许可的特殊情形除外
		48. 中国港口之间的海上运输和拖航，由悬挂中华人民共和国国旗的船舶经营。外国籍船舶经营中国港口之间的海上运输和拖航，须经中国政府批准
（二十一）	公共航空运输	49. 公共航空运输企业须由中方控股，单一外国投资者（包括其关联企业）投资比例不超过25%
		50. 公共航空运输企业董事长和法定代表人须由中国籍公民担任
		51. 外国航空器经营人不得经营中国境内两点之间的运输
		52. 只有中国指定承运人可以经营中国与其他缔约方签订的双边运输协议确定的双边航空运输市场

续表

序号	领域	特别管理措施
（二十二）	通用航空	53. 允许以合资方式投资专门从事农、林、渔作业的通用航空企业，其他通用航空企业须由中方控股
		54. 通用航空企业法定代表人须由中国籍公民担任
		55. 禁止外籍航空器或者外籍人员从事航空摄影、遥感测绘、矿产资源勘查等重要专业领域的通用航空飞行
（二十三）	民用机场与空中交通管制	56. 禁止投资和经营空中交通管制系统
		57. 民用机场的建设、经营，须由中方相对控股
（二十四）	邮政	58. 禁止投资邮政企业和经营邮政服务
		59. 禁止经营信件的国内快递业务
七、信息传输、软件和信息技术服务业		
（二十五）	电信传输服务	60. 电信公司属于限制类，限于中国入世承诺开放的电信业务，其中：增值电信业务（电子商务除外）外资比例不超过50%，基础电信业务经营者须为依法设立的专门从事基础电信业务的公司，且公司中国有股权或者股份不少于51%
（二十六）	互联网和相关服务	61. 禁止投资互联网新闻服务、网络出版服务、网络视听节目服务、网络文化经营（音乐除外）、互联网上网服务营业场所、互联网公众发布信息服务（上述服务中，中国入世承诺中已开放的内容除外）
		62. 禁止从事互联网地图编制和出版活动（上述服务中，中国入世承诺中已开放的内容除外）
		63. 互联网新闻信息服务单位与外国投资者进行涉及互联网新闻信息服务业务的合作，应报经中国政府进行安全评估
八、金融业		
（二十七）	银行业股东机构类型要求	64. 境外投资者投资银行业金融机构，应为金融机构或特定类型机构。具体要求：
		（1）外商独资银行股东、中外合资银行外方股东应为金融机构，且外方唯一或者控股/主要股东应为商业银行
		（2）投资中资商业银行、信托公司的应为金融机构
		（3）投资农村商业银行、农村合作银行、农村信用（合作）联社、村镇银行的应为境外银行
		（4）投资金融租赁公司的应为金融机构或融资租赁公司

续表

序号	领域	特别管理措施
（二十七）	银行业股东机构类型要求	（5）消费金融公司的主要出资人应为金融机构
		（6）投资货币经纪公司的应为货币经纪公司
		（7）投资金融资产管理公司的应为金融机构，且不得参与发起设立金融资产管理公司
		（8）法律法规未明确的应为金融机构
（二十八）	银行业资质要求	65. 境外投资者投资银行业金融机构须符合一定数额的总资产要求，具体包括：
		（1）外资法人银行外方唯一或者控股/主要股东、外国银行分行的母行
		（2）中资商业银行、农村商业银行、农村合作银行、农村信用（合作）联社、村镇银行、信托公司、金融租赁公司、贷款公司、金融资产管理公司的境外投资者
		（3）法律法规未明确不适用的其他银行业金融机构的境外投资者
		66. 境外投资者投资货币经纪公司须满足相关业务年限、全球机构网络和资讯通信网络等特定条件
（二十九）	银行业股比要求	67. 境外投资者入股中资商业银行、农村商业银行、农村合作银行、农村信用（合作）联社、金融资产管理公司等银行业金融机构受单一股东和合计持股比例限制
（三十）	外资银行	68. 除符合股东机构类型要求和资质要求外，外资银行还受限于以下条件：
		（1）外国银行分行不可从事《中华人民共和国商业银行法》允许经营的“代理发行、代理兑付、承销政府债券”、“代理收付款项”、“从事银行卡业务”，除可以吸收中国境内公民每笔不少于100万元人民币的定期存款外，外国银行分行不得经营对中国境内公民的人民币业务
		（2）外国银行分行应当由总行无偿拨付营运资金，营运资金的一部分应以特定形式存在并符合相应管理要求
		（3）外国银行分行须满足人民币营运资金充足性（8%）要求
		（4）外资银行获准经营人民币业务须满足最低开业时间要求

续表

序号	领域	特别管理措施
（三十一）	期货公司	69. 期货公司属于限制类，须由中方控股
（三十二）	证券公司	70. 证券公司属于限制类，外资比例不超过49%
		71. 单个境外投资者持有（包括直接持有和间接控制）上市内资证券公司股份的比例不超过20%；全部境外投资者持有（包括直接持有和间接控制）上市内资证券公司股份的比例不超过25%
（三十三）	证券投资基金管理公司	72. 证券投资基金管理公司属于限制类，外资比例不超过49%
（三十四）	证券和期货交易	73. 不得成为证券交易所的普通会员和期货交易所的会员
		74. 不得申请开立A股证券账户以及期货账户
（三十五）	保险机构设立	75. 保险公司属于限制类（寿险公司外资比例不超过50%），境内保险公司合计持有保险资产管理公司的股份不低于75%
		76. 申请设立外资保险公司的外国保险公司，以及投资入股保险公司的境外金融机构（通过证券交易所购买上市保险公司股票的除外），须符合中国保险监管部门规定的经营年限、总资产等条件
（三十六）	保险业务	77. 非经中国保险监管部门批准，外资保险公司不得与其关联企业从事再保险的分出或者分入业务
九、租赁和商务服务业		
（三十七）	会计审计	78. 担任特殊普通合伙会计师事务所首席合伙人（或履行最高管理职责的其他职务），须具有中国国籍
（三十八）	法律服务	79. 外国律师事务所只能以代表机构的方式进入中国，在华设立代表机构、派驻代表，须经中国司法行政部门许可
		80. 禁止从事中国法律事务，不得成为国内律师事务所合伙人
		81. 外国律师事务所驻华代表机构不得聘用中国执业律师，聘用的辅助人员不得为当事人提供法律服务
（三十九）	统计调查	82. 实行涉外调查机构资格认定制度和涉外社会调查项目审批制度
		83. 禁止投资社会调查
		84. 市场调查属于限制类，限于合资、合作，其中广播电视收听、收视调查须由中方控股
		85. 评级服务属于限制类

续表

序号	领域	特别管理措施
（四十）	其他商务服务	86. 因私出入境中介机构法定代表人须为具有境内常住户口、具有完全民事行为能力的中国公民
十、科学研究和技术服务业		
（四十一）	专业技术服务	87. 禁止投资大地测量、海洋测绘、测绘航空摄影、行政区域界线测绘，地形图、世界政区地图、全国政区地图、省级及以下政区地图、全国性教学地图、地方性教学地图和真三维地图编制，导航电子地图编制，区域性的地质填图、矿产地质、地球物理、地球化学、水文地质、环境地质、地质灾害、遥感地质等调查
		88. 测绘公司属于限制类，须由中方控股
		89. 禁止投资人体干细胞、基因诊断与治疗技术开发和应用
		90. 禁止设立和运营人文社会科学研究机构
十一、水利、环境和公共设施管理业		
（四十二）	动植物资源保护	91. 禁止投资国家保护的原产于中国的野生动植物资源开发
		92. 禁止采集或收购国家重点保护野生植物
十二、教育		
（四十三）	教育	93. 外国教育机构，其他组织或者个人不得单独设立以中国公民为主要招生对象的学校及其他教育机构（不包括非学制类职业技能培训）
		94. 外国教育机构可以同中国教育机构合作举办以中国公民为主要招生对象的教育机构，中外合作办学者可以合作举办各级各类教育机构，但是：
		（1）不得举办实施义务教育和实施军事、警察、政治和党校等特殊领域教育机构
		（2）外国宗教组织、宗教机构、宗教院校和宗教教职人员不得在中国境内从事合作办学活动，中外合作办学机构不得进行宗教教育和开展宗教活动
		（3）普通高中教育机构、高等教育机构和学前教育属于限制类，须由中方主导（校长或者主要行政负责人应当具有中国国籍，在中国境内定居；理事会、董事会或者联合管理委员会的中方组成人员不得少于1/2；教育教学活动和课程教材须遵守我国相关法律法规及有关规定）

续表

序号	领域	特别管理措施
十三、卫生和社会工作		
（四十四）	医疗	95. 医疗机构属于限制类，限于合资、合作
十四、文化、体育和娱乐业		
（四十五）	广播电视播出、传输、制作、经营	96. 禁止投资设立和经营各级广播电台（站）、电视台（站）、广播电视频率频道和时段栏目、广播电视传输覆盖网（广播电视发射台、转播台［包括差转台、收转台］、广播电视卫星、卫星上行站、卫星收转站、微波站、监测台［站］及有线广播电视传输覆盖网等），禁止从事广播电视视频点播业务和卫星电视广播地面接收设施安装服务
		97. 禁止投资广播电视节目制作经营公司
		98. 对境外卫星频道落地实行审批制度。引进境外影视剧和以卫星传送方式引进其他境外电视节目由新闻出版广电总局指定的单位申报
		99. 对中外合作制作电视剧（含电视动画片）实行许可制度
（四十六）	新闻出版、广播影视、金融信息	100. 禁止投资设立通信社、报刊社、出版社以及新闻机构
		101. 外国新闻机构在中国境内设立常驻新闻机构、向中国派遣常驻记者，应当经中国政府批准
		102. 外国通信社在中国境内提供新闻的服务业务须由中国政府审批
		103. 禁止投资经营图书、报纸、期刊、音像制品和电子出版物的出版、制作业务；禁止经营报刊版面
		104. 中外新闻机构业务合作、中外合作新闻出版项目，须中方主导，且须经中国政府批准（经中国政府批准，允许境内科学技术类期刊与境外期刊建立版权合作关系，合作期限不超过5年，合作期满需延长的，须再次申请报批。中方掌握内容的终审权，外方人员不得参与中方期刊的编辑、出版活动）
		105. 禁止从事电影、广播电视节目、美术品和数字文献数据库及其出版物等文化产品进口业务（上述服务中，中国入世承诺中已开放的内容除外）
		106. 出版物印刷属于限制类，须由中方控股
		107. 未经中国政府批准，禁止在中国境内提供金融信息服务

续表

序号	领域	特别管理措施
（四十六）	新闻出版、广播影视、金融信息	108. 境外传媒（包括外国和港澳台地区报社、期刊社、图书出版社、音像出版社、电子出版物出版公司以及广播、电影、电视等大众传播机构）不得在中国境内设立代理机构或编辑部。如需设立办事机构，须经审批
（四十七）	电影制作、发行、放映	109. 禁止投资电影制作公司、发行公司、院线公司
		110. 中国政府对中外合作摄制电影片实行许可制度
		111. 电影院的建设、经营须由中方控股。放映电影片，应当符合中国政府规定的国产电影片与进口电影片放映的时间比例。放映单位年放映国产电影片的时间不得低于年放映电影片时间总和的2/3
（四十八）	非物质文化遗产、文物及考古	112. 禁止投资和经营文物拍卖的拍卖企业、文物购销企业
		113. 禁止投资和运营国有文物博物馆
		114. 禁止不可移动文物及国家禁止出境的文物转让、抵押、出租给外国人
		115. 禁止设立与经营非物质文化遗产调查机构
		116. 境外组织或个人在中国境内进行非物质文化遗产调查和考古调查、勘探、发掘，应采取与中国合作的形式并经专门审批许可
（四十九）	文化娱乐	117. 禁止设立文艺表演团体
		118. 演出经纪机构属于限制类，须由中方控股（为本省市提供服务的除外）
		119. 大型主题公园的建设、经营属于限制类
十五、所有行业		
（五十）	所有行业	120. 不得作为个体工商户、个人独资企业投资人、农民专业合作社成员，从事经营活动
		121.《外商投资产业指导目录》中的禁止类以及标注有“限于合资”“限于合作”“限于合资、合作”“中方控股”“中方相对控股”和有外资比例要求的项目，不得设立外商投资合伙企业
		122. 外国投资者并购境内企业、外国投资者对上市公司的战略投资、境外投资者以其持有的中国境内企业股权出资涉及外商投资项目和企业设立及变更事项的，按现行规定办理

自由贸易试验区外商投资国家安全审查试行办法

国办发〔2015〕24号

为做好中国（上海）自由贸易试验区、中国（广东）自由贸易试验区、中国（天津）自由贸易试验区、中国（福建）自由贸易试验区等自由贸易试验区（以下简称自贸试验区）对外开放工作，试点实施与负面清单管理模式相适应的外商投资国家安全审查（以下简称安全审查）措施，引导外商投资有序发展，维护国家安全，制定本办法。

一、审查范围

总的原则是，对影响或可能影响国家安全、国家安全保障能力，涉及敏感投资主体、敏感并购对象、敏感行业、敏感技术、敏感地域的外商投资进行安全审查。

（一）安全审查范围为：外国投资者在自贸试验区内投资军工、军工配套和其他关系国防安全的领域，以及重点、敏感军事设施周边地域；外国投资者在自贸试验区内投资关系国家安全的重要农产品、重要能源和资源、重要基础设施、重要运输服务、重要文化、重要信息技术产品和服务、关键技术、重大装备制造等领域，并取得所投资企业的实际控制权。

（二）外国投资者在自贸试验区内投资，包括下列情形：

1. 外国投资者单独或与其他投资者共同投资新建项目或设立企业。

2. 外国投资者通过并购方式取得已设立企业的股权或资产。

3. 外国投资者通过协议控制、代持、信托、再投资、境外交易、租赁、认购可转换债券等方式投资。

（三）外国投资者取得所投资企业的实际控制权，包括下列情形：

1. 外国投资者及其关联投资者持有企业股份总额在50%以上。

2. 数个外国投资者持有企业股份总额合计在50%以上。

3. 外国投资者及其关联投资者、数个外国投资者持有企业股份总额不超过50%，但所享有的表决权已足以对股东会或股东大会、董事会的决议产生重大影响。

4. 其他导致外国投资者对企业的经营决策、人事、财务、技术等产生重大影响的情形。

二、审查内容

（一）外商投资对国防安全，包括对国防需要的国内产品生产能力、国内服务提供能力和有关设施的影响。

（二）外商投资对国家经济稳定运行的影响。

（三）外商投资对社会基本生活秩序的影响。

（四）外商投资对国家文化安全、公共道德的影响。

（五）外商投资对国家网络安全的影响。

（六）外商投资对涉及国家安全关键技术研发能力的影响。

三、安全审查工作机制和程序

（一）自贸试验区外商投资安全审查工作，由外国投资者并购境内企业安全审查部际联席会议（以下简称联席会议）具体承担。在联席会议机制下，国家发展改革委、商务部根据外商投资涉及的领域，会同相关部门开展安全审查。

（二）自贸试验区安全审查程序依照《国务院办公厅关于建立外国投资者并购境内企业安全审查制度的通知》（国办发〔2011〕6号）第四条办理。

（三）对影响或可能影响国家安全，但通过附加条件能够消除影响的投资，联席会议可要求外国投资者出具修改投资方案的书面承诺。外国投资者出具书面承诺后，联席会议可做出附加条件的审查意见。

（四）自贸试验区管理机构在办理职能范围内外商投资备案、核准或审核手续时，对属于安全审查范围的外商投资，应及时告知外国投资者提出安全审查申请，并暂停办理相关手续。

（五）商务部将联席会议审查意见书面通知外国投资者的同时，通知自贸试验区管理机构。对不影响国家安全或附加条件后不影响国家安全的外商投资，自贸试验区管理机构继续办理相关手续。

（六）自贸试验区管理机构应做好外商投资监管工作。如发现外国投资者提供虚假信息、遗漏实质信息、通过安全审查后变更投资活动或违背附加条件，对国家安全造成或可能造成重大影响的，即使外商投资安全审查已结束或投资已实施，自贸试验区管理机构应向国家发展改革委和商务部报告。

（七）国家发展改革委、商务部与自贸试验区管理机构通过信息化手段，在信息共享、实时监测、动态管理和定期核查等方面形成联动机制。

四、其他规定

（一）外商投资股权投资企业、创业投资企业、投资性公司在自贸试验区内投资，适用本办法。

（二）外商投资金融领域的安全审查另行规定。

（三）香港特别行政区、澳门特别行政区、台湾地区的投资者进行投资，参照本办法的规定执行。

（四）本办法由国家发展改革委、商务部负责解释。

（五）本办法自印发之日起30日后实施。

国务院办公厅

2015年4月8日

中国（上海）自由贸易试验区外商投资备案管理办法（试行）

商务部公告2015年第12号

第一条　为进一步扩大对外开放，推进外商投资管理制度改革，在中国（广东）自由贸易试验区、中国（天津）自由贸易试验区、中国（福建）自由贸易试验区、中国（上海）自由贸易试验区（以下简称自贸试验区）营造国际化、法治化、市场化的营商环境，根据《全国人大常委会关于授权国务院在中国（上海）自由贸易试验区暂时调整有关法律规定的行政审批的决定》《全国人大常委会关于授权国务院在中国（广东）、中国（天津）、中国（福建）自由贸易试验区以及中国（上海）自由贸易试验区扩展区域暂时调整有关法律规定的行政审批的决定》、相关法律、行政法规及国务院决定，制定本办法。

第二条 外国投资者在自贸试验区投资《自由贸易试验区外商投资准入特别管理措施（负面清单）》以外领域，外商投资企业设立、变更（以下统称投资实施）及合同章程备案，适用本办法。法律、行政法规和国务院决定另有规定的，从其规定。

投资实施的时间对外商投资企业设立而言，为企业营业执照签发时间；对外商投资企业变更而言，涉及换发企业营业执照的，投资实施时间为企业营业执照换发时间，不涉及换发企业营业执照的，投资实施时间为变更事项发生时间。

第三条 自贸试验区管理机构（以下简称备案机构）负责自贸试验区外商投资事项的备案管理。

备案机构通过商务部外商（港澳台侨）投资备案信息系统（以下简称备案系统），开展自贸试验区外商投资事项的备案工作。

第四条 外国投资者在自贸试验区投资设立企业，属于本办法规定的备案范围的，外国投资者在取得企业名称预核准通知书后，可在投资实施前，或投资实施之日起30日内，登录自贸试验区一口受理平台（以下简称受理平台），在线填报和提交《自贸试验区外商投资企业设立备案申报表》（以下简称《设立申报表》）。

第五条 属于本办法规定的备案范围的外商投资企业，发生以下变更事项的，可在投资实施前，或投资实施之日起30日内，在线填报和提交《自贸试验区外商投资企业变更事项备案申报表》（以下简称《变更申报表》），办理变更备案手续：

（一）投资总额变更；

（二）注册资本变更；

（三）股权、合作权益变更或转让；

（四）股权质押；

（五）合并、分立；

（六）经营范围变更；

（七）经营期限变更；

（八）提前终止；

（九）出资方式、出资期限变更；

（十）中外合作企业外国合作者先行回收投资；

（十一）企业名称变更；

（十二）注册地址变更。

其中，依照相关法律法规规定应当公告的，应当在办理变更备案手续时说明依法办理公告手续情况。

第六条　备案管理的外商投资企业发生需审批的变更事项，应按照外商投资管理的相关规定办理审批手续。

第七条　自贸试验区内于本办法实施前已设立的外商投资企业发生变更，或自贸试验区外的外商投资企业迁入，且属于本办法规定的备案范围的，应办理变更备案手续，并缴销《外商（港澳台侨）投资企业批准证书》。

第八条　外国投资者或外商投资企业在提交《设立申报表》或《变更申报表》时承诺，申报内容真实、完整、有效，申报的投资事项符合相关法律法规的规定。

第九条　外国投资者或外商投资企业在线提交《设立申报表》或《变更申报表》后，备案机构对申报事项是否属于备案范围进行甄别。属于本办法规定的备案范围的，备案机构应在3个工作日内完成备案，通知外国投资者或外商投资企业。不属于备案范围的，通知外国投资者或外商投资企业按有关规定办理审批手续。

第十条　备案机构应即时在备案系统发布备案结果，并向受理平台共享备案结果信息。

第十一条　收到备案完成通知后，外国投资者或外商投资企业可向备案机构领取《外商投资企业备案证明》（以下简称《备案证明》）。领取时需提交以下文件：

（一）企业名称预先核准通知书（复印件）；

（二）外国投资者或其授权代表签章的《设立申报表》，或外商投资企业或其授权代表签章的《变更申报表》；

（三）外国投资者、实际控制人主体资格证明或身份证明（复印件）。

第十二条　自贸试验区外商投资企业应在每年6月30日前登录备案系统，填报《外商投资企业投资经营情况年度报告表》。

第十三条　备案机构对自贸试验区外国投资者及外商投资企业遵守外商投资法律法规规定情况实施监督检查。

备案机构可采取定期抽查、根据举报进行检查、根据有关部门或司法机关的建议和反映进行检查，以及依法定职权启动检查等方式开展监督检查。

第十四条　备案机构的监督检查内容包括：外国投资者或外商投资企业是否按本办法规定履行备案程序；外商投资企业投资经营活动是否与填报的备案信息一致；是否按本办法规定填报年度报告；是否存在违反外商投资法律法规规定的其他情形。

第十五条　经监督检查发现外国投资者或外商投资企业存在违反外商投资法律法规规定的情形的，备案机构应以书面通知责成其说明情况，并依法开展调查。经调查确认存在违法行为的，责令其限期整改；情节严重的，备案机构应取消备案，并提请相关部门依法予以处罚。

第十六条　外国投资者、外商投资企业在备案、登记及投资经营等活动中所形成的信息，以及备案机构和其他主管部门在监督检查中掌握的反映其诚信状况的信息，将纳入商务部外商（港澳台侨）投资诚信档案系统。

商务部与相关部门共享外国投资者及外商投资企业的诚信信息。对于备案信息不实，或未按本办法规定填报年度报告的，备案机构将把相关信息记入诚信档案，并采取适当方式予以公示。

诚信信息共享与公示不得含有外国投资者、外商投资企业的商业秘密、个人隐私。

第十七条　自贸试验区外商投资事项涉及国家安全审查、反垄断审查的，按相关规定办理。

第十八条　外商投资的投资性公司、创业投资企业在自贸试验区投资，视同外国投资者，适用本办法。

自贸试验区内的外资并购、外国投资者对上市公司战略投资、外国投资者以其持有的中国境内企业股权出资、外商投资企业境内再投资，应符合相关规定要求。

第十九条　香港特别行政区、澳门特别行政区、台湾地区投资者在自贸试验区投资《自由贸易试验区外商投资准入特别管理措施（负面清单）》以外领域的，参照本办法办理。

第二十条　本办法自发布之日起30日后实施。

商务部

2015年4月8日

关于中国（上海）自由贸易试验区内企业登记管理的规定

第一条　为推进中国（上海）自由贸易试验区（以下简称试验区）建设，建立与试验区相适应的市场准入监管体系，根据《中国（上海）自由贸易试验区总体方案》、《中国（上海）自由贸易试验区管理办法》和《国家工商行政管理总局关于支持中国（上海）自由贸易试验区建设的若干意见》的规定，结合试验区实际，制定本规定。

第二条　试验区内企业的登记管理适用本规定。

本规定所称的企业是指：企业法人、非法人企业及其分支机构。

企业法人、非法人企业及其分支机构的具体类型，按照国家工商行政管理总局规定的分类标准确定。

第三条　上海市工商行政管理局及其自由贸易试验区分局是企业登记管理机关（以下简称登记机关），按照国家工商行政管理总局授权和本市现行的事权划分，负责试验区内企业的登记管理工作。

第四条　除法律、行政法规对公司注册资本实缴另有规定的银行、证券公司、期货公司、基金管理公司、保险公司、直销企业、对外劳务合作企业，以及募集设立的股份有限公司等外，试验区内其他公司实行注册资本认缴登记制。

登记机关登记公司全体股东、发起人认缴的注册资本或认购的股本总额（即公司注册资本），不登记公司实收资本。

第五条　公司股东（发起人）应当对其认缴出资额、出资方式、出资期限等自主约定，并记载于公司章程。公司应当将股东认缴出资额或者发起人认购股份、出资方式、出资期限、缴纳情况通过市场主体信用信息公示系统向社会公示。公司股东（发起人）对缴纳出资情况的真实性、合法性负责。

公司股东（发起人）缴纳出资后，公司可以修改章程，向登记机关申请章程备案，并提交验资证明文件。

第六条 除法律、行政法规、国务院决定对特定行业注册资本最低限额另有规定的外，取消有限责任公司最低注册资本3万元、一人有限责任公司最低注册资本10万元、股份有限公司最低注册资本500万元的规定；取消公司设立时全体股东（发起人）的首次出资额及比例的规定；取消公司全体股东（发起人）的货币出资金额占注册资本比例的规定；取消公司股东（发起人）缴足出资期限的规定。

第七条 除法律、行政法规、国务院决定规定的企业登记前置许可事项外，试验区内企业向登记机关申请登记、取得营业执照后即可从事一般生产经营活动；经营项目涉及企业登记前置许可事项的，在取得许可证或者批准文件后，向登记机关申领营业执照；申请从事其他许可经营项目的，应当在领取营业执照及许可证或者批准文件后，方可从事经营活动。

第八条 对于外商投资准入特别管理措施列表（负面清单）之外的领域，试验区内外商投资企业向登记机关申请设立登记，并向商务部门或其授权单位备案。

第九条 试验区内申请设立外商投资广告企业或者外商投资企业申请增加广告经营业务的，取消投资方主体资格、广告经营业绩的条件限制，取消投资方成立和运营的年限要求。

试验区内外商投资广告企业申请设立分支机构的，取消企业注册资本全部缴清、广告营业额不低于2000万元人民币的条件限制。

第十条 试验区内外商投资广告企业的项目审批和设立分支机构审批，实行备案制。试验区内新设立外商投资广告企业的，以及设立后更换合营方或转让股权、变更广告经营范围和变更注册资本的，由申请人在申请办理设立、变更等登记事项的同时，向自由贸易试验区分局提交备案材料；试验区内外商投资广告企业在试验区外设立分支机构的，在取得分支机构营业执照后7个工作日内，向自由贸易试验区分局提交备案材料。

第十一条 登记机关对申请人提交的材料进行形式审查。申请人对材料的真实性负责。

第十二条　申请人可以根据需要，通过电子数据交换或者现场的方式申报企业登记、外商投资企业审批（备案）、组织机构代码证办理和税务登记。登记机关统一接收申请人向各职能部门提交的申请材料，统一送达相关证照及文书。

第十三条　除农民专业合作社、个体工商户外，登记机关对试验区内企业制发统一样式的营业执照，即《企业营业执照》。

本规定实施前已领取营业执照的企业，可以向登记机关申请换领新版营业执照。

第十四条　试验区内企业实行年度报告公示制。企业应当在每年3月1日至6月30日，通过市场主体信用信息公示系统向登记机关报送年度报告，并向社会公示。当年设立登记的企业，自下一年起报送年度报告。企业应当对其报送的年度报告的真实性、合法性负责。

根据《中国（上海）自由贸易试验区管理办法》的规定，试验区内企业年度报告公示办法另行制定。

第十五条　登记机关对企业年度报告进行抽查，在检查中发现或者事后接举报查实企业有违法行为、申报不实隐瞒真实情况或者虚假承诺的，责令限期改正，并将企业纳入不良信用体系；对有违反企业登记管理规定行为的，除责令改正外还可以依照有关企业登记管理规定予以处罚，并将企业法定代表人、负责人等信息通报相关部门。

第十六条　登记机关建立经营异常名录制度，将未按规定期限公示年度报告或者通过登记的住所（经营场所）无法取得联系等的企业载入经营异常名录，并通过市场主体信用信息公示系统向社会公示。

企业被载入经营异常名录之日起三年内、已履行年度报告公示义务的，可以向登记机关申请恢复正常记载状态；超过三年未履行年度报告公示义务的，登记机关将其永久载入经营异常名录，不得恢复正常记载状态，并列入严重违法企业名单。

第十七条　登记机关通过政务信息共享平台上传、接收、反馈企业登记、备案、许可审批、年度报告、行政处罚信息，实现信息共享。

第十八条　区内企业迁出试验区的，应当按照区外企业登记管理的规定办理。

区外企业迁入试验区的，参照本规定办理。

第十九条　外国（地区）企业在区内从事生产经营活动的登记管理，参照本规定执行。

第二十条　本规定未作规定的，按照现行企业登记管理的有关规定执行。

第二十一条　本规定于2013年10月1日起实施，有效期为三年。

上海市工商行政管理局

2013年9月30日

中国（上海）自由贸易试验区反垄断协议、滥用市场支配地位和行政垄断执法工作办法

第一章　总则

第一条（目的依据）

为加强中国（上海）自由贸易试验区（以下简称自贸试验区）反垄断执法工作，推进自贸试验区事中事后市场监管制度创新，根据《中华人民共和国反垄断法》《中国（上海）自由贸易试验区总体方案》《工商行政管理机关查处垄断协议、滥用市场支配地位案件程序规定》《工商行政管理机关制止滥用行政权力排除、限制竞争行为程序规定》等法律、法规和规章的有关规定，制定本办法。

第二条（适用范围）

自贸试验区内反垄断协议、滥用市场支配地位和行政垄断（价格垄断除外，以下简称反垄断）的执法工作，适用本办法。

第三条（职责分工）

市工商局根据《工商行政管理机关查处垄断协议、滥用市场支配地位案件程序规定》《工商行政管理机关制止滥用行政权力排除、限制竞争行为程序规定》的有关规定，具体负责自贸试验区内的反垄断执法工作。

自贸试验区管理委员会（以下简称管委会）依本办法履行以下工作职责：

（一）接收自贸试验区内的反垄断举报；

（二）接受自贸试验区内的反垄断咨询；

（三）协助市工商局开展自贸试验区内反垄断执法调查工作；

（四）接收自贸试验区内涉嫌垄断经营者的承诺或者报告；

（五）配合市工商局开展自贸试验区内反垄断案后回访工作；

（六）会同市工商局开展自贸试验区内反垄断法律、法规和政策的宣传培训工作。

第二章　立案与查处

第四条（举报受理）

市工商局和管委会均可接收自贸试验区内反垄断举报，并应当为举报人保密。

管委会收到反垄断举报后，应当向举报人了解被举报人有关情况，并及时将有关材料转交市工商局。市工商局应当对管委会移送的举报材料进行登记和核查。

第五条（申请授权）

市工商局对举报材料进行核查后，应当将核查情况和是否立案的意见与管委会进行沟通。对于需要立案调查的，市工商局应当按照规定向国家工商总局申请授权。

第六条（案件调查）

市工商局根据国家工商总局的授权，依据《工商行政管理机关查处垄断协议、滥用市场支配地位案件程序规定》《工商行政管理机关制止滥用行政权力排除、限制竞争行为程序规定》等规定做出立案决定，并组织开展案件调查工作。

管委会应当配合市工商局的案件调查工作，并提供必要的支持。

第七条（中止调查）

涉嫌垄断的经营者在被调查期间，可以直接或者通过管委会、国家工商总局向市工商局提出中止调查的申请。市工商局应当在向国家工商总局报告后，做出是否中止调查的决定。

第八条（承诺监督）

市工商局决定中止调查的，应当将中止调查决定书和涉嫌垄断经营者的承诺书抄告管委会，并会同管委会对经营者履行承诺的情况进行监督。

管委会发现经营者不履行或者不及时履行承诺的，应当提请市工商局恢复调查。

第九条（终止调查）

市工商局确定经营者已经履行承诺的，应当在向国家工商总局报告后，做出终止调查决定。

第十条（处罚决定）

市工商局经调查取证后，认定经营者行为构成垄断的，应当在向国家工商总局报告后，依法做出行政处罚决定。

第十一条（案后监督）

市工商局会同管委会加强对被处罚经营者的案后回访，共同监督检查其整改措施的落实情况。

第三章　工作机制

第十二条（会商机制）

市工商局在做出中止调查决定、终止调查决定、行政处罚决定前，加强与管委会沟通协商，充分听取意见。

第十三条（宣传培训）

市工商局支持管委会对自贸试验区内经营者进行反垄断政策和法律知识的宣传培训，提高经营者的守法意识、诚信意识和公平竞争意识。

第十四条（信息共享）

市工商局在确保保密性的前提下与管委会实现信息对接，加强自贸试验区内反垄断执法工作信息的交换和共享。

第四章　附则

第十五条（保密义务）

市工商局和管委会对反垄断执法工作中知悉的商业秘密和其他需要

保密的信息负有保密义务。

第十六条（解释主体）

本办法由市工商局负责解释。

第十七条（实施时间）

本办法自 2014 年 10 月 15 日起实施。

上海市工商行政管理局

2014 年 9 月 15 日

中国（上海）自由贸易试验区反价格垄断工作办法

沪发改价检〔2014〕3 号

第一章 总则

第一条（目的依据）

为了预防和制止中国（上海）自由贸易试验区（以下简称试验区）内价格垄断行为，保护试验区公平竞争的市场秩序，维护消费者利益和社会公共利益，促进试验区事中事后监管体系建设，根据《中华人民共和国反垄断法》《中国（上海）自由贸易试验区总体方案》《中国（上海）自由贸易试验区条例》《反价格垄断行政执法程序规定》等法律法规规定，制定本办法。

第二条（适用范围）

试验区内的反价格垄断工作，适用本办法。

第三条（职能部门）

市价格主管部门根据国务院价格主管部门（国家发展和改革委员会价格监督检查与反垄断局，以下简称国家发改委价监局）的授权负责试验区内的反价格垄断执法工作，具体由上海市价格监督检查与反垄断局承担试验区内各类反价格垄断举报咨询处理、案件调查、认定、处理等职责。

试验区管理委员会（以下简称管委会）依本办法履行以下职责：

（一）接受试验区内的反价格垄断举报和咨询；

（二）协助市价格主管部门开展反价格垄断调查、回访等工作；

（三）接受试验区内经营者达成价格垄断协议有关情况的主动报告；

（四）开展试验区反价格垄断法律法规宣传和培训工作；

（五）协助市价格主管部门研究分析试验区市场竞争状况；

（六）会同市价格主管部门开展反价格垄断重大问题研究。

第二章　立案与查处

第四条（举报与咨询）

管委会可以在试验区内受理反价格垄断举报和咨询，并应当为举报人保密。

举报采用书面形式并提供相关事实和证据的，管委会可以向举报人了解被举报人的基本信息、举报人是否就同一事项已向其他行政机关举报或者向人民法院提起诉讼等情况，并根据情况告知举报人直接与相关行政机关或法院联系，或者依照本办法第五条进行甄别与移送。

第五条（甄别与移送）

管委会对咨询人提出的问题、举报人反映的相关事实和证据，以及通过试验区内其他调查发现、接受试验区内经营者关于达成价格垄断协议有关情况的主动报告等渠道获得的涉嫌价格垄断案件线索进行初步分析和甄别，并移交市价格主管部门。

第六条（立案与报告）

市价格主管部门根据国家发改委价监局授权，依据《反价格垄断行政执法程序规定》，对试验区内涉嫌价格垄断行为做出立案决定并开展调查，同时按照有关规定向国家发改委价监局报告。

第七条（处罚决定与报告）

市价格主管部门对试验区内涉嫌价格垄断行为依法做出行政处罚、中止调查、终止调查决定，并在做出有关决定之前向国家发改委价监局报告。

第八条（处罚决定的备案）

市价格主管部门对试验区内价格垄断案件做出行政处罚、中止调查、终止调查决定之后，按照有关规定向国家发改委价监局备案，同时抄告管委会。

第三章　工作机制

第九条（法律宣传）

市价格主管部门支持管委会不定期对试验区内企业和相关机构开展反价格垄断法律法规宣传工作。

第十条（业务培训）

市价格主管部门支持管委会开展试验区执法人员反价格垄断培训工作。

第十一条（信息共享）

市价格主管部门在确保保密性的前提下与管委会实现信息化对接，加强试验区内企业信用信息、反价格垄断案件线索、案件查处结果、案件备案情况等信息的交换和共享。

第十二条（综合性评估）

市价格主管部门会同管委会开展试验区行业整体、行业企业和有关机构反垄断法律风险防范的综合性评估，提出反价格垄断合规意见。

第十三条（会商机制）

管委会与本市反垄断机构间建立双向抄告、案件移送、定期会商机制，对反价格垄断举报咨询受理、移交、案件线索甄别、执法人员培训、法律法规宣传等进行会商。

第四章　附则

第十四条（保密义务）

市价格主管部门、管委会及其工作人员对反价格垄断执法过程中知悉的商业秘密负有保密义务。

第十五条（解释主体）

本办法由市价格主管部门负责解释。

第十六条（实施日期）

本办法自2014年10月15日起施行。

上海市发展和改革委员会

2014年9月15日

中国（上海）自由贸易试验区经营者集中反垄断审查工作办法

沪商公贸〔2014〕504号

第一章 总则

第一条（目的依据）

为配合国务院有关部门在中国（上海）自由贸易试验区（以下简称自贸试验区）内实施经营者集中反垄断审查，预防和制止垄断行为，保护市场公平竞争，根据《中华人民共和国反垄断法》等法律、法规、规章及《中国（上海）自由贸易试验区总体方案》《商务部关于委托省级商务部门做好反垄断相关工作的通知》的规定和要求，制定本办法。

第二条（适用范围）

本办法适用于根据商务部委托在自贸试验区开展的经营者集中反垄断审查工作。

本办法所称经营者集中及相应申报、执法标准均依照《中华人民共和国反垄断法》及相关法规规章执行。

第三条（部门职责）

商务部为自贸试验区内经营者集中反垄断审查的职能部门，上海市商务委员会（以下简称市商务委）与自贸试验区管理委员会（以下简称自贸试验区管委会）共同配合商务部开展自贸试验区经营者集中反垄断审查相关工作。

自贸试验区管委会根据商务部委托，在市商务委指导下，承担自贸试验区内经营者集中反垄断审查案件的发现识别、调查取证、后续监管、效能评估及培训宣传等具体职责。

市商务委与自贸试验区管委会建立双向抄告机制，即时将自贸试验区反垄断案件线索、调查进展、案件结果及履行检查等信息进行共享，并就相关工作进行会商。

第二章 经营者集中申报

第四条（申报识别）

自贸试验区管委会通过对自贸试验区内企业信息收集，或根据行业协会、同业企业、上下游企业的建议，对符合经营者集中申报主体条件的经营者，应及时告知并督促其进行申报。

第五条（申报材料）

依法应当进行经营者集中申报的企业向自贸试验区管委会提交申报材料的，自贸试验区管委会应协助其向商务部进行申报。企业有疑问的，可以建议企业向商务部提出事前商谈申请。

第六条（提请审查）

对自贸试验区内经营者集中未达到法定申报标准，但按照法定程序收集的事实和证据表明该经营者集中具有或者可能具有排除、限制竞争效果的，自贸试验区管委会应向商务部提请依法进行调查。

第七条（对未依法申报的举报）

对于达到经营者集中反垄断审查申报标准，经营者未事先申报而实施的集中，任何单位和个人有权进行举报。

举报人向自贸试验区管委会举报的，自贸试验区管委会可以根据举报人的要求，协助其向商务部提交有关举报材料，并为举报人保密。

第八条（对未依法申报的监督）

自贸试验区管委会对自贸试验区内发现的应申报而未申报的经营者集中，应向商务部报告。

第三章 经营者集中审查

第九条（协助调查）

在经营者集中反垄断审查立案后，商务部需征求地方意见的，自贸试验区管委会应根据商务部的要求，在对案件情况进行初步了解的基础上及时向商务部反馈有关意见。

第十条（听取意见）

案件审查过程中，商务部需在自贸试验区内召开听证会、开展调查取证、听取有关各方意见的，自贸试验区管委会应根据商务部的要求，协助做好组织协调工作。

第十一条（陈述申辩）

案件审查过程中，参与集中的经营者向商务部就有关申报事项进行书面陈述、申辩的，自贸试验区管委会可以根据企业的需求，协助其向商务部提交有关陈述、申辩材料。

第四章　后续监管及其他

第十二条（信息反馈）

自贸试验区管委会应及时跟踪案件进展，及时向参与集中的经营者反馈情况，并按照商务部要求在自贸试验区门户网站向社会公示案件审查决定及后续监督情况。

第十三条（对审查决定的监督）

对商务部做出禁止性决定的经营者集中，自贸试验区管委会应根据商务部要求监督其不得实施。发现有违法实施的经营者集中，应向商务部报告。

对商务部做出附加限制性条件的经营者集中，自贸试验区管委会应根据商务部要求对参与集中的经营者履行限制性条件的行为进行监督检查，并及时将检查情况报商务部。

第十四条（信息报告）

自贸试验区管委会应协助商务部做好反垄断立法工作，定期报告与竞争相关的地方性政策、法规等。

第十五条（竞争状况评估）

自贸试验区管委会应协助商务部做好市场竞争状况评估工作，定期整理区内企业并购重组情况、产业特点、竞争优势、市场集中度情况、主要产业的整合历史和发展趋势、自然垄断行业管制和引入竞争等情况。

第十六条（宣传培训）

市商务委支持自贸试验区管委会开展对区内企业反垄断政策和法律知识的宣传、培训，提高企业依法经营和公平竞争的意识。

第十七条（效能评估）

自贸试验区管委会应加强对反垄断工作的效能评估，及时总结可复制、可推广的制度经验。

第十八条（保密义务）

市商务委、自贸试验区管委会对在反垄断审查工作中知悉的商业秘密和其他需要保密的信息承担保密义务。

第五章　附则

第十九条（解释权）

本办法由市商务委负责解释。

第二十条（实施日期）

本办法自2014年10月15日起施行。

上海市商务委员会

2014年9月15日

中国（上海）自由贸易试验区反垄断工作联席会议制度方案

沪商公贸〔2014〕504号

根据《中国（上海）自由贸易试验区总体方案》及在中国（上海）自由贸易试验区（以下简称自贸试验区）加强事中事后监管的要求，本市建立自贸试验区反垄断工作联席会议制度，并制定本方案。

一、指导思想与总体目标

以制度创新为核心，立足国家战略，坚持先行先试，结合自贸试验区工作实际，进一步解放思想，转变政府职能，探索形成可复制、可推广的事中事后监管模式。重点探索建立本市反垄断执法机构在自贸试验区内的会商协调机制。

二、组织架构

1. 联席会议。由上海市商务委员会牵头，与上海市发展和改革委员会、上海市工商行政管理局、自贸试验区管理委员会及相关部门共同建立中国（上海）自由贸易试验区反垄断工作联席会议（以下简称联席会议）。

联席会议负责指导自贸试验区管理委员会做好反垄断工作，推动各成员单位出台相应的自贸试验区反垄断工作办法并监督其执行，并在国家有关部门支持下提出自贸试验区反垄断工作的建议。联席会议主要通过召开相关会议的方式履行职责，不替代成员单位和有关部门依法行政。

2. 联席会议办公室。联席会议下设自贸试验区反垄断工作联席会议办公室（以下简称联席会议办公室），办公室设在上海市商务委员会，承担联席会议日常工作。

三、工作内容

1. 加强信息互通

联席会议成员单位间建立有关自贸试验区反垄断案件的信息抄告机制，及时将自贸试验区反垄断案件线索、案件结果及监督检查等信息进行共享。

2. 加强会商协调

联席会议成员单位就自贸试验区反垄断工作的推进开展定期会商，按照国家相关部门要求协调推进自贸试验区反垄断审查及执法。对跨部门、跨地区的重大案件，由联席会议召集本市反垄断执法机构、自贸试验区管理委员会及相关政府部门，配合国家有关部门共同研究。

3. 推行专家咨询

联席会议指导自贸试验区设立反垄断审查及执法专家咨询小组，专家咨询小组由反垄断法律、经济、行业等方面的专家组成，对区内反垄断审查及执法可能遇到的重大问题提供决策咨询服务。

4. 组织效能评估

联席会议根据工作实际进展对自贸试验区反垄断审查及执法工作进行效能评估，及时总结相关制度经验，并在工作机制完善等方面提出建议。

四、工作方式

1. 工作会。联席会议每年定期召开工作会议，统一研究自贸试验区反垄断审查及执法工作，总结形成反垄断工作可复制、可推广的经验，研究机制创新、制度突破方面重大问题。

2. 协调会。联席会议办公室可根据实际工作需要，召集成员单位及相关部门召开自贸试验区反垄断工作协调会，对反垄断审查及执法工作的开展情况进行评估，研究、协调执法过程中遇到的具体问题，落实联席会议确定的工作任务。

上海市商务委、上海市发改委
上海市工商局、上海自贸试验区管委会
2014 年 9 月 15 日

中国人民银行关于金融支持中国（上海）自由贸易试验区建设的意见

为贯彻落实党中央、国务院关于建设中国（上海）自由贸易试验区（以下简称试验区）的重要战略部署，支持试验区建设，促进试验区实体经济发展，加大对跨境投资和贸易的金融支持，深化金融改革、扩大对外开放，现提出以下意见。

一、总体原则

（一）坚持金融服务实体经济，进一步促进贸易投资便利化，扩大金融对外开放，推动试验区在更高平台参与国际竞争。

（二）坚持改革创新、先行先试，着力推进人民币跨境使用、人民币资本项目可兑换、利率市场化和外汇管理等领域改革试点。

（三）坚持风险可控、稳步推进，“成熟一项、推动一项”，适时有序组织试点。

二、创新有利于风险管理的账户体系

（四）试验区内的居民可通过设立本外币自由贸易账户（以下简称居民自由贸易账户）实现分账核算管理，开展本意见第三部分的投融资创新业务；非居民可在试验区内银行开立本外币非居民自由贸易账户（以下简称非居民自由贸易账户），按准入前国民待遇原则享受相关金融服务。

（五）居民自由贸易账户与境外账户、境内区外的非居民账户、非居民自由贸易账户以及其他居民自由贸易账户之间的资金可自由划转。同一非金融机构主体的居民自由贸易账户与其他银行结算账户之间因经常项下业务、偿还贷款、实业投资以及其他符合规定的跨境交易需要可办理资金划转。居民自由贸易账户与境内区外的银行结算账户之间产生的资金流动视同跨境业务管理。

（六）居民自由贸易账户及非居民自由贸易账户可办理跨境融资、担保等业务。条件成熟时，账户内本外币资金可自由兑换。建立区内居民自由贸易账户和非居民自由贸易账户人民币汇兑的监测机制。

（七）上海地区金融机构可根据人民银行规定，通过设立试验区分账核算单元的方式，为符合条件的区内主体开立自由贸易账户，并提供相关金融服务。

三、探索投融资汇兑便利

（八）促进企业跨境直接投资便利化。试验区跨境直接投资，可按上海市有关规定与前置核准脱钩，直接向银行办理所涉及的跨境收付、兑换业务。

（九）便利个人跨境投资。在区内就业并符合条件的个人可按规定开展包括证券投资在内的各类境外投资。个人在区内获得的合法所得可在完税后向外支付。区内个体工商户可根据业务需要向其在境外经营主体提供跨境贷款。在区内就业并符合条件的境外个人可按规定在区内金融机构开立非居民个人境内投资专户，按规定开展包括证券投资在内的各类境内投资。

（十）稳步开放资本市场。区内金融机构和企业可按规定进入上海地区的证券和期货交易场所进行投资和交易。区内企业的境外母公司可按国家有关法规在境内资本市场发行人民币债券。根据市场需求，探索在区内开展国际金融资产交易等。

（十一）促进对外融资便利化。根据经营需要，注册在试验区内的中外资企业、非银行金融机构以及其他经济组织（以下简称区内机构）可按规定从境外融入本外币资金，完善全口径外债的宏观审慎管理制度，采取有效措施切实防范外债风险。

（十二）提供多样化风险对冲手段。区内机构可按规定基于真实的币种匹配及期限匹配管理需要在区内或境外开展风险对冲管理。允许符合条件的区内企业按规定开展境外证券投资和境外衍生品投资业务。试验区分账核算单元因向区内或境外机构提供本外币自由汇兑产生的敞口头寸，应在区内或境外市场上进行平盘对冲。试验区分账核算单元基于自身风险管理需要，可按规定参与国际金融市场衍生工具交易。经批准，试验区分账核算单元可在一定额度内进入境内银行间市场开展拆借或回购交易。

四、扩大人民币跨境使用

（十三）上海地区银行业金融机构可在“了解你的客户”“了解你的业务”和“尽职审查”三原则基础上，凭区内机构（出口货物贸易人民币结算企业重点监管名单内的企业除外）和个人提交的收付款指令，直接办理经常项下、直接投资的跨境人民币结算业务。

（十四）上海地区银行业金融机构可与区内持有《支付业务许可证》且许可业务范围包括互联网支付的支付机构合作，按照支付机构有关管理政策，为跨境电子商务（货物贸易或服务贸易）提供人民币结算服务。

（十五）区内金融机构和企业可从境外借用人民币资金，借用的人民币资金不得用于投资有价证券、衍生产品，不得用于委托贷款。

（十六）区内企业可根据自身经营需要，开展集团内双向人民币资金池业务，为其境内外关联企业提供经常项下集中收付业务。

五、稳步推进利率市场化

（十七）根据相关基础条件的成熟程度，推进试验区利率市场化体系建设。

（十八）完善区内居民自由贸易账户和非居民自由贸易账户本外币资金利率的市场化定价监测机制。

（十九）将区内符合条件的金融机构纳入优先发行大额可转让存单的机构范围，在区内实现大额可转让存单发行的先行先试。

（二十）条件成熟时，放开区内一般账户小额外币存款利率上限。

六、深化外汇管理改革

（二十一）支持试验区发展总部经济和新型贸易。扩大跨国公司总部外汇资金集中运营管理试点企业范围，进一步简化外币资金池管理，深化国际贸易结算中心外汇管理试点，促进贸易投资便利化。

（二十二）简化直接投资外汇登记手续。将直接投资项下外汇登记及变更登记下放银行办理，加强事后监管。在保证交易真实性和数据采集完整的条件下，允许区内外商直接投资项下的外汇资金意愿结汇。

（二十三）支持试验区开展境内外租赁服务。取消金融类租赁公司境外租赁等境外债权业务的逐笔审批，实行登记管理。经批准，允许金融租赁公司及中资融资租赁公司境内融资租赁收取外币租金，简化飞机、船舶等大型融资租赁项目预付货款手续。

（二十四）取消区内机构向境外支付担保费的核准，区内机构直接到银行办理担保费购付汇手续。

（二十五）完善结售汇管理，支持银行开展面向境内客户的大宗商品衍生品的柜台交易。

七、监测与管理

（二十六）区内金融机构和特定非金融机构应按照法律法规要求切实履行反洗钱、反恐融资、反逃税等义务，及时、准确、完整地向人民银行和其他金融监管部门报送资产负债表及相关业务信息，并根据相关规定办理国际收支统计申报；配合金融监管部门密切关注跨境异常资金流动。

（二十七）上海市人民政府可通过建立试验区综合信息监管平台，对区内非金融机构进行监督管理。可按年度对区内非金融机构进行评估，并根据评估结果对区内非金融机构实施分类管理。

（二十八）试验区分账核算单元业务计入其法人行的资本充足率核算，流动性管理以自求平衡为原则，必要时可由其上级行提供。

（二十九）区内实施金融宏观审慎管理。人民银行可根据形势判断，加强对试验区短期投机性资本流动的监管，直至采取临时性管制措施。加强与其他金融监管部门的沟通协调，保证信息的及时充分共享。

（三十）人民银行将根据风险可控、稳步推进的原则，制定相应细则后组织实施，并做好与其他金融监管部门审慎管理要求的衔接。

中国人民银行
2013 年 12 月 2 日

中国银监会关于中国（上海）自由贸易试验区银行业监管有关问题的通知

银监发〔2013〕40 号

各银监局，各政策性银行、国有商业银行、股份制商业银行、金融资产管理公司，邮政储蓄银行，银监会直接监管的信托公司、企业集团财务公司、金融租赁公司：

根据党中央、国务院关于建设中国（上海）自由贸易试验区的决定，经国务院同意，现就自贸区内银行业监管有关问题通知如下：

一、支持中资银行入区发展。允许全国性中资商业银行、政策性银行、上海本地银行在区内新设分行或专营机构。允许将区内现有银行网点升格为分行或支行。在区内增设或升格的银行分支机构不受年度新增网点计划限制。

二、支持区内设立非银行金融公司。支持区内符合条件的大型企业集团设立企业集团财务公司；支持符合条件的发起人在区内申设汽车金融公司、消费金融公司；支持上海辖内信托公司迁址区内发展；支持全国性金融资产管理公司在区内设立分公司；支持金融租赁公司在区内设立专业子公司。

三、支持外资银行入区经营。允许符合条件的外资银行在区内设立子行、分行、专营机构和中外合资银行。允许区内外资银行支行升格为分行。研究推进适当缩短区内外资银行代表处升格为分行，以及外资银行分行从事人民币业务的年限要求。

四、支持民间资本进入区内银行业。支持符合条件的民营资本在区内设立自担风险的民营银行、金融租赁公司和消费金融公司等金融机构。

支持符合条件的民营资本参股与中、外资金融机构在区内设立中外合资银行。

五、鼓励开展跨境投融资服务。支持区内银行业金融机构发展跨境融资业务，包括但不限于大宗商品贸易融资、全供应链贸易融资、离岸船舶融资、现代服务业金融支持、外保内贷、商业票据等。支持区内银行业金融机构推进跨境投资金融服务，包括但不限于跨境并购贷款和项目贷款、内保外贷、跨境资产管理和财富管理业务、房地产信托投资基金等。

六、支持区内开展离岸业务。允许符合条件的中资银行在区内开展离岸银行业务。

七、简化准入方式。将区内银行分行级以下（不含分行）的机构、高管和部分业务准入事项由事前审批改为事后报告。设立区内银行业准入事项绿色快速通道，建立准入事项限时办理制度，提高准入效率。

八、完善监管服务体系。支持探索建立符合区内银行业实际的相对独立的银行业监管体制，贴近市场提供监管服务，有效防控风险。建立健全区内银行业特色监测报表体系，探索完善符合区内银行业风险特征的监控指标。优化调整存贷比、流动性等指标的计算口径和监管要求。

银监会

2013 年 9 月 29 日

中国证监会关于资本市场支持促进中国（上海）自由贸易试验区若干政策措施

按照党中央、国务院关于建设中国（上海）自由贸易试验区（以下简称自贸区）的重要战略部署，证监会将深化资本市场改革，扩大对外开放，加大对自贸区建设的金融支持力度。具体措施包括：

一、拟同意上海期货交易所在自贸区内筹建上海国际能源交易中心股份有限公司，具体承担推进国际原油期货平台筹建工作。依托这一平台，全面引入境外投资者参与境内期货交易。以此为契机，扩大中国期货市场对外开放程度。

二、我会支持自贸区内符合一定条件的单位和个人按照规定双向投资于境内外证券期货市场。区内金融机构和企业可按照规定进入上海地区的证券和期货交易所进行投资和交易；在区内就业并符合条件的境外个人可按规定在区内证券期货经营机构开立非居民个人境内投资专户，开展境内证券期货投资；允许符合条件的区内金融机构和企业按照规定开展境外证券期货投资；在区内就业并符合条件的个人可按规定开展境外证券期货投资。

三、区内企业的境外母公司可按规定在境内市场发行人民币债券。根据市场需要，探索在区内开展国际金融资产交易等。

四、我会支持证券期货经营机构在区内注册成立专业子公司。目前，海通期货、宏源期货、广发期货、申万期货和华安基金等机构正在设立或准备设立风险管理子公司和资产管理子公司。

五、我会支持区内证券期货经营机构开展面向境内客户的大宗商品和金融衍生品的柜台交易。

下一步，我会将进一步研究细化相关政策措施，抓紧制定实施细则，加强对相关试点工作的监测和管理，及时总结试点经验，稳步推进资本市场改革开放，发挥资本市场服务经济转型的积极作用，更好地服务于上海自贸区国家战略。

证监会

2013 年 9 月 29 日

中国保监会支持中国（上海）自由贸易试验区建设的通知

为充分发挥保险功能作用，支持中国（上海）自由贸易试验区（以下简称自贸区）建设，中国保监会对上海保监局提出的有关事项做出批复，主要内容包括：

一、支持在自贸区内试点设立外资专业健康保险机构。

二、支持保险公司在自贸区内设立分支机构，开展人民币跨境再保险业务，支持上海研究探索巨灾保险机制。

三、支持自贸区保险机构开展境外投资试点，积极研究在自贸区试点扩大保险机构境外投资范围和比例。

四、支持国际著名的专业性保险中介机构等服务机构以及从事再保险业务的社会组织和个人在自贸区依法开展相关业务，为保险业发展提供专业技术配套服务。

五、支持上海开展航运保险，培育航运保险营运机构和航运保险经纪人队伍，发展上海航运保险协会。

六、支持保险公司创新保险产品，不断拓展责任保险服务领域。

七、支持上海完善保险市场体系，推动航运保险定价中心、再保险中心和保险资金运用中心等功能型保险机构建设。

八、支持建立自贸区金融改革创新与上海国际金融中心建设的联动机制，不断强化和拓展我会与上海市政府合作备忘录工作机制。

保监会

2013 年 9 月 29 日

进一步推进中国（上海）自由贸易试验区金融开放创新试点加快上海国际金融中心建设方案

为深入贯彻落实党中央、国务院决策部署，进一步推进中国（上海）自由贸易试验区（以下简称自贸试验区）金融开放创新试点，加快上海国际金融中心建设，制定本方案。

一、总体要求

贯彻落实党中央、国务院关于金融改革开放和自贸试验区建设的总体部署，紧紧围绕服务全国、面向世界的战略要求和上海国际金融中心建设的战略任务，坚持以服务实体经济、促进贸易和投资便利化为出发点，根据积极稳妥、把握节奏、宏观审慎、风险可控原则，成熟一项、推进一项，加快推进资本项目可兑换、人民币跨境使用、金融服务业开放和建设面向国际的金融市场，不断完善金融监管，大力促进自贸试验区金融开放创新试点与上海国际金融中心建设的联动，探索新途径、积累新经验，及时总结评估、适时复制推广，更好地为全国深化金融改革和扩大金融开放服务。

二、率先实现人民币资本项目可兑换

按照统筹规划、服务实体、风险可控、分步推进原则，在自贸试验区内进行人民币资本项目可兑换的先行先试，逐步提高资本项下各项目可兑换程度。

（一）认真总结自由贸易账户经验。抓紧启动自由贸易账户本外币一体化各项业务，进一步拓展自由贸易账户功能。自由贸易账户内本外币资金按宏观审慎的可兑换原则管理。

（二）规范自由贸易账户开立和使用条件，严格落实银行账户实名制。支持经济主体可通过自由贸易账户开展涉外贸易投资活动，鼓励和支持银行、证券、保险类金融机构利用自由贸易账户等开展金融创新业务，允许证券、期货交易所和结算机构围绕自由贸易账户体系，充分利用自由贸易账户间的电子信息流和资金流，研究改革创新举措。

（三）研究启动合格境内个人投资者境外投资试点，适时出台相关实施细则，允许符合条件的个人开展境外实业投资、不动产投资和金融类投资。

（四）抓紧制定有关办法，允许或扩大符合条件的机构和个人在境内外证券期货市场投资，尽快明确在境内证券期货市场投资的跨境资金流动管理方式，研究探索通过自由贸易账户等支持资本市场开放，适时启动试点。

（五）建立健全自贸试验区内宏观审慎管理框架下的境外融资和资本流动管理体系，综合考虑资产负债币种、期限等匹配情况以及外债管理和货币政策调控需要，合理调控境外融资规模和投向，优化境外融资结构，防范境外融资风险。

（六）创新外汇管理体制，探索在自贸试验区内开展限额内可兑换试点。围绕自贸试验区和上海国际金融中心建设目标，进一步创新外汇管理体制。放宽跨境资本流动限制，健全外汇资金均衡管理体制。统筹研究进一步扩大个人可兑换限额。根据主体监管原则，在自贸试验区内实现非金融企业限额内可兑换。逐步扩大本外币兑换限额，率先实现可兑换。

三、进一步扩大人民币跨境使用

扩大人民币境外使用范围，推进贸易、实业投资与金融投资三者并重，推动资本和人民币“走出去”。

（七）完善相关制度规则，支持自贸试验区内企业的境外母公司或子公司在境内发行人民币债券，募集资金根据需要在境内外使用。

（八）在建立健全相关管理制度的基础上，根据市场需要启动自贸试验区个体工商户向其在境外经营主体提供跨境人民币资金支持。

（九）拓宽境外人民币投资回流渠道。创新面向国际的人民币金融产品，扩大境外人民币境内投资金融产品的范围，促进人民币资金跨境双向流动。

四、不断扩大金融服务业对内对外开放

探索市场准入负面清单制度，开展相关改革试点工作。对接国际高标准经贸规则，探索金融服务业对外资实行准入前国民待遇加负面清单管理模式。推动金融服务业对符合条件的民营资本和外资机构扩大开放。

（十）支持民营资本进入金融业，支持符合条件的民营资本依法设立民营银行、金融租赁公司、财务公司、汽车金融公司和消费金融公司等金融机构。

（十一）支持各类符合条件的银行业金融机构通过新设法人机构、分支机构、专营机构、专业子公司等方式进入自贸试验区经营。

（十二）支持具有离岸业务资格的商业银行在自贸试验区内扩大相关离岸业务。在对现行试点进行风险评估基础上，适时扩大试点银行和业务范围。

（十三）支持在自贸试验区内按照国家规定设立面向机构投资者的非标资产交易平台。

（十四）允许自贸试验区内证券期货经营机构开展证券期货业务交叉持牌试点。

（十五）允许公募基金管理公司在自贸试验区设立专门从事指数基金管理业务的专业子公司。支持保险资金等长期资金在符合规定前提下委托证券期货经营机构在自贸试验区内开展跨境投资。

（十六）支持证券期货经营机构在自贸试验区率先开展跨境经纪和跨境资产管理业务，开展证券期货经营机构参与境外证券期货和衍生品交易试点。允许基金管理公司子公司开展跨境资产管理、境外投资顾问等业务。支持上海证券期货经营机构进入银行间外汇市场，开展人民币对外汇即期业务和衍生品交易。

（十七）支持在自贸试验区设立专业从事境外股权投资的项目公司，支持符合条件的投资者设立境外股权投资基金。

（十八）允许外资金融机构在自贸试验区内设立合资证券公司，外资持股比例不超过49%，内资股东不要求为证券公司，扩大合资证券公司业务范围。允许符合条件的外资机构在自贸试验区内设立合资证券投资咨询公司。

（十九）支持在自贸试验区设立保险资产管理公司及子公司、保险资金运用中心。支持保险资产管理机构设立夹层基金、并购基金、不动产基金、养老产业基金、健康产业基金等私募基金。支持保险资产管理公司发起、保险公司投资资产证券化产品。依托金融要素市场研究巨灾债券试点。

（二十）完善再保险产业链。支持在自贸试验区设立中外资再保险机构，设立自保公司、相互制保险公司等新型保险组织，以及设立为保险业发展提供配套服务的保险经纪、保险代理、风险评估、损失理算、法律咨询等专业性保险服务机构。支持自贸试验区内保险机构大力开展跨境人民币再保险和全球保单分入业务。鼓励各类保险机构为我国海外企业提供风险保障，在自贸试验区创新特殊风险分散机制，开展能源、航空航天等特殊风险保险业务，推动国际资本为国内巨灾保险、特殊风险保险提供再保险支持。

（二十一）在现行法律框架下，支持设立外资健康保险机构。探索建立航运保险产品注册制度。研究推出航运保险指数。

（二十二）在风险可控前提下支持互联网金融在自贸试验区创新发展。

（二十三）支持科技金融发展，探索投贷联动试点，促进创业创新。在风险可控和依法合规前提下，允许浦发硅谷银行等以科技金融服务为特点的银行与创业投资企业、股权投资企业战略合作，探索投贷联动，地方人民政府给予必要扶持。

（二十四）在防范风险前提下，研究探索开展金融业综合经营，探索设立金融控股公司。

（二十五）在自贸试验区内金融开放领域试点开展涉及外资的国家安全审查。支持与我国签署自由贸易协定的国家或地区金融机构率先在自贸试验区内设立合资金融机构，逐步提高持股比例。在内地与港澳、大陆与台湾有关经贸合作协议框架下，提高港澳台地区服务提供者在自贸试验区内参股金融机构的持股比例。

（二十六）集聚和发展银行、证券、保险等行业的各类功能性金融机构。支持大型金融机构在上海设立业务总部。支持境外中央银行和国际金融组织在沪设立代表处或分支机构，吸引符合条件的国际知名银行、证券、保险公司等金融机构在沪设立分支机构、功能型机构以及成立合资机构。支持中国保险信息技术管理有限责任公司在上海设立创新型子公司。

（二十七）支持在自贸试验区按国家有关规定设立法人金融机构，实施“走出去”战略，加快海外网点布局，拓展海外市场。

五、加快建设面向国际的金融市场

依托自贸试验区金融制度创新和对外开放优势，充分发挥中国人民银行上海总部统筹协调功能，推进面向国际的金融市场平台建设，拓宽境外投资者参与境内金融市场的渠道，提升金融市场配置境内外资源的功能。

（二十八）支持中国外汇交易中心建设国际金融资产交易平台，增强平台服务功能。

（二十九）加快上海黄金交易所国际业务板块后续建设，便利投资者交易。

（三十）支持上海证券交易所在自贸试验区设立国际金融资产交易平

台，有序引入境外长期资金逐步参与境内股票、债券、基金等市场，探索引入境外机构投资者参与境内新股发行询价配售。支持上海证券交易所在总结沪港通经验基础上，适应境内外投资者需求，完善交易规则和交易机制。

（三十一）支持上海期货交易所加快国际能源交易中心建设，尽快上市原油期货。积极推进天然气、船用燃料油、成品油等期货产品研究工作。允许符合条件的境外机构在自贸试验区试点设立独资或者合资的期货市场服务机构，接受境外交易者委托参与境内特定品种期货交易。

（三十二）支持设立上海保险交易所，推动形成再保险交易、定价中心。

（三十三）支持上海清算所向自贸试验区内和境外投资者提供航运金融和大宗商品场外衍生品的清算等服务。

（三十四）支持股权托管交易机构依法为自贸试验区内的科技型中小企业等提供综合金融服务，吸引境外投资者参与。

六、不断加强金融监管，切实防范风险

建立适应自贸试验区发展和上海国际金融中心建设联动的金融监管机制，加强金融风险防范，营造良好金融发展环境。

（三十五）完善金融监管体制。探索建立符合国际规则、适应中国国情的金融监管框架。精简行政审批项目，简化事前准入事项，加强事中事后分析评估和事后备案管理。加强金融信用信息基础设施建设，推动信用信息共建共享，构建与国际接轨的统计、监测体系。加大对金融失信行为和市场违规行为惩戒力度。

（三十六）支持人民银行和外汇局加强自贸试验区金融监管服务能力建设，探索本外币一体化监管体系。创新外汇账户管理体系。整合外汇账户种类，优化监管方式，提升监管效率。

（三十七）加强自贸试验区金融监管协调，探索功能监管。进一步发挥自贸试验区金融协调机制作用，加强跨部门、跨行业、跨市场金融业务监管协调和信息共享。研究探索中央和地方金融监管协调新机制。支持国家金融管理部门研究探索将部分贴近市场、便利产品创新的监管职能下放至在沪金融监管机构和金融市场组织机构。

（三十八）加强金融风险防范。完善跨境资金流动的监测分析机制，加强反洗钱、反恐怖融资和反逃税工作机制。针对金融机构跨行业、跨市场、跨境发展特点，掌握金融开放主动权，建立和完善系统性风险预警、防范和化解体系，守住不发生系统性、区域性金融风险底线。

（三十九）积极完善金融发展环境。上海市人民政府会同有关部门研究制定进一步完善金融信用制度建设等方案。

（四十）试点措施与行政法规、国务院文件、国务院批准的部门规章等规定不一致的，依照程序提请国务院做出调整实施决定。

中国人民银行、商务部、银监会、证监会
保监会、外汇局、上海市人民政府
2015 年 10 月 29 日

进一步推进中国（上海）自由贸易试验区外汇管理改革试点实施细则

上海汇发〔2015〕145 号

第一章　总则

第一条　为支持中国（上海）自由贸易试验区（以下简称试验区）建设，落实《中国（上海）自由贸易试验区总体方案》（国发〔2013〕38 号）、《进一步推进中国（上海）自由贸易试验区金融开放创新试点加快上海国际金融中心建设方案》（银发〔2015〕339 号）等文件要求，制定本实施细则。

第二条　试验区内银行（含注册在区内的银行以及办理区内业务的上海地区其他银行，下同）、境内外企业、非银行金融机构、个人（以下简称区内主体）适用本细则。

第三条　国家外汇管理局上海市分局（以下简称外汇局）具体负责监督管理试验区外币账户开立、资金划转、结售汇、外汇登记、本外币数据统计监测等事项。

第四条　区内主体应按照现行外汇管理规定，认真履行国际收支、结售汇、境内资金划转、账户等登记及数据报送义务，保证数据的准确性、及时性、完整性。

第五条　区内银行应在遵循“了解客户”“了解业务”“尽职审查”等原则基础上，切实按照本实施细则规定，履行试验区外汇业务真实性、合规性审查，制定完善的内控管理制度并报外汇局备案。

第六条　区内主体办理本实施细则规定的外汇管理试点业务，应当具有真实合法交易基础，并通过账户办理，不得使用虚假合同等凭证或构造交易。

第二章　经常项目业务

第七条　区内主体与境外之间经常项目交易，按本细则第五条规定办理购付汇、收结汇手续。对于资金性质不明确的，区内银行应要求企业、非银行金融机构、个人等进一步提供相关单证。

区内银行在办理异地业务、离岸转手买卖以及能够确认的转卖等外汇收支业务时，应当逐笔对合同、发票（含电子单证）、提单、仓单等货权凭证正本（复印件）等进行真实性审核，确保有关交易具有真实、合法交易背景，防范虚构贸易与外汇收支风险。

银行应当留存充分证明其交易真实、合法的相关文件和单证等 5 年备查。

第八条　区内货物贸易外汇管理分类等级为 A 类的企业外汇收入无须开立待核查账户。

区内货物贸易外汇管理分类等级为 B 类和 C 类的企业，应当按照现行货物贸易外汇管理规定办理相关外汇业务。

第九条　服务贸易、收益和经常转移等对外支付单笔等值 5 万美元以上的，按规定提交税务备案表。

第三章　资本项目业务

第十条　区内企业外债资金按照意愿结汇方式办理结汇手续，结汇所得人民币资金划入对应开立的人民币专用存款账户（资本项目—结汇待支付账户），经银行审核交易的合规性、真实性后直接支付。结汇资金不得直接或间接用于企业经营范围之外或国家法律法规禁止的支出。银行应当留存充分证明其交易真实、合法的相关文件和单证等5年备查。

区内企业及开户银行应及时准确地报送结汇和支付数据至外汇局相关业务信息系统。银行应参照《国家外汇管理局关于发布〈金融机构外汇业务数据采集规范（1.0版）〉的通知》（汇发〔2014〕18号）的要求报送人民币专用存款账户的开关户及收支余信息，人民币专用存款账户的账户性质代码为2113，账户性质名称为“资本项目—结汇待支付账户”。银行应参照《国家外汇管理局关于发布〈金融机构外汇业务数据采集规范（1.0版）〉的通知》（汇发〔2014〕18号）的要求，通过境内收付款凭证，报送人民币专用存款账户与其他境内人民币账户之间的收付款信息。

第十一条　区内金融租赁公司、外商投资融资租赁公司及中资融资租赁公司在向境内承租人办理融资租赁业务时，如果其用以购买租赁物的资金50%以上来源于国内外汇贷款或外币外债，可以外币形式收取租金。

第四章　外汇市场业务

第十二条　具备人民币与外汇衍生产品业务资格的银行，可以按照外汇管理规定为试验区相关业务提供人民币与外汇衍生产品服务。

对于境外机构按规定可开展即期结售汇交易的业务，注册在区内的银行可以为其办理人民币与外汇衍生产品交易。

衍生产品的具体范围和管理应符合现行外汇管理规定，纳入银行结售汇综合头寸管理，并按现行规定向外汇局报送相关数据。

第五章　附则

第十三条　对于区内企业备案开展跨国公司外汇资金集中运营管理试点业务，相关备案条件中上年度本外币国际收支规模可由超过1亿美元调整为超过5000万美元，其余按照《国家外汇管理局关于印发〈跨国公司外汇资金集中运营管理规定〉的通知》（汇发〔2015〕36号）办理。

区内金融租赁公司、金融控股公司、资产管理公司符合上述条件的，可按规定备案开展外汇资金集中运营管理试点。

第十四条 区内企业直接投资项下外汇登记及区内外商投资企业资本金意愿结汇按照《国家外汇管理局关于进一步简化和改进直接投资外汇管理政策的通知》（汇发〔2015〕13号）等文件办理。

第十五条 区内企业应当留存充分证明其交易真实、合法的相关文件和单证等5年备查。

第十六条 当国际收支出现或可能出现严重失衡时，外汇局可采取相应的临时性管制措施。

外汇局可根据国家宏观调控政策、外汇收支形势及试点业务开展情况，逐步完善和改进试点业务内容。

第十七条 外汇局依法对区内主体进行监督检查和调查。违反《外汇管理条例》和本规定的，暂停办理试点业务，并按照《外汇管理条例》及相关规定进行处罚。

第十八条 本实施细则自发布之日起施行，未尽事宜按照现行外汇管理规定办理。《国家外汇管理局上海市分局关于印发支持中国（上海）自由贸易试验区建设外汇管理实施细则的通知》（上海汇发〔2014〕26号）同时废止。

国家外汇管理局上海市分局

2015年12月17日

自贸试验区金融创新案例基本情况

第一批自贸试验区金融创新案例基本情况

类别	案例名称	主要内容	突破点	应用价值
存款利率市场化创新	放开300万美元以下的小额外币存款利率上限	从今年3月份开始，人民银行放开了自贸试验区内300万美元以下的小额外币存款利率上限。中国银行为一名在自贸试验区内就业的人员办理了首笔个人小额外币存款业务，利率经双方商量确定	放开了自贸试验区内小额外币（300万美元以下）存款利率上限，实现了外币存款利率的完全市场化	在自贸试验区实现外币存款利率的市场化，有利于培育和提高金融机构外币利率自主定价能力，完善市场供求决定的外币利率形成机制，为下一步复制推广，进而在全国范围内实现外币存款利率市场化积累经验
企业融资创新	境外人民币借款	自贸试验区内企业和非银行金融机构可以通过商业银行从境外借入人民币资金。例如：交通银行上海市分行分别为交银租赁自贸区子公司和自贸区企业办理了境外人民币借款	在自贸试验区内符合条件的金融机构和企业（以往需要扣减相应的外债额度，而中资企业申请外债额度需要以个案报批），可以从境外借入人民币资金	从境外借入资金可以用于区内生产经营、区内项目建设、境外项目建设。目前，境外借款利率远低于境内利率水平，对于借款企业和非银行金融机构来说，拓宽了融资渠道，降低了融资成本

续表

类别	案例名称	主要内容	突破点	应用价值
支付结算创新	为大宗商品衍生品交易提供金融服务	商业银行可以为自贸试验区企业开展大宗商品衍生品交易提供结售汇业务。例如：中行上海市分行与上海江铜国际物流公司合作，办理了自贸试验区首笔大宗商品衍生品交易，签订了以 LME（伦敦金属交易所）铜为商品标的 3 个月期限场外远期合约，共计交易 1000 吨，约合 40 手	允许境内银行为企业提供境外市场大宗商品衍生品交易项下的结售汇业务	为国内大宗商品企业利用国际市场开展风险管理提供了新的渠道
支付结算创新	跨境电子商务人民币支付结算业务	第三方支付机构可以使用人民币为跨境电子商务提供支付结算服务。例如：快钱支付公司与台湾关贸网达成战略合作，签署跨境电子商务人民币支付业务协议，双方进出口业务以人民币结算，且全程以电子化方式完成整个跨境贸易全流程	本案例的突破点在于第三方支付机构通过与银行合作，可以为客户提供人民币，与境外电商开展支付结算业务	有利于客户规避汇率风险，减少汇兑成本，也有利于促进人民币跨境使用
资金管理创新	跨境人民币双向资金池业务	自贸试验区内企业可以开展跨境人民币双向资金池业务，便利企业在境内外进行资金的双向调拨。例如：浦发银行为麦维讯电子公司旗下 5 家企业办理了人民币双向资金池业务，资金调拨共计 8000 万元	自贸试验区内的跨国公司可以根据自身经营和管理需要统筹调度境内外成员的资金。以往跨国公司境内外资金的划拨和流动，必须提供用途证明，由金融管理部门逐笔审批	符合条件的企业可以根据自身的需要自主调配境内外资金，有利于提高资金使用效率

续表

类别	案例名称	主要内容	突破点	应用价值
资金管理创新	外汇资金集中运营管理业务	集中运营管理境内外成员单位外汇资金，实现境内与境外成员单位外汇资金的双向互通。例如：工商银行上海市分行为锦江集团等企业提供跨境外汇资金集中运营管理服务	允许区内跨国公司通过国际外汇资金主账户实现境外资金融入，用于区内企业自身使用，不受额度限制；允许试点企业开展经常项目集中收付汇和轧差净额清算；国际资金主账户内资金存放不受外债指标控制；资本项下在规定额度内，实现资金流入	符合条件的企业可以根据自身的需要自主调配境内外资金，满足跨国公司对外汇资金集中管理集约化、便利化的需求，促进上海总部经济和新型贸易发展
对外投资创新	股权投资企业跨境股权投资审批改备案	弘毅投资公司于 2013 年 12 月中旬在区内设立了境外投资基金，并于 2014 年春节前取得备案证书，春节后在外汇局上海市分局办理了购汇核准，2 月 25 日在招商银行办理购汇并汇出境外。本次投资金额用于收购注册在英属维京群岛的某项目股权	以往股权投资企业开展跨境股权投资，需费时 3 个月至半年时间获得主管部门的批文。本案例的突破点在于简化跨境直接投资审批环节，以备案替代审批，提高投资效率	自贸试验区简化跨境投资审批环节，在 5 个工作日内就可以完成境外投资项目备案，极大地节约了时间成本
金融机构集聚创新	互联网小额贷款公司增强金融服务能力	通过鼓励互联网小额贷款公司等新型金融机构逐步放开股权比例和业务范围，增强金融服务的能力。百度、京东在上海设立小贷公司，开展互联网贷款经营，并可以跨区经营	放开互联网小额贷款公司的股权比例和业务范围的限制	有利于小额贷款公司等新型金融机构依托互联网，在更大范围内为个人和小微企业提供金融服务

续表

类别	案例名称	主要内容	突破点	应用价值
金融机构集聚创新	金融租赁公司在自贸试验区设立子公司	交银金融租赁公司开展了自贸试验区首单飞机和首单船舶租赁业务，并在自贸试验区内设立子公司已经批准筹建	允许金融租赁公司设立子公司	金融租赁公司可以利用自贸试验区平台和政策优势，为其开展境外融资租赁业务和进行境外融资提供便利

第二批自贸试验区金融创新案例基本情况

类别	案例名称	主要内容	突破点	应用价值
自由贸易账户	自由贸易账户开立和资金划拨	金融机构为符合条件的自贸试验区内或境外机构、企业等开立自由贸易账户，并实施资金划拨。例如：中行上海市分行利用自贸试验区企业对外直接投资审批改备案的政策优势，将人民币资金从客户的非自由贸易账户划转至自由贸易账户，并兑换成美元后汇往境外用于直接投资项目启动资金	一是通过建立分账核算单元，为开立自由贸易账户的区内主体提供经常项目、直接投资和投融资创新等业务的金融服务。二是自由贸易账户和境外账户、境内区外非居民机构账户（NRA），其他自由贸易账户之间划转按宏观审慎原则实施管理；和境内非自由贸易账户（含同名账户）之间划转可以有限渗透	创新有利于风险管理账户体系的政策框架已基本形成，为在试验区先行先试资本项目可兑换等金融领域改革提供了工具和载体

续表

类别	案例名称	主要内容	突破点	应用价值
自由贸易账户	自由贸易账户人民币国际贸易融资	商业银行为自贸试验区客户的自由贸易账户发放国际贸易融资。例如：工行上海市分行为自贸试验区内某企业的自由贸易账户项下发放进口贸易融资 1 亿元人民币，用于对外支付	根据经营需要，分账核算单元可按规定向自贸区客户发放贸易融资	通过使用自由贸易账户单元低成本的融资满足自贸区客户的资金需求，降低客户融资成本
人民币跨境使用	境外银团人民币借款	境外银团根据企业公开披露信息，直接给予企业信用贷款。例如：上海银行借助“沪、港、台”合作平台，由上海银行（香港）有限公司、台湾上海商业储蓄银行、香港上海商业银行组成境外银团，为自贸试验区内某企业提供信用贷款方式下的境外人民币借款	本案例的突破点在于这笔贷款是由境外银团依据企业公开披露信息，直接给予企业信用贷款，银团贷款的风险，由境外银团管理方直接承担。之前自贸试验区人民币境外借款业务一般采用境内行向境外行提供信用保证，然后境外行将资金借给用款企业的方式	这是自贸试验区跨境融资模式的创新，也是境内企业通过自贸试验区走出去的重要标志
人民币跨境使用	人民币跨境集中收付和轧差净额结算	通过自贸区内的主办企业，使其集团内各成员企业的人民币经常项下的跨境结算集中起来，通过集中收付和轧差的方式，与其境外的财资中心或净额结算中心直接结算。例如：花旗银行为某外资公司通过该公司在自贸区内的企业，为其实施经常项下人民币跨境集中收付和轧差净额结算	本案例的突破点在于允许企业以集中收付和轧差的方式，实现子公司和子公司之间或母公司和子公司之间的跨境资金安排。此前，企业集团内的资金收付需要逐笔结算、支付	提高集团内资金的利用效率，降低跨境收付成本，节约集团内融资和汇兑成本，向集团企业提供便捷有效的跨境收付渠道

续表

类别	案例名称	主要内容	突破点	应用价值
人民币跨境使用	个人经常项下跨境人民币结算业务	为自贸区内个人办理跨境人民币结算业务。例如：中行上海市分行办理一笔自贸区个人跨境人民币结算业务，协助客户将其工资收入汇至海外	本案例的突破点在于区内就业或执业的个人可直接办理经常项下和直接投资项下的跨境人民币结算业务。此前，区内个人只能通过人民币工资购汇，以外币形式进行跨境资金划转	为区内有跨境结算业务需求的个人提供了便利，节约汇兑成本，并且有助于进一步扩大人民币跨境使用
外汇管理改革	自贸试验区外汇资本金意愿结汇业务	商业银行为区内企业办理外汇资本金意愿结汇业务。例如：建行上海市分行为某外资融资租赁公司办理外汇资本金意愿结汇，为其开立结汇待支付人民币专用存款账户，结汇金额港币 2600 万元	自贸区“意愿结汇”制度是对外汇管理政策的一项重大突破，外商投资企业可以在公司已办理入账登记的外汇资本金范围内自由选择是否结汇；并根据汇率波动情况，自由选择结汇时点。此前，外商投资企业资本金一直实行“按需结汇”制度，只有当“实际需求”发生时，才能向外汇管理局申请办理结汇	这一制度为外商投资企业提供了新的汇率管理工具，在“实际需求”发生前便可以结汇资金备用，从而有效规避汇率风险
外汇管理改革	自贸试验区直接投资外汇登记	直接投资项下外汇登记及变更登记下放银行办理。例如：交行上海市分行为某公司办理了首单自贸区新设外商投资企业外汇登记业务	本案例的突破点在于企业仅需向银行提交相关资料，便可一次性完成外汇登记与账户开立的手续。此前，直接投资项下外汇登记，包括外商直接投资登记（FDI）和境内机构境外直接投资登记（ODI）等各类本外币直接投资业务需在外汇局的资本项目信息系统中进行信息登记	通过简化直接投资业务流程，缩短了业务办理时间，为自贸区内企业办理直接投资业务提供便利

续表

类别	案例名称	主要内容	突破点	应用价值
融资便利	自贸区跨境并购融资业务	商业银行为自贸区内客户发放并购融资，用于境外股权收购。例如：工行上海市分行为自贸试验区内某企业发放 3000 万美元低成本并购贷款	本案例的突破点在于帮助自贸试验区企业使用自贸区对外直接投资与前置核准脱钩的政策优势，配合金融服务的支持，顺利完成海外并购业务	自贸区企业对外投资与前置核准脱钩的政策使越来越多的企业愿意到自贸区来使用该项政策红利，实现走出去。该类客户走出去过程中必将产生大量的融资需求。商业银行的并购融资为满足该需求提供了较好的解决方案
融资便利	三方联动跨境银租保业务	商业银行通过与自贸试验区内融资租赁公司合作，以自贸试验区分行低成本的美元贷款资金，满足融资租赁公司的融资需求。例如：浦发银行上海分行为试验区内某外资融资租赁公司办理了三方联动跨境银租保业务	本案例的突破点在于在融资租赁保理业务的基础上整合创新银租保产品，优化跨境联动模式，通过产品组合进一步降低企业融资成本	为承租人有效拓宽企业融资渠道，盘活固定资产；通过低成本资金运作降低企业融资成本，作为出租人的融资租赁公司也通过业务拓宽了客户渠道

第三批自贸试验区金融创新案例基本情况

类别	案例名称	主要内容	突破点	应用价值
金融交易平台建设	上海黄金交易所设立国际板	上海黄金交易所国际板于 2014 年 9 月 18 在自贸试验区正式启动，推出以人民币计价的“上海金”品牌。目前上线三个可在自贸试验区交割的现货黄金合约，分别是：交易单位 100 克和 1 千克，成色 99.99 的 1Au100、1Au99。交易单位为 12.5 千克、成色 99.5 的 1Au99.5。 金交所单位设立了一个黄金保税交割仓库，为进口和转口黄金提供交割、仓储保管、清算、物流等配套服务。 在自由贸易账户框架下，离岸资金可以在自贸试验区内参与国际板交易，也可以参与上海黄金交易所主板所有合约交易	一是会员国际化。自贸试验区内及境外国际知名商业银行、专业投资机构以及黄金精炼企业均可参与。 二是交易资金国际化。在自由贸易账户框架下参与人民币报价的黄金等贵金属交易，实现离岸资金与在岸资金的融合。 三是定价国际化。形成有国际影响力的“上海金”人民币黄金定价机制和实物交割标准。 四是储运和交割国际化，促进上海成为亚太黄金转口中心	推动上海黄金交易所交易价格从区域性的价格逐步向国际性的价格转变。形成有国际影响力的“上海金”。有利于促进我国黄金市场发展、人民币国际化和上海国际金融中心建设
人民币跨境使用	自由贸易账户项下中小企业跨境人民币综合金融服务	农行上海市分行支持自贸试验区中小企业发展，大力发展跨境人民币业务： 一是参照人民币离岸市场价格基准，在分账核算单元下发放流动资金贷款； 二是通过自由贸易账户，开展跨境人民币项上代理福费廷业务； 三是通过自由贸易账户，开立跨境人民币信用证； 四是通过分账核算单元，以接近离岸市场价格，提供汇兑服务	通过居民自由贸易账户和非居民自由贸易账户，在贷款、贸易融资、信用证、购付汇等方面发挥跨境人民币综合创新优势，支持自贸试验区中小企业发展，拓展和完善自由贸易账户金融服务功能	利用自由贸易账户资金划转便利和跨境融资功能，提供综合化金融服务，帮助中小企业降低融资成本，提高防范汇兑风险管理的能力

续表

类别	案例名称	主要内容	突破点	应用价值
人民币跨境使用	居家费用跨境人民币支付	中国银行上海市分行、中银香港、上海付费通信息服务有限公司联合研究推出沪港两地居家费用电子账单跨境支付平台。该平台可以帮助在内地置业的30万香港居民以及在香港置业的40万内地居民实现异地在线缴纳跨境物业费、管理费等民生类费用。未来，通过该平台亦可将服务扩展到更多的沪港跨境支付项目，可缴付费用种类也将在政策许可范围内逐步拓展	该项目是我国首家且唯一建成的民生类电子账单跨境支付平台。该项目利用自贸试验区人民币跨境支付政策，成功实现沪港两地在线缴付物业费、管理费等民生类费用，且平台的搭建也提供了拓展后续跨境服务的可能行	提供了人民币跨境资金流动新渠道，有利于促进自贸试验区内电子商务发展，便利居民跨境缴纳物业费、公用事业费等居家费用，为自贸试验区金融创新和民生服务提供了新的契合点
人民币跨境使用	互联网企业经常项下跨境人民币集中收付	某旅行网是一家在线票务服务商，浦发银行针对该集团成员公司众多、跨境收付款较为分散的特点，帮助企业将所有的跨境机票、酒店等旅游费用收付款集中在自贸区平台，为其度身定制了经常项下跨境人民币集中收付方案，通过简化资金划付手续，降低跨境交易成本	试验区首单面向互联网企业的服务贸易项下的跨境人民币集中收付，根据互联网企业跨境结算特点，提供跨境人民币集中收付服务	是跨境人民币在服务贸易领域业务的创新发展，对互联网企业利用自贸试验区贸易便利化政策提升跨境资金管理水平具有一定的借鉴意义，有利于促进互联网企业在自贸试验区集聚发展

续表

类别	案例名称	主要内容	突破点	应用价值
企业跨境并购融资	股权质押跨境并购融资	据行上海自贸试验区分行以境外非居民持有的境内上市公司原始股作为质押，为该非居民的境内特殊目的子公司提供并购融资支持，成功发放了10亿元人民币的并购贷款，并通过试验区内PTN账户，以外保内贷的方式，形成还款资金保障	该跨境并购项目面临境内、境外两套法律体系（英美法系和大陆法系）以及债权、债务人权利义务划分和衔接的难题，据行上海自贸试验区分行充分发挥离岸、在岸、试验区“三位一体”业务优势，在“离岸”完成司法转递和律师见证等工作。“在岸”实现并购融资，自贸试验区通过自由贸易账户（FTN账户）进行资金监管和还款保证。该项目中FTN账户的开立较好地解决了在境内处置境外公司原始股东持有的境内上市公司股权的难题	利用试验区跨市场、跨境交易，帮助跨境客户盘活非居民持有的境内资产，拓展企业跨境并购融资渠道，高效地完成并购
企业跨境并购融资	境外上市公司股权收购	由东方证券公司直投子公司在自贸试验区募集并设立有限合伙企业性质的人民币跨境并购基金，依托自贸试验区跨境投资政策，通过境外直接投资（ODI）、上海银行跨境直贷美元并购贷款、基金托管等金融服务，完成了对某境外上市公司的股权收购，帮助该公司实现在境外退市、在境风A股上市	一是突破以往跨境股权收购审批慢、程序复杂的瓶颈，充分利用自贸试验区对外投资审批高效、快捷、便利的服务优势，以及对外投资与前置核准脱钩的政策优势，在20天内即完成方案制定、审批流程、资金汇兑和划转。 二是利用商业银行境外美元并购贷款利率低的优势，有效降低收购资金成本	利用自贸试验区政策和制度优势，借助对外直接投资和并购贷款两种方式，探索中资企业境外并购的新模式，支持优秀的境外上市企业回归A股市场，推动A股市场发展

续表

类别	案例名称	主要内容	突破点	应用价值
金融机构集聚创新	保险公司设立养老产业投资管理机构	太保集团探索通过子公司太保寿险公司，以重大股权投资方式，于2014年9月在自贸试验区注册成立太平洋保险养老产业投资管理有限责任公司，该公司收购城市中心旧物业来改建养老设施，为有长期照料需求的中高端客户提供专业养老服务	系全国首家由保险机构投资设立的专业养老投资公司，是保险机构在自贸试验区通过设立专业子公司拓宽保险资金运用范围的探索	利用自贸试验区平台和政策优势，为养老设备、人才引进、人员培训、外资养老项目收购、资本运作等提供便利，有利于扩大保险资金运用范围，促进养老产业发展
保险业务创新	航运保险协会条款	2014年9月，上海航运保险协会开发首个上海航运保险协会条款——无船承运经营者保证金责任保险条款，并完成中国保监会备案。该业务是指无船承运经营者以承运人身份接受托运人的货载，签发自己的提单或者其他运输单证，向托运人收取运费，通过国际船舶运输经营者完成国际海上货物运输，承担承运人责任的国际海事运输经营活动，上海航运保险协会现有会员单位均可直接使用该条款	一是产品开发主体突破，无船承运经营者保证金责任保险条款，是第一款以上海航运保险条款。 二是产品监管模式创新，突破过去审批制，采用向保监会报备制。 三是突破了以往每项保险产品均由每家保险公司分别报送保险监管部门审批的做法	发挥行业组织的专业化优势，简化审批流程，提高航运产品开发和运用的效率，有利于同业产品的规范化管理，助推上海成为全球航运险市场聚集地和产品定价中心，推动上海国际金融中心和国际航运中心建设

续表

类别	案例名称	主要内容	突破点	应用价值
保险业务创新	跨境再保险业务	由太平人寿自贸区分公司搭建境内外公司合作平台，实现人民币保单境外销售，并通过自由贸易账户，以再保分出分入业务和投资运作形式，实现本外币保费资金的双向跨境流通	作为首家开通自由贸易账户的寿险公司，在试验区通过自由贸易账户，深度使用保险资金跨境双向投资与结算通道，根据境内外不同投资市场优势设计产品，并通过跨境再保险的方式增强抵御风险的能力	充分发挥试验区分账核算和投融资汇兑便利的优势，开展跨境再保险业务，建立了“直保、再保、投资”三位一体的跨境保险业务创新模式，有助于提升保险业国际化水平

第四批自贸试验区金融创新案例基本情况

类别	案例名称	主要内容	突破点	应用价值
分账核算单元建设	财务公司分账核算单元金融服务	申能财务、电气财务作为全国首批入驻自贸试验区的非银行金融机构，积极参与金融创新试点，通过人民银行分账核算单元验收，并成功办理境外融资，有效降低企业融资成本。同时，申能财务以 FTU 账户集中收付方式为集团内企业办理经常项下贸易往来业务，并计入分账核算系统内企业贸易融资，替换传统流动资金贷款，进一步降低企业融资成本和营运成本	一是丰富了自贸试验区分账核算单元类型，财务公司通过“账户映射”方式，建设区别于商业银行的自贸试验区分账核算单元，并同步建立流动性管理、跨境资金风险管理、反洗钱和内控管理等非银行金融机构分账核算单元制度框架，形成非银行金融机构分账核算单元的创新模式； 二是通过分账核算单元境外融资与经常项下集中收付平台组合，实现境外低成本资金在境内外综合运用，服务境内实体经济，形成合规利用境外融资的创新模式。 ＊账户映射是指：财务公司内部结算账户与银行结算账户之间存在映射的关系，账户余额和资金明细均能一一对应	一是形成了财务公司分账核算单元的建设模式，为非银行金融机构建设分账核算单元提供借鉴； 二是通过财务公司分账核算单元搭建连通境内外资金市场的通道，引入境外低成本资金为集团内企业降低财务成本； 三是丰富非银行金融机构分账核算单元功能，可提供跨境借款、集中收付、结算、投融资、汇兑等综合金融服务，使企业集团跨境资金集中和结算集中管理平台功能不断完善

续表

类别	案例名称	主要内容	突破点	应用价值
分账核算单元建设	境外发行大额同业存单补充分账核算单元流动性	中国银行通过其香港分行发行大额同业存单（CD），面向包括境外金融机构在内的众多境外市场投资者，募集离岸人民币资金超过40亿元，拆放给中行自贸试验区分行，补充自贸试验区分账核算单元流动性	通过海外分支机构发行大额CD，丰富了银行自贸试验区分账核算单元项下流动性补充的渠道	拓宽了金融机构补充分账核算单元流动性的渠道，有利于发挥分账核算单元的功能，更好地服务实体经济
分账核算单元建设	商业银行分账核算单元境外融资业务	本市某企业集团拟进行多笔境外项目的收购，但其境外企业的资产较少，直接融资能力较弱。建行上海市分行通过FTU分账核算业务从建行海外分行融入7500万英镑，为该企业集团下属自贸试验区企业发放FTE外币贷款，实现该企业集团境外业务拓展的融资需求	商业银行和企业运用自贸试验区分账核算境外融资政策，通过FTU分账核算业务从境外融资发放FTE贷款模式，将企业境外融资需求的实现从境外端移至境内端	扩大了金融机构和企业境外融资渠道和融资规模，降低融资成本，提高融资效率，支持企业海外业务发展

续表

类别	案例名称	主要内容	突破点	应用价值
自由贸易账户功能	自由贸易账户本外币跨境融资服务	交通银行上海市分行为自贸试验区企业提供本外币一体化跨境融资服务： 一是内存内贷业务，为某境外客户FTN账户办理流动资金贷款，担保方式为借款人在境内的关联公司存入的全额保证金存款； 二是外存内贷业务，以一家香港企业FTN账户1亿港元保证金存款作为质押担保，向境内某企业发放人民币流动资金贷款	一是简化融资流程，降低融资成本。该业务无须开立融资性保函，免去担保费支出； 二是简化对外担保登记手续。在签订担保合同及办理担保履约时，担保人、债务人无须到外汇局办理登记或备案； 三是贷款币种灵活，可满足企业选择低利率负债币种的需求	一是业务风险低。以全额保证金作为贷款担保，且贷款银行可自主办理担保履约的结算手续，以境内担保人的保证金偿付境外借款人的FTN账户欠款，风险可控； 二是手续简便，有利于促进金融服务出口，提升银行对非居民金融服务的能力和支持企业“走出去”
金融衍生品交易	分账核算单元外汇自营掉期	农行上海市分行成功从境外银行同业拆入多笔本外币资金后，积极探索以金融衍生交易降低资金成本，在分账核算单元下通过美元兑人民币自营掉期交易。该业务交易对手为农行香港分行，金额为2000万美元，期限为1个月。农行上海市分行在自贸试验区分账核算单元下近端卖出人民币买入美元，远端卖出美元买入人民币	该案例体现了商业银行自贸区分行与境外金融机构的跨境联动、优势互补，既降低银行外币资金来源的成本，又帮助境外分行获得低成本的人民币资金，有利于支持人民币走出去。同时，交易本身对外未形成额外的外币负债，符合对外负债本币化的趋势，有利于降低汇率风险	该案例也可复制到企业端，通过开展代客衍生品交易，帮助企业在享受低成本资金的同时，规避利率汇率风险

续表

类别	案例名称	主要内容	突破点	应用价值
外汇管理改革	投资型跨国公司外汇资金集中运营管理	上海银行依托自身的现金管理平台和托管框架，为区内投资型集团企业提供实现其配置全球资金、开展境内外投资、调配成员企业资金往来等综合金融服务需求的现金管理产品。为确保资金的来源及用途合法合规，上海银行设立监管专户并作为托管行进行监控。目前该行已与4家集团企业签署了战略合作协议，其中已与2家公司正式开展合作，资金规模达1亿美元	上海银行结合跨国公司总部外汇资金集中运营管理政策，叠加投资型企业的投融资特点，在制度流程、系统开发、客户服务等方面进行了突破与创新： 一是跨国公司总部可使用归集资金开展境内外股权投资； 二是跨国公司总部与境外既有总部的职能转移，允许总部之间以股本或拆借往来方式实现资金双向流动； 三是跨国公司总部可将归集资金统筹或调拨用于成员企业开展境内外投资	满足了投资型跨国公司外汇资金集中管理的需求，有利于丰富自贸试验区跨国公司总部类型，扩大外汇资金集中运营管理试点企业范围，吸引包括资产管理、投资银行、股权投资等国际资本集聚，促进上海财富和资产管理中心建设，提升自贸试验区国际影响力
金融交易平台建设	大宗商品现货交易市场一站式金融服务	浦发银行通过开发“SPDB +”自贸试验区电子商务服务系统，利用自由贸易账户，为自贸试验区大宗商品交易市场及其全球会员单位提供一站式、全方位的金融服务，包括交易市场跨境实时清算服务、交易平台多币种现金管理服务、全球会员免担保保税仓单融资服务等。目前，浦发银行已与自贸试验区内首批2家大宗商品交易平台（有色网、钢联交易市场）以及纺织品交易市场签约提供综合化金融服务	一是作为上海清算所首批现货清算成员，通过自由贸易账户，实现了交易市场的跨境人民币实时清算、结算； 二是大宗商品现货交易引入了自贸大宗（上海）信息服务公司开发的仓单公示平台，建立了大宗商品金融服务的诚信体系，降低金融机构与融资者信息不对称性，为大宗商品动态供应链融资等多元金融创新提供支持； 三是在有效控制仓单真实性风险的前提下，探索免担保的保税仓单融资新方法，并通过衍生品风险对冲提高融资比例	浦发银行通过为自贸试验区大宗商品现货交易市场及其会员单位提供一站式、全方位的金融服务，为自贸试验区大宗商品交易平台的建设提供了较好的风险管理和效率管理解决方案，通过金融市场专业化清算和第三方仓单公示等基础设施建设，共同搭建大宗商品现货交易平台诚信体系

续表

类别	案例名称	主要内容	突破点	应用价值
金融交易平台建设	黄金“沪港通”	黄金“沪港通”是上海黄金交易所与香港金银业贸易场合作推出的两地黄金市场的互联互通机制。根据双方协议安排，香港金银业贸易场以上海黄金交易所特殊国际会员的形式参与交易所交易，金银业贸易场的行员及其客户可通过其代理在上海黄金交易所进行交易。该业务开通首日，即完成合计两吨黄金交易	黄金“沪港通”是上海黄金交易所首次与境外交易市场开展深度合作，探索境外投资者参与境内黄金交易的模式。交易所作为一种特殊形式的机构主体，其社会影响、交易人数、风控管理等方面与一般交易机构不同	上海黄金交易所成功引入第一家境外交易所类机构作为特殊会员，拓展了国际投资者参与我国境内黄金市场的渠道，有利于借鉴国际先进经验，进一步推动国内黄金市场规范发展，提升“上海金”在国际贵金属市场上的影响力和话语权
投贷联动	商业银行投贷联动模式创新	华瑞银行与君联资本探索合作，对一家研发基地设在张江科技园区的创业型互联网企业发放了5000万元贷款，企业同时配给华瑞银行一定比例的认股期权，而无须向华瑞银行提供任何抵押担保，君联资本则以股东身份协助完成企业资金以及后续经营情况的监管	一是华瑞银行通过持有认股选择权（期权）的方式实现风险缓释，避免了传统上银行在中小企业金融服务中依赖抵押的做法； 二是风险投资作为银行贷款的先导，通过对风险认知的充分沟通，实现对成长期科创企业的评估与贷款支持	商业银行充分利用自贸试验区与张江国家自主创新示范区“双自联动”的创新优势，探索投贷联动业务模式，拓宽了中小型、轻资产的科创企业融资渠道，提供了融资便利

续表

类别	案例名称	主要内容	突破点	应用价值
保险产品监管创新	航运保险产品注册制改革	航运保险产品注册制是经中国保监会同意授权，由上海航运保险协会在会员范围内进行航运保险产品注册管理，已注册产品无须再经中国保监会审批备案，会员即可直接使用。上海航运保险协会建立了 7×24 小时电子化注册平台，平台自动注册管理，实现即时注册、即时审核、即时通过、即时赋予注册码、即时投入市场。注册材料由备案管理的 7 份纸质材料及电子文件，缩减为 2 份电子文件	一是产品管理权限由金融管理部门向行业协会转移，突破了现有的保险产品审批备案制，允许保险经纪公司进行航运保险产品注册，无须到中国保监会报备； 二是强化企业创新主体责任，保险公司等市场主体自行决定成为注册人，自主决定开发注册保险产品，并承担相应的法律主体责任； 三是注册简便，注册效率大幅提高，注册时间由备案制的 20 个工作日，缩减为即时处理； 四是对接国际化的产品注册标准，遵循国际惯例，由注册人自行厘定费率、自主使用注册语言； 五是信息公开，建立了公开透明的注册信息披露机制，以及层级清晰、管控有效的注册自律机制，最大程度实现订约自由	航运保险产品注册制是中国保监会在上海率先实行的保险产品监管制度改革，体现了政府简政放权的监管思路，有利于增强保险公司创新动力和发展活力，提高航运保险产品创新效率；有利于增强保险公司产品创新的主体责任，对接国际标准，促进航运保险市场化、国际化、法制化，提升上海在国际航运保险市场的影响力和话语权，加快上海航运中心和国际保险中心建设进程

续表

类别	案例名称	主要内容	突破点	应用价值
企业融资服务	“走出去”企业融资服务	商业银行根据自贸试验区相关便利政策，为“走出去”企业提供融资支持。 1. 工行上海市分行以某企业自由贸易账户存款为质押担保，为该企业境外非居民并购实体的 FTN 账户发放并购贷款，用于境外收购； 2. 中行上海市分行、中行法兰克福分行为某自贸试验区企业安排了总金额 2 亿欧元的银团贷款，用于其向境外支付港口使用费； 3. 浦发银行自贸试验区分行为某企业的境外子公司 FTN 账户发放 6 亿人民币并购贷款，支持其收购一家加拿大上市公司； 4. 交行自贸试验区分行为一家知名互联网企业设立在自贸试验区内的投资管理公司的境外子公司发放了一笔 1 亿美元的离岸贷款，支持其境外并购项目的股权转让款	依托自贸试验区政策优势，商业银行以 FTN 账户或离岸账户，为“走出去”企业海外分支机构的经营和并购等提供融资服务	商业银行可以参与到“走出去”企业境外经营和并购业务，为其海外分支机构提供本外币融资及财务顾问服务，极大地提升了对“走出去”企业的金融支持能力

第五批自贸试验区金融创新案例基本情况

类别	案例名称	主要内容	突破点	应用价值
利率市场化	发行自贸试验区跨境同业存单	中国外汇交易中心（全国银行间同业拆借中心）推出自贸试验区跨境同业存单发行、交易与信息服务。发行人可依托自由贸易账户，通过同业拆借中心的发行系统，面向区内及境外金融机构投资者发行自贸试验区同业存单。发行人可选择公开或定向发行，可采用招标或报价方式发行。自贸试验区同业存单发行后次一工作日即上市流通，可支持现券转让、质押式回购、买断式回购、远期交易等多种交易方式。 2015年10月12日，首批8家试点银行（工行、农行、中行、建行、招行、光大、浦发行和华瑞银行）成功发行自贸试验区跨境同业存单，全部获得足额认购，总发行量29亿元。首批自贸试验区同业存单均为公开发行，期限3个月，发行利率较境内同业存单低5BP至10BP，有15家机构认购，其中6家为境外机构。发行筹集资金主要用于满足自贸试验区内实体经济的融资需求	一是通过自由贸易账户体系，由区内机构向境外机构发行同业存单，境外机构向区内机构发行同业存单，在自贸试验区提供了市场化定价的存款产品。 二是简化了投资机构准入审批流程。自贸试验区同业存单的参与机构同时包括区内机构与境外机构，区内机构入市无须审批，已经是银行间市场成员的境外机构只要开立自由贸易账户即可取得入市资格，对于非银行间市场成员的境外机构由人行上海总部备案后即可入市	一是创设了主动流动性管理手段，拓展了区内银行业存款类金融机构的融资渠道，完善了自由贸易账户体系的货币市场功能。 二是有利于境外金融机构参与自贸试验区金融活动，实现区内与境外的资金双向流动，促进自贸试验区金融市场活跃度。 三是有利于促进全球人民币资金在上海集聚，加强自贸试验区金融市场与境外人民币市场的联系，促进人民币国际化。 四是有利于为自贸试验区其他利率与汇率产品发行与交易，如自贸试验区债券、拆借以及衍生品交易等同业业务的创新发展积累经验。 五是有利于完善自由贸易账户体系的利率定价机制，降低社会融资成本

续表

类别	案例名称	主要内容	突破点	应用价值
金融市场创新	中欧国际交易所开业	中欧国际交易所由上海证券交易所、德意志交易所、中国金融期货交易所共同出资设立，于2015年11月18日在法兰克福开业。首批上线产品包括中银国际、建银国际分别与德国商业银行合作发行的人民币计价的ETF（交易所交易基金）产品和已在德交所挂牌的12支中国市场相关ETF，还包括一只中国银行发行的人民币金融债和已在德交所交易的180多支人民币债券	中欧国际交易所定位于在欧洲打造离岸人民币资产的交易和定价中心，满足投资者对人民币的融资和投资需求，打造综合风险管理服务平台，也是境内资本市场在境外的重要延伸和补充。中欧国际交易所初期重点开发证券现货产品，用人民币计价和结算，待条件成熟时再上市金融衍生品	中欧国际交易所的顺利开业，标志着中德双方共同建设的欧洲离岸人民币证券市场正式开始运行，是中国金融市场机构“走出去”发展的重要探索，对于促进人民币国际化进程具有重要意义
跨境金融服务	自贸试验区内证券公司跨境借款	海通证券与农业银行自贸试验区分行合作，成功完成自贸试验区内证券公司首单境外借款，该公司以自贸试验区分公司为借款主体，将自营持仓的国债或政策性银行金融债质押给德意志银行（中国），由德意志银行（中国）向德意志银行（新加坡）出具保函，用于担保德意志银行（新加坡）对海通证券自贸试验区分公司的贷款，贷款金额1亿美元。该笔贷款通过FTE账户发放，主要用于海通证券自贸试验区分公司购买中资企业在香港市场发行债券（海通证券具有境外证券自营资格）。在资金从境外进入分账核算单元，再投资到境外的过程中，农业银行自贸试验区分行对该笔贷款资金划转进行系统报送和监测	系证券公司首次根据上海自贸试验区分账核算业务境外融资政策，探索自贸试验区跨境融资业务和以债务融资工具为基础为中资企业海外融资提供服务	一是证券公司利用自贸试验区平台借入海外低成本资金，拓展了境外融资渠道，降低了长期融资成本，有利于促进证券经营机构“走出去”和资产的国际化，对证券经营机构具有一定的复制推广价值； 二是证券公司通过购买境外中资企业发行的债券来支持中资企业境外融资，有利于拓宽实体企业的融资渠道

续表

类别	案例名称	主要内容	突破点	应用价值
跨境金融服务	自贸试验区多品种混合银团贷款	2015年8月，交通银行上海市分行牵头为中电投融和融资租赁有限公司组建了国内首个多品种混合银团贷款，开启了自贸试验区银团合作的新模式。此次自贸试验区多品种混合银团贷款由交通银行为主牵头行及代理行，邀请了8家银行共同参与。该银团融资品种包括自由贸易账户流动资金贷款、一般账户流动资金贷款以及一般账户保理融资，银团贷款总额55亿元	一是该贷款横跨自由贸易账户和普通账户两个账户平台，涵盖3类融资品种，具有差异化提款条件和融资用途的特点，是国内首个多品种综合银团贷款。 二是自由贸易账户银团资金和普通账户银团实行资金分类管理、分账核算，既满足区内企业利用不同平台降低综合成本的需求，也符合分账核算业务的监管要求	依托自贸试验区金融创新政策，利用自由贸易账户和普通账户两个平台，丰富融资品种，匹配融资租赁项目期限，形成组合成本优势，有利于满足融资租赁公司项目投放特性，有效降低企业综合融资成本，更好地推动自贸试验区融资租赁业务创新发展
跨境金融服务	FT账户跨境理财业务	FT账户跨境理财是指依托分账核算体系，面向上海自贸试验区开立FTE账户和FTN账户的客户发行理财产品。通过FT账户募集本外币资金，投资于区内或境外基础资产。 浦发银行成功发行首单FT账户跨境理财产品，规模为5000万元，收益率为3.6%，募集资金主要投向区内企业的信托贷款收益权	一是在理财产品发行对象和投资标的方面实现了跨境联动。 二是面向境外投资者发行理财产品，为FTN境外客户提供投资品种。 三是投资标的可以投资区内基础资产，也可以投资境外固定收益类产品	一是通过FT账户理财产品功能加载，拓展了自由贸易账户功能，有利于客户多元化投资，提高FT账户资金的收益水平，加深银行与区内企业及境外投资者的合作关系。 二是通过FT账户理财产品引入境外资金，拓宽了区内企业跨境融资渠道，有利于降低区内企业的融资成本。 三是有利于拓展人民币境外的投资范围和境外人民币资金的保值增值

续表

类别	案例名称	主要内容	突破点	应用价值
综合金融服务模式创新	自贸试验区全球综合金融服务直通车	打造包括跨境投融资与并购平台、全球现金管理平台等在内的六大国际型创新平台，创新自贸试验区金融产品，实现自贸试验区与全球市场的联动，帮助区内企业有效利用境内外两个市场、两种资源。 建立包括政策传导和反馈机制、全球一体化联动工作机制以及灵活高效的产品创新机制在内的三项自贸试验区穿透式工作机制，推动自身内部改革和转型，更好地服务自贸试验区实体经济。 调整自贸试验区业务风险管理的发展思路，构建全流程风险管理、市场化定价及分账核算管理等两套独特的风险管理体系，以创新的风险管理理念和手段提升风险管理能力	中行上海市分行充分发挥自身优势和特色，探索建立专业创新平台、健全内部工作机制、完善风险管理体系，为自贸试验区“走出去”及“引进来”企业打造专属的自贸试验区全球金融服务直通车	对于商业银行参与自贸试验区金融创新和转型发展具有一定借鉴意义

续表

类别	案例名称	主要内容	突破点	应用价值
科技金融创新	“远期共赢利息”业务模式	上海银行积极创新科技金融利率定价方式，推出了成长型小企业“远期共赢利息”业务模式。例如：上海秀品信息科技有限公司是一家从事开发自然图像识别和人工智能技术的企业，公司成立仅一年，产品仅具雏形，还未实现销售。该行在考量公司创始人团队、行业前景、商业模式和市场壁垒等因素的基础上，向其发放200万元人民币贷款，当期贷款利率低于行业水平。公司在获得该行贷款后，短短2个月内，风险投资给秀品科技的估值就翻了一番。今后公司发展达到一定规模触发约定条件后，将按约定利率支持远期利息	银企信息不对称问题导致商业银行对初创企业“高风险”需要匹配高利率。该行着眼科技企业的全生命周期，拉长风险与收益匹配时间，推出了“远期共赢利息”业务。具体操作上，改变“一价合同”的传统定价模式，采用“远期浮动定价”的弹性机制，在贷款发放时先行收取相对较低的前期利息，待企业基于贷款支持得到成长发展，并满足借款合同中双方约定的触发条件后，再收取延期支付的远期利息。可约定的触发条件包括财务类指标、债务类指标、股权类指标、业务类指标等多种条件。该业务改变了投贷联动中“投贷分离”的传统方式，在不突破现行法规情况下，从利率定价角度切入，破解银行开展“投贷联动”的难题	针对科技型企业特点，根据信贷资金的实际使用效率，在信贷周期结束时最终确定贷款的实际使用利率。通过这一动态分享企业成长收益的业务模式，有望弥补银行对轻资产成长型科技企业的信贷风险，达到银行愿意贷、企业放心贷的目的。对企业来说，此笔融资不仅解决了公司资金压力，降低了初创期融资成本，同时也延缓了公司引进风险投资的节奏，为公司进一步做大规模、提升公司估值，从而避免公司创始人的股权被过早稀释争取到了宝贵的时间，实现了银企共赢

续表

类别	案例名称	主要内容	突破点	应用价值
科技金融创新	“科创E保”科技企业创业保障保险	太平洋财产保险公司针对处于初创期的科技创新企业，联合张江高科专门开发了“科创E保”科技企业创业保障保险，增补了市场空白。主要保险对象为：凡经工商登记、注册且处于初创期的科技型企业，经保险人及保险人指定的第三方评估后，均可作为被保险企业；拥有被保险企业控股权的企业创始人或联合创始人也可作为被保险人。主要保险责任为：在保险期间内，被保险企业因意外事故或经营不善终止经营，且被保险人注销被保险企业，对被保险人的特定费用损失，保险人按照合同约定的赔偿标准负责赔偿	一是聚焦创业者，该产品的被保险人为“拥有控股权的企业创始人或联合创始人”。 二是保障范围广，不管是遭受意外事故还是出现经营不善，只要企业在保险期间内终止经营且被注销，作为创业者的被保险人均可获得费用损失补偿。 三是操作简便，联合张江高科专业力量在前期对企业进行风险评估，一旦保险事故发生，保险人将在第一时间为创业者提供费用补偿，不仅避免了创业失败可能带来的生活无着，而且为被保险人快速走出阴影、二次创业提供了物质基础	该产品是国内首款“创业保障保险”。此前市场上的“创业”保险一直局限于因自然灾害、意外事故造成人伤财损等传统保障领域，与创业者在起步阶段的特殊保障需求有一定差异。太平洋财产保险公司联合张江高科深入创业企业，了解创始人在企业孵化阶段的实际后顾之忧，打破传统保险产品局限，创造性地提出对企业创始人在创业过程中的费用提供保障，运用金融手段支持有潜力的创始人实践“大众创业、万众创新”

续表

类别	案例名称	主要内容	突破点	应用价值
科技金融创新	初创期科技企业投贷联动金融服务方案	某公司是高精度手机摄像头传感器芯片研发制造的创新企业，该公司于2013年获得顶级风投的A轮融资。由于半导体企业初期需要大量的资本投入，该公司在2014年寻求浦发硅谷银行提供流动资金支持。经过充分尽职调查，浦发硅谷银行给予了该公司总共300万美元额度的贷款（信用贷款和应收账融资），贷款利率大幅低于市场上其他机构债权融资成本。同时该贷款配套了认股权安排，银行获得与贷款总额一定比例的认股权	一是基于信用或未来应收账款给予信贷。在早期研发阶段，没有营业收入和抵押品情况下，向公司提供了符合这一阶段企业特征的期限达2年的无抵押无担保的中长期贷款。后期产生营业收入后，则可以使用应收账款质押融资额度。 二是独特的创业风险评估理念。浦发硅谷银行引入母行美国硅谷银行在半导体领域丰富经验和同类型企业贷款结构安排，加强与行业A轮投资人合作，进行企业风险评估。 三是特色风险补偿安排，配套的认股权证既补偿了银行的风险成本，也不增加企业的融资成本和财务负担	该服务方案帮助初创期企业成功生产出首批样品，并打通国内优质下游合作渠道，成功实现B轮融资。公司的估值从A轮到B轮实现翻倍。该方案充分吸纳美国硅谷银行经验，既贴合早期企业的需求，又降低了企业的融资成本

续表

类别	案例名称	主要内容	突破点	应用价值
科技金融创新	“海王星”科创企业金融服务云方案	“海王星科创企业金融服务云方案”系工商银行上海市分行创新提出的科技创新及为科创企业提供配套支持服务的相关企业专属金融产品，借助“云”，延伸该行更多的优质创新服务，在科技创新企业成长全过程中实现投资银行一贯式综合金融服务。以“海王星”作为产品的名称，寓意通过海量数据支持、海归人才加盟、海内外联动、海派投行文化提供综合金融服务，助力科创型企业成长发展	一是在金融服务中引入大数据支持，实现金融服务大数据的云采集、云处理、云挖掘以及云报告。 二是目标客户主要以科创企业及相关配套服务企业为主，设计专门产品、专门业务流程。 三是通过利用“云”技术，提供重组并购顾问、股权私募顾问、债券承销、上市顾问等投资银行服务，满足客户对股权融资、债权融资、顾问服务等多元化金融服务需求。 四是针对科创企业初创期、成长期、成熟期三个不同阶段，综合运用投行业务的各项子产品，全面延伸了对科创企业的产品服务链	“海王星”金融服务产品通过一系列的投行云服务实现信息共享、动态跟踪，向企业提供投行增值服务，以满足科创类企业的海内外科技创新金融需求。在海王星产品项下，工商银行上海市分行已累计向客户提供顾问服务100余户，提供配套融资金额超过200亿元

续表

类别	案例名称	主要内容	突破点	应用价值
监管创新	自贸试验区银行业务创新监管互动机制	上海银监局创建了自贸试验区银行业务创新监管互动机制，针对法规未覆及、法规不明晰、政策无操作细则的领域，设立绿色政策通道，允许上海自贸试验区银行业金融机构就拟先行先试的非行政许可类的新产品新业务，通过“自主申请、监管指导、个案突破、持续评价”的方式，有条件率先试点。 该创新机制推出后，获得了在沪银行业金融机构的广泛欢迎。目前，已受理正式申报的试点项目中，中行、建行上海市分行的跨境并购贷款、申能财务公司的合同能源管理创新贷等已落地，实施效果良好	一是对事前监管的创新，形成对现有准入监管制度空白领域的有机补充。 二是对事中事后监管的创新，通过加强监管者与被监管者的持续互动交流，对创新试点项目实行全流程持续跟踪评估，探索培育建立“原则导向＋与市场良好双向互动”的新型创新业务监管模式。 三是对处理好监管与市场的关系的创新，围绕简政放权的改革精神，发挥金融机构的创新主体责任，强调机构风险管理和内控安排，监管部门主要发挥事前窗口指导和事中事后监测、纠偏和处置的职能，确保不发生区域性、系统性金融风险	上海银监局在全国首创银行业务创新监管互动机制，吸收借鉴国际监管通行做法，在事前、事中、事后监管以及优化监管与市场关系等方面均有所突破，为银行业金融机构提供了一个先行先试绿色通道。 该机制是上海银监局建立和完善相对独立的上海自贸试验区银行业监管体制的重要组成部分，也是不断加强金融监管，切实防范风险的重要探索

续表

类别	案例名称	主要内容	突破点	应用价值
监管创新	保险专业中介机构股权信息监管改革试点	上海保监局委托第三方机构管理与维护保险专业中介机构股权登记系统，负责审查信息的完备性。保险监管部门负责审核股权信息合规性。上海市工商局可以使用本系统对保险专业中介机构实施管理。保险专业中介机构按规定向股权登记系统提供本机构的基本信息及股权信息，并对信息真实性负完全责任。社会公众可通过股权登记系统查询相关信息	一是采用“互联网＋保险中介监管”的方式，由保险监管部门、工商管理部门、第三方机构、保险专业中介机构、社会公众共同参与，以创新保险专业中介机构股权信息登记机制为切入口，加强对保险中介机构法人治理的监管。 二是建立 7×24 小时全天候电子化股权信息平台，制定程序性、标准化流程，实现登记、管理和查询的即时性、远程性、便捷性，实现保险监管部门与市场主体之间信息传递互联网化、与工商管理部门信息共享电子化	保险专业中介机构股权信息监管工作改革试点，有利于各参与主体查询信息，提高监管效率。可在总结完善的基础上，进一步将参与主体拓展至全国，具有一定的复制推广意义

第六批自贸试验区金融创新案例基本情况

序	类别	案例名称	案例简介	案例创新点	应用价值
1	自由贸易账户功能拓展	首单自由贸易账户间参代理业务合作（“金改40条”第2条，支持经济主体通过自由贸易账户开展涉外投资活动，鼓励和支持金融机构开展业务创新）	2016年3月25日，交行上海市分行与杭州银行上海分行在上海成功举行自由贸易账户间参业务合作签约，这是人行上海总部2015年8月发布《关于上海市金融机构开展自由贸易账户金融服务有关问题的通知》政策后，首单自由贸易账户间参代理业务合作。交行上海市分行为杭州银行上海分行提供自由贸易账户间参代理服务，有效满足了杭州银行上海分行间接参与自由贸易账户相关业务的需求。本次合作标志着上海自贸试验区金融改革中最具创新特色的账户载体——自由贸易账户服务功能得到进一步完善和延伸	一是交行上海市分行作为直参行，为间参行杭州银行上海分行开立FTU资金清算账户，提供在自由贸易账户间参业务项下的资金清算，以及人行自贸试验区资金监测系统（FTZMIS）数据报送等代理服务； 二是杭州银行上海分行选择代客服务模式，遵循间参分账清算机制，按照“标识分设、分账清算、单独出表、专项报告、自求平衡”的原则，为其客户提供自由贸易账户相关金融服务	一是有助于扩大自由贸易账户适用范围和影响力，对希望开展自由贸易账户业务但未设置分账核算单元的金融机构给予一定的业务合作参与机会； 二是有助于加强本市金融机构间的自贸试验区业务合作，通过发挥直参行与间参行各自金融服务特点与优势，共同分享自贸试验区金融创新成果，共同助力自贸试验区实体经济发展

续表

序	类别	案例名称	案例简介	案例创新点	应用价值
2	自由贸易账户功能拓展	自由贸易账户项下首笔利率互换交易（“金改40条”第2条，支持经济主体通过自由贸易账户开展涉外投资活动，鼓励和支持金融机构开展业务创新）	2016年4月8日，兴业银行资金营运中心与星展银行上海分行通过中国外汇交易中心自贸试验区交易系统达成首笔上海自贸试验区利率互换交易，该交易以自由贸易账户为载体，以人民币作为名义本金，美元作为结算货币，采用银行间市场7天回购利率	一是该笔交易为中国外汇交易中心自贸试验区交易系统达成的首笔利率互换交易，交易双方均为上海自贸试验区分账核算单元机构； 二是交易价格由境内机构协商确定，为助推境内利率市场化改革进行了有益尝试与探索	一是通过利率衍生品交易拓展了自由贸易账户使用功能及范围，也为境外投资者参与国内市场利率产品交易提供了机会； 二是有助于境内机构在利率市场化背景下，实现市场主体自由竞争与自主定价，提高金融资源配置能力

续表

序	类别	案例名称	案例简介	案例创新点	应用价值
3	自由贸易账户功能拓展	大宗商品交易市场跨境电子商业汇票（“金改40条”第2条，支持经济主体通过自由贸易账户开展涉外投资活动，鼓励和支持金融机构开展业务创新）	浦发银行上海分行为落户上海自贸试验区的上海有色网金属交易中心的会员办理了首单自贸试验区大宗商品自由贸易账户跨境电子商业汇票，拓展了账户服务功能，成功探索了人民币跨境结算新模式	一是依托自由贸易账户体系，创新地将国内电子商业汇票作为跨境支付和融资工具引入自贸试验区大宗商品跨境结算； 二是通过将人民币电子商业汇票作为结算工具引入跨境交易，扩展了自贸试验区大宗商品现货交易市场结算方式； 三是依托自贸试验区大宗商品现货交易市场“交易、托管、清算、仓储”； 四是分开管理体系，加强银行系统与上海清算所数据互联及“自动＋人工”双重审核机制，确保了贸易背景真实性审核的要求	结合自贸试验区大宗商品现货交易市场全流程电子化特征，创新地将国内电子商业汇票引入自贸试验区大宗商品现货交易市场，发挥其跨境支付工具和仓单融资工具的重要作用，便利会员间大宗商品交易合作的达成

续表

序	类别	案例名称	案例简介	案例创新点	应用价值
4	自由贸易账户功能拓展	资产管理公司自由贸易账户项下应收账款收购业务（“金改40条”第2条，支持经济主体通过自由贸易账户开展涉外投资活动，鼓励和支持金融机构开展业务创新）	为拓宽资产管理公司境外资金来源渠道，华融资产管理公司上海自贸试验区分公司加强与自贸试验区商业银行合作，通过开立自由贸易账户融入境外人民币资金，用于收购境内贸易企业应收账款	一是针对资产管理公司本身，通过自由贸易账户从境外借入资金用于境内资产管理，开辟了资产管理公司资金来源渠道； 二是针对资产管理公司目标企业，也可通过自由贸易账户，吸引境外投资者参与具体融资项目	支持经济主体通过自由贸易账户便利企业开展涉外贸易投资活动的要求，资产管理公司通过自由贸易账户利用境内外两个市场、两种资源，帮助公司提升综合化经营水平和项目综合收益率，对其他资产管理公司开展类似业务具有一定的借鉴及复制意义

续表

序	类别	案例名称	案例简介	案例创新点	应用价值
5	金融业务创新	自贸试验区跨境电商综合金融服务（“金改40条”第2条，支持经济主体通过自由贸易账户开展涉外投资活动，鼓励和支持金融机构开展业务创新）	为支持自贸试验区跨境电商平台运营管理，提升境内外用户线上消费体验，工行上海市分行结合区内跨境电商差异化运营模式，提供了涵盖本外币支付结算、资金汇兑、贸易融资等综合化金融服务，将跨境电商交易的信息流和资金流实现实时交互传输与匹配，实现了覆盖跨境电商交易全流程的在线服务支持	一是将自由贸易账户引入跨境电商交易，充分发挥自由贸易账户在跨境融资与汇兑便利的服务功能； 二是发挥商业银行综合金融服务与数据集中优势，为自贸试验区跨境电商平台开展全球采购与销售、跨境物流运输、跨境支付便利等环节提供与之配套结算融资服务，发挥金融支持实体经济转型升级的作用	充分将“互联网＋”思维运用于银企合作新模式。在满足跨境电商平台运营管理集约化需求的同时，也为传统商业银行突破经营时空范围，探索扩大自贸试验区内外客户服务覆盖面、寻求未来盈利增长突破点等方面提供有益探索与尝试

续表

序	类别	案例名称	案例简介	案例创新点	应用价值
6	金融业务创新	“走出去”企业跨境融资服务 （“金改40条”第2条，支持经济主体通过自由贸易账户开展涉外投资活动，鼓励和支持金融机构开展业务创新）	商业银行根据自贸试验区相关便利政策和监管部门创新监管互动机制，为“走出去”企业提供跨境融资支持。 1. 农行上海市分行借助分账核算单元优势，联合其境外分行共同组建风险参与型银团贷款，为某集团收购境外保险公司股份提供资金支持。 2. 中行上海市分行通过上海银监局创新监管互动机制，为上海某大型国有企业境外分阶段并购提供第一阶段并购融资支持。 3. 建行上海市分行通过上海银监局创新监管互动机制，创新设计组合型FTN并购融资方案，满足“走出去”企业并购海外上市公司融资需求。 4. 浦发银行与政策性银行合作为某国际租赁公司提供FTN境外银团服务，为大型液化石油气船舶售后回租提供美元融资	一是进一步丰富自由贸易账户信贷融资品种，帮助企业拓宽跨境融资渠道，降低跨境融资成本； 二是通过创新监管互动机制创新并购贷款的业务模式，根据并购项目的实际进展提供分阶段融资，满足企业不同时间节点与和不同阶段的融资需求，在有效控制融资成本的前提下，保持对并购项目的主导权； 三是通过创新监管互动机制对符合条件的跨境并购贷款适当放宽监管容忍度。按照“实质重于形式”的原则，在通过保证金质押等方式将风险敞口控制在60%以内的前提下，跨境并购融资占并购总额的比例突破对一般并购贷款比例的限制，进一步对接国际规则，提升了银行的国际竞争力	一是有助于商业银行利用自贸试验区金融政策优势，积极探索创新企业跨境融资新模式，提升金融支持服务实体经济水平； 二是依托自由贸易账户政策优势，为“走出去”企业提供低成本境外资金支持，充分发挥自贸试验区作为中国企业跨国并购“桥头堡”的作用

续表

序	类别	案例名称	案例简介	案例创新点	应用价值
7	金融业务创新	首单保险公司保单质押贷款资产证券化业务（“金改40条”第19条，支持保险公司资产证券化）	太平人寿保险公司成功发行国内首单保险公司资产证券化产品，金额为5亿元人民币，发行期限为6个月，优先级预期收益3.8%，评级为AAA级，并在上海证券交易所挂牌上市。太平人寿保险公司将其持有的保单质押贷款债权及附属权益作为基础资产进行资产证券化，激活了保险存量资产，提高了保险资金配置效率	一是将“被动”的保单质押贷款资产转化为“主动”的投资资产，以“资产证券化”方式打通保单质押贷款与资本市场相互结合的通道； 二是通过产品结构设计方式创新，针对保单质押贷款实际还款期限不确定性较高的特点，太平人寿保险公司将还款期限不确定的债权分割成期限确定的独立债权，并通过制度设计相关举措缓解偿还风险，降低了资产证券化再投资风险	一是通过资产证券化项目运作，盘活了保险存量资产，优化了保险投资收益； 二是加速保险业与资本市场的紧密融合，丰富“资产证券化”优质投资标的，给予资本市场投资者新的选择，具有较强的复制推广性

续表

序	类别	案例名称	案例简介	案例创新点	应用价值
8	金融市场创新	“上海金”人民币集中定价交易（“金改40条”第29条，支持上海黄金交易所国际业务板块后续建设，便利投资者交易）	“上海金”人民币集中定价交易业务，是指在上海黄金交易所自主开发的交易平台上，以1千克金锭为交易对象，以人民币/克为单位，通过多轮次“以价询量、数量撮合”集中定价交易，量价平衡后形成“上海金”人民币即期基准价格。此次正式开展黄金人民币集中定价交易，是中国黄金市场在国际化发展进程中迈出的重要一步，有助于国际投资者更直观地获得中国贵金属市场的供需状况和实时信息，进一步提升中国在全球贵金属市场的影响力	一是创新业务定价模式。“上海金”定价采取按“以价询量、数量撮合”的交易方式，为国内交易所首创； 二是定价参与范围广泛。“上海金”相比于美元标价的LBMA黄金定价，参与者为12家银行及6家黄金生产商。由定价系统根据事先公布的交易规则生成，过程全程记录、公开透明； 三是清算交割方式高效便捷。“上海金”业务采取场内集中净额清算的方式，由交易所负责整体清算和交割过程，交易各方无须互相授信，有利于降低违约风险，提高清算和交割效率	一是“上海金”基准价将成为全球黄金市场的主要定价基准之一，有利于发挥人民币作为黄金计价结算货币地位的形成，进一步完善国际黄金价格体系； 二是有助于推动进一步推动中国黄金市场的开放融合，引导中国黄金市场规范发展，促进形成多层次、更加开放的中国黄金市场体系形成

续表

序	类别	案例名称	案例简介	案例创新点	应用价值
9	金融市场创新	上海清算所推出中国信用债指数（“金改40条”第33条，支持上海清算所向自贸试验区内及境外投资者提供金融资产交易）	2016年1月29日，上海清算所正式推出中国信用债指数，该指数体系包括银行间信用债综合指数、银行高等级信用债指数、银行间中高等级信用债指数、银行间高收益信用债指数及银行间区域（上海）信用债指数五类，共计19只指数组成。该指数反映信用债市场价格总体走势，促进了市场信息更加透明化，为市场参与者、监管机构及研究机构参与、研究信用债市场提供了科学便捷的指标体系	一是为投资者提供市场价格和利率变化信息，促进市场更为合理的投资交易，同时也为监管机构分析市场发展态势提供量化参考； 二是能够为信用债市场发展提供研究标的与业绩衡量指标，为进一步拓展信用债投资渠道，吸引境外资金和投资机构集聚上海	一是中国信用债指数依托于上海作为全国信用债等级托管中心的优势，有助于进一步激发上海金融市场的活力，服务上海尽快建成与人民币国际化地位相适应的国际金融中心； 二是上海清算所通过创新研发债券指数品种，不断加强同市场机构合作，不断推出满足市场多样化需求的债券指数，满足各层次不同风险偏好的市场参与者需要

续表

序	类别	案例名称	案例简介	案例创新点	应用价值
10	金融市场创新	上海股权托管交易中心“科技创新板”（“金改40条”第34条，支持股权托管交易机构为自贸试验区科技型中小企业提供综合金融服务）	“科技创新板”定位为服务科技型、创新型中小微企业的专业化市场板块，为相关多层次资本市场孵化培育企业资源。服务方式上采取非公开发行股份方式进行融资，股份交易采取协议转让方式，利用互联网综合金融服务平台为挂牌企业提供融资等多元化金融服务，目前共有42家企业挂牌	一是引入注册审核制度，建立以信息披露为核心的挂牌审核机制，引入“一次注册、分期发行和简易”程序，提高企业融资效率； 二是通过引入中介机构会员遴选委员会机制，把控中介机构市场准入及自律监管，促进中介机构提升服务能力； 三是依托融资服务中介，搭建综合金融服务平台，支持挂牌企业开展股权融资、债券融资等业务	一是贯彻落实上海建设具有全球影响力科创中心的战略部署，发挥资本市场作用解决科技型、创新型中小企业发展的有益尝试； 二是有助于丰富完善国内多层次资本市场发展，为后续在符合国家规定的前提下探索业务创新，为挂牌企业提供股权融资、股份转让、债券融资等创新服务

续表

序	类别	案例名称	案例简介	案例创新点	应用价值
11	金融机构创新	国内首家中外合资再保险经纪公司设立（“金改40条”第20条，完善再保险产业链集聚）	江泰再保险经纪公司是由江泰保险经纪股份有限公司和美国 Arthur J. Gallagher & Co 合资成立，公司于2015年7月2日完成工商注册，于2015年11月16日获得中国保监会颁发的经营许可证，是中国保险史上第一个在公司名称中冠以“再保险”字样的经纪公司、第一家专业再保险经纪公司、第一家中外合资设立的再保险经纪公司。公司依托专业再保险结构设计，面向全球分保渠道及良好的再保险市场沟通能力，帮助企业开展自保与互保业务	一是突破再保险经纪外资独揽状况，带动民族再保险机构发展，推动再保险经纪公司多元化建设； 二是利用境外合资方产品服务优势，将国际保险先进管理技术等引入国内，利用合资优势创新与中国保险市场相适应的特殊保险分散机制，共同研发国内外特殊风险等保险业务； 三是利用先进金融工具开发适应国内市场风险转移产品，引进或设计新的再保险合同，扩大直保公司的市场拓展能力和价值创造能力	一是公司设立目的旨在服务国家“一带一路”战略，为“走出去”企业海外项目提供风险管理和保险安排服务； 二是通过完善再保险产业链，有效探索解决我国保险市场分入分出不均衡的状况，努力增加全球保单的分入业务

续表

序	类别	案例名称	案例简介	案例创新点	应用价值
12	金融监管创新	外汇局上海市分局出台“金改40条”发布后首个实施细则（“金改40条”第6条，创新外汇管理体制；第36条，支持外汇局加强自贸试验区金融管理能力建设）	2015年12月16日，外汇局上海市分局印发《关于进一步推进中国（上海）自由贸易试验区外汇管理改革试点实施细则的通知》，实施细则所涉创新举措为：一是允许区内企业（不含金融机构）外债资金实行意愿结汇； 二是简化经常项目外汇收支，区内货物贸易外汇管理分类等级为A类的企业外汇收入无须开立待核查账户； 三是支持发展总部经济和结算中心，放宽跨国公司外汇资金集中运营管理准入条件，进一步简化资金池管理，允许银行审核真实、合法的电子单证办理经常项目集中收付汇、轧差净额结算业务； 四是支持银行发展人民币与外汇衍生产品服务，允许区内银行为境外机构办理人民币与外汇衍生产品交易； 五是便利融资租赁外汇管理，允许收取外币租金	一是外汇管理服务实体经济打开新局面，赋予自贸试验区内企业外汇资本金和外债资金结汇的自主权； 二是持续推进简政放权，进一步减少外汇行政审批，简化业务办理流程，切实提升贸易和投资便利化程度； 三是为跨国公司资金集中运营管理创造良好政策环境，有利于提升跨国公司资金运作效率，促进总部经济集聚； 四是进一步拓展区内银行外汇交易业务范围，率先允许区内银行为境外机构按照相关规定办理人民币与外汇衍生产品交易，有利于规避汇率风险	一是采用负面清单管理理念，坚持简政放权，推进外汇管理依法行政和职能转变； 二是通过有针对性地对市场主体进行动态分类监管，促进外汇管理由行为监管转变为主体监管； 三是加强非现场检测和现场核查检查，防范金融风险，完善跨部门联合监管体制，强化监测分析和事后监管

续表

序	类别	案例名称	案例简介	案例创新点	应用价值
15	行业自律	跨境金融服务“展业三原则”同业规范实施机制（“金改40条”第36条，支持人行加强自贸试验区金融监管服务能力建设）	为推动本市跨境金融服务发展，维护跨境金融市场秩序与公平竞争，在人行上海总部、外汇局上海市分局的指导下，今年4月，中行上海市分行等9家上海地区银行联合制定了《上海地区银行跨境金融服务展业三原则同业规范实施机制（试行）》。该机制出台，旨在指导商业银行在开展跨境金融服务过程中，在确保遵循现行监管法规制度等基础上，结合银行实务实践经验及同业自律角度出发，对“展业三原则”执行标准进行规范。该实施机制将在上海自贸试验区内先行先试，后续将视情况复制推广至全市所有商业银行。规范包括总则、建立客户关系风险控制、跨境交易类型风险控制、基于自由贸易账户的“展业三原则”、同业权利义务五部分。	一是专设基于自由贸易账户的“展业三原则”，建立自由贸易账户的客户适当性评价机制，引入基于高阶服务的适当性机构客户评价，并执行更动态的管理和评价； 二是引入第三方机构平台真实性审查信息，对于跨境交易真实性存疑交易，参与银行可借助监管部门和第三方机构平台，有效甄别交易背景真实性； 三是建立内部“黑名单”，对于存在虚构交易背景涉嫌套取融资的、涉及洗钱、恐怖融资、逃税等违法犯罪行为形成共享“黑名单”； 四是设立有效违规处理机制。由发起银行及相关第三方根据违规情况进行投票处理，给予处理或提出处理建议	一是促进了本市跨境金融健康发展，通过银行同业间“展业三原则”自律机制的建立，有助于维护本市跨境金融市场秩序，促进银行业公平竞争； 二是在确保跨境金融业务监管合规要求前提下，允许商业银行等按照同业自律实施机制，赋予其业务自主经营审核权，从而逐步实现跨境金融监管从事前审批管理模式向事中事后监管模式的转变

第七批自贸试验区金融创新案例基本情况

序号	类别	案例名称	主要内容	创新点	应用价值
1	金融市场创新	上海证券交易所发行首批地方政府债	上海证券交易所（以下简称上交所）研发政府债券发行系统，并获财政部批复同意启用。2016年11月11日，上海市财政局通过该系统招标发行300亿元地方债，分为3年、5年、7年和10年四个期限品种。这是该系统启用后在上交所招标发行的首批地方债，为地方债发行提供了新渠道。农业银行上海市分行作为债券主承销商之一，承销金额28.6亿元，占比9.5%，位居同业前列	一是上交所政府债券发行系统，获财政部批复同意启用，并在北京、上海两地建立专用招标室，专门服务地方债发行，为后续地方债发行交易等提供重要平台； 二是上交所政府债券发行系统在吸收现有系统特点的基础上，又对部分功能进行优化，支持荷兰式/美国式/混合式等多种招标方式，支持利率、价格和利差招标，具备招标发行、注册、分销等多种功能； 三是依托上交所投资者群体优势，此次发行券商类承销商中标占比达33%，中标量合计99亿元，优化了地方债投资者结构	一是有利于拓宽地方债市场发行渠道，优化地方债投资者结构，充分发挥交易所市场投资者群体多元化特点，吸引更多券商、保险、基金等金融机构和企业、个人投资者参与地方债投资； 二是有利于提高地方债流动性，发挥上交所市场交易结算机制灵活、质押式回购高效等优势，完善地方债收益率曲线，提高地方债吸引力； 三是有利于优化交易所市场债券品种结构，进一步满足投资者对政府债券的投资需求，促进上交所债券市场发展

续表

序号	类别	案例名称	主要内容	创新点	应用价值
2	金融市场创新	首支自贸区人民币地方政府债券发行	2016年12月8日，上海市财政局在中央国债登记结算公司（以下简称中央结算公司）上海分公司，通过财政部政府债券发行系统，面向自贸试验区和境外机构投资者成功发行30亿元地方政府债券，本次债券为记账式固定利率付息债券，期限3年，区内及境外机构投资者认购踊跃，认购倍数达到2.78倍，中标利率为2.85%。中央结算公司作为登记托管结算机构，为本次债券发行提供现场业务技术支持以及后续登记、托管、结算、付息兑付、估值、信息披露等一体化服务。本次债券承销团由8家主承销商和14家一般成员组成，工商银行承销4.1亿元，居承销商首位。从分销情况看，中国银行等8家金融机构向13家区内及境外机构投资者共计分销8.2亿元。12月13日，金砖国家新开发银行、工商银行上海市分行、浦发银行上海分行、国泰君安证券通过全国银行间同业拆借交易中心国际金融资产交易平台达成首批上海自贸区地方政府债券交易	一是吸引境外投资人参与，扩大了地方债券投资主体。本次地方债券投资主体包括已设立自贸区分账核算单元并经验收的境内机构、已开立自由贸易账户（FT账户）的境内外机构、已开立境外机构人民币银行结算账户（NRA账户）的境外机构以及其他符合条件的境外合格机构均可申请在中央结算公司开立债券账户并开通自贸区专用分组合，直接参与自贸区债券业务；境外机构也可通过结算代理人或合格境外证券托管机构参与自贸区债券业务；二是外资法人银行首次参与我国地方政府债券承销，星展银行（中国）、汇丰银行（中国）和渣打银行（中国）3家外资银行，合计承销1.8亿元	一是有利于拓宽地方债发行渠道，吸引外资金融机构参与地方债投资，促进地方债投资主体多元化； 二是有利于丰富自贸试验区优质人民币资产品种，吸引境内外机构开立自由贸易账户，增强自贸试验区金融市场对区内及境外投资者的吸引力； 三是有利于拓宽境外人民币投资回流渠道，在人民币加入SDR的背景下，满足境外投资者增持人民币资产的现实需求，助推人民币国际化进程

续表

序号	类别	案例名称	主要内容	创新点	应用价值
3	金融市场创新	金砖国家新开发银行发行人民币绿色金融债券	2016年7月，金砖国家新开发银行（以下简称金砖银行）在银行间市场成功发行总额30亿元，期限5年的人民币绿色金融债券。本次债券发行由中国银行担任牵头主承销商和簿记管理人，并为金砖银行办理了美元兑离岸人民币CCS（债务保值交易）业务，这是该国际金融组织首次通过自由贸易账户达成的CCS业务	一是首支由总部设在中国的国际金融机构发行的绿色金融债券，也是时隔7年后重启国际金融机构在中国发行人民币债券； 二是债券募集资金主要用于支持巴西、中国、印度和南非的四个绿色可再生能源项目，体现了金砖银行致力于推动金砖国家基础设施和可持续发展环保项目，以及对推动全球绿色经济增长与发展的贡献	一是有利于人民币债券市场发展，债券发行以人民币计价，表明了国际机构对人民币国际化的信心及对“熊猫债”市场的认可，将为其他国际性及地区性金融组织发行人民币债券产生借鉴意义； 二是有利于促进中资银行经营国际化，中资银行依托自贸试验区平台及境内外联动综合优势，为金砖银行提供本次发债承销及募集资金交易等一揽子综合金融服务，为中资银行服务国际金融组织积累了经验

续表

序号	类别	案例名称	主要内容	创新点	应用价值
4	金融市场创新	商业银行开展自贸区债券柜台业务	2016年9月23日，上海清算所自贸区债券柜台业务推出。该业务可支持经备案的承办机构在其自贸试验区分行柜台，面向已开立自贸区柜台债券账户的区内和境外投资人销售人民币债券，并提供做市、二级托管服务。上海清算所作为总托管机构，负责总登记和日常监测。中国银行作为首家接入承办银行，与其非金融企业客户完成首笔自贸区柜台债券交易	一是自贸区债券柜台业务是信用类债券首次在商业银行柜台发售，是投资人依托自由贸易账户体系首次进行的二级市场债券交易； 二是增加了自由贸易账户债券交易功能，实现了商业银行通过自由贸易账户体系代理非银行间市场参与者参与人民币债券市场交易	一是为区内和境外投资人提供了新的资产配置渠道，丰富了投资标的，降低了投资者参与债券交易的成本； 二是有利于完善我国债券市场，丰富境外人民币投资境内金融产品的范围，扩大人民币跨境使用，助推人民币国际化进程

续表

序号	类别	案例名称	主要内容	创新点	应用价值
5	金融市场创新	上海保险交易所成立，保险资产登记交易平台试运行，全球首创“共同体+保交所”服务模式	2016年6月，上海保险交易所揭牌成立。上海保险交易所按照“公司化、市场化、专业化”原则组建，发起人股东主要为保险行业企业，并积极引进非保险行业股东，实现互补协同。上海保险交易所将重点搭建国际再保险、国际航运保险、大宗保险项目招投标以及特殊风险分散的“3+1”业务平台，并探索有关交易内容。11月，其保险资产登记交易平台投产试运行，发行“长江养老—太平洋寿险保单贷款资产支持计划”“太平—上海建工都江堰市滨江新区基础设施（PPP）项目债权投资计划”共2支保险资产管理产品，发行注册总规模78.8亿元，首期合计发行及登记规模16亿元。太平资产管理公司、长江养老保险公司成为首批在该平台发行产品的产品管理人。12月26日，中国城乡居民住宅地震巨灾保险运营平台正式上线运行，为中国城乡居民住宅地震巨灾保险共同体提供承保理赔交易结算等一站式综合服务	一是上海保险交易所是全国唯一的国家级、创新型保险要素交易平台，填补了国内保险要素市场的空白。其功能定位主要包括价格发现、交易融资、信息服务、技术支持、产品创新、自律监管； 二是保险资产登记交易平台将为保险资管行业建设规范化、创新型的信息化基础设施，为保险资产管理产品的发行、登记、交易、资金结算和信息披露等提供专业服务和技术支持，为监管机构测量和防范风险提供重要的辅助支持； 三是首发的2支保险资管产品分别是业内第一单循环购买保单贷款资产证券化产品和第一单以PPP项目为底层资产的债权投资计划产品	一是上海保险交易所是上海建设国际保险中心的重要功能平台，有利于上海加快形成“立足上海、面向全国、辐射全球”的保险交易、定价中心； 二是上海保险交易所成立有助于促进保险产品更加透明、信息披露更加充分、服务更加便利、功能更加完备； 三是上海保险交易所成立，有利于依托自贸试验区的政策优势，探索形成更多可复制可推广的成功经验，促进我国保险业健康发展

续表

序号	类别	案例名称	主要内容	创新点	应用价值
6	金融市场创新	上海票据交易所成立	2016年12月8日，上海票据交易所（以下简称上海票交所）成立。上海票交所是经国务院同意、人民银行推动筹建的全国性票据报价交易、托管登记、清算结算、信息查询和票据风险监测平台，是人民银行实施货币政策和公开市场操作的重要金融基础设施。上海票交所注册资本18.45亿元，采取股份制，由人民银行附属机构、五大国有商业银行、部分股份制银行以及上海国际集团等29家单位发起设立。目前，43家试点机构已顺利完成首批上线，包括35家商业银行、2家财务公司、3家券商和3家基金公司。未来，上海票交所将搭建票据交易平台、风险防范平台、货币政策操作平台、业务创新平台以及信息平台五大模块。上海票交所成立当日，工商银行和农业银行完成首笔票据转贴现交易，浦发银行完成首笔票据质押式回购交易，招商银行与民生银行完成首笔商票交易，平安银行与华泰证券完成首笔非法人产品交易	一是市场参与主体多元。符合条件的银行及非银行金融机构等均可参与票据交易； 二是实现票据交易电子化。具有纸质票据电子化交易、无纸化托收等多种功能； 三是通过交易所制度安排，强化票据交易全流程监控和风险防控。 四是提供票据业务产品创新平台	一是有利于完善票据市场法规制度，推动票据业务创新，防范票据市场风险，推进票据市场向公开规范统一的市场发展； 二是有利于完善中央银行金融调控，优化货币政策传导机制，促进利率市场化改革、培育市场信用体系和降低实体经济融资成本； 三是有利于进一步健全上海金融要素市场构成和金融基础设施布局，提升上海国际金融中心的功能和影响力

续表

序号	类别	案例名称	主要内容	创新点	应用价值
7	金融市场创新	中国信托登记公司成立	2016年12月26日，中国信托登记公司在上海挂牌成立（以下简称中国信登），中国信登是经国务院同意，由银监会批准设立并直接监管的全国唯一的信托登记机构。中国信登注册形式为有限责任公司，注册资本30亿元，由中央国债登记结算公司、中国信托业协会、中国信托业保障基金、中国信托、上海信托、上海陆家嘴金融发展公司等22家股东共同设立。中国信登以市场化方式运作，将打造“全国信托产品集中登记平台”“信托产品统一发行交易流转平台”和“信托业运行监测平台”的核心功能	一是实现对全国信托产品、信托受益权的集中登记，规范信托产品的统计和信息披露，履行信托产品查询、咨询等职能； 二是解决信托行业信息不对称及信托产品的非标转标以及财产权风险隔离等问题，盘活存量资产	一是为我国完善规范信托产品交易市场，提高信托资产流动性发挥重要平台支撑； 二是通过对信托产品实行集中登记等方式，将为金融管理部门对信托业开展实时监测，提高信托业监管及时性和有效性等方面提供重要决策支撑与参考； 三是有利于进一步健全上海金融要素市场构成和金融基础设施布局，提升上海国际金融中心的功能和影响力

续表

序号	类别	案例名称	主要内容	创新点	应用价值
8	金融市场创新	“易金通”移动互联网黄金交易系统	“易金通”移动互联网黄金交易系统（以下简称易金通）是上海黄金交易所（以下简称金交所）联合各会员单位共同推出的手机一站式交易软件。囊括行情资讯、交易、查询、开户、资产运用等功能于一体，融专业、权威、便捷于一身，便于百姓配置及运用黄金资产保值增值	一是业内首创交易所直推移动终端。区别于其他市场各类交易终端由代理机构推出、行情等通过代理机构转接的特点，“易金通”运用移动互联网技术，黄金交易行情直连交易所，畅通黄金投资渠道； 二是交易终端服务功能齐备。“易金通”不但提供现货和延期合约的交易功能，还提供交割申报、中立仓申报、提货等操作，方便投资者进行一站式黄金投资交易操作； 三是基于安全认证的黄金经纪业务远程开户设计。“易金通”引入身份证图像识别，银行卡校验等安全认证技术，突破黄金经纪行业现有现场开户制度，投资者凭有效身份证件通过手机提供个人信息并签署电子协议后，即可由会员单位通过在线模式为投资者办理开户	一是“易金通”在代理模式、交易品种、交易规则、交易指令等方面进行规范，有利于引导投资者安全选择正规交易系统参与黄金市场交易，促进黄金市场规范发展； 二是为广大投资者提供了便利、安全、高效的黄金交易操作平台，为投资者提供黄金资产配置、保值增值增添新型投资渠道

续表

序号	类别	案例名称	主要内容	创新点	应用价值
9	金融机构创新	首批“CEPA补充协议十”框架下2家合资券商申港证券与华菁证券成立	2016年10月18日，申港证券在上海自贸试验区正式成立，公司注册资本35亿元，由3家香港持牌金融机构、11家国内机构投资者共同发起成立，其中港资投资总额合计12.2亿元，占总股本的34.86%。11月29日，华菁证券正式成立，公司注册资本10亿元，由港资股东华兴资本旗下万诚证券、内资股东上海光线投资公司及无锡群兴股权投资公司3家机构同时发起设立。两家证券公司均是根据“CEPA补充协议十”框架下设立的合资证券公司	一是两家公司股权结构呈现外资、民资多元混合持股特点。其中：申港证券是首家新设的内资股东不为证券公司的合资证券公司，首家内资股东均为民营企业的合资证券公司； 二是两家公司业务范围具有多牌照竞争优势，其中，申港证券目前拥有包括证券经纪、证券承销与保荐、证券自营、证券资产管理等牌照。华菁证券拥有证券经纪、证券承销与保荐、证券投资咨询、证券资产管理等牌照	一是有利于拓宽证券服务业引入港澳资本和民营资本的渠道； 二是有利于借鉴港资等公司股东在成熟资本市场流程管理、风险控制与股权激励等方面经验，提升公司治理水平； 三是有利于发挥内资、港资等“混合优势”，依托境内外资本市场资源，聚焦差异化发展策略和国际化竞争优势，更好地服务资本市场双向开放

续表

序号	类别	案例名称	主要内容	创新点	应用价值
10	自由贸易账户创新	首批区外科技创新企业和海外引进人才开立自由贸易账户及相关业务成功办理	2016年11月23日，中国人民银行上海总部发布《关于进一步拓展自贸区跨境金融服务功能支持科技创新和实体经济的通知》，建设银行上海市分行等金融机构率先为符合要求的区外科技创新企业开立自由贸易账户，率先为企业海外引进人才开立首批境外个人自由贸易账户（FTF），并提供了与其境内就业和生活相关的金融服务，标志着自由贸易账户正式向全市科技创新企业及引进人才的复制推广	一是率先将自由贸易账户开立主体拓展到全市科技创新企业，让区外的科技创新企业也能享受自贸试验区金融创新便利； 二是进一步完善了自由贸易账户服务功能，为符合条件的个人客户开展与其境内就业和生活相关的各项金融服务	有利于商业银行等金融机构对接科技创新企业生命周期不同阶段诉求，兼顾科创企业海内外高层次人才的跨境服务需要，提供全方位综合金融服务方案
11	自由贸易账户创新	自由贸易账户首单外币理财产品发行	浦发银行成功发行首单自由贸易账户美元非保本理财产品，遵循资金“外来外用”的规则，募集FTN客户的美元资金投资于中资企业海外子公司发行的美元债券，利用该账户本外币一体化及跨境投融资便利优势，面向开立境外机构自由贸易账户（FTN）和区内机构自由贸易账户（FTE）对公客户发行外币理财产品，募集FT账户外币资金投资于境外优质资产	一是拓宽了自由贸易账户的理财功能； 二是丰富了自由贸易账户投资者的投资品种，为客户投资境外标的提供了渠道； 三是扩大投资范围，投资标的为中资企业境外子公司在海外发行的美元债券； 四是参考国际通行做法，加强了境内外机构合作	一是满足了客户对FT账户外币资金保值增值的需求，提高了FT账户资金的收益，加深了银企间的合作关系； 二是通过FT账户引入了境外投资标的，有利于客户多元化投资； 三是FT账户理财产品认购美元债券，拓宽了中资企业在境外发债的投资者范围，为大型企业“走出去”实施境外并购战略提供资金支持

续表

序号	类别	案例名称	主要内容	创新点	应用价值
12	综合金融服务创新	自贸试验区平行进口汽车综合金融服务	上海自贸试验区启动平行进口汽车试点以来，华夏银行上海自贸试验区分行积极对接首批认定的平行进口汽车试点企业，针对该企业平行进口汽车在进口、展示、销售等环节的结算和融资需求，个性化地设计并提供基于FT账户项下跨境贸易金融、供应链金融等一揽子综合金融服务方案，涵盖信用证结算、贸易融资、外汇理财、网络金融、汽车消费信贷、POS服务等金融产品	一是灵活运用自由贸易账户满足客户需求，对接境外市场利率和汇率，有效降低客户融资成本； 二是全面联动对公条线，以基础结算业务为切入点，联合多部门设计集贸易融资、供应链金融、汽车消费信贷等全方位综合金融服务方案； 三是综合金融服务方案打破银行属地管理限制，实现异地授信、线上放款、随借随还，连通区内外、境内外的整个供应链	一是企业通过FT账户可多元化获得境内外融资，自主选择境内外市场汇率，顺利打通国际贸易上下游环节，有效降低企业资金运营成本； 二是商业银行通过综合金融服务方案，支持了自贸试验区商事制度改革，帮助企业有效降低融资成本，提高平行进口汽车经营销售环节运作效率，有利于做大平行进口汽车规模，提升境内外、上下游各类客户体验满意度

续表

序号	类别	案例名称	主要内容	创新点	应用价值
13	保险服务创新	上海航运保险协会全国首推海事诉讼保全责任保险	针对海事诉讼“保全难”问题，上海航运保险协会组织成员单位等开发了“上海航运保险协会海事诉讼保全责任保险”。2016 年 8 月 25 日，上海航运保险协会“海事诉讼保全责任保险”完成注册，协会会员可以经营该产品。同日，全国首张海事诉讼保全责任保险保单面世，由中国太平洋财产保险公司出单	一是为海事诉讼保全申请人提供了新的担保方式。与现金担保、保证担保等传统保全方式相比，海事保全请求人只需要支付相应保险金便可启动保全程序，体现了成本可控，手续简便的特点； 二是产品针对海事诉讼保全风险特点设计，满足海事请求保全、海事强制令、海事证据保全等不同海事诉讼保全的差异化风险需求	一是降低了海事保全申请人的诉讼成本，减轻航运贸易企业在海事诉讼中的经济压力； 二是有利于维护海事保全被申请人合法权益，提升海事司法执行效率； 三是在司法领域通过引入商业保险机制这一创新方式，为保险企业服务社会治理开辟了新渠道

续表

序号	类别	案例名称	主要内容	创新点	应用价值
14	保险服务创新	上海航运保险协会发布上海航运保险指数	2016年9月26日，上海航运保险协会发布上海航运保险指数（SMII）。作为在全球航运保险专业指数领域进行的有益探索，上海航运保险指数是综合反映中国航运保险经营情况和风险状况的多层次指数体系，由“一数、三线、一表”构成。“一数”是指航运保险综合指数，“三线”是指行业曲线、国际市场参照曲线及国民经济参照曲线，“一表”是指风险损失表	一是上海航运保险指数的数据来源覆盖了10年来中国航运保险市场主要经营主体的货运险、船舶险的保单和赔案数据，统计主体的船舶险保费和货运险保费分别占全国市场份额的85%和70%； 二是除综合指数外，行业曲线区分船舶险、货运险和船建险，反映单一险种及细分领域变化趋势；国民经济参照曲线细分为进出口覆盖比例和“一带一路”支持情况；风险损失表由纯风险损失表和风险损失指数组成，分别反映纯风险损失率和赔付率的时间变化	一是编制和发布上海航运保险指数可以进一步丰富航运市场指数评价体系，有助于保险机构全面认识航运保险经营风险，为理性决定承保条件和科学厘定保险费率提供决策支持； 二是有利于保险机构优化航运保险和再保险策略，更好地支配国际国内两个市场的承保资源，促进保险更好地服务实体经济； 三是有利于推进上海国际航运保险中心建设，提升保险业在上海国际金融中心建设中的地位和影响力

续表

序号	类别	案例名称	主要内容	创新点	应用价值
15	保险服务创新	建筑工程质量潜在缺陷保险率先在浦东新区实施	2016年6月，上海市在全国率先推出住宅建设工程质量潜在缺陷保险，并在浦东新区商品住宅工程和全市保障性住宅工程中强制实施，探索了保险机制全面融入工程质量风险管理体系的新模式	一是引入市场化独立第三方风险管理机构，提升建设工程全流程、闭环式质量风险管控的服务水平； 二是引入保险公司服务全面替代政府部门的物业保修金管理职能，为住宅工程广大中小业主提供更便捷、更优质的维修服务； 三是引入商业保险全面替代物业保修金，为住宅工程提供更充足的工程质量保险保障	一是充分发挥保险的防灾减损和经济补偿功能。目前该项目已被国家住建部作为全国试点项目，预计每年将为上海500万平方米以上新建住宅工程提供全面风险管理； 二是有利于支持政府职能转变。政府职能部门无须再承担工程质量潜在缺陷的“买单人”和巨额物业保修金的“保管员”，回归工程质量监督的本位

关于推进上海加快发展现代服务业和先进制造业建设国际金融中心和国际航运中心的意见

国发〔2009〕19 号

各省、自治区、直辖市人民政府，国务院各部委、各直属机构：

上海有比较完备的金融市场体系、金融机构体系和金融业务体系，有雄厚的制造业基础和技术创新能力，有先进的现代航运基础设施网络。推进上海加快发展现代服务业和先进制造业，加快建设国际金融中心、国际航运中心和现代国际大都市，是我国现代化建设和继续推动改革开放的重要举措；是贯彻落实科学发展观，转变经济发展方式，突破资源环境承载能力制约，实现全面协调可持续发展，继续发挥上海在全国的带动和示范作用的必然选择。在当前应对国际金融危机的关键时期，要站在全局和战略的高度，充分认识加快上海国际金融中心和国际航运中心建设的重要性，努力推进上海率先实现产业结构优化和升级，率先实现经济发展方式的转变。为此，提出以下意见：

一、推进上海加快发展现代服务业和先进制造业，建设国际金融中心和国际航运中心的重大意义

（一）推进上海加快发展现代服务业和先进制造业，建设国际金融中心和国际航运中心，既是上海实现又好又快发展的需要，也是更好地服务于全国发展的需要。现代服务业和先进制造业发展水平，是衡量一个国家经济社会发达程度的重要标志，是一个国家综合实力、国际竞争力和抗风险能力的集中体现。提高现代服务业和先进制造业就业比重和产值比重，提升产业附加值和国际竞争力，是推进产业结构升级、加快转变经济发展方式的必由之路；是适应全球化新格局和对外开放新形势，加快构筑新的竞争优势，提高国家整体竞争力的有效途径。推进上海加快发展现代服务业和先进制造业，建设国际金融中心和国际航运中心，有利于上海突破资源环境承载力逐渐下降的制约，增强可持续发展的能力；有利于拓展金融资源运作空间，提高金融资产配置效率，更好地维护国家经济金融安全；有利于强化航运枢纽中心地位，更好地满足周边地区和全国的国际航运要求；有利于通过改革开放和创新的先行先试，加快形成更具活力、更富效率、更加开放的体制机制，奠定科学发展的体制基础。

（二）推进上海加快发展现代服务业和先进制造业，建设国际金融中心和国际航运中心，有利于更好地夯实并充分发挥上海的比较优势。上海具有比较完善的现代市场体系、现代金融体系、先进的港口基础设施、高效的航运服务体系，以及便捷的交通运输网络；有广泛参与全球竞争的周边经济腹地，具有加快形成国际金融中心和国际航运中心的有利条件。采取有力措施，加快推进上海国际金融中心和国际航运中心建设，大力发展金融业、航运业等现代服务业和先进制造业，率先转变经济发展方式，可以使上海更好地发挥综合优势，更好地发挥带动示范作用，更好地服务长三角地区、服务长江流域、服务全国。

二、推进上海加快发展现代服务业和先进制造业，建设国际金融中心和国际航运中心的指导思想和原则

（三）指导思想：高举中国特色社会主义伟大旗帜，以邓小平理论和“三个代表”重要思想为指导，深入贯彻落实科学发展观，进一步解放思想，进一步改革开放，进一步发挥优势，继续当好全国改革开放的排头兵，充分发挥对长三角地区乃至全国的带动和示范作用。要坚持科学发展，不断扩大发展规模，完善发展机制，提高发展水平；要在发展中优化经济结构，优先发展金融、航运等现代服务业，以及以高端制造和研发为主的先进制造业，不断增强服务功能，提高核心竞争力；要在发展中创新发展思路，坚持先行先试，不断创新体制机制，提高体制运行效率；要在发展中坚持市场化、国际化和法治化，不断改善投资环境，提高对外吸引力；要在发展中发挥比较优势，努力完善区域分工，不断扩大辐射带动效应，提高专业分工和协作水平。

（四）把握的原则：处理好深化改革与加快发展的关系，坚持以改革促发展，以改革解难题，以改革建制度，为现代服务业和先进制造业发展营造良好体制环境；处理好先行先试与制度规范的关系，通过创新和探索，加快与国际惯例接轨，为全国性的制度规范奠定实践基础，发挥示范作用；处理好突出重点与全面推进的关系，以金融业、航运业和先进制造业为重点，不断创新服务业态，不断提高制造业的核心竞争力和附加值，全面提升现代服务业和先进制造业的发展水平；处理好加快发展现代服务业与发展先进制造业的关系，形成现代服务业与先进制造业相互支撑、相互带动的产业发展格局；处理好推进金融创新与完善金融监管的关系，在推进金融改革、创新和开放过程中，努力维护金融体系的安全和稳定；处理好推进上海自身发展与区域协作发展的关系，按照国家明确的战略定位和分工，加强上海与长三角地区以及国内其他中心城市的相互协作和支持，加强与香港的优势互补和战略合作，形成分工合理、相互促进、共同发展的格局。

三、国际金融中心和国际航运中心建设的总体目标

（五）国际金融中心建设的总体目标是：到2020年，基本建成与我国经济实力以及人民币国际地位相适应的国际金融中心；基本形成国内外投资者共同参与、国际化程度较高，交易、定价和信息功能齐备的多层次金融市场体系；基本形成以具有国际竞争力和行业影响力的金融机构为主体、各类金融机构共同发展的金融机构体系；基本形成门类齐全、结构合理、流动自由的金融人力资源体系；基本形成符合发展需要和国际惯例的税收、信用和监管等法律法规体系，以及具有国际竞争力的金融发展环境。

（六）国际航运中心建设的总体目标是：到2020年，基本建成航运资源高度集聚、航运服务功能健全、航运市场环境优良、现代物流服务高效，具有全球航运资源配置能力的国际航运中心；基本形成以上海为中心、以江浙为两翼，以长江流域为腹地，与国内其他港口合理分工、紧密协作的国际航运枢纽港；基本形成规模化、集约化、快捷高效、结构优化的现代化港口集疏运体系，以及国际航空枢纽港，实现多种运输方式一体化发展；基本形成服务优质、功能完备的现代航运服务体系，营造便捷、高效、安全、法治的口岸环境和现代国际航运服务环境，增强国际航运资源整合能力，提高综合竞争力和服务能力。

四、国际金融中心建设的主要任务和措施

（七）加强金融市场体系建设。上海国际金融中心建设的核心任务是，不断拓展金融市场的广度和深度，形成比较发达的多功能、多层次的金融市场体系。不断丰富金融市场产品和工具，大力发展企业（公司）债券、资产支持债券，开展项目收益债券试点，研究发展外币债券等其他债券品种；促进债券一、二级市场建设及其协调发展；加快银行间债券市场和交易所债券市场互联互通，推进上市商业银行进入交易所债券市场试点。根据投资者资产配置和风险管理的需要，按照高标准、稳起步和严监管的原则，研究探索并在条件成熟后推出以股指、汇率、利率、股票、债券、银行贷款等为基础的金融衍生产品。加大期货市场发展力度，做深做精现有期货品种，有序推出新的能源和金属类大宗产品期货，支持境内期货交易所在海关特殊监管区内探索开展期货保税交割业务。拓宽上市公司行业和规模覆盖面，适应多层次市场发展需要，研究建立不同市场和层次间上市公司转板机制，逐步加强上海证券交易所的主板地位和市场影响力。研究探索推进上海服务长三角地区非上市公众公司股份转让的有效途径。优化金融市场参与者结构，积极发展证券投资基金、社保基金、保险资产、企业年金、信托计划等各类机构投资者。根据国家资本账户和金融市场对外开放的总体部署，逐步扩大境外投资者参与上海金融市场的比例和规模，逐步扩大国际开发机构发行人民币债券规模，稳步推进境外企业在境内发行人民币债券，适时启动符合条件的境外企业发行人民币股票。在内地与香港金融合作框架下，积极探索上海与香港的证券产品合作，推进内地与香港的金融合作和联动发展。积极发展上海再保险市场，鼓励发展中资和中外合资的再保险公司，吸引国际知名的再保险公司在上海开设分支机构，培育发展再保险经纪人，积极探索开展离岸再保险业务。

（八）加强金融机构和业务体系建设。根据金融市场体系建设的需要，大力发展各类金融机构，重点发展投资银行、基金管理公司、资产管理公司、货币经纪公司、融资租赁公司、企业集团财务公司等有利于增强市场功能的机构。积极推进符合条件的金融企业开展综合经营试点，培育和吸引具有综合经营能力和国际竞争力的金融控股集团，在试点过程中探索建立金融监管协调机制。鼓励发展各类股权投资企业（基金）及创业投资企业，做好上海金融发展投资基金试点工作。积极拓展各类金融业务，推动私人银行、券商直投、离岸金融、信托租赁、汽车金融等业务的发展，有序开发跨机构、跨市场、跨产品的金融业务。开展商业银行并购贷款业务，为企业并购活动提供资金支持。鼓励个人购买商业养老保险，由财政部、税务总局、保监会会同上海市研究具体方案，适时开展个人税收递延型养老保险产品试点。根据国家金融对外开放总体进程，稳步推进金融服务业对外开放，支持设在上海的合资证券公司、合资基金公司率先扩大开放范围。

（九）提升金融服务水平。健全金融服务方式和手段，大力发展电子交易，促进各类金融信息系统、市场交易系统互联互通，降低交易成本，提高交易效率。完善金融服务设施和布局规划，进一步健全为市场交易服务的登记、托管、清算、结算等统一高效的现代化金融支持体系，提高上海金融市场效率和服务能力。加强陆家嘴等重要金融集聚区的规划和建设，全面提升金融集聚区的服务功能。规范发展中介服务，加快发展信用评级、资产评估、融资担保、投资咨询、会计审计、法律服务等中介服务机构，加强监管，增强行业自律，规范执业行为。在上海建立我国金融资讯信息服务平台和全球金融信息服务市场。充分发挥上海金融市场种类齐全、金融机构体制健全、金融发展环境良好的优势，先行在上海开展金融市场、金融机构、金融产品等方面的改革和创新。制定并完善促进金融创新的政策，形成以市场需求为导向、金融市场和金融企业为主体的金融创新机制。

（十）改善金融发展环境。加强金融法制建设，加快制定既切合我国实际又符合国际惯例的金融税收和法律制度。完善金融执法体系，建立公平、公正、高效的金融纠纷审理、仲裁机制，探索建立上海金融专业法庭、仲裁机构。加强社会信用体系建设，以金融业统一征信平台为载体，完善企业和个人信用信息基础数据库建设，促进信用信息共享。适应上海金融改革和创新的需要，不断完善金融监管体系，改进监管方式，建立贴近市场、促进创新、信息共享、风险可控的金融监管平台和制度。加强跨行业、跨市场监管协作，加强地方政府与金融管理部门的协调，维护金融稳定和安全。

五、国际航运中心建设的主要任务和措施

（十一）优化现代航运集疏运体系。适应区域经济一体化要求，在继续加强港口基础设施建设基础上，整合长三角港口资源，形成分工合作、优势互补、竞争有序的港口格局，增强港口综合竞争能力。加快洋山深水港区等基础设施建设，扩大港口吞吐能力。推进内河航道、铁路和空港设施建设，优化运输资源配置，适当增加高速公路通道，大力发展中远程航空运输，增强综合运输能力。促进与内河航运的联动发展，充分利用长江黄金水道，加快江海直达船型的研发和推广，从船舶技术和安全管理方面采取措施，推动洋山深水港区的江海直达，大力发展水水中转。充分发挥上海芦潮港集装箱中心站及铁路通道作用，做好洋山深水港区铁路上岛规划研究，逐步提高铁水联运比例。

（十二）发展现代航运服务体系。积极研究采取措施，降低国际集装箱中转成本，鼓励我国外贸集装箱在上海国际航运中心转运。充分发挥上海靠近国际主航线的区位优势，以及工业基础、人才资源、商务环境等方面的综合优势，大力发展船舶交易、船舶管理、航运经纪、航运咨询、船舶技术等各类航运服务机构，拓展航运服务产业链，延伸发展现代物流等关联产业，不断完善航运服务功能。完善航运服务规划布局，进一步拓展洋山保税港区的功能，发展北外滩、陆家嘴、临港等航运服务集聚区。引导和规范船舶交易市场健康发展，充分发挥上海航运交易所的船舶交易和运价信息发布功能，加快建设全国性船舶交易信息平台，在上海形成具有示范作用的船舶交易市场。建立上海国际航运中心综合信息共享平台，促进形成便捷高效的长三角区域及长江干线港口、航运信息交换系统。

（十三）探索建立国际航运发展综合试验区。研究借鉴航运发达国家（地区）的航运支持政策，提高我国航运企业的国际竞争力。实施国际航运相关业务支持政策。将中资“方便旗”船特案减免税政策的执行截止日期由 2009 年 6 月 30 日延长至 2011 年 6 月 30 日。对注册在洋山保税港区内的航运企业从事国际航运业务取得的收入，免征营业税；对注册在洋山保税港区内的仓储、物流等服务企业从事货物运输、仓储、装卸搬运业务取得的收入，免征营业税。允许企业开设离岸账户，为其境外业务提供资金结算便利。在完善相关监管制度和有效防止骗退税措施前提下，实施启运港退税政策，鼓励在洋山保税港区发展中转业务。探索创新海关特殊监管区域的管理制度，更好地发挥洋山保税港区的功能。

（十四）完善现代航运发展配套支持政策。加快发展航运金融服务，支持开展船舶融资、航运保险等高端服务。积极发展多种航运融资方式，探索通过设立股权投资基金等方式，为航运服务业和航运制造业提供融资服务。允许大型船舶制造企业参与组建金融租赁公司，积极稳妥鼓励金融租赁公司进入银行间市场拆借资金和发行债券。积极研究有实力的金融机构、航运企业等在上海成立专业性航运保险机构。优化航运金融服务发展环境，对注册在上海的保险企业从事国际航运保险业务取得的收入，免征营业税。积极研究从事国际航运船舶融资租赁业务的融资租赁企业的税收优惠政策，条件具备时，可先行在上海试点。研究进出口企业海上货物运输保费的有关税收政策问题。丰富航运金融产品，加快开发航运运价指数衍生品，为我国航运企业控制船运风险创造条件。

（十五）促进和规范邮轮产业发展。允许境外国际邮轮公司在上海注册设立经营性机构，开展经批准的国际航线邮轮服务业务。鼓励境外大型邮轮公司挂靠上海及其他有条件的沿海港口，逐步发展为邮轮母港。为邮轮航线经营人开展业务提供便利的经营环境。研究建立邮轮产业发展的金融服务体系，在保险、信贷等方面开设邮轮产业专项目录，促进邮轮产业健康有序发展。

六、加快推进先进制造业和技术先进型服务企业的发展

（十六）以现有制造能力为基础，以调整、优化和提高为方向，以研发、创新和增值为重点，不断提高制造业的核心竞争力和产业附加值。大力发展先进制造技术，着力提升汽车、装备、船舶、电子信息等优势制造业的研发能力和核心竞争力；加快发展航空航天、生物医药、新能源、新材料等新兴制造业和战略产业；优化发展精品钢材、石油化工等基础制造业；增强先进制造业发展的技术支撑和服务能力。在浦东新区开展鼓励技术先进型服务企业发展政策试点工作，支持从事软件研发及服务、产品技术研发及工业设计服务、信息技术研发及外包服务、技术性业务流程外包服务等业务的技术先进型服务企业的发展。自 2009 年 1 月 1 日起至 2013 年 12 月 31 日止，对符合条件的技术先进型服务企业，减按 15% 的税率征收企业所得税；技术先进型服务企业职工教育经费按不超过企业工资总额 8% 的比例据实在企业所得税税前扣除；对技术先进型服务企业离岸服务外包业务收入免征营业税。设立政府创业投资引导基金，引导创业投资企业加大对先进制造和先进技术服务领域初创期企业的资本投入。

七、加强组织领导和协调服务

（十七）建立健全上海国际金融中心和国际航运中心建设的指导协调

机制。建立由发展改革委牵头，有关部门参加的协调机制，加强对上海国际金融中心和国际航运中心建设的指导、协调和服务。进一步细化相关政策措施，认真研究解决推进上海国际金融中心和国际航运中心建设过程中出现的新情况和新问题。

（十八）转变政府职能，加强政府服务，营造良好环境。上海市政府要从全局和战略的高度，充分认识上海国际金融中心和国际航运中心建设的长期性和艰巨性，增强责任感、紧迫感和使命感，精心筹划实施方案，扎实推进各项工作。要加快政府职能转变和管理创新，加快事业单位改革，加快构建服务型政府，深入推进浦东综合配套改革，使上海成为全国行政效能最高和行政收费最少的地区，成为中介服务最发达的地区。要加快淘汰落后产业和弱势产业，积极推进产业转移和产业升级，积极推进国有企业改革和重组，完善有利于现代服务业和先进制造业加快发展的政策和体制环境。要建立健全有利于人才集聚的机制，研究制定吸引各类高层次人才的配套措施，加强职业教育和培训，营造良好、便利的工作和生活环境，使上海成为国际化高端人才的集聚地，为上海国际金融中心和国际航运中心建设提供人才支撑。

国务院

2009 年 4 月 14 日

交通运输部上海市人民政府关于落实《中国（上海）自由贸易试验区总体方案》加快推进上海国际航运中心建设的实施意见

交水发〔2013〕584 号

各有关单位：

为深入贯彻落实国务院发布的《中国（上海）自由贸易试验区总体方案》，进一步加快推进上海国际航运中心建设，交通运输部和上海市人民政府联合制定本实施意见。

一、总体要求

推进中国（上海）自由贸易试验区和上海国际航运中心建设是我国战略需要和任务。要以中国（上海）自由贸易试验区建设为契机，加快推进上海国际航运中心建设，进一步深化改革，扩大开放，坚持先行先试，丰富拓展国际航运发展综合试验区内涵，经过2—3年的改革试验，探索创新具有国际竞争力的航运发展制度和棋式，形成可复制、可推广的经验，更好地发挥创新驱动、示范带动作用，有力地推动上海国际航运中心升级发展。

二、重点任务

（一）扩大开放水平。

1. 放宽外商投资国际船舶运输的股比限制。允许外商在中国（上海）自由贸易试验区以超过49%的投资比例设立中外合资经营企业或者中外合作经营企业经营国际船舶运输业务。允许船舶登记主体的外商出资比例突破50%的限制，按照有关法律法规以及其他有关规定办理船舶登记业务。港澳台商比照执行。相关管理试行办法另行制定

2. 允许外商设立独资企业从事国际船舶管理业务。外商可在中国（上海）自由贸易试验区投资设立独资企业经营国际船舶管理业务。港澳台商比照执行。相关管理试行办法另行制定。

3. 与金融、贸易等领域扩大开放做好融合。充分利用好中国（上海）自由贸易试验区在金融、贸易等领域的开放政策与创新做法，做到相关产业融合发展、创新发展，着力发展航运金融、保险、交易、咨询、海事仲裁、港口物流等现代航运服务业。

4. 在中国（上海）自由贸易试验区范围内，探索建立航运领域外商投资准入负面清单管理模式，进一步扩大航运服务业对外开放。不断探索航运领域政策和制度创新措施，充分发挥上海国际航运中心“先行先试”作用，进一步提高上海国际航运中心综合竞争力。

（二）创新航运政策。

5. 创新多港区联动机制。积极发挥外高桥港区、洋山深水港区、浦东机场国际枢纽港的联动作用，探索形成具有国际竞争力的航运发展制度和运作模式。

6. 实施沿海捎带试点政策。推动中转集拼业务发展，允许中资航运

公司利用自有或控股拥有的非五星旗国际航行船舶，先行先试外贸进出口集装箱在国内开放港口与上海港之间（以上海港为中转港）的捎带业务。

7. 创新国际船舶登记制度。充分发挥上海的区域优势，利用中资“方便旗”船税收优惠政策，促进符合条件的船舶在上海落户登记。在“中国洋山港”船舶登记政策的基础上，研究推动建立并实施便捷高效的国际船舶登记制度，简化国际船舶运输经营许可程序，适当放宽登记主体、船龄范围等登记条件，完善船员配备、登记种类、登记收费、船舶航行区域等登记内容，优化船舶营运、检验与登记业务的相关流程，促进符合条件的船舶在上海登记。

8. 支持扩大起运港退税政策试点范围。在现有试点港口和运输企业的基础上，进一步增加积极性高、信誉好的港口和运输企业加入试点，扩大政策效应，充分发挥长江黄金水道作用，增强上海港辐射服务能力。

（三）拓展中心功能。

9. 加快推进国际航运交易发展。加快发展航运运价指数衍生品交易业务。完善监管制度，防范航运金融风险，加强远期运价监管。支持上海开展中国进口干散货、原油等大宗散货运价指数的编制和发布工作。制定船舶交易信息的统计报送制度，支持在上海建立船舶交易信息平台，提供船舶交易信息服务。

10. 完善航运发展基金。支持建立市场导向和政府推动相结合的航运发展股权基金，允许发起人设立股权基金公司。支持航运发展股权基金与有关拆船资金、特许航运经营权等政策相结合使用，重点用于运力结构调整、所有权与经营权分离、航运企业规模化与专业化发展等领域。

11. 加快航运人才、教育、科研发展。支持上海高级国际航运学院发展，建设国际化、开放型、服务型的高端航运人才培养基地。支持上海国际航运研究中心、上海国际航运信息中心的建设和发展，打造具有国际影响力的航运咨询机构。支持上海组合港管委会办公室、上海国际航运中心发展促进会开展有关研究。

（四）提升服务水平。

12. 加快建设现代航运服务功能平台。积极发展航运金融、国际船舶运输、国际船舶管理、国际航运经纪、国际船舶租赁、国际船员管理等产业，研究相关促进政策，探索建立长效推进机制。吸引船舶要素集聚，带动航运信息、船舶融资、船舶保险、海事仲裁等航运服务业发展，增强上海航运市场综合服务功能。

13. 鼓励发展邮轮产业经济。支持筹建邮轮发展基金，促进我国邮轮船队发展，带动航运金融、保险业发展。支持中资方便旗邮轮经批准从事大陆沿海到港澳台的邮轮运输。允许包租外籍邮轮经批准后多航次经营两岸邮轮业务。鼓励中资方便旗邮轮从事以上海为母港的两岸四地邮轮运输业务。支持上海邮轮母港建设，鼓励在上海成立中外合资邮轮公司拓展邮轮业务。

14. 做实“软实力”，提升国际影响力。探索体制机制创新，加强与相关政策的配合，做实抓手，着力提升上海国际航运中心在国际航运规则和标准制定、市场规制、信息咨询用务等领域的能力和水平，提高国际市场影响力。鼓励吸引国内外航运组织、相关协会、服务机构和平台落户上海。支持上海中国航海博物馆提升等级，开展文物征集及文化交流等工作。

（五）加强基础建设。

15. 积极有序推进港口基础设施建设。加快推进洋山深水港四期工程建设，满足洋山港日益增长的运量得求。加快铁路（包括沪通铁路、沪乍铁路等）、内河集装箱运输基础设施前期工作和建设。提高上海港海铁联运、水水中转等集疏运能力。有序推进干支泊位建设，缓解上海港干支泊位的结构矛盾，优化码头功能配置。加强长江口深水航道疏浚土综合利用，更好地服务上海国际航运中心发展。

16. 引导港口集疏运结构和功能优化。发挥内河、长江水运优势，推进综合运输体系建设，加强外高桥、洋山两港区联动，提高水路运输规模和效率，提升港口水水中转比例，促进上海港可持续发展。支持研究江海直达运输船型标准、管理标准和收费标准，降低江海直达运输成本，鼓励江海直达船舶的推广应用。

17. 加快推进安全绿色航运发展。构建平安海区，着力提高上海港区及周边海域海上人命、财产、环境救助能力和船舶污染防控能力。加强通航水域重要桥梁防碰撞设施建设，保障重要通道安全、畅通。认真组织实施“阳光引航”，逐步取消海进江内贸船舶强制引航。

制定和完善相关技术规范和标准，共同促进内河 LNG 燃料动力船舶推广应用。

18. 加强和完善国际海运市场监管机制。授权上海航运交易所承担国际、境内和海峡两岸航运市场的集装箱班轮公司、无船承运人运价备案受理工作，并配合和协助相关部门对运价备案实施检查、监督。进一步发挥船东、港口等有关行业协会在行业自律方面的作用。

三、组织保障

交通运输部和上海市人民政府各有关部门要按照各自职责，密切配合，相互支持，形成合力，切实做好中国（上海）自由贸易试验区总体方案在国际航运领域政策的落实。各相关部门要按照本实施意见确定的目标、任务，结合实际抓紧制定具体实施方案，确保完成各项任务目标。

交通运输部水运局、上海市城乡建设和交通委员会具体负责牵头联系相关工作任务，跟踪研究政策实施过程中出现的新情况、新问题，做好联系与任务推进工作。

交通部、上海市人民政府

2013 年 9 月 27 日

交通运输部关于在上海试行中资非五星旗国际航行船舶沿海捎带的公告

为推动上海国际航运中心和中国（上海）自由贸易试验区建设，根据我国相关法律法规和规定，我部决定，允许中资航运公司利用全资或控股拥有的非五星旗国际航行船舶，经营以上海港为国际中转港的外贸进出口集装箱在国内对外开放港口与上海港之间的捎带业务（以下简称试点捎带业务）。现将有关事项公告如下：

一、自本公告公布之日起，拟开展试点捎带业务的中资航运公司经向我部办理备案手续，可利用其全资或控股拥有的非五星旗国际航行船舶，开展相关业务。

二、本公告所称“中资航运公司”，指注册在境内，依据《中华人民共和国国际海运条例》取得《国际班轮运输经营资格登记证》、从事国际海上运输业务的企业法人。

三、中资航运公司申请试点捎带业务，应向交通运输部提交备案申请。备案申请的材料和程序如下：

（一）《中资非五星旗国际航行船舶试点沿海捎带业务备案申请表》（见附件一）。

（二）中资航运公司的《工商营业执照》《国际船舶运输经营许可证》《国际班轮运输经营资格登记证》复印件。

（三）中资航运公司拟开展试点捎带业务船舶的《国籍证书》（Certificate of Registry）、《入级证》（Certificate of Classification），以及船舶所有权关系证明材料。

如船舶为中资航运公司通过境外独资投资企业间接拥有的，还需提供中资航运公司投资该境外独资企业的证明文件、该境外独资投资企业全资或控股拥有船舶的证明，以及中资航运公司租赁船舶的证明文件。

四、交通运输部自收到上述齐备、有效的备案材料后，出具《中资非五星旗国际航行船舶试点沿海捎带业务备案证明书》（见附件2）。

五、中资航运公司不得擅自将经备案批准开展试点业务船舶转租他人。一旦转租，自船舶租赁合同生效之日起，船舶自动丧失开展试点业务的资格。

六、除依照本公告备案的船舶外，其他任何非五星旗船舶，不得承运中国港口间的集装箱货物，包括不得承运在国内一港装船、经国内另一港中转出境，或者经国内一港中转入境、在国内另一港卸船的外贸集装箱货物。如违反本条规定，将依据《中华人民共和国国际海运条例》第四十五条等规定予以处罚。

特此公告。

附件：1. 中资非五星旗国际航行船舶试点沿海捎带业务备案申请表

2. 中资非五星旗国际航行船舶试点沿海捎带业务备案证明书

交通运输部

2013 年 9 月 27 日

交通运输部关于在国家自由贸易试验区试行若干海运政策的公告

为贯彻落实国务院印发的关于广东、天津、福建自由贸易试验区总体方案以及关于进一步深化上海自由贸易试验区改革开放方案，推进上述自由贸易试验区（以下简称自贸区）海运试点政策顺利实施，现将有关事项公告如下：

一、经国务院交通运输主管部门批准，外商可在自贸区设立股比不限的中外合资、合作企业，经营进出中国港口的国际船舶运输业务；其中，在上海自贸区可设立外商独资企业，在广东自贸区可设立港澳独资企业。相关要求和办理程序，按照《中华人民共和国国际海运条例》和《中华人民共和国国际海运条例实施细则》有关规定执行。

二、经国务院交通运输主管部门批准，在自贸区设立的中外合资、合作企业可以经营公共国际船舶代理业务，外资股比放宽至51%；在自贸区设立的外商独资企业可以经营国际海运货物装卸、国际海运集装箱站和堆场业务。相关要求和办理程序，按照《中华人民共和国国际海运条例》和《中华人民共和国国际海运条例实施细则》有关规定执行。

三、经自贸区所在地省级交通运输主管部门批准，在自贸区设立的外商独资企业可以经营国际船舶管理业务。自贸区所在地省级交通运输主管部门参照《中华人民共和国国际海运条例》第九条、第十条和《中华人民共和国国际海运条例实施细则》第八条的相关规定办理审批程序，并将审批结果向国务院交通运输主管部门备案。

四、在自贸区设立的中外合资、合作国际船舶运输企业，其董事会主席和总经理由中外合资、合作的双方协商确定。

五、在自贸区设立外商投资企业经营国际船舶运输业务，设立中外合资、合作企业经营公共国际船舶代理业务，或设立外商独资企业经营国际船舶管理业务、国际海运货物装卸业务、国际海上集装箱站和堆场业务，本公告未作规定的，适用《中华人民共和国中外合资经营企业法》《中华人民共和国中外合作经营企业法》以及《中华人民共和国外资企业法》的有关规定。

六、注册在境内的中资航运公司可利用其全资或控股拥有的非五星旗国际航行船舶，经营以自贸区开放港口为国际中转港的外贸进出口集装箱在国内沿海对外开放港口与自贸区开放港口之间的捎带业务。从事上述业务时，应向国务院交通主管部门备案。相关备案办理程序见附件。

七、中资航运公司不得擅自将经备案开展试点业务的船舶转租他人。除依照本公告备案的船舶外，其他任何非五星旗船舶，不得承运中国港口间的集装箱货物，包括不得承运在国内一港装船、经国内另一港中转出境，或者经国内一港中转入境、在国内另一港卸船的外贸集装箱货物。

特此公告。

附件：1. 中资非五星旗国际航行船舶试点沿海捎带业务备案办理程序

2. 中资非五星旗国际航行船舶试点沿海捎带业务备案表

3. 中资非五星旗国际航行船舶试点沿海捎带业务备案证明书

交通运输部

2015 年 6 月 1 日

最高人民法院关于为自由贸易试验区建设提供司法保障的意见

法发〔2016〕34 号

为充分发挥人民法院的审判职能作用，保障我国自由贸易试验区（以下简称自贸试验区）的建设，根据全国人民代表大会常务委员会相关决定，结合审判实践，对人民法院涉自贸试验区案件的审判工作提出以下意见：

一、提高认识，切实增强为自贸试验区建设提供司法保障的责任感和使命感

1. **深刻认识自贸试验区建设的重大意义。**自贸试验区是我国改革开放的试验田，是我国构建开放型经济新体制的重要窗口。自贸试验区的建设，对完善我国经济体制机制是有力的推动，在法律实施方面有重大影响。各级人民法院应当积极做好司法应对，从全面推进依法治国的高度树立大局意识，严格依法办事，公正、高效审理各类涉自贸试验区的案件，平等保护中外当事人合法权利，为自贸试验区的建设提供优质高效的司法保障。

2. **依法保障自贸试验区建设的制度创新。**自贸试验区的建设肩负着为我国全面深化改革和扩大开放探索新途径、积累新经验的历史使命，也是对凡属重大改革都要于法有据的中央决策的积极尝试。各级人民法院应探索为自贸试验区提供司法保障的改革举措，同时，要确保这些改革举措的探索在法律框架内进行。在准确适用法律的基础上，注重及时调整裁判尺度，积极支持政府职能转变，尊重合同当事人的意思自治，维护交易安全。

积极参与自贸试验区的治理体系和治理能力现代化建设。在自贸试验区进行的政府职能转变、投资领域开放、贸易发展方式转变、金融领域开放创新、完善法治保障等各项工作中，各级人民法院要结合自身的司法实践，积极配合各项改革措施的实施，主动完善工作机制，创新工作方法，为营造公正、公开、透明的法治环境和法治化、国际化、便利化的营商环境作出积极贡献。

二、充分发挥审判职能作用，为促进自贸试验区健康发展提供司法保障

3. **积极行使刑事审判职能，依法打击涉自贸试验区的刑事犯罪。**打击破坏自贸试验区建设、滥用自贸试验区特殊市场监管条件进行的犯罪，维护自贸试验区社会稳定及市场秩序。重视解决侵犯知识产权跨境犯罪问题。依法惩治涉自贸试验区的走私、非法集资、逃汇、洗钱等犯罪行为。同时注意区分虚报注册资本罪、虚假出资罪、抽逃出资罪以及非法经营罪的罪与非罪的界限。

4. **加强涉自贸试验区的民事审判工作，依法保护当事人的民事权**

益。加强劳动保护，正确处理用人单位与劳动者的劳动争议，促进自贸试验区内企业用工制度的健康发展。保护消费者权益，维护消费者个人信息的安全，严格对服务领域合同格式条款的审查，惩治利用虚假广告侵害消费者的行为。保护生态环境，积极审理有关机关和组织对损害社会公共利益或者具有重大风险的污染环境、破坏生态行为提起的诉讼。

正确处理在自贸试验区较为常见的“民宅商用”“一址多照”问题。正确理解和适用《中华人民共和国物权法》第七十七条规定的将住宅改变为经营性用房的限制条件，保障人民群众正常的生活秩序。对多个公司使用同一地址作为住所地登记的，在审理相关案件时要注意是否存在财产混同、人格混同等情况，依法维护债权人利益。

加强对自贸试验区内知识产权的司法保护。鼓励自主创新，提高侵权成本。完善有关加工贸易的司法政策，促进加工贸易的转型升级。准确区分正常的贴牌加工行为与加工方擅自加工、超范围超数量加工及销售产品的行为。妥善处理商标产品的平行进口问题，合理平衡消费者权益、商标权人利益和国家贸易政策。鼓励以知识产权为标的的投资行为，推动商业模式创新，简化维权程序，提升维权质效。鼓励知识产权质押融资活动，促进知识产权的流转利用。

加强海事审判。规范航运市场建设，支持自贸试验区航运服务业开放、提升国际航运服务能级和增强国际航运服务功能。关注与船舶登记制度改革及其他与航运有关的新类型案件，研究新型海事法律关系的法律适用和专门管辖问题。及时通过典型案件的审理确认有关规则，引导行业行为，促进行业发展。

5. **积极行使行政审判职能，支持和监督政府在自贸试验区依法行政。**支持和监督市场监管部门创新服务模式，依法行政。以审判活动促进和规范政府信息公开。通过外商投资项目备案的企业，其签订的合同违反自贸试验区行业准入要求，导致事实上或法律上不能履行，当事人请求继续履行的，人民法院不予支持。

对在案件审理过程中发现的与自贸试验区市场规则有关的制度缺陷及行政行为不规范等问题，人民法院应及时向行政管理部门反馈意见，或者提出司法建议，促进自贸试验区法治建设的完善。

三、依法支持自贸试验区企业的创新做法，鼓励其探索新的经营模式

6. **鼓励自贸试验区内融资租赁业的创新发展。**积极支持自贸试验区内的融资租赁企业在核准的经营范围内依法开展融资业务。充分尊重中外当事人对融资租赁合同纠纷有关管辖和法律适用的约定。正确认定融资租赁合同效力，不应仅以未履行相关程序等事由认定融资租赁合同无效。

7. **支持自贸试验区发展跨境电子商务服务。**合理认定消费者与跨境电商企业之间的合同性质。合同约定消费者个人承担关税和邮寄风险的，可认定消费者和跨境电商企业之间成立委托合同关系。电商企业批量进口、分批销售，消费者主张其与电商企业之间成立买卖合同关系的，人民法院应予以支持。电商企业以其提供的合同文本与消费者订立仲裁条款，应专门提示，消费者同意的，应认定双方达成了仲裁合意。

四、重视自贸试验区的特点，探索审判程序的改革与创新

8. **完善司法审查、司法确认制度，支持自贸试验区的多元化纠纷解决机制。**鼓励运用仲裁、调解等多元化机制解决自贸试验区民商事纠纷，进一步探索和完善诉讼与非诉讼相衔接的矛盾纠纷解决机制。支持仲裁机构、人民调解委员会、商事和行业调解组织的创新发展，为多元化解决自贸试验区民商事纠纷提供司法便利。

加强自贸试验区内法院机构及审判组织建设。自贸试验区所在地基层人民法院可以根据受理案件的数量、种类、性质等实际情况设立专门的法庭或合议庭，审理涉自贸试验区的案件，积累审判经验，统一裁判尺度。鼓励各级人民法院在总结审判经验的基础上形成符合地域特点的审判机制。

9. **正确认定仲裁协议效力，规范仲裁案件的司法审查。**在自贸试验区内注册的外商独资企业相互之间约定商事争议提交域外仲裁的，不应仅以其争议不具有涉外因素为由认定相关仲裁协议无效。

一方或者双方均为在自贸试验区内注册的外商投资企业，约定将商事争议提交域外仲裁，发生纠纷后，当事人将争议提交域外仲裁，相关裁决做出后，其又以仲裁协议无效为由主张拒绝承认、认可或执行的，人民法院不予支持；另一方当事人在仲裁程序中未对仲裁协议效力提出异议，相关裁决做出后，又以有关争议不具有涉外因素为由主张仲裁协议无效，并以此主张拒绝承认、认可或执行的，人民法院不予支持。

在自贸试验区内注册的企业相互之间约定在内地特定地点、按照特定仲裁规则、由特定人员对有关争议进行仲裁的，可以认定该仲裁协议有效。人民法院认为该仲裁协议无效的，应报请上一级法院进行审查。上级法院同意下级法院意见的，应将其审查意见层报最高人民法院，待最高人民法院答复后做出裁定。

10. **探索审判程序创新，公正高效审理涉自贸试验区案件。**管辖自贸试验区内一审民商事案件的人民法院，在审理涉自贸试验区案件时，当事人一方或双方为港澳台民事主体的，可以探索选任港澳台居民作为人民陪审员参加合议庭。

人民法院审理涉自贸试验区的涉外、涉港澳台一审民商事案件，事实简单、法律关系明确的，可以探索适用简易程序。

妥善处理以“区内注册、区外经营”的企业为当事人的案件中存在的送达难问题。对在自贸试验区内注册的法人和其他组织，以其注册地为人民法院诉讼文书的送达地址，可以邮寄送达。境外民事主体在自贸试验区设立企业或办事处作为业务代办人的，可以向其业务代办人送达。境外民事主体概括指定其分支机构工作人员或者境内律师事务所律师作为特定时间、特定区域或者特定业务的诉讼代理人的，可以向其送达诉讼文书。

11. **建立合理的外国法查明机制。**人民法院审理的涉自贸试验区的涉外民商事案件，当事人约定适用外国法律，在人民法院指定的合理期限内无正当理由未提供该外国法律或者该国法律没有规定的，适用中华人民共和国法律；人民法院了解查明途径的，可以告知当事人。当事人不能提供、按照我国参加的国际条约规定的途径亦不能查明的外国法律，可在一审开庭审理之前由当事人共同指定专家提供。根据冲突法规范应当适用外国法的，人民法院应当依职权查明外国法。

12. **审理好涉自贸试验区案件，总结可复制经验。**各高级人民法院应当充分重视涉自贸试验区案件的审理，加强前瞻性研究工作。各地人民法院对在审理与自贸试验区相关的案件中发现的热点、难点问题，应当及时研究总结，形成应对意见，并及时向最高人民法院提出建议。

最高人民法院

2016 年 12 月 30 日

后　记

本书是廖凡主持的中国社会科学院国情调研重大项目“关于中国（上海）自贸试验区推进情况调研”的最终成果。在此谨对所有在本书写作和出版过程中给予关心和帮助的人表示衷心的感谢。

感谢中国社会科学院国际法研究所同意和支持课题组申报该项目。感谢中国社会科学院批准立项并提供研究资助。

感谢中央和上海市政府有关部门和企事业单位在课题组调研过程中给予的帮助和配合，特别感谢上海市人民政府法制办公室副主任罗培新教授的大力支持。

感谢刘映春教授、张丽英教授、薛源教授、陈洁教授和李洪雷教授参加项目结项会并提出中肯的鉴定意见。感谢中国社会科学院科研局王子豪副局长出席并主持结项会，感谢项目处闫珺女士在项目申报和结项过程中的指导和帮助。

感谢中国社会科学院李培林副院长对本书的关心和关注。感谢中国社会科学院科研局为本书提供出版资助。感谢上海研究院帮助出版本书。

感谢家人、同事和朋友一如既往的支持。